Irma Hildebrandt
Frauen, die Geschichte schrieben

IRMA HILDEBRANDT

FRAUEN, DIE GESCHICHTE SCHRIEBEN

*30 Frauenporträts
von Maria Sibylla Merian bis Sophie Scholl*

DIEDERICHS

In dieser Ausgabe sind Porträts zusammengestellt aus folgenden
bei DIEDERICHS erschienenen Bänden von Irma Hildebrandt:
Zwischen Suppenküche und Salon, Bin halt ein zähes Luder,
Die Frauenzimmer kommen, Hab meine Rolle nie gelernt,
Provokationen zum Tee, Tun wir den nächsten Schritt

Die Deutsche Bibliothek – CIP-Einheitsaufnahme
Hildebrandt, Irma:
Frauen, die Geschichte schrieben : 30 Frauenporträts von
Maria Sibylla Merian bis Sophie Scholl / Irma Hildebrandt. –
Kreuzlingen ; München : Hugendubel, 2002
(Diederichs)
ISBN 3-7205-2318-7

Umschlaggestaltung: Ute Dissmann, München
Produktion: Maximiliane Seidl
Satz: EDV-Fotosatz Huber/Verlagsservice G. Pfeifer, Germering
Druck und Bindung: GGP Media, Pößneck
Printed in Germany

ISBN 3-7205-2318-7

Inhalt

Kapitel 8
Ich will wirken in dieser Zeit
Frauen und der Widerstand

Vorwort

Geschichte – das zeigt jedes Geschichtsbuch und jedes Lexikon – wird von Männern geschrieben. Frauen kommen als Randfiguren oder im Umfeld berühmter Männer vor, obwohl sie zu allen Zeiten eigenständige Leistungen aufzuweisen hatten. Leistungen, die unter erschwerten Bedingungen erbracht wurden: schlechte Bildungschancen, eingeschränkte Berufsmöglichkeiten, Abhängigkeit vom Elternhaus oder Ehepartner, gesundheitliche Risiken durch häufige Schwangerschaften, fehlende Anerkennung in der Öffentlichkeit – der Gründe ließen sich noch viele nennen.

Besonders schwer hatten es Frauen in der Musik. Nicht als Interpretinnen – die Chansonsängerin *Claire Waldoff* begeisterte in den ›Goldenen Zwanzigern‹ das Publikum weit über Berlin hinaus –, aber als Dirigentinnen und Komponistinnen. *Clara Schumann* wurde als Wunderkind und Klaviervirtuosin gefeiert; als Komponistin stand sie im Schatten ihres Mannes Robert Schumann, wie *Fanny Mendelssohn* im Schatten ihres Bruders Felix stand, ohne dies allerdings als diskriminierend zu empfinden.

In der Malerei gelang immer wieder einzelnen Künstlerinnen der Durchbruch, so zu Beginn des 20. Jahrhunderts den ›Blauen Reiterinnen‹ *Marianne von Werefkin* und *Gabriele Münter*, die sich mit eigenwilligen Sehweisen und Maltechniken neben ihren stark prägenden Partnern Alexey von Jawlensky und Wassily Kandinsky in der Münchner Künstlergruppe ›Der Blaue Reiter‹ zu behaupten vermochten.

Auch *Maria Sibylla Merian* aus der berühmten Kupferstecherfamilie Merian hat sich mit farbenfrohen Blumen- und Schmetterlingsbildern aus Surinam einen eigenen Namen gemacht und mit ihrer Erforschung tropischer Insekten überdies schon zu Beginn des 18. Jahrhunderts ihre wissenschaftliche Befähigung erwiesen. Die Erkenntnis, daß nur eine fundierte Bildung und Ausbildung Frauen zu selbständigen Leistungen befähigt, veranlaßte die Sozialpädagogin *Henriette Goldschmidt*, zu Beginn des 20. Jahrhunderts in Leipzig nicht nur Kindergärten, sondern auch eine Frauenhochschule aufzubauen. Um diese Zeit begann Anna Freud mit dem Studium der von ihrem Vater Sigmund Freud begründeten Psychoanalyse. Sie war später in Wien und London erfolgreich als Kindertherapeutin tätig. Weniger Anerkennung für ihre wissenschaftlichen Leistungen erhielt die Mathematikerin *Mileva Einstein-Marić*, Kommilitonin und spätere Ehefrau Albert Einsteins, der ihr und den Kindern zwar die Geldsumme des Nobelpreises überließ, ihre Mitarbeit an der Grundlagenforschung zur Relativitätstheorie aber nicht würdigte.

Nicht nur die Geschichte, sondern Weltgeschichte schrieb Kaiserin *Maria Theresia*, die 1740, mit 23 Jahren, Herrscherin über das riesige Habsburgerreich wurde, sich mit mächtigen Gegnern wie dem Preußenkönig Friedrich II. herumschlagen mußte und nebenher 16 Kinder zur Welt brachte. Ihre Lieblingstochter *Marie Christine* zeigte weniger politische denn künstlerische Neigungen. Sie legte mit ihrem Gemahl Prinz Albert von Sachsen den Grundstein für die bedeutende Wiener Grafiksammlung ›Albertina‹. Auf unrühmlichere Weise schrieb die angeblich aus spanischem Adel stammende Tänzerin *Lola*

Montez Geschichte. Sie verdrehte dem alternden Bayernkönig Ludwig I. so den Kopf, daß das empörte Volk
1848 ihre Ausweisung verlangte und der König abdank-
te. Während Lola Montez Geld verpraßte, kratzte *Lina
Morgenstern*, die legendäre ›Suppenlina‹ in Berlin, jeden
Pfennig zusammen, um für Bedürftige Suppenküchen
einrichten zu können und die medizinische Versorgung
für Verwundete aus dem Deutsch-Französischen Krieg
von 1870/71 zu gewährleisten. Für ein Ende der Erb-
feindschaft zwischen Deutschland und Frankreich setzte
sich die große Europäerin *Annette Kolb* schon vor dem
Ersten Weltkrieg ein, nach dem Zweiten Weltkrieg dann
für eine deutsch-israelische Versöhnung – eine mutige
Vorkämpferin für Völkerverständigung.

Kämpferisch gaben sich Frauen auch auf der Bühne:
Erika Mann, Thomas Manns Älteste, und die gefeierte
Charakterdarstellerin *Therese Giehse*, die mit der ›Pfeffermühle‹, ihrem scharfzüngigen politischen Kabarett in
Zürich, allabendlich für Saalschlachten mit schweizerischen NS-Anhängern sorgten. Oder Brechts Frau *Helene
Weigel*, die als überzeugende Mutter Courage den Mar-
ketenderinnenkarren über Europas Bühnen zog. Schon
im 18. Jahrhundert hatte eine Frau Theatergeschichte geschrieben: *Caroline Neuber*, die als Prinzipalin einer Wandertruppe den volkstümlich derben Possenreißer, den
›Hanswurst‹, von der Bühne verbannte.

Auch *Bettine von Arnim*, geborene Brentano, provo-
zierte mit ihren Sozialanklagen und ihrem Einsatz für Verfemte die Obrigkeit und König Friedrich Wilhelm IV. –
gleichzeitig führte sie im Berliner Dachstubensalon der
Rahel Varnhagen geistreiche Gespräche mit berühmten
Zeitgenossen. Die Goethe-Verehrerin pflegte auch Kontakte zu dessen Mutter *Katharina Elisabeth Goethe*, die nur
zu gerne über ihren geliebten ›Hätschelhans‹ berichtete

und sich berichten ließ. Provozierender noch als Bettine von Arnims unkonventionelles Verhalten waren ein Jahrhundert später die Bürgerschreckauftritte der großen Lyrikerin *Else Lasker-Schüler*, eine aus dem Deutschen Reich Vertriebene wie die Wiener Literatin *Hilde Spiel*, wie die Münchner Schriftstellerin *Grete Weil* – beschämende jüdische Emigrantenschicksale. Von diesen Diskriminierungen ahnte *Gudula Rothschild* noch nichts, als sie mehr als ein Jahrhundert zuvor ihre fünf Söhne mit der Ermahnung zu Sparsamkeit und Gottesfurcht in die Metropolen Europas entließ und damit das Fundament des Rothschildschen Bankimperiums legte.

»Ich will wirken in dieser Zeit« – ein Ausspruch der politisch engagierten und friedensbewegten Künstlerin *Käthe Kollwitz*, der auch von *Bertha von Suttner*, der ersten Friedensnobelpreisträgerin, oder von *Adelheid Popp*, der Fürsprecherin österreichischer Arbeiterinnen, stammen könnte. »Wirken in dieser Zeit« – die junge Widerstandskämpferin *Sophie Scholl* bezahlte ihren Einsatz mit dem Leben. Aber ihre mutige Tat wirkt fort, beispielhaft für die heutige junge Generation, wie auch der Überlebenswillen des Mädchens *Anne Frank*, das im KZ Bergen-Belsen umgekommen ist und das als Vermächtnis ein Tagebuch hinterlassen hat mit der Eintragung: »Einmal wird dieser schreckliche Krieg doch vorbeigehen, einmal werden wir doch wieder Menschen und nicht nur Juden sein!«

Im Januar 2002   *Irma Hildebrandt*

Kapitel 1

Ruhm und Glanz um welchen Preis?

Frauen und die Musik

Ist Komponieren Männersache?

Fanny Mendelssohn
1805–1847

Im Großen Brockhaus (1971) ist dem Komponisten Felix Mendelssohn-Bartholdy eine ganze Spalte gewidmet, samt Bild und Werkverzeichnis. Die ebenfalls komponierende Schwester Fanny wird nur in einem Nebensatz als »musikalisch begabt« und Gattin des märkischen Malers Wilhelm Hensel erwähnt. Kein Wort von ihren Kompositionen, einem immerhin beachtlichen Œuvre, kein Wort auch davon, daß Bruder Felix sechs ihrer Lieder seinem eigenen Werk einverleibte. Meyers Konversationslexikon von 1895 war da schon gerechter und registriert Fanny als »begabte Komponistin, deren Arbeiten teils unter ihres Bruders, teils (nach ihrem Tode) unter ihrem eigenen Namen erschienen sind«. Auch auf ihr »Trio für Klavier, Violine und Violoncell« wird hingewiesen. Während die Staatsbibliothek Preußischer Kulturbesitz die Komponistin mit einer Ausstellung zum 125. Todestag ehrte, ist sie in der umfassenden, seit 1947 erscheinenden Enzyklopädie »Die Musik in Geschichte und Gegenwart« gar nicht vertreten. – Reichte ihre musikalische Begabung doch nicht aus, sie an der Seite ihres Bruders unter die namhaften Komponisten einzureihen? Hätten dann aber die von ihr komponierten, von Felix unter op. 8 und op. 9 vereinnahmten Lieder nicht durch geringere Qualität herausstechen müssen? – Es bleiben Fragen.

Eva Weissweiler, die Fannys aufschlußreiche Briefe und ihr »Italienisches Tagebuch« herausgebracht hat, glaubt, den Grund für Fannys geringen Bekanntheitsgrad –

15

neben der allgemein üblichen Unterschätzung weiblicher Komponisten – bei der Familie Mendelssohn-Bartholdy auszumachen: Eine professionelle Komponistin im Hause hätte dem als Wunderkind geltenden Felix den Rang ablaufen können, es mußte deshalb alles vermieden werden, was seinen Ruhm beeinträchtigte. Außerdem hatten die Mendelssohns schon einmal Ärger mit einem unbotmäßig emanzipatorischen Frauenzimmer gehabt, mit Dorothea Mendelssohn, die ihren Mann verließ, um Friedrich Schlegel zu heiraten, und mit ihm auch noch zum katholischen Glauben übertrat.

Felix Mendelssohn selbst hat das Komponieren seiner Schwester in keiner Weise gefördert, ja, alles darangesetzt, ihr den Weg in die Öffentlichkeit zu verbauen. Das beeinträchtigte aber das herzliche, geradezu innige Verhältnis der Geschwister nicht, in das auch die jüngere Schwester Rebecka und der Bruder Paul einbezogen wurden. Von klein auf erlebten sie diese enge, nach außen abgeschirmte Familiengemeinschaft, die begünstigt wurde durch den Entschluß der Eltern, die Geschwister statt in einer allgemeinen Schule zu Hause durch ausgesuchte Privatlehrer unterrichten zu lassen. So erhielten Fanny und der vier Jahre jüngere Felix nicht nur eine sorgfältige musikalische Früherziehung, sondern auch eine fundierte Unterweisung in Mathematik und Sprachen, in Zeichnen und Tanz, wie dies in jüdisch-liberalen Häusern üblich war.

Daß der Vater Abraham Mendelssohn, der sein Hamburger Bankhaus unter der Napoleonischen Besatzung hatte aufgeben müssen und mit seiner Familie nach Berlin übergesiedelt war, seine vier Kinder 1816 in der Neuen Kirche evangelisch taufen ließ, geschah wohl mehr, um ihnen eine erfolgreiche Zukunft nicht zu verbauen. Hieß es doch in einem Votum des preußischen Finanzministeriums aus demselben Jahr: »Der Übertritt der Juden zur christlichen Religion muß erleichtert werden, und mit dem sind alle staatsbürgerlichen Rechte verknüpft. Solange der Jude aber Jude bleibt, kann er keine Stellung im Staate einnehmen.« – Sechs Jahre später trat auch der Vater zum Christentum über und nahm den Familiennamen Bartholdy an – ein Schritt, den die Kinder später als opportunistisch auslegten und der ausgeprägt jüdischen Familientradition nicht würdig fanden. Mutter Lea war eine Enkelin Daniel Itzigs, des Bankiers Friedrichs des Großen, und gleichzeitig Oberlandesältesten der preußischen Juden. Nicht weniger imponierend der Großvater väterlicherseits, der Philosoph und Kaufmann Moses Mendelssohn, ein Freund Lessings und der Toleranz, dessen Haus Treffpunkt der Berliner Künstler und Intellektuellen war.

Mit diesen Vorbildern vor Augen wuchsen die Kinder auf. Fanny und Felix erhielten gemeinsam Klavierunterricht bei Ludwig Berger, einem strengen Lehrmeister, der ihnen so viel abforderte, daß für Spiel und Zerstreuung keine Zeit blieb. Alle vier Geschwister sangen außerdem in der Chorschule der Berliner Singakademie mit, hier wurde Fannys Liebe zur Musik Bachs und Händels geweckt. Komposition lernten Fanny und Felix bei Carl Friedrich Zelter, dem Brieffreund Goethes, der allerdings nur ein mäßiger Pädagoge war. So beklagte denn Fanny später immer wieder ihre mangelhafte kompositorische Ausbildung. Während die Eltern in Bruder Felix alle Hoffnungen setzten und er sich bei besten Lehrern auch im Ausland weiterbilden konnte, nützten ihr die »Bachschen Fugenfinger«, die der Mutter früh auffielen, wenig. Daß sie die meisten Beethoven-Sonaten und Bachschen Klavierwerke auswendig spielte und im Alter von zwölf Jahren das ganze »Wohltemperierte Klavier«

beherrschte, zählte nicht. Sie war ein Mädchen und sollte sich nach dem Willen des Vaters zu ihrem »eigentlichen Beruf, zum einzigen Beruf eines Weibes, zur Hausfrau bilden«. Nicht daß Vater Abraham ihr das Klavierspiel und auch das Komponieren verboten hätte, aber es durfte stets »nur eine Zierde, niemals Grundbaß« ihres Tuns sein.

Für Fanny aber, die schon mit vierzehn ihr erstes Lied komponiert hat, ist die Musik mehr als eine Zierde. Immer weitere Lieder entstehen nach Texten klassischer und romantischer Autoren – Goethe bedankt sich bei »dem lieben Kinde« für ein vertontes Gedicht mit den Versen »Wenn ich mir in stiller Seele/ Singe leise Lieder vor...«. Die junge Komponistin wagt sich nun auch an Stücke für Violine und Violoncello, zwei Klaviersonaten und ein Klavierquartett. Den wachsenden Erfolg ihres Bruders nimmt sie stolz und ohne Neid zur Kenntnis, kopiert zu Hause seine Noten, während er auf Konzerttournee ist, und berichtet ihm in langen Briefen nach Paris oder London von Familienalltag und Freizeitvergnügen – wozu auch das Baden in der Spree gehört –, vom Musikleben Berlins und den von ihr eingerichteten »Sonntagsmusiken«. Sie finden im elterlichen Haus, dem Palais von der Recke in der Leipziger Straße 3, statt. Fanny spielt Zeitgenössisches, das sie nicht selten als matt und lahm empfindet und »im Durchspielen fast verschimmelte«, aber dann erholt sie sich bei den Motetten ihres geliebten Meisters. Sie kenne keinen eindringlicheren Prediger als den alten Bach, schreibt sie, »wenn er so in einer Arie die Kanzel besteigt und sein Thema nicht eher wieder verläßt, bis er seine Gemeinde durch und durch erschüttert oder erbaut und überzeugt hat«. Schon 1829 hatte sie sich zu der Wiederentdeckung und Aufführung der Matthäus-

Passion durch ihren Bruder begeistert geäußert: »Wie alle Sänger schon von den ersten Proben ergriffen waren und mit ganzer Seele an das Werk gingen, wie sich die Liebe und Lust bei jeder Probe steigerte und wie jedes neu hinzutretende Element, Sologesang, dann Orchester, immer von Neuem entzückte und erstaunte, wie herrlich Felix einstudierte und die Proben von einem Ende zum Andern auswendig akkompagnierte, das sind lauter unvergeßliche Momente.«

Trotz ihrer grenzenlosen Bewunderung für den Bruder entwickelt Fanny auch ein waches und zunehmend kritischeres Bewußtsein für die Schwachstellen seiner Kompositionen. Sie lebt in seinen Werken wie in ihren eigenen; so schreibt sie ihm am 17.2.1835 nach Düsseldorf, sie fände in seinen kleinen geistlichen Musiken eine Art von Gewohnheit, die sie »nicht gern Manier nennen möchte«, etwas Übereinfaches, aber nicht Natürliches. Im selben Brief mißt sie ihre eigene Kompositionstätigkeit mit nüchterner Selbsterkenntnis an der des Bruders: »Ich habe nachgedacht, wie ich eigentlich gar nicht excentrische oder hypersentimentale Person zu der weichlichen Schreibart komme? Ich glaube, es kommt daher, daß wir gerade mit Beethovens letzter Zeit jung waren, u. dessen Art u. Weise, wie billig, sehr in uns aufgenommen haben, u. die ist doch gar zu rührend u. eindringlich. Du hast das durchgelebt u. durchgeschrieben, u. ich bin drin stecken geblieben, aber ohne die Kraft, durch die Weichheit allein bestehn kann u. soll ... Es ist nicht sowohl die Schreibart, an der es fehlt, als ein gewisses Lebensprinzip, u. diesem Mangel zufolge sterben meine längern Sachen in ihrer Jugend an Altersschwäche, es fehlt mir die Kraft, die Gedanken gehörig festzuhalten, ihnen die nötige Consistenz zu geben. Daher gelingen mir am besten Lieder, wozu nur allenfalls ein hübscher Einfall ohne viel Kraft der Durchführung gehört.«

Nicht mangelnde Begabung zeigt sich in dieser selbstkritischen Beobachtung und dem Bekenntnis zur »kleinen Form«, sondern Unerfahrenheit und Unsicherheit. Typisch ein Schreiben Fannys an einen Freund und Musikverleger, der sie um eine Komposition gebeten hatte: »Hierbei erfolgt das Musikstück ... Verzeihen und rügen Sie alle darin vorkommenden weiblichen u. dilettantischen Pferdefüße, ein Dilettant ist schon ein schreckliches Geschöpf, ein weiblicher Autor ein noch schrecklicheres, wenn aber Beides sich in einer Person vereinige, wird natürlich das allerschrecklichste Wesen entstehn.« – Eine Demut, die fast schon kokett klingt, wenn man Umfang und Vielseitigkeit Fannys bisheriger Kompositionen betrachtet, die aber verständlich wird, wenn man bedenkt, wie wenig davon publiziert werden konnte. Erst kurz vor ihrem Tod gelingt es Fanny, einen Teil ihrer Lieder beim Berliner Musikverlag Bote & Bock zu veröffentlichen. Und wie leicht hätte sich Felix, inzwischen Leiter des Gewandhauses und des Konservatoriums in Leipzig, für sie einsetzen können!

Sie nimmt ihm die Zurückhaltung nicht übel. Sie nimmt ihm nichts übel, liebt ihn, so wie er ist, von Kindheit an, und daran ändert ihre Ehe mit dem zum königlichen Hofmaler avancierten Künstler Wilhelm Hensel nichts, den sie auch aufrichtig liebt. Kurz vor ihrer Heirat bekennt sie Felix, sie sei »glücklicher als ich je es zu werden dachte, denn ich träumte und fürchtete, eine solche Verbindung würde mich von Dir loßreißen, oder doch entfernen, u. es ist, wo möglich, gerade das Gegenteil ...« Selbst an ihrem Hochzeitsmorgen, dem 3. Oktober 1829, sind ihre Gedanken bei Felix in London, und sie beteuert ihm in einem Brief ihre immerwährende Verbundenheit:

»... ich werde Dir morgen, und in jedem Moment meines Lebens dasselbe wiederholen können, und glaube nicht, Hensel damit Unrecht zu thun.« Auch die Musik solle in ihrer Ehe nicht zu kurz kommen, versichert sie Felix: »Habe ich nun erst ein gutes Stück im Ehestande gemacht, dann bin ich durch, und ich glaube an ein ferneres Fortschreiten.«

Zum Komponieren bleibt ihr nun allerdings wenig Zeit. Die Gartenwohnung im elterlichen Palais muß eingerichtet werden, der Sohn Sebastian wird nach einer schwierigen Schwangerschaft geboren, später folgen zwei Fehlgeburten. Aber statt seiner Schwester Mut zu machen, schreibt ihr Felix vorwurfsvoll: »Wenn ich mein Kind zu päppeln hätte, so wollte ich keine Partitur schreiben ... Aber im Ernst, das Kind ist noch kein halbes Jahr alt, und Du willst schon andere Ideen haben als Sebastian?« – Sie hat andere Ideen. Geradezu euphorisch wagt sie sich nun auch an große Werke. Während ihr Mann in seinem Atelier malt und seine Schüler unterrichtet, schreibt sie einen Reigen für achtstimmigen Chor a cappella, eine Orchesterouvertüre, die Kantate »Hiob« und ein biblisches Oratorium. All diese Werke kommen bei den »Sonntagsmusiken« im elterlichen Palais unter ihrer Leitung zur Aufführung. Eine Notlösung zwar – Ersatz für öffentliche Konzerte –, aber keine schlechte, Bettine von Arnim und Heinrich Heine, Franz Liszt und Clara Schumann sitzen im Publikum, und die Komponistin Johanna Kinkel bescheinigt Fanny nicht nur die Qualität der Kompositionen, sondern vor allem eine ungewöhnliche Intensität des Dirigierens.

1839 bricht Fanny gemeinsam mit Mann und Sohn für ein Jahr nach Italien auf, ins Land der Sehnsucht deutscher Künstler und ihrer eigenen Kinderträume. Doch sie fällt angesichts der antiken Ruinen und üppigen Vatikankirchen nicht in die übliche romantische Schwärmerei, davor bewahrt sie ihr nüchterner Verstand und das Heimweh nach dem ordentlichen Berlin. Trotzdem löst sie sich unter dem Einfluß französischer Freunde, ihres Verehrers Charles Gounod vor allem, langsam von ihren preußischen Wertvorstellungen, genießt die freiere Luft und Ungezwungenheit des Umgangs und die Komplimente, die man ihr und ihrem Werk macht. Von dieser Wertschätzung läßt sie sich auch nach ihrer Rückkehr ins herbstlich trübe, politisch unruhige Berlin weiter beflügeln. Im eigenwilligen Zyklus »Das Jahr« schlägt sich Erinnerung an römische Lieblingsplätze und mediterrane Landschaft nieder, während das Italienjahr bei ihrem Mann keine Spuren hinterläßt. Er bleibt der königstreue Preuße mit konservativer Kunstauffassung, den Fontane in den »Wanderungen durch die Mark Brandenburg« so trefflich charakterisiert als »eine Verquickung von Derbheit und Schönheit, von Gamaschentum und Faltenwurf, von preußischem Militarismus und klassischem Idealismus ... die Seele griechisch, der Geist altenfritzisch, der Charakter märkisch«.

Fanny hat sich damit abgefunden, daß von Hensel und seinem Kreis keine Impulse ausgehen, sie lebt die letzten Jahre zurückgezogen in der Leipziger Straße und komponiert noch einige Arbeiten für Klavier. Am 14. Mai 1846 erleidet sie während der Probe zu einer Sonntagsmusik einen Gehirnschlag.

41 Jahre alt ist sie nur geworden. Mit ihrem plötzlichen Tod fällt das Familiengefüge auseinander, erst jetzt wird allen bewußt, wie sehr sie Mittelpunkt, Herz war. Wilhelm Hensel ist zu keiner Arbeit mehr fähig, vernachlässigt seinen Sohn und macht Schulden. Felix, vom Verlust der Schwester tief verstört, stirbt wenige Monate später und wird neben ihr auf dem Dreifaltigkeitsfriedhof

bestattet. Er hinterließ ein schwermütiges Streichquartett in f-Moll für Fanny, der er in einem Brief an seinen Schwager Wilhelm späte Abbitte leistet:

»Du hast meine Schwester sehr glücklich gemacht, ihr ganzes Leben hindurch, so wie sie es verdiente. Das danke ich Dir heut, und so lange ich atme, und wohl noch darüber hinaus – nicht mit bloßen Worten, sondern mit bitterer Reue darüber, daß ich nicht mehr für ihr Glück getan habe, daß ich sie nicht mehr gesehen, nicht mehr bei ihr gewesen bin ... vielleicht können wir hier auf Erden, und dann immer mehr, derer würdig werden, die das beste Herz und den besten Geist hatte, den wir je gekannt und geliebt haben.«

Ruhm und Glanz um welchen Preis?

Die Pianistin und Komponistin
Clara Schumann
1819–1896

> Die Nachwelt soll uns ganz wie
> ein Herz und eine Seele betrachten.
> ROBERT SCHUMANN

Spätestens seit ihr Bildnis Briefmarken und Geldscheine schmückt und ein Intercityzug ihren Namen trägt, ist Clara Schumann auch jenen ein Begriff, die nichts mit Musik und schon gar nichts mit Frauenmusik zu tun haben. Ein Wunderkind. Eine virtuose Pianistin. Aber mehr noch als ihre musikalische Begabung weckt ihr provozierend zwiespältiges Leben Interesse: die Abhängigkeit vom ehrgeizigen, omnipotenten Vater, die ertrotzte und spannungsgeladene Ehe mit Robert Schumann, die durch ständige Schwangerschaften erschwerte Karriere, die nie völlig ausgeleuchtete Beziehung zu Johannes Brahms …

Stoff für Illustriertenstories, für Romane und wissenschaftliche Aufarbeitungen. Ein durch Tagebücher und Briefwechsel, durch Presseunterlagen und Äußerungen von Zeitgenossen außergewöhnlich gut dokumentiertes Leben – und doch läßt sich aus all den authentischen Zeugnissen kein einheitliches Clara-Schumann-Porträt zeichnen. Gerade an diesem Beispiel zeigt sich, wie sehr subjektiv empfundene Sympathie oder Antipathie ein Persönlichkeitsbild bestimmen, selbst wenn die Darstellungen auf »objektiven« Zitatenquellen beruhen. In den

Biographien von Nancy Reich, Eva Weissweiler oder Dieter Kühn tritt uns eine andere Clara Schumann entgegen, als wir sie aus dem alten dreibändigen Werk von Berthold Litzmann oder – aus unseren Tagen – von Beatrix Borchards »biographischer Collage« kennen, und die Lektüre der verschiedenen Biographien kann zu einer eigenen »Collage«, einer eigenen spannenden Annäherung an die Musikerin führen.

Zweifellos erweist sich schon das so idealistisch begonnene gemeinsame Ehetagebuch der Schumanns mit den edlen, aber im Alltag nicht durchgehaltenen Vorsätzen als Interpretationsklippe, und es stellt sich die grundsätzliche Frage: Nehmen wir Clara Schumanns Eintragungen, auch ihre Briefe, als Schlüssel zu ihrer Persönlichkeit, oder mißtrauen wir den wirkungsvoll gesetzten Worten? Fest steht: zur Ikone oder – anderes Extrem – zur seelenlosen Klaviermaschine hochstilisiert hat sie erst die Nachwelt. Kein weibliches Klischee, das man ihr nicht angedichtet hätte: die treusorgende Gattin und sich verausgabende Künstlerin mit den Kindern am Rockzipfel auf der einen Seite und auf der anderen, der feministischen, die Musikerin, die Männerbastionen stürmt und ein emanzipiertes, unabhängiges Leben führt – aufopfernde Entsagung hier, Triumph weiblichen Durchsetzungsvermögens dort – Wunschvorstellungen, Idealbilder beides. Da kann der Gegenschlag nicht ausbleiben. Eva Weissweiler, die Herausgeberin des Briefwechsels von Clara und Robert Schumann, führt ihn mit sezierender Schärfe. Kann man den von ihr vorgezeichneten Linien einer gefühlskalten, ichbezogenen Clara Schumann folgen? Wo liegt die Wahrheit?

Einig sind sich die Biographen über die starke Kindheitsprägung durch den übermächtigen Vater. Ob Friedrich Wieck durch seine harten Drillmethoden und seinen

Herrschaftsanspruch die kleine Clara lebenslang geschädigt hat oder ob die frühe, fast unmenschliche Disziplinierung für ihre späteren Erfolge unabdingbar war, darüber gehen die Meinungen weiter auseinander.

Wunderkind oder Marionette?

Robert Schumann sieht – in Peter Härtlings Roman *Schumanns Schatten* – bei seiner ersten Begegnung mit Clara diese als »ein Automatenmädchen, aufgezogen von einer bösen, harten Hand«. Die böse, harte Hand gehört dem Vater. Der geschäftstüchtige Impresario und Inhaber eines Pianofortegeschäfts in Leipzig weiß schon bei der Geburt der kleinen Clara Josephine im September 1819, was aus dem Kind einmal werden soll: eine Konzertpianistin. Geschäftsinteressen mögen ihn bei diesem Wunsch geleitet haben. Denn in seinem Haus verkehren, wenn sie in Leipzig gastieren, die berühmten Klaviervirtuosen der Zeit, so daß Clara sehr früh in den Musikbetrieb hineinwächst und Musik nicht als beschaulich häusliches Musizieren kennenlernt, sondern als Geschäft. Mit knapp fünf erhält sie ersten Klavierunterricht bei ihrer Mutter, einer Pianistin und Sängerin. Ihre Fingerfertigkeit fällt auf, ihr musikalisches Interesse, obwohl sie, da sie kaum spricht, als schwerhörig gilt. Heute würde ihre Sprachverweigerung wohl mehr psychologisch als autistisches Einkapseln und Selbstschutz gesehen.

Die Mutter ist nach acht spannungsreichen Jahren aus der Ehe ausgebrochen und hat die älteste Tochter Clara und den jüngsten Sohn mitgenommen, während die beiden mittleren Söhne beim Vater bleiben. Nach kurzer Zeit wird jedoch auch Clara dem Vater in Obhut gegeben, der die Kinder bis zu seiner problematischen Wiederverheiratung alleine erzieht, während die Mutter in

Berlin eine neue Musikerehe eingegangen ist. Wieck, musikalischer Autodidakt, aber gefragter Lehrmeister, entwickelt für seine Tochter eine eigene Lernmethode. Er läßt sie Lieder und kleine Stücke nach dem Gehör spielen und zwingt sie so zum genauen Hinhören. Notenlesen lernt sie erst später. Von der öffentlichen Schule hält Wieck nichts, als ehemaliger Hauslehrer nimmt er die Ausbildung der Tochter selbst in die Hand. Nur für Fremdsprachen und vor allem für die vielseitige musikalische Unterweisung werden kompetente Lehrer hinzugezogen. Drei Stunden täglich sitzt das Kind am Klavier, für kindliche Spiele bleibt kein Raum, seine Clara habe, argumentiert er, nicht Zeit, mit kleinen Kindern zu spielen, »sie soll den Genuß der freien Luft dem Puppenspiel vorziehen«.

Wieck hat für seine Tochter ein Tagebuch angelegt, das in ständigem Dialog von beiden geführt werden soll – ein pädagogisch geschickt ausgedachtes Beeinflußungsmittel, doch die »stumme« Clara findet ihre Ausdrucksmöglichkeit nicht in der Sprache, sondern in der Musik, am Flügel. Auch später wird sie sich in existentiell belastenden Situationen immer wieder in sich selbst und in die Musik zurückziehen, wird sich abschotten gegen die Umwelt. Das läßt sie kühl und hart erscheinen.

Mit neun tritt sie zum ersten Mal im Leipziger Gewandhaus auf, ein musikalisches Wunderkind, äußerlich auf noch jünger und kindlicher getrimmt. Robert Schumann, der zu dieser Zeit als Student im Hause Wieck wohnt, ist empört über die geschäftstüchtige Präsentation – heute würden wir dies »Vermarktung« nennen. Mit zehn hat Clara ihren ersten auswärtigen Erfolg am Hof in Dresden. Im Jahr darauf bestreitet sie mit Bravour ihr erstes selbständiges Konzert im Gewandhaus mit virtuosen Stücken von Kalkbrenner, Herz, Czerny und –

eine Sensation – Variationen über ein eigenes Thema. Die *Leipziger Zeitung* schreibt am 10. November 1830: »Die ausgezeichneten, sowohl in ihrem Spiele, als in ihren Compositionen bemerkbaren Leistungen der jungen Künstlerin rissen zu allgemeiner Bewunderung hin, und errangen ihr den größten Beifall.«

Wieck fühlt sich bestätigt, zumal der berühmte Paganini die »musikalische Empfindung« seiner Tochter gelobt hat. Im Herbst 1831 bricht er mit Clara zu einer ersten großen Konzertreise auf, über Weimar, wo Goethe der »kunstreichen Clara Wieck« ein Medaillon mit seinem Bildnis schenkt, über Kassel, Frankfurt und Darmstadt nach Paris – eine ungeheure Anstrengung für die Dreizehnjährige, die früh gelernt hat, sich selbst und den Flügel zu beherrschen, jede Gefühlsregung zu verdrängen. Dient diese Selbstdisziplin der Sublimierung ihres Spiels, oder funktioniert sie wie eine gut gewartete Maschine? Schumann, der neun Jahre ältere Bewunderer Claras, nimmt eine Veränderung in ihrem Wesen wahr. Bei Peter Härtling heißt es: »So kennt er Clara nicht. Alles dreht sich um sie. Sie wünscht, fragt, weist an. Ihre Kinderstimme bekommt einen scharfen Rand.« Bei seinem Leipzig-Besuch erkundigt sich Chopin nach der berühmten Demoiselle Clara. Sie spielt ihm Schumanns Klaviersonate in fis-Moll vor. Muß es Schumann nicht kränken, daß sich der Meister aus Paris mehr für die junge Pianistin als für seine Komposition interessiert?

Claras Ruhm wächst. Höhepunkt der zahlreichen finanziell einträglichen Konzertreisen, die Wieck für seine Tochter arrangiert, ist der Aufenthalt in Wien im Jahre 1838. Man weiß hier, daß Clara schon mit zwölf Chopins für unspielbar gehaltene *Don-Juan-Variationen* beherrschte. Stürmischer Applaus für ihre Virtuosität in den öffentlichen Konzerten, Lob von Musikkennern für

ihre in kleinerem Kreis vorgetragenen Werke der zeit-
genössischen Komponisten Mendelssohn, Schumann und
Beethoven. Grillparzer widmet ihr ein Gedicht, der Hof-
konditor kreiert eine *Torte à la Clara Wieck*, »eine zart
hingehauchte Mehlspeise«. Das habsburgische Kaiserhaus
verleiht ihr das Wiener Bürgerrecht und ernennt sie zur
Kaiserlich-Königlichen Kammervirtuosin. Eine Neun-
zehnjährige, eine Ausländerin, eine Protestantin ... Hat
es so etwas je gegeben? Friedrich Wieck sieht sich am
Ziel seiner Erwartungen: Der internationale Erfolg seiner
Tochter wird auch in Leipzig das Wiecksche Renommee
und seine Geschäfte beflügeln.

Ist Clara dieser Ruhm zu Kopf gestiegen, wenn sie in
einem Brief nach Leipzig schreibt: »Im Süden bin ich
durch Wien bekannt genug und im Norden, bei Euch in
Leipzig, Berlin etc. da liegt mir nicht viel daran. Man hat
mich, besonders in Leipzig, nicht erkannt, und mir keine
Aufmerksamkeit geschenkt.« Sie muß selber wissen, daß
dies nicht stimmt. Leipzig hat dem Wunderkind eine
Entfaltungsbühne geboten, wie es kaum anderswo möglich gewesen wäre. Äußert sich in dieser schroff arrogan-
ten Abneigung gegen die Stadt vielleicht auch die geheime Angst, den dortigen Ansprüchen nicht zu genügen?

Neben Paris hat sich Leipzig den Ruf einer zweiten
Musikmetropole geschaffen. Während Paris mit Liszt und
Chopin Virtuosentum auf höchstem Niveau pflegt, sieht
sich Leipzig mit dem Schumann-Mendelssohn-Kreis
mehr in der Tradition Bachs und Beethovens. Wie sehr
man sich hier über brillante Salonmusik erhaben fühlt,
belegt ein Brief Schumanns vom April 1838 an Clara
Wieck, seine noch immer heimliche Geliebte, in dem er
schreibt: »Darum genügen mir auch so wenig Compositionen, weil sie abgesehen von allen Mängeln des Hand-
werks sich auch in den musikalischen Empfindungen der

niedrigsten Gattung, in gewöhnlichen lyrischen Ausrufungen pp. herumtreiben; das Höchste, was hier geleistet werden kann, reicht doch nicht bis zum Anfang der Welt meiner Musik.« – Vermag der selbstbewußte Anspruch des 28jährigen noch wenig bekannten Komponisten die berühmte 19jährige Virtuosin zu verunsichern? Wird durch die Beziehung der beiden die von Wieck sorgfältig geplante Laufbahn Claras durchkreuzt?

Schwierige Ablösung

Wieck ist es gewohnt, für seine Tochter zu denken und zu handeln, sie ist sein Geschöpf, er hat sie zu den Höhen geführt, auf denen sie ihm nun zu entgleiten droht. Was er für einen freundschaftlichen Musikwettstreit seines ehemaligen Schülers mit seiner für ihn noch kindlichen Tochter gehalten hat, ist längst zu einem heimlichen Liebesverhältnis geworden. Der Vater fühlt sich hintergangen, fordert von Schumann alle Briefe Claras zurück, untersagt ihr jeden Kontakt mit dem »Habenichts«. Hat er nicht zehn Jahre seines Lebens ihrer Ausbildung gewidmet, all seine Hoffnungen auf sie gesetzt? Wie kann sie so undankbar sein? »Wenn Clara heiratet, ist sie nicht wert, meine Tochter zu heißen«, sagt er verbittert. Nutzlos der Versuch Schumanns, offiziell um die Hand der Tochter anzuhalten. Wieck reagiert mit wüsten Anschuldigungen, unterstellt dem Freier Trunksucht, undurchsichtige Liebschaften, Sprachstörungen, Unfähigkeit, den Ansprüchen seiner Tochter zu genügen. Er sieht Claras glanzvolle Karriere aufs höchste bedroht.

Clara muß sich entscheiden: ruhmreiche Konzertreisen unter Wiecks erfolgversprechender Regie oder ungewisse Zukunft an der Seite eines nicht sonderlich gut beleumundeten unbekannten Komponisten, der wegen einer Handverletzung die Pianistenlaufbahn aufgeben mußte. Daß sie sich, trotz ihres beruflichen Ehrgeizes, für Schumann entscheidet, spricht für sie. Die Ablösung vom Vater gelingt jedoch nicht einmal dann ganz, als er sie, um sie zu erpressen, aus dem Haus weist. Clara kommt bei Verwandten und Freunden unter, schließlich bei der Mutter in Berlin. Mit Robert zusammenzuziehen ohne Trauring wäre höchst unschicklich, und Claras Verliebtheit geht nicht so weit, daß sie bereit wäre, aus der bürgerlichen Gesellschaft in die Bohème überzuwechseln. Bleibt nur eine gerichtliche Klage gegen den unbeugsamen Vater – was der Tochter wieder als Härte ausgelegt werden kann, hat der Vater doch nicht nur sie, sondern auch seine erste Frau an einen Musiker verloren ...

Ertrotzte Heirat

Das ungewöhnliche Gerichtsverfahren zieht sich in die Länge, doch die Sympathie der Öffentlichkeit liegt auf der Seite des jungen Paares. Liszt schreibt zwei befördernde Gutachten, Mendelssohn bietet sich als Zeuge an. Am 1. August 1840 erhalten die beiden endlich die gerichtliche Heiratserlaubnis, und am 12. September, am Vorabend von Claras 21. Geburtstag, findet die mit Unterstützung der Mutter ertrotzte Hochzeit statt. Schumann hat schon vorher – ganz modern – bei seiner berühmten Braut angefragt: »Apropos, wie wirst Du Dich nennen: Wieck-Schumann oder umgekehrt oder nur Clara Schumann?«

Eine Künstlergemeinschaft soll es werden. Zwei nebeneinander und miteinander Schaffende in einer geräumigen Neubauwohnung. Clara hat bei ihren Konzertreisen, an deren finanziellem Erfolg der Vater sie von

Kind an beteiligt hat, gut verdient, sie kann sich das repräsentative Domizil in der Inselstraße – auf das heute eine Tafel hinweist – leisten. Das junge Paar hat sich alles so schön ausgedacht: »Nun, das wird ein rechtes Dichter- und Blütenleben geben – wie die Engel wollen wir zusammen spielen und dichten …«, hat Robert schon 1838 an seine zukünftige Frau geschrieben und sie getröstet: »Manches Gute hat unser langes Wartenmüssen auch; es wird so manches abgetan sein, was bei andren in die Ehe fällt.«

Nichts ist abgetan, die Schwierigkeiten fangen erst an. Normale Alltagsschwierigkeiten, die sich bei hochsensiblen Künstlern zur Katastrophe steigern können. Die beiden gehen sich, und das schon nach vierzehn Tagen, beim täglichen Klavierüben gegenseitig auf die Nerven. Da nützen auch die Beteuerungen im gemeinsam geführten Ehetagebuch wenig: »Alles, was uns gemeinsam berührt in unserem Haus- und Ehestand; unsere Wünsche, unsere Hoffnungen sollen darin aufgezeichnet werden; auch soll es sein ein Büchlein der Bitten, die wir aneinander zu richten haben, wo das Wort nicht ausreicht; auch eines der Vermittlung und Versöhnung, wenn wir uns etwa verkannt hatten …«

Das Tagebuch gibt Einblick in das Alltagsgeschehen, in das Leipziger Kulturleben, in gemeinsame Kompositionspläne – die wirklichen und im Laufe der Zeit zunehmenden Schwierigkeiten dieser Ehe werden nicht angesprochen: seine Labilität und Gehemmtheit, seine Depressionen, seine Unduldsamkeit und Eifersucht auf ihren Erfolg. Claras mit jeder Schwangerschaft stärker spürbare Verhärtung diesen Kindern gegenüber, die ihrer Entfaltung im Wege stehen. Liebe hat sie in ihrer Kindheit nicht kennengelernt, Liebe kann sie auch ihren Kindern nicht geben. Den großen Haushalt finanziert sie überwiegend aus ihren Konzerteinnahmen. Kann man ihr da Vernachlässigung der Familienpflichten vorwerfen? Der äußere Rahmen stimmt zwar, aber das Klima im Schumannschen Hause ist von Claras unterschwelligen Schuldzuweisungen belastet. Hat nicht ihr Vater genau diese Situation vorausgesehen? Der Vater, der sie ausgebeutet hat, von dem sie nicht loskommt, von dem Eva Weissweiler schreibt, er sei ihre einzige Lebensliebe gewesen.

Zwischen Flügel und Familie

»Es ist mir schrecklich, mir gar nicht mit meinem Talente nützen zu können, jetzt, wo ich die besten Kräfte dazu besitze«, trägt Clara ins Tagebuch ein. Von Robert die Eintragung: »Ja, es ist durchaus nöthig, daß wir Mittel finden, unsere Talente nebeneinander zu nützen und zu bilden.« Sie denkt an ausfallende Konzertreisen, er ans Komponieren. Als Reisebegleiter seiner Frau fühlt er sich äußerst unwohl – verständlich, wenn er sich fragen lassen muß, ob er denn auch musikalisch sei und welches Instrument er spiele. Der unbekannte Mann einer berühmten Frau. Von seinen Liedern, seinen Klavierkompositionen, seiner ersten Symphonie spricht niemand, auch nicht von seiner *Neuen Zeitschrift für Musik*, die er seit Jahren redigiert. Clara steht im Mittelpunkt, er wird sich damit abfinden müssen.

Clara, die mit 15 ihr erstes Klavierkonzert geschrieben hat. Die mit 20 im Tagebuch verkündet: »Ein Frauenzimmer sollte nicht komponieren wollen – es konnte noch keine.« Die trotzdem weiter komponiert und nach der ersten Probe ihres Klaviertrios op. 17 begeistert notiert: »Es geht doch nichts über das Vergnügen, etwas selbst komponiert zu haben und es dann zu hören.« Die sich doch immer wieder – zumindest im Tagebuch – zurücknimmt und frauengebotene Einsicht zeigt: »Wenn ein Mann eine Symphonie componiert, da kann man wohl nicht verlangen, daß er sich mit anderen Dingen abgiebt – muß sich doch sogar die Frau hintan gesetzt sehen.«

Hintan gesetzt fühlt sie sich nicht nur durch Roberts schubweise Arbeitsbesessenheit, sondern auch durch die wie Naturereignisse – Naturkatastrophen? – hereinbrechenden Schwangerschaften und Geburten: 1841 die Tochter Marie, 1843 Elise. Eine Kinderfrau muß eingestellt werden. Weitere Schwangerschaften werden folgen, acht Geburten in 14 Jahren. Geplante Konzerte müssen immer wieder verschoben werden, auch die von Mendelssohn eingefädelte große Rußland-Tournee, die 1844 mit glanzvollen Auftritten in Moskau und St. Petersburg endlich zustande kommt. Clara als Managerin: Nie zeigen sich ihr Organisationstalent und ihr Geschäftssinn deutlicher als bei Auslandsreisen. Mit den Einkünften aus diesen Konzerten kann der aufwendige Haushalt in Leipzig fast ein Jahr lang finanziert werden. Abendgesellschaften, Gäste, Hauskonzerte – Clara hat alles im Griff. Sie ist ganz Tochter ihres Vaters. Robert, der unscheinbare Begleiter, schreibt verbittert: »Der Gedanke meiner unwürdigen Stellung in solchen Fällen ließ aber keine Freude in mir aufkommen.« Er trinkt. Träumt von Amerika.

Clara träumt von Dresden. Zwar ist Leipzig die deutsche Musikmetropole, hier hat Mendelssohn Schumanns *Frühlings-Symphonie* und andere seiner Werke uraufgeführt, hier sitzt die tonangebende Avantgarde – aber in Dresden sitzt Friedrich Wieck. Was bewegt Clara, die Verbindung zu ihrem Vater, der sie so schnöde und unmenschlich behandelt hat, wieder aufzunehmen? Braucht sie ihn als Impresario, als Gegenpart zu ihrem wenig lebenstüchtigen Mann? Ist er, so absurd das anmuten mag, tatsächlich ihre »einzige Lebensliebe«?

Schumann kann sich mit Dresden nicht anfreunden, vor allem nicht mit dem Gedanken, wieder in Wiecks Fänge zu geraten. Aber Leipzig hat ihn enttäuscht: Mendelssohns Nachfolger im Gewandhaus wäre er gerne geworden, doch Wilhelm Gade hat den Kapellmeisterposten bekommen. Nackenschläge, Depressionen – Mendelssohn fehlt ihm in der Runde der »Davidsbündler«, die sich regelmäßig im »Kaffeebaum« trifft. Was hält ihn noch in dieser Stadt? Seine *Neue Zeitschrift für Musik*, sein Standbein in Leipzig, verkauft er mit allen Rechten.

Dresden also. Clara erwartet das dritte Kind, Julie. Ein Jahr darauf wird Emil, der erste Junge, geboren. Mit Konzertreisen wird es schwierig. Aus dem Wunderkind, der jugendlichen Virtuosin ist eine überanstrengte, wenig Glanz ausstrahlende Pianistin geworden. Wieder schwanger. Dann Erleichterung über die Fehlgeburt. Eine Konzertreise nach Wien, 1847 mit Robert und dessen Kompositionen, soll den alten Glanz zurückbringen, aber das Publikum läßt sich nicht mehr begeistern. »Der Besuch war sehr mäßig, der Applaus kühl«, berichtet eine Wiener Zeitung, und der lauernde Wieck kommentiert: »Als Clara Wieck vergöttert, als Clara Schumann ignoriert.« Clara gibt Klavierstunden. Unter seiner Obhut wäre ihr diese Demütigung erspart geblieben.

Weg von Dresden, von den traumatischen Erfahrungen des Maiaufstandes 1849. Robert nimmt eine Stelle als städtischer Musikdirektor in Düsseldorf an. Clara unterstützt seinen Entschluß, obgleich sie wissen muß, daß ihr gesundheitlich höchst labiler, in Orchesterführung unerfahrener und introvertierter Mann diesen Anforderungen nicht gewachsen sein wird. Aber die ständig sich vergrößernde Familie – zwei Kinder, Ludwig und Ferdinand, sind noch dazugekommen – braucht ein festes Einkommen.

Düsseldorf. Die Geburt der Tochter Eugenie wird nicht mehr im Tagebuch vermerkt, auch die beiden vorangegangenen Geburten nicht, das Leben ist zu prosaisch für aufmunternde Durchhalteparolen. Roberts Gehalt reicht nicht aus für den Unterhalt der Familie, Clara muß wieder konzertieren. Demütigend für Robert, aber Clara sind die Gelegenheiten, häuslicher Tristesse zu entfliehen, nicht unlieb. Robert reibt sich bei den Orchesterproben auf, seine Ängste und Wahnvorstellungen wachsen. In seinem Ohr haben sich Töne festgesetzt, die ihn zur Verzweiflung treiben. Sind es nur die Ohrgeräusche, ist es nicht auch die abweisende Kälte Claras? Mit dem jungen Brahms, der nun häufig im Hause verkehrt, geht sie liebevoller um. Für Robert sind die Gespräche mit Brahms, der sich in seine Kompositionen hineinversetzen kann, ein Lichtblick. Ist er eifersüchtig auf Claras vertrauten Umgang mit dem um 23 Jahre jüngeren Kollegen? Keimt Mißtrauen auf?

Robert Schumanns langsames Ende

Mitten im Karnevalstrubel des Jahres 1854 stürzt sich Robert in einem Anfall von Verzweiflung von einer Brücke in den Rhein. Er wird aus den Fluten gerettet, ins Leben zurückgeholt, in ein Leben hinter Anstaltsmauern. Clara hat die Einweisung in die Nervenheilanstalt Endenich veranlaßt. Aus Fürsorge? Aus Angst vor den unberechenbaren Ausbrüchen Roberts? Aus kühlem Egoismus, wie kritische Biographen mutmaßen? Die Quellen geben keine eindeutige Antwort. Fest steht, daß Clara ihren Mann in den zweieinhalb Jahren seines Anstaltsaufenthaltes nicht besucht hat. Nicht nur, weil sie Angst vor den emotionalen Belastungen hat, vermutet Eva Weiss-weiler, sondern weil sie froh ist über die neuen Freiräu-me und Freiheiten, die sich ihr mit der Abschiebung Roberts bieten.

Im Juni wird das achte Kind geboren und nach Men-delssohn auf den Namen Felix getauft. Sieht es nicht Brahms, dem Freund der Familie, ähnlich? Mutmaßun-gen. Clara nimmt kurz nach der Geburt wieder eine umfangreiche Konzerttätigkeit auf – auch mit Werken Roberts: »Die Ausübung meiner Kunst ist ja ein großer Teil meines Ichs, es ist die Luft, in der ich athme!« Die Kinder werden bei Verwandten und Freunden unterge-bracht, in Pension gegeben. Sie muß die Familie er-nähren, die Kosten in Endenich bezahlen. Sie muß sich freispielen von allem, was auf sie einstürmt. Schon im-mer hat sie sich bei belastenden Situationen in die Musik zurückgezogen, eingeigelt. Sie läßt sich von Freunden, die Robert besuchen, über seinen Zustand berichten. Von Brahms, vom Geiger Joseph Joachim, von der Dich-terin Bettine von Arnim.

Diese schreibt am 15. Mai 1855 beschwörend an Clara, Robert sei »einzig angestrengt sich selbst zu beherrschen, allein wie schwer wird ihm dies wo er von allem was ihm heilsam und ermunternd sein könnte geschieden bleibt? Man erkennt deutlich daß sein überraschendes Übel nur ein nerveuser Anfall war der sich schneller hätte beenden lassen hätte man ihn besser verstanden, oder auch nur geahnt was sein Inneres berührt.« Ein deutlicher Brief. Clara kann sich darauf berufen, daß ihr der Anstaltsarzt Dr. Richarz den Besuch ihres Mannes verboten hat, um den Heilungsprozeß nicht zu gefährden. Dieses von Bio-graphen angezweifelte Verbot gab es tatsächlich, das geht aus dem seit 1994 zugänglichen Behandlungstagebuch des Endenicher Arztes hervor, das auch die bislang umstrittene Krankheitsdiagnose liefert: progressive luetische Paralyse.

Zu stimmen scheint, daß Clara über das Besuchsverbot nicht unglücklich ist, es nicht durchbricht. Die seltenen Briefe, die sie dem Kranken in die Anstalt schickt, verbrennt dieser in einem Anfall von Verzweiflung. Den ersten hat er sofort beantwortet: »Wie freute es mich, geliebte Clara, deine Schriftzüge zu erblicken ... O könnt ich euch ein Mal sehen und sprechen; aber der Weg ist doch zu weit. So viel möchte ich von dir erfahren, wie dein Leben überhaupt ist, wo ihr wohnt und ob du noch so herrlich spielst wie sonst, ob Marie und Elise immer vorschreiten, ob noch auch singen – ob du noch den Klemmschen Flügel hast, wo meine Partituren-Sammlung und die Manuskripte hingekommen sind, wo unser Album ...«

Sein Zustand schwankt zwischen Klarheit und Verwirrung, die wachsende Paranoia ist nicht aufzuhalten, seine Sprache verfällt langsam, er verweigert das Essen, das Leben. Drei Tage bevor er in den Tod hinüberdämmert, reist Clara an. Endlich. Schumann stirbt am 29. Juli 1856, einem schwülen Sommertag. Clara schreibt – und ihre Zeilen nehmen sich zwiespältig aus: »Ich stand an seiner Leiche, des heißgeliebten Mannes, und war ruhig; all mein Empfinden ging auf in Dank zu Gott, daß er endlich befreit ...«

Eigenständige Entfaltung

Als Komponistin ist Clara Schumann nach dem Tod ihres Mannes verstummt. Als Pianistin und Interpretin seiner Werke hat sie um so mehr Aktivität entfaltet. Ihr eigenes kompositorisches Schaffen umfaßt 23 Titel: virtuose Stücke für Klavier, Liederzyklen, Fugen, ein Klaviertrio und sogar ein Klavierkonzert, obwohl sie, nicht zuletzt aus zeitökonomischen Gründen, die kleine Form bevorzugte. Auch wenn sie in engem Schaffenskontakt mit Schumann stand, hat sie doch ihre eigene, von besonderer Sensibilität geprägte musikalische Sprache gefunden. Eine Sensibilität, die ihr im Umgang mit Menschen oft gefehlt hat. In ihrer Jugend hat ihr der Vater zwar brillante Klaviertechnik und Geschäftsgeschick beigebracht, nicht aber Rücksichtnahme und menschliches Einfühlungsvermögen. So hat sie auch ihrem Mann und ihren Kindern nicht die Wärme geben können, die gerade in schweren Zeiten Familienbande zusammenhält.

Am Schicksal der Kinder lassen sich die mütterlichen Defizite ablesen, aber das Familienbild mit den sieben Halbwaisen – die älteste fünfzehn, der jüngste zwei – zeigt auch, wie erdrückend die Last war, die Clara Schumann allein zu tragen hatte, neben der eisern durchgehaltenen Konzerttätigkeit. Da kann es nicht ausbleiben, daß aus der anmutigen jungen Pianistin eine respektheischende Heroine geworden ist. Eva Weissweiler sieht – mit dem Blick Bettine von Arnims – schon die jüngere Clara wenig vorteilhaft: »Claras Augen waren vom Schein der vielen Kerzen entzündet, ihre Fingernägel vom Spiel auf den harten Flügeln des Vaters gespalten, ihre Zähne in Folge der mangelhaften Ernährung, die Wieck ihr, aus Angst zu verarmen, zukommen ließ, lose und faul.« Das Maß der Ausbeutung durch den Vater wird Clara wahrscheinlich nie richtig bewußt, sie griffe sonst bei ihren Kindern und auch bei ihren Schülern nicht auf ähnlich harte Erziehungsmethoden zurück.

Hart ist sie auch mit sich selbst und mit ihren Gegnern, denen, die Robert Schumanns Intentionen in ihren Augen verfälschen oder verwässern. Sie fühlt sich als die Hüterin seines Werkes und als unfehlbare Autorität in

Interpretationsfragen. Liszt nennt sie wegen ihres hohen Kunstanspruchs und ihres moralischen Sendungsbewußtseins »Priesterin der Kunst«. Bitter muß es für sie sein, daß bereits die nachfolgende Pianistengeneration ihr »klassisches«, vom nachromantischen Pathos befreites Spiel als überholt empfindet und sich weigert, »Schumann zu spielen wie diese alte Dame«. Leider ist ihr Spiel nie auf Tonträger aufgenommen worden, obwohl dies schon möglich gewesen wäre.

In der Musikgeschichte wird sie ihren Platz als überragende Pianistin behalten. Auch als Herausgeberin der Werke ihres Mannes sind ihre Verdienste bleibend – selbst wenn ihre beim Leipziger Verlag Breitkopf und Härtel herausgekommene Schumann-Gesamtausgabe wegen eigenwilliger Retuschen auf Kritik stößt. Ihr Rang als bedeutende Komponistin ist umstrittener. Seltenheitswert hat ihr kompositorisches Schaffen ohne Zweifel, sind doch im Handbuch des Deutschen Komponistenverbandes bis heute von den über achthundert eingetragenen deutschen Komponisten nur ein gutes Dutzend Frauen. Schon 1837 ist in der *Neuen Zeitschrift für Musik* zu lesen: »So mancherlei die Damen in neuester Zeit versucht haben, sich dem sogenannten starken Geschlecht nicht nur an die Seite, sondern dieses wo möglich sogar in den Schatten zu stellen, – wir finden schon eine Operncomponistin und bald vielleicht eine Directorin eines weiblichen Orchesters, – so hat es doch, so viel wir uns erinnern, noch keine vollbracht, was Fräulein Clara Wieck gelang, nämlich ein Concert für das Pianoforte zu componieren.« Das wohlgemeint joviale Fazit des Rezensenten lautet: »… fände sich nicht auf dem Titel der Name der Componistin oder hörte man das Werk, ohne dessen Schöpfer zu kennen, nie würde man dem Gedanken Raum geben, es sei von einer Dame geschrieben.«

»Männliche« Gestaltungskraft, »männliches« Durchsetzungsvermögen hat man Clara Schumann oft nachgesagt. Sind dies die Eigenschaften, die auch der schüchterne Brahms an ihr bewundert hat? Seine enge Bindung an Clara hält lebenslang, auch wenn die »herrliche Frau« zwischendurch ihre Gunst dem jungen Musiker Kirchner schenkt, den sie in ihrem Sommerhaus bei Baden-Baden unbefangen ins Familienleben einbezieht. Ein Familienleben, das immer nur kurze Wochen dauert, dann werden die Kinder wieder auseinandergerissen, in Internate oder in Pension gegeben. Vergeblich redet ihr Brahms zu, eine große Stadtwohnung zu mieten und die Kinder zu sich zu nehmen. Zuviel Unruhe, zuviel häusliche Bindung. Für Clara beginnt die Konzertsaison.

1878, 22 Jahre nach Schumanns Tod, feiert sie ein seltenes Jubiläum: 50 Jahre auf dem Konzertpodium. Doch ihre Kräfte lassen nach, sie hört schlecht, der rechte Arm will nicht mehr. Die Professorenstelle an einem Konservatorium sichert ihr wenigstens ein regelmäßiges Einkommen. Noch als 71jährige spielt sie in einer Frankfurter Museumsaufführung Chopins f-Moll-Konzert.

Nach einem ersten Schlaganfall im März 1896 bittet Brahms die Töchter, ihn sofort zu verständigen, wenn sich Claras Zustand verschlechtert, »damit ich kommen kann, die lieben Augen noch offen zu sehen«. Doch als Clara am 20. Mai stirbt, ist er nicht anwesend. Er hat sich in der Aufregung in einen falschen Zug gesetzt und trifft erst nach vierzigstündiger Odyssee quer durch Deutschland in Frankfurt ein. Am Pfingstsonntag 1896 wird Clara Schumann an der Seite ihres Mannes auf dem Alten Friedhof in Bonn beigesetzt. »Der einzige Mensch, den ich wirklich geliebt habe, den habe ich heute begraben«, klagt Brahms und widmet ihr seine *Vier ernsten Gesänge*. Nicht einmal ein Jahr hat er sie überlebt.

An ihrem Grab standen nur drei ihrer Kinder, die Töchter Marie, Elise und Eugenie, die alle auf den Spuren der Mutter eine musikalisch-pädagogische Laufbahn eingeschlagen haben, ohne je deren Glanz zu erreichen. Ludwig dämmerte in einer geschlossenen Anstalt vor sich hin. Emil ist schon als Kleinkind gestorben, Ferdinand später als Kriegsinvalider elend zugrunde gegangen. Felix, der Hochbegabte, dem Clara eine Ausbildung als Geiger untersagte, starb wie seine Schwester Julie an Tuberkulose.

Wie hat die Mutter, auch wenn sie die Kinder auf Distanz hielt, all diese Schicksalsschläge verkraften können? Es war die Musik, die ihr die Kraft des Überlebens gab. Clara Schumann war eben doch nicht nur die seelenlose Klaviermaschine, das Produkt eines ehrgeizigen väterlichen Drills. Wenn sie sich auch keinem Menschen je ganz geöffnet hat, so doch der Musik. Sie weiß, »wie sehr die Musik zu meinem Leben nöthig – müßte ich sie … entbehren, ginge ich bald zu Grunde«.

Weeste noch ...

Claire Waldoff
1884–1957

Eine derbe Frau mit rauher Kehle und aggressivem Gemüt, unter Großstadtpflanzen ein Prachtexemplar der Asphalt-Botanik: so der Dichter Joseph Roth über Claire Waldoff, die deutsche Chanson-Sängerin der zwanziger Jahre. Gerade ihre übersteigert schnoddrige Nüchternheit findet er erotisch und künstlerisch reizvoll; nicht die Nachtigall in der Baumkrone hört er, wenn sie ihre Lieder unters Volk schmettert, sondern den Straßenspatz auf dem Telegraphendraht, robust, unbekümmert, keß, doch nicht ohne leise, tragische Zwischentöne. Sie verkörpert ein Stück Zeitgeschichte, Berliner Geschichte, Überlebensgeschichte, die kleine burschikose Rothaarige, die da »Das Lied vom Vater Züle« singt oder in breitestem Berliner Jargon »August, reg dir bloß nich uff« und »Warum kiekste mir denn immer uf de Beene?«.

Man reihte sie unter die »Berliner Pflanzen« ein, ein Ehrentitel, den der Volksmund längst nicht jeder Berlinerin verleiht. Dabei ist sie gar nicht mit dem berühmten Spreewasser getauft, sondern stammt aus dem »Kohlenpott«, aus Gelsenkirchen. Aber wenn jemand die These, eine echte Berlinerin müsse auch in Berlin geboren sein, überzeugend widerlegt, dann sie. Sie fühlte sich nie als Zugereiste, von dem Augenblick an, als sie mit ihrem alten Korbkoffer am Schlesischen Bahnhof eintraf, von Kattowitz her, Fahrkarte »4ter Güte«, war sie hier heimisch. »Ich empfand gleich das Besondere dieser Stadt, das unerhörte Tempo, das Temperament, das unglaubliche Brio«, hält sie in ihrem Erinnerungsbuch »Weeste noch ...« fest. Von morgens bis abends fuhr sie mit der Straßenbahn quer durch die Stadt, sog sich voll mit Eindrücken und aß bei Aschinger für dreißig Pfennig Erbsensuppe mit Speck. Sie war 21 und träumte von der großen Karriere. Aber sie träumte handfest, mit praktischem Sinn für das Machbare und Mögliche. Schon früh hatte sie gelernt, sich einzuordnen, aber auch auszubrechen, sich Freiräume zu schaffen, aus ihrem eigenwilligen Aussehen, ihren roten Haaren Kapital zu schlagen.

Als siebtes von zwölf Kindern des »konfessionslosen Freidenkers« Wilhelm Wortmann und seiner katholischen Ehefrau Clementine ist sie im amtlichen Melderegister ihrer Geburtsstadt Gelsenkirchen eingetragen. Sie selbst berichtet in ihren Erinnerungen von 15 Geschwistern, sie als Elfte geboren – auf ein Kind mehr oder weniger kommt es da nicht mehr an. Jedenfalls ragt die quirlige, aufgeweckte Clara schon früh aus der Geschwisterschar heraus, aus ihr soll einmal etwas werden. Der Vater, für einen Schankwirt und ehemaligen Bergarbeiter nicht selbstverständlich, bringt die wißbegierige Zwölfjährige in Helene Langes ersten Mädchengymnasialkursen in Hannover unter. Die Schulanforderungen sind hart, und daneben lockt das »Großstadtleben« Hannovers: Café Kröpke als Mittelpunkt der Welt, Theater- und Opernbesuche, die wie ein Blitz in das Mädchengemüt einschlagen und das geplante Medizinstudium vergessen lassen. »Mit einem Hemd und einem Paar Strümpfen ging ich zum Theater... Ich habe mit Wonne gehungert und gedarbt«, schreibt sie in ihrer Biographie – und heißt fortan Claire Waldoff.

1903 mit vierzig Mark Monatsgage erstes Engagement am Fürstlichen Sommertheater in Bad Pyrmont als Naive und jugendliche Liebhaberin. Wo immer sich Gelegenheit bietet, springt sie auch in andern Rollen ein; eine gute Vorübung für ihre späteren Auftritte, dieses blitzschnelle Sichhineinfinden in unbekannte Texte, das geschickte Überspielen von Unsicherheiten und Schwächen. Die nächste Spielzeit am Interimstheater in Kattowitz bringt schon 60 Mark monatlich, immer noch zuwenig allerdings, um sich eine angemessene Theatergarderobe leisten zu können. So trägt sie ihre einzigen vorzeigbaren Stücke, hohe Schnürlackstiefel, weiße Federboa und eine dicke falsche Perlenkette, bei allen möglichen und unmöglichen Gelegenheiten. Mit einer Wandertruppe arbeitsloser Schauspieler tingelt sie durch die Provinz, drei Stücke im Repertoire, die alle »im Garten« spielen müssen, da neben einem alten Feldbett nur Gartenstühle als Requisiten zur Verfügung stehen. Je schlechter besucht die Vorstellungen sind, um so üppiger wuchern die Träume: eines Tages würde sie Else Lehmann sein oder Else Bassermann, oder gar die Sorma...

Daß beruflicher Aufstieg, künstlerisches Weiterkommen und Anerkennung in der maßgeblichen »Szene« nur in der Hauptstadt möglich sind, weiß Claire genau. Der Sprung nach Berlin gelingt ihr mit Hilfe einer ehemaligen Schulkameradin, die als Schauspielerin im Ensemble Olga Wohlbrücks auftritt und Claire dort einführt. Sie spielt unbedeutende Rollen in Einaktern von Paul Scheerbart, aber der unerbittliche und gefürchtete Kritiker Alfred Kerr hat den richtigen Riecher. 1907 schon hebt er sie im *Berliner Tageblatt* hervor: »Man muß sich einen neuen Menschen merken: Claire Waldoff.« Doch vier Monate später macht das Figaro-Theater am Kurfürstendamm, in dem sie auftritt, Bankrott. Freunde vom Theater, Maler und Dichter aus dem »Café Größenwahn« helfen ihr über die Runden, sie revanchiert sich mit »Solo-Vorträgen«, aufgeschnappten Berliner Gassenhauern, die die Zuhörer begeistern: Claire Waldoff, die kleine Provinzschauspielerin, entpuppt sich als urwüchsiges Chansontalent. Den Berliner Dialekt und Tonfall hat sie sich inzwischen längst angeeignet. Eine kleine Rolle im Neuen Schauspielhaus, ein Satz nur, in schnoddrigem Backfisch-Jargon hingeworfen, bringt ihr Abend für Abend Applaus auf offener Bühne ein – und den Neid der bekannteren Kollegen. Die »kleene Kröte« wird entlassen. Aber entmutigen läßt sie sich nicht.

Noch am selben Abend setzt sie sich in den Omnibus und fährt zur Potsdamer Straße, zum renommierten Kabarett »Roland von Berlin«, um sich beim Direktor, Paul Schneider-Duncker, vorzustellen. Der ist von ihrem Auftreten so beeindruckt, daß er sie gleich für eine ganze Saison engagiert. Das Ereignis wird im Freundeskreis gehörig begossen, aber drei Tage vor der Premiere kommt die Ernüchterung: ihr ganzes Repertoire, angeblich antimilitaristische Chansons von Paul Scheerbart, wird von der Zensur gestrichen. Mit der vaterländischen Euphorie der Regierung und auch der Bevölkerung in dieser auf den Ersten Weltkrieg zutreibenden Zeit läßt sich nicht spaßen – eine Erfahrung, die sie in ihrer pragmatischen Art zur Kenntnis nimmt, ohne zu kapitulieren.

Nach drei Tagen und drei Nächten intensivster Probenarbeit mit dem jungen, damals noch unbekannten Pianisten und Chanson-Komponisten Walter Kollo »steht« das Programm am Premierenabend. Sie singt das politisch harmlose, von der Zensur nicht anfechtbare Lied vom »Schmackeduzchen«. Niemand weiß, was ein Schmackeduzchen ist, aber die kleine Rote aus Gelsenkirchen singt so keß und so komisch, daß die Beifallsstürme und da-capo-Rufe nicht enden wollen. Der Direktor, der sie Tage zuvor noch zu entlassen drohte, läßt nun in Windeseile neue Plakate drucken: »Claire Waldoff, der Stern von Berlin«. Die Stadt hat ihren neuen Chanson-Star.

Nicht nur dessen leicht heisere, forsche Stimme begeistert das Publikum, sondern auch das ungewohnte Auftreten: keine großen, pathetischen Bewegungen, nur sparsamste Mimik, ein Hochziehen der Augenbraue, ein kurzes Zurückwerfen des Kopfes. Dem Temperament muß nicht mit äußeren Mitteln nachgeholfen werden. Und noch etwas steigert Claire Waldoffs Erfolg: Sie singt für alle Berliner, quer durch die sozialen Schichten. In Berlins teuerstem Kabarett, dem »Chat noir« an der Friedrichstraße, tritt sie vor »gehobenem« Publikum auf, im »Linden-Cabaret«, dem populären Unterhaltungslokal, gelingt ihr der Durchbruch auch zur Arbeiterschicht. Ob in der Scala im Wintergarten oder im Großen Schauspielhaus: sie ist schon eine feste Berliner Institution, ihre Lieder mit den eingängigen, frechen Refrains werden in der Straßenbahn nachgeträllert.

Ganz Berlinerin ist sie auch im Privatleben, mit einer »Laube« am Bahnhof Schmargendorf, direkt neben der Gasanstalt, wo sie ihr eigenes Gemüse zieht und von den Nachbarn Pflanzregeln und die politische Weltlage erklärt bekommt. Hier hört sie Volkes Stimme, während sich in ihrer Wohnung, die sie mit der Baronesse Olga von Roeder, genannt Olly, teilt, die Bohème trifft, Ringelnatz darunter, der mitmacht bei einem »Großen Bahnhof« für die Königin von Dänemark, eine verkleidete Kollegin, die Portiers und einen Hoteldirektor in höchste Aufregung versetzt. Das locker unbeschwerte Künstlerleben, die Auftritte im Kabarett, in der Operette und in den gerade sich groß entfaltenden Revuen, das ist die eine Seite der Claire Waldoff, das soziale Gewissen, das Gespür für die Alltagsnöte des kleinen Mannes die andere. Ihre Herkunft aus dem Bergarbeitermilieu, Erinnerung an Grubenkatastrophen, schmale Lohntüten und Kinderarbeit sind nicht vergessen. Mit dem fast blinden Brettl-Dichter Endrikat verbindet sie eine kumpelhafte »Kohlenpott«-Freundschaft, Kurt Tucholsky ist fasziniert von ihr, der Maler Emil Orlik verehrt sie, Kokoschka zeichnet die 32jährige mit ernstem, verschlossenem Gesicht – Titelblatt auf Herwarth Waldens Zeitschrift *Sturm* im Dezember 1916.

Am stärksten fühlt sie sich Heinrich Zille verwandt, mit dem sie lebenslang befreundet bleibt: »Er war herrlichstes Berlin, trotzdem er Sachse war. Berlin war seine Wahlheimat, wie ja auch die meine. Wir waren wohl extra für diese Stadt geschaffen worden.« Zille, mit Schlapphut und großer Malmappe unter dem Arm, holte sie regelmäßig nachts gegen zwei aus dem Kabarett ab, und sie begleitete ihn nachmittags, wenn er in den Hinterhöfen seine »Milljöh-Skizzen« machte. Nach seinem Tod singt sie für ihn das »Lied vom Vater Zille«:

Das ist dein Milljöh
Das ist dein Milljöh
Jede Kneipe und Destille
kennt den guten Vater Zille ...

Schon vorher, 1928, zu Zilles 70. Geburtstag, hatte sie ihren Erfolgsschlager »Hermann heest er« ihm zu Ehren umgeschrieben in »Heinrich heest er«. Jenen Schlager aus dem Linden-Cabaret des Jahres 1913, der dann später im »Tausendjährigen Reich« – der Name Hermann war auf einmal sehr aktuell – verboten wurde.

Obwohl ihr Ariernachweis bis zum Urgroßvater in Ordnung ist, verbietet ihr Goebbels Film- und Funkauftritte, die damals neuen und zugkräftigen Medien bleiben ihr versperrt, Kollegen rücken von ihr ab, Kabarett-

Direktoren schließen keine Verträge mehr mit ihr ab. So beschließt sie, ihr eigener Manager zu werden. Einschüchtern läßt sie sich auch nicht von einer Horde Hitler-Jugend, die in den Saal stürmt und im Sprechchor ruft: »Deutsche Männer und Frauen, wollt ihr das hören?« – »Natürlich wollen die das hören, deswegen sind sie ja hergekommen«, antwortet sie trocken.

Zwar bleibt ihr Erfolgsschlager »Hermann heest er« verboten, aber er kursiert weiter, wird vom Volksmund um neue Strophen ergänzt:

> Rechts Lametta, links Lametta,
> Un der Bauch wird imma fetta,
> Un in Preußen ist er Meester.
> Hermann heest er.

Kein Wunder, daß Goebbels protestiert, als ihr 1936 noch ein großer Auftritt in der Scala gelingt. Es ist ihr letzter im Reich. Sie resigniert, ganz gegen ihr Naturell, zieht sich in ein kleines Häuschen nach Bayerisch-Gmain zurück kurz vor Ausbruch des Zweiten Weltkriegs. Berlin war nicht mehr ihr Berlin, die meisten Freunde im Exil, Ringelnatz tot, Kokoschka und Käthe Kollwitz als entartet gebrandmarkt. Ihr Berliner Heim mit all ihrer persönlichen Habe fällt im November 1944 einem Bombenangriff zum Opfer.

Nach dem Krieg steht sie wieder auf der Bühne, nicht mehr so keß, nicht mehr so unbeschwert fröhlich, aber doch mit einem unverwüstlichen Grundoptimismus: »Die Leute wollen lachen, sie wollen ein bißchen Wärme fühlen ...« Berlin sieht sie erst 1950 wieder, und dieses Wiedersehen wühlt sie auf: die Anhänglichkeit der alten Berliner, aber auch die Trümmer, die Grabesstille im alten Westen. Von Gefühlen überwältigt singt sie nun nicht mehr wie früher »Schnauze vorneweg, doch das

Herz am Fleck«, sondern mit einem Anflug von Sentimentalität und Trotz in der brüchigen Stimme »Alles kommt im Leben einmal wieder« nach eigener Melodie, den Text hat ihr Alfons Hayduk geschrieben. Im Refrain heißt es:

Berlin, Berlin, dich muß ich ewig heben,
Berlin, Berlin, du bist mein schönster Reim.
Ist mir auch nix auf Erden sonst geblieben,
Du bist mein Lied, nach dir, da zieht's mich heim.

Sie stirbt nicht in Berlin, sondern in Bayern – mit 73 an einem Schlaganfall –, aber sie überlebt als Berlinerin. In ihren 1953 erschienenen Erinnerungen »Weeste noch ...!« und vor allem mit ihren Schlagern, Couplets, Bänkel- und Volksliedern auf den alten Schellack-Platten. Weder die Rillenkratzer noch die krächzende Grammophonnadel können der hinreißenden Stimme mit dem rauhen Timbre etwas anhaben: unverkennbar die Waldoff.

Kapitel 2

Die blauen Reiterinnen

Frauen und die Malerei

Marianne von Werefkin

Die blauen Reiterinnen

Marianne von Werefkin
1860–1938

Gabriele Münter
1877–1962

Der Blaue Reiter – mit diesem Markenzeichen verbinden wir farbsatte Bilder von Kandinsky und Macke, von Jawlensky und Marc, verbinden wir Expressionismus – genauer: Expressionismus in München. Die verrückte Zeit vor dem Ersten Weltkrieg, die in einer grellen, explosiven Kunst ihren Ausdruck findet. Wassily Kandinsky löst die Formen in Farborgien auf, Alexey von Jawlensky revolutioniert mit seiner roten *Turandot* die Porträtkunst, Franz Marc treibt den Turm der *blauen Pferde* kühn in den Kosmos vor – die Welt ist aus den Fugen geraten, die Bilder sprengen Museumswände, krallen sich im Kopf fest. Da bleibt wenig Raum für die ruhigere, verhaltenere, aber dennoch ausdrucksstarke Kunst zweier Frauen, die auch zur Münchner Kunstszene der Jahrhundertwende und zum Kreis der Blauen Reiter gehören: Marianne von Werefkin und Gabriele Münter.

Lange waren ihre Namen fast vergessen, wurden höchstens genannt als »Gefährtin von ... «. Zwar hingen ihre Werke in einem renommierten Münchner Museum, der Städtischen Galerie im Lenbachhaus, zwar kannte man das Münter-Haus in Murnau, aber als eigenständige Künstlerinnen wurden sie einem breiteren Publikum erst durch die großen Ausstellungen näherge-

Gabriele Münter

bracht, die 1988 anliefen: für Marianne von Werefkin in Ascona und München, für Gabriele Münter in Hamburg und Darmstadt. Weitere Städte folgten, und die Museumsbesucher zeigten sich von der souveränen Pinselführung und den eigenwilligen Bildkompositionen der beiden Neuentdeckten überrascht.

Daß die Malerinnen so häufig nur im Schatten ihrer Lebensgefährten zur Kenntnis genommen werden, haben sie sich nicht zuletzt selbst zuzuschreiben. Die Werefkin, die ihrem Schützling Jawlensky alle Wege ebnet, die Münter, die sich von Kandinsky den Lebenszuschnitt aufprägen läßt, beide sehen sie sich nicht an der Spitze, sondern in der Nachhut der Blauen Reiter, wenn auch mit gelegentlichem inneren Aufbegehren. So beschreibt Gabriele Münter anschaulich, wie Kandinsky in ihrem gemeinsamen Sommerhaus in Murnau die Schlafzimmermöbel bunt und lustig bemalt hat, auch ihr Toilettenschränkchen: »Am mittleren Fach rennen ein ›blauer Reiter‹ und eine dunklere Reiterin. Er wendet sich um nach ihr und winkt, und sie rennt was sie kann manchmal hat mich dieser Scherz geärgert, weil er unwahr ist – denn er wandte sich nie um und sagte nie ›Komm mit‹.«

Dieser Satz enthüllt die ganze Tragik der Künstlergemeinschaft. Kandinsky, der Vorausgaloppierende, der kühne Theorie postuliert und in neue, abstrakte Sphären vorstößt, und sie, die Bedächtigere, Erdverbundenere, die ihre Intuitionen mit einer inneren Sicherheit malt, die keiner begründenden Theorie bedarf. Kandinsky sagt ihr, noch bevor sie seine Lebensgefährtin wird: »Du bist hoffnungslos als Schüler – man kann dir nichts beibringen. Du kannst nur machen, was in dir gewachsen ist.« Und die Schülerin fühlt sich in ihrem Schaffen von ihm »am feinsten verstanden und dadurch gehegt und gefördert, daß er es nie zu beeinflussen versuchte«.

Bei Marianne von Werefkin und ihrem vier Jahre jüngeren Freund Jawlensky liegen die Dinge umgekehrt, da ist sie die Überlegene, künstlerisch Fortgeschrittenere, die den jungen Maler in die Lehre nimmt und ihm alle Türen aufstößt. Beiden Frauen gemeinsam ist die ständige Spannung, unter der ihr Leben und Schaffen steht. Das Bemühen, ihrer Kunst und gleichzeitig ihrer Liebe und Fürsorge gerecht zu werden, das Ringen um Eigenständigkeit und daneben der Wunsch, sich ganz und bis zur Selbstaufgabe in den Partner hineinzuleben. Gegensätze, die ausgehalten, künstlerisch und seelisch verarbeitet werden müssen. Nicht nur die persönliche Dramatik, auch die äußeren Lebensbedingungen ähneln sich. Beider Beziehungen zu den doch sehr um sich selbst kreisenden Künstlergefährten scheitern und ziehen Schaffenskrisen nach sich. Beide erleben sie aber auch ihre schöpferischen Höhepunkte in der Zeit ihrer problematischen Gefährtenschaften.

Man könnte sich die auch gegenseitig verflochtenen Künstlerpaare in einem Vierpersonenstück auf der Bühne vorstellen. Ort der Handlung: ein Schwabinger Salon im Jahre 1908 mit Bohème- und Stehkragenstatisten, zwei aufgeregt disputierenden Künstlern russischer Herkunft, und in der weiblichen Paraderolle ebenfalls eine Russin, temperamentvoll, vulkanisch, die Szene beherrschend. Daneben als ruhender Pol und Gegengewicht eine bedächtige, in sich gekehrte Deutsche, preußisch streng, doch mit bayerisch-liebenswürdigem Kolorit. Ein Handlungsablauf, der sich, immer im selben Salon, über ein Vierteljahrhundert zuspitzt bis zur inneren und äußeren Krise im Jahre 1933. Die Lebensdaten der Schauspieler, die zum Verständnis des Stückes nötig sind, könnten dem Programmheft entnommen werden:

Marianne von Werefkin, 1860 in Tula geboren, gehört zum Moskauer Uradel. Die Mutter stammt aus einem alten Kosakengeschlecht, der Vater, wohlhabend und angesehen, ist Kommandant der Peter-und-Pauls-Festung in der Residenzstadt St. Petersburg. So kann er es sich leisten, seine künstlerisch begabte Tochter bei dem damals berühmtesten russischen Maler Repin ausbilden zu lassen. Aus dem Lehrverhältnis wird eine Liaison. Aber nicht nur Repin ist der glutvollen Adelstochter verfallen, sondern auch ein Arzt, der ihre bei einem Jagdunfall durchschossene rechte Hand behandelt, und vor allem ein junger Leutnant und Kunststudent: Alexey von Jawlensky. Sie benutzt seine Hingabe, ihn nach ihrem Willen zu formen. »Ich suchte die andere Hälfte meiner selbst... In Jawlensky meinte ich sie erschaffen zu können«, schreibt sie später. Eine Umkehr der Ursituation: Sie, die Frau, will Adam erschaffen.

Sie unterrichtet den jungen Künstler, der den Dienst bei der Armee quittiert hat, in Malerei und Lebenskunst, fordert dem schwerfällig Nachdenklichen jedoch zuviel ab: »... ich erweckte in ihm eine ganze Welt, aber er verstand mich nicht.« Sie ahnt seine Begabung, läßt ihm in ihrer Ungeduld aber zuwenig Zeit zur Entfaltung. Sie liebt ihn als Frau, als Mutter, als Besitzende. Er jedoch entzieht sich ihr: »Ich kann Sie nur als Schwächere lieben, aber Sie sind mir zu stark ... « – Da fängt sie an, sich selbst zu verleugnen: »Ich machte mich zur Schwachen, ich entsagte meinem Willen, meinen Wünschen, meinem Leben ... Damit er nicht auf mich als Künstler eifersüchtig sein sollte, verbarg ich vor ihm meine Kunst.«

Doch Jawlensky lohnt ihr die Erniedrigung nicht, er beginnt ein Verhältnis mit dem jungen Dienstmädchen im Hause, das ihm Modell sitzt. Und die Werefkin duldet – erstaunlicherweise – diese Beziehung. Als ihr nach dem Tod des Vaters eine hohe jährliche Pension zufällt, die ein Leben im Ausland ermöglicht, siedelt sie 1896 nach München über – mit Jawlensky und dem Mädchen Helene. Die drei beziehen, durchaus standesgemäß, zwei geräumige Atelierwohnungen in der Giselastraße 23 – eine gute Adresse, nahe an Schwabings Bohème und nahe am Englischen Garten, auch Thomas Mann wird sich wenig später in einem benachbarten Haus niederlassen und hier seine *Buddenbrooks* schreiben. Trotz des großbürgerlich liberalen Flairs hält man auf Wohlanständigkeit: Der kleine André, Sohn Helenes und Jawlenskys, wird offiziell als »Neffe« ausgegeben. Claire Goll, die scharfe Beobachterin internationaler Salonkultur, faßt auch hier nach und macht öffentlich, was diese »Frucht eines Schäferstündchens mit dem Dienstmädchen« für die Werefkin bedeutet: »Jawlensky vergötterte das Kind, was seiner Mutter die Möglichkeit gab, Marianne das Leben unerträglich zu machen.«

Zu den häuslichen Spannungen kommen die aufregenden künstlerischen Umbrüche zu Beginn des zwanzigsten Jahrhunderts. Aber die hat Marianne von Werefkin bewußt gesucht. Nur in zwei Städten glaubt sie diese neuen Strömungen voll miterleben zu können, in Paris und München. Sie hat sich für München entschieden, trotz ihrer Orientierung an der französischen Malerei, trotz ihrer Bewunderung für van Gogh und Gauguin. In München hat ein frischer europäischer Wind alte Verkrustungen weggeweht. Hier gab es schon 1892 eine Secession, die erste in Deutschland. Hier haben sich Künstler vom »Abschildern der Natur« gelöst, hier werden die Franzosen ausgestellt, hier entwickelt sich der Jugendstil zu einer internationalen Kunstrichtung. Genau in dem Jahr, in dem die Werefkin sich mit ihrem Gefolge in Schwabing niederläßt, erscheint in München die erste

Nummer der Zeitschrift *Jugend,* die mit ihren stilisierten Ornamenten der neuen Bewegung den Namen gibt. Und wenige Monate später kommt eine zweite, weit über München hinaus stilprägende Zeitschrift heraus, der *Simplizissimus,* dessen graphische Linie der Zeichner Gulbransson mitbestimmt.

Kunst nicht als abgetrennte Oase, sondern als ein Prozeß, der ins Leben hineingreift und auch das Bild einer Stadt zu bestimmen vermag, das imponiert der Werefkin: Peter Behrens, der mit künstlerischen Entwürfen für Gebrauchsgegenstände die Kluft zwischen hoher und angewandter Kunst aufheben will, oder Franz von Stuck, der in seiner 1898 gebauten Villa die Idee des Gesamtkunstwerks konsequent verwirklicht.

Die Werefkinsche Wohnung in der Giselastraße, mit erlesenem Rokoko und Biedermeier und mit russischer Volkskunst ausgestattet, wird bald zum Treffpunkt der neuen Münchner Kunst- und Intellektuellenszene, und die Werefkin, die ihre Arbeit an der Staffelei ja um Jawlenskys willen aufgegeben hat, kann bei den Theoriedebatten mühelos mithalten. Sie ist nicht nur die Grande Dame der Gesellschaft und Ziehmutter Jawlenskys, als die sie die Kunstgeschichte – wenn überhaupt – lange Zeit eingeordnet hat. Der Biograph Bernd Fäthke betrachtet sie als »Spiritus rector im Vorfeld des Expressionismus« und als Hebamme des Blauen Reiters. Diese Rolle, so vermutet er, habe ihr die Kunstgeschichte bislang versagt, weil sie den Gedanken, »eine Frau könne Protagonistin für die neue, weltbewegende Malerei des Expressionismus gewesen sein, von vornherein als unmöglich verwarf«. Die damalige Münchner Bohème allerdings weiß, was sie an der Werefkin hat, das wird in einem jener blumig-sarkastischen Briefe deutlich, wie sie Else Lasker-Schüler an Franz Marc zu schicken pflegte:

»... grüße den adeligen Straßenjungen, die große Malerin Marianne von Werefken und ihren Pfalstaff von Jablensky«.

So sehr Werefkin der Kunst neue, in die Abstraktion vorstoßende Impulse geben mag, so gering ist ihr Einfluß auf Jawlensky, um den sie sich nach wie vor bemüht: »Für ihn bin ich nicht die Frau, ohne die er nicht leben kann ... Ich werde versuchen fortzugehen«, schreibt sie – und bleibt doch während 27 Jahren, alle Demütigungen ertragend, an seiner Seite. Vergebens hofft sie auf einen seelischen Gleichklang: »Aber ich liebe ihn, und ich hätte so sehr den Wunsch, daß er beginnen würde, mit dem Herzen in meiner Sprache zu reden.« Sie ist bescheidener geworden in ihren Ansprüchen, aber noch immer kann sie nicht begreifen, daß ihr Schützling, der jede äußere Hilfe ohne Zögern annimmt, sich ihr innerlich verweigert. In seinen Erinnerungen steht: »Ich blieb mit Werefkin in München. In unserer Wohnung hatte ich ein großes Atelier. Ich fing jetzt an, selbständig zu arbeiten, zu suchen, um mich selbst zu finden.« Sie dagegen beklagt sich: »... durch ihn wurden meine Seele und meine Nerven zerrissen, durch ihn kann ich nicht mehr ich selbst sein.«

Aber Resignation liegt nicht in ihrer Natur. Die selbstlose Malabstinenz bedrückt sie zunehmend. »Nichts mehr habe ich vor mir, als den eigensinnigen Wunsch, aus dem Schlamm des Lebens herauszusteigen ... Ich will wieder meine Kunst ergreifen«, schreibt sie und gründet die Künstlervereinigung *Sankt Lukas*, die, an Vorbildern der Romantik orientiert, über diese mit ungestümer Kraft hinausdrängt. Werefkin postuliert: »Die Kunst ist nicht mehr das abgeklärte Leben, es ist das Leben selbst, verletzt, leidenschaftlich, verwirrt, sich selbst widersprechend, aber es ist das Leben, und das Herz gibt ihm Antwort.« Sie sieht die Kunst der Zukunft als emotionale Kunst. Eine Kunst, die alle Lebensbereiche beherrscht und sämtliche Grenzen sprengt, die sich nicht nur in Bildern und Bauten, sondern auch in der Stimme, der Körpersprache, der Musik ausdrückt. In ihrem Salon trifft Diaghilew, der Erneuerer des russischen Balletts, auf den *Sturm*-Verleger Herwarth Walden, die Schauspielerin Eleonora Duse auf den Tänzer Alexander Sacharoff, Kandinsky oder Klee auf den Museumsdirektor Paul, der es genießt, wenn er die bayerische Aristokratie mit dem fahrenden Volk der internationalen Bohème vermischt sieht. »Nie wieder habe ich eine Gesellschaft kennengelernt«, schreibt er, »die mit solchen Spannungen geladen war. Das Zentrum, gewissermaßen die Sendestelle der fast physisch spürbaren Kraftwellen, war die Baronin. Die zierlich gebaute Frau mit den großen dunklen Augen, den vollen roten Lippen und der infolge eines Jagdunfalls verkrüppelten rechten Hand, beherrschte nicht nur die Unterhaltung, sondern ihre ganze Umgebung.«

Von ihrem Salon aus geht die Initiative zur Gründung der *Neuen Künstlervereinigung München*, der Keimzelle des Blauen Reiters. Ihr zur Schau getragenes Selbstbewußtsein läßt nichts von den inneren Zweifeln spüren und von den Wunden, die Jawlensky, »der im Grunde der Alleinige und wirklich Einzige meines Lebens ist«, ihr schlägt. Diese Verletzungen vertraut sie nur ihrem Tagebuch an und den *Lettres à un Inconnu*, Briefen an einen Unbekannten, die sie bis zum Jahre 1905 schreibt. Sie beklagt darin, aus dem Leben so gänzlich ausgeschlossen zu sein, und bezweifelt, ob Frauen überhaupt fähig sind zu einem Dasein als ausübende Künstler.

Erst Reisen nach Frankreich geben ihr das Selbstvertrauen zurück und bestärken sie in ihrem neuerwachten, geradezu mythischen Sendungsbewußtsein, das sie, wie

Jeanne d'Arc, eine Mission erfüllen läßt. 1906 schließlich nach zehnjähriger Abstinenz, greift sie wieder zum Pinsel: »Alle Bilder, die ich seit langem in mir trage, stehen wieder auf. Visionen und Farben, alles dreht sich in und um mich.« Sie nimmt sich vor, »bis zur Tollwut« zu arbeiten. Schon vor den Fauves in Frankreich hat sie für sich die Bedeutung des Lichts und des Schattens als eigene Farben entdeckt. Ihre Ängste und Beklemmungen sucht sie in surrealistischen, symbolschweren Bildern wegzumalen. Dem Malerfreund Verkade schreibt sie: »Ich verstand, daß ich nicht das malen mußte, was ich sah, ... sondern nur das, was in mir, in meiner Seele lebte.« Sie experimentiert mit den Farben. »Marianne spielt mit den Farben Rußlands Malen«, bemerkt die sprachsichere Else Lasker-Schüler. Mit diesen Farben erobert sie auch die bayerische Landschaft.

Die Gegend um Murnau wird zum Schlüsselerlebnis für sie. Hier ergibt sich auch ein engerer Kontakt zum zweiten Paar des Bühnenstückes, zu Wassily Kandinsky und Gabriele Münter. Kandinsky war 1896, im selben Jahr wie Werefkin und Jawlensky, aus Moskau nach München gekommen. Nach einem abgebrochenen Malstudium an der Akademie hat er die Künstlergruppe *Phalanx* gegründet und an der angegliederten Kunstschule unterrichtet. 1902 wurde die 25jährige Gabriele Münter seine Schülerin. Ein Jahr später verlobte er sich auf einer Malreise offiziell mit der um elf Jahre Jüngeren, obgleich er zu der Zeit noch mit Anja Tschimiakin verheiratet war. Das Paar entzog sich den Komplikationen durch ausgedehnte Reisen bis nach Tunis und Rußland. Im September 1908 wurden die beiden doch wieder in München seßhaft und mieteten sich in der Ainmillerstraße 36 ein, einer geräumigen Wohnung im Schwabing der besseren Kreise zwischen Kurfürstenplatz und Leopoldstraße.

Den Sommer über hatten sie die Umgebung München chens durchstreift und dabei in der Voralpenlandschaft des Staffelsees das von Moosebenen umgebene Dorf Murnau entdeckt, das ganz ihren Vorstellungen von ländlicher, unheroischer Idylle entsprach. Sie gaben ihre Entdeckung an Jawlensky und Werefkin weiter, und im Herbst trafen sich die vier zu einem gemeinsamen Malaufenthalt in dem Dorf. »Wir wohnten im Griesbräu und es gefiel uns sehr«, schreibt Gabriele Münter. Sie ist von der Gegend so angetan, daß sie sich entschließt, ein Haus am Rande des Dorfes in der Kottmüllerallee als Sommersitz zu kaufen. 1909 zieht sie mit Kandinsky in das »Russenhaus«, wie es bald im Volksmund heißt, ein, und Werefkin und Jawlensky, auch Klee, Marc und Macke sind hier häufige Gäste. Sie bringen weitere Malerkollegen mit – immerhin sind in München um diese Zeit 1447 aktive Künstler registriert –, so findet in dem verträumten Dorf auch noch der letzte Misthaufen seinen Maler.

Ein Leben zwischen Stadtwohnung und Landhaus – wenn auch ohne Wasserleitung und Elektrizität –, das ist ein Zuschnitt, wie er zur Werefkin paßt, aber auch zu Gabriele Münter, die in Berlin in einem großbürgerlich weltläufigen Haus aufgewachsen ist. Die Eltern waren Deutschamerikaner, ihr Erbe ermöglicht der Tochter einen zweijährigen Aufenthalt in Texas und Arkansas. Danach zieht es sie in die Kunststadt München. Doch die Schmalspurausbildung für weibliche Künstler an der Schule des Künstlerinnen-Vereins behagt ihr nicht. Da die staatliche Kunstakademie Frauen noch verschlossen ist, tritt sie 1902 in die private Phalanx-Schule ein. Die strebsame Schülerin, die für das schillernde Schwabing nichts übrig hat, kommt in die Malklasse von Wassily Kandinsky und lernt bei ihm Aktzeichnen. Daß Kandinsky, anders als die anderen Lehrer, auf sie eingeht, daß er sie »wie einen bewußt strebenden Menschen, der sich Aufgaben und Ziele setzen kann«, sieht, festigt ihr Selbstvertrauen. Wenn Kandinsky bei einer Ausstellungseröffnung allerdings betont, ihre urwüchsige Begabung dürfe in keinem Falle als eine »fast männliche« taxiert werden, sondern ausschließlich als eine rein weibliche, so deutet sich damit schon eine Bewertung ihrer Arbeit an, die ihr den künstlerisch maßgeblichen Rang versagt.

Von Partnerschaft ist nicht mehr die Rede von dem Augenblick an, wo sie seine Lebenspartnerin wird und mit ihm zusammenzieht. Nun teilt er ihr die Betätigungen zu, die er für angemessen hält, die aber nur ihre geschickten Hände, nicht ihren Kopf beanspruchen. Sie strickt und stickt nach seinen Vorlagen Handtäschchen und näht Kleider, die er entworfen hat. Und während sie widerstrebend fügsam an ihren Applikationen stichelt, nimmt ihr Malerauge doch Bilder wahr, schweifen ihre Gedanken über den Stickrahmen hinaus. Franz Marc, häufiger Gast im Hause, charakterisiert die Münter in einem Brief an August »Vonderfarbe« (Macke) treffend knapp: »Sie ist ebenso klug als bescheiden; ich glaube, diese beiden Eigenschaften sind der Grundzug ihres Wesens.« Aber schon im nächsten Brief hat er sich Kandinskys joviale Sehweise zu eigen gemacht: »Betreff Münterle hast Du selbstverständlich recht ... Sie ist so niedlich hier, wenn sie bayrisch geht.« – Niedlich – ein harmloses und zugleich verräterisches Wort.

Da setzen Wortführer des Expressionismus mit weltsprengenden Ideen im Kopf sich für Emanzipation und Akademiezulassung der Frauen ein und fallen in der eigenen häuslichen Umgebung doch in überlegenheitsbequeme Denkstrukturen zurück – und die Rebellion der Gefährtinnen hält sich in Grenzen. So schreibt August Mackes Frau Elisabeth ganz arglos über ein Malertreffen:

»Es waren unvergeßliche Stunden, als jeder der Männer sein Manuskript ausarbeitete, feilte, änderte, wir Frauen es dann getreulich abschrieben.« Eine Erfahrung, die sechzig Jahre später die Studentinnen der 68er Revolte noch ähnlich machten, als sie den Revolutionären die Flugblätter tippen durften und in der Mensa Brote schmierten für die hungrigen Kämpfer.

Elisabeth Erdmann-Macke schildert Kandinsky, der »mit seiner Amazone auf dem Plan erschien«, als merkwürdig fremd, aber ungemein anregend. Er habe etwas Mystisches, Phantastisches an sich, gepaart mit seltsamem Pathos und einem Hang zur Dogmatik, schreibt sie, und bedauert, von seinen Gedanken so wenig mitzubekommen, da bei Spaziergängen die Männer stets vorangingen und die Frauen nur ab und an einzelne Worte aufschnappen könnten.

Wenn Gabriele Münter auch von diesen Männergesprächen ausgeschlossen ist, so berührt das zwar ihren Stolz, aber nicht ihr Schaffen, von dem Kandinsky schon früh erkannt hatte, daß es ganz aus ihr selbst erwachsen müsse. Während er die Welt auf der Leinwand auflöst, fügt sie Vertrautes in ungewohnt farbiger Verdichtung zusammen. Sie malt Murnauer Landschaft, Münchner Vorstadtstraßen, Menschen, die ihr begegnen, mit eigenwillig sicherem Strich. Ihr Kopf arbeitet ähnlich wie der Jawlenskys, bedächtig beobachtend, nur das Wesentliche speichernd. »Wenn ich ein formales Vorbild hatte«, schreibt sie, »so ist es wohl van Gogh durch Jawlensky und dessen Theorien.«

Marianne von Werefkin dagegen hat mehr mit dem dynamisch vorwärts drängenden Kandinsky gemein – eine sich überkreuzende Gedankenverwandtschaft, die an Goethes Wahlverwandtschaften erinnert, ohne daß sich hier die Handlung zum Drama zuspitzt.

Wie die Werefkin sich selbst sieht und von der Umwelt gesehen werden möchte, zeigt ihr Selbstbildnis aus dem Jahr 1910: Diese Frau mit dem entschlossenen Mund, den kühn geschwungenen Augenbrauen und darunter den herausfordernd roten Augen ist aufregender und feuriger als die Werefkin, die Gabriele Münter ein Jahr zuvor gemalt hat: auffallend schön, mit kaltblau beobachtenden Augen unter einem mondänen Hut – eine Dame von Welt.

Ein Selbstporträt der Münter aus demselben Jahr 1909 in pastellblassen Farben wirkt dagegen verhalten, der ängstlich fragende Blick deutet Unsicherheit an. Empfindet sie die adlige Russin als Rivalin, als Überlegene?

Immer wieder in diesen Jahren setzt sie sich malend mit ihren Künstlergefährten auseinander. Mit sicherem Pinsel entwirft sie Charakterstudien: Kandinsky am Tisch, Paul Klee im Sessel, Jawlensky als Zuhörer.

Zum Jawlensky-Bild schreibt sie erläuternd: »Jawlensky war weniger intellektuell oder intelligent als Kandinsky und Klee, und ihre Theorien verwirrten ihn oft.« Und doch wird gerade Jawlensky mit seinen Impulsen, die er aus Frankreich mitgebracht hat, ihr wichtigster Anreger, mehr als Paul Klee, der mit Frau und Söhnchen Felix ebenfalls in der Ainmillerstraße, ganz in ihrer Nachbarschaft, wohnt.

Der gemeinsam in Murnau verbrachte Sommer 1909 ist für die Paare Münter/Kandinsky und Werefkin/Jawlensky eine fruchtbare Zeit, trotz der Spannungen, die innerhalb dieser Viererkonstellation herrschen. Die beiden Frauen haben zu ihrem künstlerischen Ausdruck gefunden. Bei Gabriele Münter führt dies zu einer starken Vereinfachung der Formen, zu leuchtkräftigen Bildern mit ungebrochenen Farben, oft vertauscht sie den Pinsel mit dem Spachtel. Als neue Technik entdeckt sie für sich die Hinterglasmalerei, die in den ländlichen Gegenden Oberbayerns eine lange Tradition hat. Die kleinen, in der Art von Votivtafeln gemalten Bilder regen auch die übrigen Hausgenossen zu Malversuchen in dieser überkommenen Bauerntechnik an.

Die Hinterglasbilder hängt die Münter in ihrer Münchener Wohnung auf, bald nehmen sie eine ganze Wand ein. Auf dem Tisch davor hat sie ihre Sammelschätze ausgebreitet, Votivgaben, Holzfigürchen, Bauernkeramiken. Von den schlichten, in sich ruhenden Formen läßt sie sich inspirieren, auch von den naiv religiösen Inhalten. Über diesen Hang zum Volkstümlich-Mystischen schreibt August Macke in einem Brief an Franz Marc: »Es ist etwas ›deutsches‹ darin, etwas Altar- und Familienromantik.«

Das Mystische bei der Werefkin ist von ganz anderer Art. Sie malt, vom französischen Symbolismus beeinflußt, hintergründig existentielle Bilder, die Beklemmung hervorrufen. Auch wenn beide Malerinnen sich derselben Stilmittel bedienen, flächige Pinselführung, satte Farben, schwarze Konturierung, so entstehen doch sehr verschiedene, für die eine oder andere charakteristische Werke. Die Zusammenarbeit mit den »Giselisten«, so nennt die Münter das Malerpaar aus der Giselastraße, erweist sich, alles in allem, doch als produktiv. Nur wenige Straßenzüge liegen die beiden Wohnungen auseinander, zwar wohnt die Werefkin wesentlich komfortabler, aber Gabriele Münter fühlt sich in den vier Zimmern und zwei Kammern, die sie mit Kandinsky für 1400 Mark im Jahr in der Ainmillerstraße gemietet hat, auch wohl und »eingesessen«: Schwabing vor der Haustür und Murnau mit der Bahn so leicht und schnell zu erreichen, auch Sindelsdorf, wo Marc mit seiner Frau Maria wohnt.

Bei aller Eigenwilligkeit der einzelnen Künstler hat sich doch eine festgefügte Gemeinschaft herausgebildet. Jeder ist Mitglied der *Neuen Künstlervereinigung München*, bevor es hier im Dezember 1911 zum Krach und zur Spaltung kommt. In einer Jurysitzung wird ein provozierendes Bild des unbequemen Kandinsky ausjuriert, offiziell, weil es die Höchstmaße um wenige Zentimeter überschreitet. Eine Einigung ist nicht möglich, daraufhin treten mit Kandinsky auch Marc, die Münter und Alfred Kubin aus der Neuen Künstlervereinigung aus, später folgen Jawlensky und die Werefkin. In der Galerie Thannhauser, in der die Ausstellung stattfindet, wird nun im Gegenzug von den Ausgetretenen eine zweite Ausstellung eröffnet: *Redaktion der Blaue Reiter*. Dieser Blaue Reiter will keine neue Künstlervereinigung mit festen Statuten, sondern ein künstlerisches Programm, das, von Kandinsky und Marc formuliert, in der Form eines Almanachs herausgebracht werden soll. Die Entwürfe zu diesem Almanach – längst vor dem Streit entstanden – werden nun der Öffentlichkeit vorgestellt, und der Titel *Der Blaue Reiter* gibt der ganzen neuen Bewegung den Namen. Blau, wie die Blume der Romantik, der Reiter als Symbol für das Vorausstürmende. Auf dem Titelblatt galoppiert ein blauer Reiter Kandinskys, der Künstler hat das Thema in verschiedenen Entwürfen immer wieder variiert. Der Inhalt soll, wie Kandinsky an Verleger Piper schreibt, einen Bogen spannen zwischen den einzelnen Kunstgattungen, zwischen Malerei und Musik, zwischen der Kunst der Vergangenheit und der Kunst der Gegenwart, die geistigen Strömungen der Zeit sollten sichtbar gemacht werden.

Als der Almanach im Mai 1912 gedruckt erscheint, rückt München als Zentrum revolutionärer Kunst – wieder einmal – ins Rampenlicht. Die programmatische

Schrift mit ihren Aussagen und Beispielen zur Kunst des 20. Jahrhunderts gilt auch heute noch als eines der bedeutendsten Dokumente zur Geschichte des Expressionismus. Allerdings: Die Blauen Reiterinnen fehlen. Nur Gabriele Münter und Natalija Gontscharowa reiten abgeschlagen in der Nachhut – wie auf dem Nachtschränkchen, das Kandinsky bemalt hat.

Die Ausstellungen, die parallel zur Buchveröffentlichung 1911 und 1912 in der Münchner Galerie Thannhauser und – als letzter Versuch – in der Buchhandlung Hans Goltz in der Brienner Straße stattfinden, sind kein Erfolg und werden nach kurzer Zeit wieder aufgelöst. Dem Münchner Publikum gefallen die Bilder nicht: zu aufreizend, zu wirr, zu explosiv.

Zwei Jahre später beginnt der Erste Weltkrieg. Da überholt die Wirklichkeit die Kunst. Chaos und Brutalität auf der Leinwand waren vorweggenommener Kriegsalltag. Von der Blauen Blume der Romantik ist nicht mehr die Rede. Der vorwärtsstürmende Reiter stürzt sich in die Schlacht. Marc und Macke, die sich als Kriegsfreiwillige gemeldet haben, fallen auf den Schlachtfeldern in Frankreich. Damit ist das Ende der Blauen Reiter besiegelt, denn auch die Russen Kandinsky, Werefkin und Jawlensky müssen mit Kriegsbeginn, wie die meisten Ausländer, Deutschland verlassen. Ein schmerzlicher Aderlaß der Münchner Kunstszene, die ja gerade durch ihre Internationalität so lebendig und dynamisch war.

Gabriele Münter begleitet Kandinsky in die Schweiz, aber das Zusammenleben erweist sich unter den Exilbelastungen als noch schwieriger als in München. Kandinsky entzieht sich der Gefährtin und ihren Hoffnungen auf eine – späte – Legitimation ihrer Beziehung durch eine Eheschließung. Er kehrt nach Rußland zurück. Gabriele

Münter löst die gemeinsame Wohnung in München auf und bringt den gesamten Besitz nach Murnau, immer noch auf eine spätere Fortsetzung ihrer Lebensgemeinschaft hoffend. Doch er macht ihr − nach einem ernüchternden Treffen in Stockholm − in einem Brief klar, welche Qual für beide doch ihr gemeinsames Leben war. »Wir sind beide daran schuld, soweit der Mensch daran schuld ist, daß sein Charakter so und nicht anders ist ... Meine Schuld besteht darin, daß ich mein Versprechen, Sie standesamtlich zu heiraten, gebrochen habe.« − Ein Jahr später heiratet er in Moskau Nina von Andrejewsky.

Der Blaue Reiter auf dem Nachtschränkchen ist endgültig davongestürmt. Gabriele Münter verkraftet die Trennung kaum, sie bleibt bis in die dreißiger Jahre in ihrem künstlerischen Schaffen gelähmt. Warum ist sie 1921 nach Murnau, in dieses erinnerungsbeladene Haus, zurückgekehrt? Sind diese Erinnerungen doch ihr eigentliches Leben? Weiß sie, auch wenn sie noch gelegentlich malt, daß die große Zeit hinter ihr liegt? − »Nach Deutschland zurückgekehrt, fand sie sich fremd unter den Expressionisten-Epigonen«, schreibt ihr späterer Altersgefährte Johannes Eichner.

Ihre Bilder sind im Dritten Reich unerwünscht. Eine 1937 im Münchner Kunstverein geplante Ausstellung muß in letzter Minute wieder abgehängt werden, der Gauleiter hatte gedroht, das Geschmiere zu verbrennen. Gefragt ist jetzt heroische Kunst. Keine »körperlichen Degeneraten«, sondern einen gesunden, kraftvollen Geist in einem gesunden, kraftvollen Körper fordert Hitler in seinen Reden. Die Bilder der Expressionisten sprechen dem Hohn, müssen den Haß der neuen völkischen Kulturträger auf sich ziehen. Die »Entartete Kunst« wird im Hofgarten zusammengeschleppt und der feixenden NSDAP-Prominenz am 19. Juli 1937 vorgeführt.

Am Vortag hat Hitler das *Haus der Deutschen Kunst* ganz in der Nähe eingeweiht. Da ist zu sehen, was die Deutschen in Zukunft unter Kunst zu verstehen haben. Die Ausgrenzung des Bösen aus der Ästhetik durch das »gesunde Volksempfinden«, nennt der Kulturkritiker Karl Heinz Bohrer diesen Vorgang. Zur Ehrenrettung der Münchner sei festgehalten: Über zwei Millionen Besucher zählte die Ausstellung *Entartete Kunst* damals, die meisten nachdenklich und keineswegs feixend. Hitlers Paradeausstellung im neuerbauten Haus der Kunst brachte es nur auf ein knappes Drittel dieser Besucherzahl.

Gabriele Münter tut gut daran, nach den Münchner Erfahrungen die Werke Kandinskys, die sie in ihrem Besitz hat, im Keller ihres Murnauer Hauses still und heimlich einzumauern. Sie selbst zieht sich aus dem öffentlichen Leben zurück. In ihrem Refugium übersteht sie den Krieg unbeschadet und mit ihr die »entarteten« Bilder Kandinskys. Nie hat die Verschmähte sich, wie es in der Kunstgeschichte nicht selten vorkommt, an ihrem früheren Freund gerächt. Sie hat vielmehr alles darangesetzt, sein Werk, das sie hoch über das ihre stellte, der Nachwelt geschlossen zu erhalten. So vermachte sie zu ihrem 80. Geburtstag ihre Murnauer Schätze – die Bilder Kandinskys, ihre eigenen und die von Freunden – der Städtischen Galerie im Lenbachhaus, die damit zum Münchner Zentrum des Blauen Reiters und vor allem Münterscher und Werefkinscher Kunst wurde.

Am 19. Mai 1962 ist Gabriele Münter im Alter von 85 Jahren in Murnau gestorben und auf dem Dorffriedhof beerdigt worden. Von ihrem Grab aus sieht man in der Ferne das »Russenhaus«. Um zwei Dutzend Jahre hat sie Marianne von Werefkin überlebt, die nicht so ruhig und im Bewußtsein, den Nachlaß gut geordnet zu haben, in den Tod gehen konnte.

Wie Kandinsky und Münter hat die Werefkin bei Ausbruch des Ersten Weltkriegs zusammen mit Jawlensky Deutschland verlassen und sich am Genfer See, dann in Zürich niedergelassen. Wegen Jawlenskys angeschlagener Gesundheit siedeln sie ins wärmere Ascona über und beziehen dort ein Schlößchen – zu viert, denn für das ehemalige Dienstmädchen Helene und deren und Jawlenskys Sohn André kommt die Baronessa, wie sie in Ascona genannt wird, ebenfalls großzügig auf. Nach der Oktoberrevolution in Rußland hat sie jedoch ihre zaristische Rente verloren, der luxuriöse Lebenszuschnitt für vier Personen kann auf die Dauer nicht aufrechterhalten werden. Jawlensky denkt nicht daran, durch einen Brotberuf etwas zum Unterhalt des Haushalts beizusteuern, er hat eine junge und wohlhabende Malerin als neue Mäzenin gefunden und zieht auf ihren Wunsch mit Helene und André nach Wiesbaden.

Die Werefkin, nun völlig verarmt und vereinsamt, muß mit sechzig Jahren zum ersten Mal in ihrem Leben Geld verdienen. Sie, die gewohnt war, ein großes und großzügiges Haus zu führen, verdingt sich als Pharma-Vertreterin. An das Ehepaar Klee, das in der Münchner Zeit nahbei wohnte, schreibt sie verbittert: »Und nun liegt unser 27jähriges Leben auf der Piazza von Ascona im Staub und Dreck ... Aber daß ich – der Künstler, statt zu malen – bei Ärzten Medikamente einführen soll, verdanke ich dem Mann, der mir seine ganze Kunst verdankt, von A bis Z.« – Wie wahr und wie beschämend.

Doch die Werefkin, noch immer stolz und willensstark, überwindet ihre Verbitterung und findet zu einer neuen Lebensphilosophie. »Wir Künstler müssen durch persönliche Leiden zur Versöhnung mit dem Leben durchdringen und es in allen seinen Formen anerkennen.« – Eine Einsicht, die auch Gabriele Münter für ihr

Leben, das in den Höhepunkten und den Enttäuschungen dem der Werefkin so ähnlich ist, bejahen könnte.

Die Baronessa, die in den letzten Jahren ihres Lebens zurückgezogen und in einfachen Verhältnissen gelebt hat, stirbt am 6. Februar 1938 78jährig. Die Bevölkerung und die Künstler von Ascona trauern um sie und geleiten sie zum Friedhof, wo sie nach russisch-orthodoxem Ritus bestattet wird. Im München der Siegesparaden und der Monumentalkunst nimmt man keine Notiz vom Tod der Verfemten und Verdrängten. Doch ihre Kunst, ihre dem Leben abgerungenen Einsichten haben längeren Bestand als die heilsgewissen Losungen des ›Tausendjährigen Reiches‹ und als die Bilder, die nun in Münchens Museen hängen.

Die stürmische Blaue Reiterin von einst ist in ihren abgeklärten Alterssätzen kaum noch wiederzuerkennen, wohl aber im Lebensmut, der aus ihren Zeilen spricht: »Nicht unsere eigenen Leiden müssen wir zu dem lösenden Akkord bringen. Für alle und mit allen müssen wir leiden, aber sie müssen nicht mit uns in unseren Werken leiden, sondern wieder mit uns glauben, lieben, hoffen. Das ist mein Weg, er ist sehr schwer, aber er gibt dem Leben Sinn.«

Kapitel 3

Neues wagen

Frauen und die Wissenschaft

Zauberwort Surinam

Künstlerin und Naturforscherin

Maria Sibylla Merian
1647–1717

> Nichts folgt einem geregelten Lauf.
> Die Wege schlängeln sich durch Sümpfe
> und Abgründe …
>
> VIRGINIA WOOLF

Eine Aussteigerin, wenn man ihr Leben mit bürgerlicher Elle mißt. Eine Pionierin weiblicher Selbstentfaltung, wenn ihr Wagemut zählt. Eine hoch begabte Malerin und Kupferstecherin, wenn man ihre Pflanzen- und Tierstudien unter künstlerischem Aspekt betrachtet. Eine präzise, kundige Naturbeobachterin, wenn man nach ihrem Beitrag zur Erforschung tropischer Flora und Fauna fragt. Alles in allem: eine außergewöhnliche Frau. Eine Frau, die sich eigenwillig über Schranken und Konventionen ihrer Zeit hinweggesetzt hat.

Familienprägung

Das handwerkliche Geschick und auch die Reiselust hat die im April 1647 in Frankfurt am Main geborene Maria Sibylla Merian von ihrem Vater geerbt, dem Basler Kupferstecher Matthäus Merian d. Ä., der durch seine genial komponierten Städteansichten berühmt geworden ist. Er hatte sich in vielen Gegenden Europas umgesehen, bevor er in Frankfurt seßhaft wurde und den Kunstverlag seines Schwiegervaters Theodor de Bry übernahm. Zwei Söhne wurden ebenfalls Kupferstecher. Daß auch die Tochter aus zweiter Ehe, Maria Sibylla, diesen für eine Frau ungewöhnlichen Beruf ergreifen würde, hätte er sich bestimmt gewünscht. Doch er starb früh, da war die Tochter gerade drei Jahre alt.

Die Mutter bleibt nicht lange Witwe. Sie heiratet den Witwer Jacob Morell, einen Blumenmaler und geschickten Kupferstecher. Als den Merians ebenbürtiger Künstler wird er von den Honoratioren der Stadt Frankfurt akzeptiert, obwohl er als Zugewanderter gilt. Seine Vorfahren kamen aus Frankreich, er selbst hat lange Jahre in Utrecht/Holland gelebt – daher vielleicht die rasche Verständigung mit Maria Sibyllas Mutter, die aus Wallonien stammt.

Eine kosmopolitische Familie, in die das Kind hineinwächst. Eine Atmosphäre, in der Kunst und Kommerz ganz selbstverständlich zusammengehören. Die Geschäftsbeziehungen reichen, trotz der Nachwirren des Dreißigjährigen Krieges, weit über die Grenzen Deutschlands hinaus. Die weltoffene Handelsstadt Frankfurt bietet Künstlern und Kunsthandwerkern, vornehmlich Emigranten, reiche Entfaltungsmöglichkeiten, auch wenn der Rat Ende des 16. Jahrhunderts den freien Zuzug und die Gewerbefreiheit eingeschränkt hat.

Einer der Schüler Morells, auch er ein Zugereister, ist der junge Nürnberger Maler und Kupferstecher Johann Andreas Graff, den es allerdings schon bald südwärts nach Italien zieht. Aber er wird wiederkommen, wird um die Tochter des Hauses werben, die 18jährige Maria Sibylla, die er oft genug bei ihrer Arbeit in der Werkstatt beobachtet und bewundert hat: welcher Eifer, welche Hingabe, welche Könnerschaft …

Kupferstechen statt Sticken

Maria Sibylla hat Glück mit ihrem Elternhaus: künstlerische Anregungen in Hülle und Fülle, Besuche von Künstlern und Kunsthändlern, Gespräche über Malerei, eine reiche Bibliothek, überall aus der Natur zusammengetragenes Anschauungsmaterial, Blätter, Blüten, Insekten.

Natürlich lernt das junge Mädchen, das die Mutter sich hübscher und fügsamer gewünscht hätte, auch all das, was von einer Tochter aus gutem Hause erwartet wird und was auf das spätere Eheleben vorbereiten soll: ein bißchen Sprachen, ein bißchen Klavierspiel, ein bißchen Häkeln und Sticken. Doch Maria Sibyllas Interesse gilt mehr dem Pinsel und Stichel als dem Stickrahmen. Sie eignet sich aus eigenem Impuls, unter wohlwollender Anleitung des Stiefvaters, botanisches und zoologisches Wissen an und alle handwerklichen Kenntnisse, die ein Maler und Kupferstecher für sein Metier braucht. Noch ist Frauen der Zugang zu Kunstakademien und Universitäten verwehrt, sie können sich ihr Rüstzeug nur durch private Unterweisung holen. Künstlerinnen vergangener Jahrhunderte stammen denn auch fast ausschließlich aus Maler- und Bildhauerfamilien.

Die Umwelt verblüfft die aus der Familientradition erwachsene Berufswahl des jungen Mädchens weniger als die leidenschaftliche Beschäftigung der Dreizehnjährigen mit ihren selbst gezüchteten Raupen. Dem Stiefvater dienen Seidenraupen als Vorlage für seine naturgetreuen Zeichnungen. Für Maria Sibylla sind diese sich allmählich zum Schmetterling entwickelnden Wesen mehr, sie begreift in deren Verwandlung – erstaunlich lebensklug – das Werden und Vergehen in der Natur.

Sie bringt sich selbst Latein bei, um die Bücher über Botanik und Insektenkunde in der väterlichen Bibliothek

lesen zu können. Mit Akribie notiert sie ihre Beobachtungen an Käfern und Raupen und fertigt Skizzen nach der
Natur an. Sie habe sich von Jugend an mit der Erforschung
von Insekten beschäftigt, schreibt sie: »Zunächst begann
ich mit Seidenraupen in meiner Geburtsstadt Frankfurt
am Main. Danach stellte ich fest, daß sich aus anderen
Raupen viel schönere Tag- und Eulenfalter entwickelten
als aus Seidenraupen. Das veranlaßte mich, alle Raupen zu
sammeln, die ich finden konnte, um ihre Verwandlung zu
beobachten. Ich entzog mich deshalb aller menschlichen
Gesellschaft und beschäftigte mich mit diesen Untersuchungen.« – Hier geht es nicht um ein Hobby, sondern
um eine forschende Betrachtungsweise, um eine Passion.

Es ist das Geheimnis der Metamorphose, das die junge
Forscherin umtreibt, ein, wie sie glaubt, noch kaum er-
gründetes und dargestelltes Naturphänomen. Tage und
Nächte verbringt sie mit ihrer Raupensammlung. Daß
Geselligkeit und jugendliche Vergnügungen sie nicht
verlocken, beunruhigt die Mutter: Entgehen der vor sich
hin forschenden Tochter nicht alle Heiratschancen? Die
Sorge ist unbegründet, der aus Italien zurückgekehrte
Meisterschüler Morells, Johann Andreas Graff, hält um
die Hand Maria Sibyllas an.

Eingebunden, aber nicht gezähmt

Auch nach der Heirat mit dem um zehn Jahre älteren
Nürnberger Maler und nach der Geburt der ersten Tochter Johanna Helena widmet sich Maria Sibylla weiter ihren Insektenstudien und ihrer Raupenzucht – ein Grund
für die zunehmende Entfremdung der Partner in dieser
nach außen so harmonisch wirkenden Ehe?

Die Übersiedlung in Graffs Heimatstadt Nürnberg
und die Geburt der zweiten Tochter Dorothea Maria

bringen nur eine äußere Veränderung, die befremdliche Unrast der Gräffin, wie Graffs Ehefrau nun genannt wird, bleibt. Ihre Tage sind ausgefüllt mit Seiden- und Pergamentmalen, mit Kupferstechen, mit Malunterricht für eine ›Jungfern Companey‹ und mit der Herausgabe ihres ersten Buches mit Blumenbildern »nach dem Leben gemahlet«. Der Band, der Kopisten und Stickerinnen als Mustervorlage dienen soll, ist in bester Familientradition signiert von »Maria Sibylla Gräffin Matth. Merians seel. des Ältern Tochter«. Keinerlei revolutionäre Eskapaden. Die Auflehnung gegen ein wohlgeordnet dahinplätscherndes Leben, gegen die Ehe mit dem lebensfrohen, eher oberflächlichen Graff wächst im Innern. Die junge Frau ist, angetrieben von ihren Beobachtungen und Entdeckungen in der Natur, auf der Suche nach einer größeren Ordnung, auf der Suche nach dem Sinn dieses Lebens.

1679 erscheint in Nürnberg der erste Band ihres umfangreichen Werkes über *Der Raupen wunderbare Verwandlung und sonderbare Blumennahrung* mit fünfzig kolorierten Kupferstichen und dem Hinweis auf »wohlgeleistete Hilfe meines Eheliebsten«. Der zweite Band kommt vier Jahre später in Frankfurt heraus. Dazwischen liegen gewaltige Umbrüche: die Ablösung von ihrem Mann und die Rückkehr zu ihrer Mutter ins Frankfurter Elternhaus, nachdem der Stiefvater gestorben ist. Morell hat der Familie eine große Kunstsammlung, aber noch größere Schulden hinterlassen.

Das Haus mit seiner aufwendigen Bewirtschaftung kann nach Erbstreitigkeiten nicht gehalten werden. Maria Sibylla fehlen die Mittel, ihren beiden Töchtern, für die sie nach der endgültigen Trennung von Graff allein verantwortlich ist, eine gute künstlerische Ausbildung zu ermöglichen.

Erleuchtung bei den Labadisten?

Ist es die finanzielle Unsicherheit, die Maria Sibylla mit Mutter und Töchtern nach Holland aufbrechen läßt, ins friesische Wieuwerd zu Stiefbruder Caspar, der sich dort der streng pietistischen Sekte der Labadisten angeschlossen hat? Ist es Aufbruchsdrang, Ausbruch aus dem bürgerlichen Alltag in ein gänzlich andersartiges Leben? Erlebnishunger, den sie als Frau nie durch Reisen und Wanderjahre stillen konnte? Oder ist es die Sehnsucht nach religiöser Einbindung, nach Unterwerfung unter eine Lichtgestalt, die ein besitzloses, asketisches Leben fordert und mit der Wiederkunft Christi himmlische Freuden verheißt?

Es mögen verschiedene Gründe zusammenkommen. Fest steht, daß die pietistische Erweckungsbewegung in der zweiten Hälfte des 17. Jahrhunderts unter Philipp Jakob Spener in Frankfurt großen Einfluß besaß und von hier aus Ableger dieser Heilsgemeinschaft in verschiedenen Gegenden Europas Wurzel schlugen. Die Lehre des französischen Jesuiten Labadie, der später zu den Calvinisten konvertierte und auf Schloß Waltha in Wieuwerd eine Gemeinde von Erleuchteten um sich sammelte, verheißt Neugeburt als Kind Gottes, erkauft nicht nur mit Unterwerfung unter eine himmlische Rangordnung und Trennung von allem persönlichen Besitz, sondern auch mit Kasteiung und Verleugnung eigener Wünsche. – Kann das der Wille dieser selbstbestimmten Frau gewesen sein?

Ihre Beziehungen zu den Frankfurter Labadisten hat sie aus eigenem Antrieb aufgenommen – sei's aus Neugier, angeregt durch Schilderungen ihres Stiefbruders Caspar, sei's aus dem Bedürfnis nach religiöser Verortung – nicht in einer der herkömmlichen Gemeinden, sondern wie es ihrem unangepaßten Naturell entspricht, in einer extrem fremdartigen, ekstatischen Gemeinschaft.

Der Aufbruch aus Frankfurt, mag er überstürzt oder wohlüberlegt erfolgt sein, ist allein ihre Entscheidung. Ihren geschiedenen Mann, der nach Holland anreist, um sie aus den Fängen der ihm suspekt erscheinenden Lichtgestalten zu befreien und nach Nürnberg zurückzuholen, läßt sie kühl abblitzen. Sie lebt ihr Leben. Sie heißt nun nicht mehr Gräffin, sondern nennt sich nach ihrer Vatersfamilie Merianin.

Entspringt diese harte Entscheidung, die auch ihre Mutter und ihre Töchter trifft, innerer Überzeugung oder verletztem Stolz? Will sie einen selbst gewählten Irrweg nicht zugeben? Materiell ist sie, nachdem sie ihre persönliche Habe in die Gemeinschaft eingebracht hat, abgesichert. Die ›Brüder und Schwestern‹ halten auch nach dem Tod Labadies an seinen Grundsätzen kollektiven Besitzes fest. Geistig gehört sie sogar zur ›ersten Klasse‹ der Erwählten, deren Bewußtsein schon geläutert ist. Aber ihre Arbeitsbedingungen sind schlecht. Abgeschottet vom Kunstbetrieb und von Künstlern, die ihr Anregungen geben und Beziehungen knüpfen könnten, malt und zeichnet sie vor sich hin. Ob sie an den empathischen Abendmahlsfeiern der ›Wiedergeborenen‹ teilnimmt, ob sie sich, wie gefordert, von allem hoffärtigen Schmuck befreit und in härene Gewänder hüllt? Und wie fügen sich die Töchter in diese schwärmerische Gemeinschaft ein?

Verbürgt ist nur, daß die Merianin nach dem Tod ihres Stiefbruders und ihrer Mutter im Jahre 1691 Schloß Waltha verläßt und sich mit Töchtern, Bildern und Insektensammlung in Amsterdam ein neues Lebensumfeld sucht. Hat sie nur aus Rücksicht auf Familienbande mehr als ein halbes Jahrzehnt ihren Drang nach innerer und äußerer Freiheit verleugnet?

Amsterdam – ein neues Leben

Maria Sibylla Merian hat ihre deutschen Bürgerrechte aufgegeben und steht – wieder einmal – vor einem Neuanfang. Amsterdam ist für jemanden, der aus der weltfremden Abgeschiedenheit von Wieuwerd kommt, eine aufreizende, laute Stadt mit ungeahnten Möglichkeiten und ungeahnten Stolperfallen – zumal für Frauen ohne männlichen Schutz, die gezwungen sind, ihren Lebensunterhalt selbst zu verdienen. Doch Mutter und Töchter fassen in der neuen Umgebung erstaunlich rasch Fuß. Sie geben Zeichenunterricht, bemühen sich um Malaufträge, handeln mit kolorierten Blättern, mit Farben und sogar mit lebendem Kleingetier. Die holländische Sprache haben sie bei den Labadisten gelernt, wie auch viele handwerkliche Fertigkeiten.

Das Leben ist für Maria Sibylla Merian nun zwar freier und befreiter, aber auch härter geworden. Wie empfindet sie diesen radikalen Wechsel aus dem behüteten Glaubensghetto in die Anonymität einer Großstadt? Kann sie rückblickend den Eindruck nachvollziehen, den der Aufklärer John Locke nach seinem Besuch in Wieuwerd, dem ›Neuen Jerusalem‹, im Jahre 1685 gewonnen hat? Die Labadisten dort führten gewiß ein mustergültiges Leben, schreibt er, allerdings schwinge »in allen ihren Reden die Behauptung mit, sie seien reiner als gewöhnliche Menschen, und niemand befände sich wie sie auf dem geraden Weg in den Himmel«. Frömmelei und Aufgeblasenheit wirft er ihnen vor. Könnte sich die Merianin auch zu so einem nüchternen Urteil durchringen? Sie hat sich über ihren Aufenthalt und ihre Erlebnisse auf Schloß Waltha nie geäußert.

Allerdings muß ihre geheime Sehnsucht nach der bunten Welt der Tropen mit ihren bizarren Blüten und Faltern in Wieuwerd neu und verstärkt geweckt worden sein. Es gab dort Briefe, gepreßte Blumen und eine Sammlung konservierter Käfer und Schmetterlinge, die labadistische Missionare aus Surinam mitgebracht hatten. Surinam – ein Zauberwort.

Warum nicht Surinam? In dem Maße, in dem sich das Leben in Amsterdam zu konsolidieren beginnt, wächst auch der Drang, diese Wohlordnung hinter sich zu lassen und zu unbekannten Ufern aufzubrechen. Das neu eingerichtete Haus in der Kerkstraat engt die Freiheitsdurstige ein, die Blumenaquarelle, die sie für die noble Amsterdamer Gesellschaft malt, langweilen sie. Warum also nicht Surinam?

Es trifft sich gut, daß ihre ältere Tochter Johanna Helena einen ehemaligen Labadisten heiratet, der allerdings von der Besitzlosigkeit nicht mehr viel hält. Er treibt Handel mit Westindien und Surinam. Das ferne Wunschziel ist auf einmal in greifbare Nähe gerückt: Surinam.

Ihre Umgebung nimmt die Reisepläne mit Skepsis auf. Sie ist 52, eine alte Frau nach damaligem Empfinden. Und überhaupt: Eine Frau ohne männlichen Schutz auf Forschungsreise im tropischen Dschungel – undenkbar. Die Strapazen würde sie nie durchhalten, ihr angespartes Geld würde nicht ausreichen für die kostspielige Expedition …

Maria Sibylla Merian läßt sich nicht beirren, ihr Plan steht fest. Sie trifft alle Reisevorbereitungen mit großer Umsicht. Die jüngere Tochter wird sie begleiten. Der von ihrem Vorhaben nicht überzeugte Bürgermeister der Stadt gewährt nur ein kleines Darlehen, der größte Teil der Reisekosten muß durch den Verkauf von Bildern und Sammelstücken finanziert werden, die für eine Tropenreise unerläßliche Ausrüstung verschlingt beträchtliche Summen. Die Merianin bemüht sich um Empfehlungsschreiben an Kaufleute, Regierungsbeamte und Missionare in der holländischen Kolonie, sie studiert Reiserouten und sucht nach Beschreibungen der Vegetation und Fauna Surinams.

Es gibt noch keine systematische Aufarbeitung des Pflanzen- und Tierbestandes dieser so artenreichen Region – ein weiterer Ansporn für die Forscherin. Sie plant einen langen Aufenthalt ein und macht ihr Testament für den Fall, daß ihr etwas zustoßen sollte. Sie sieht sich in der Tradition ihres Vaters Matthäus Merian, der die *Großen Reisen,* einen berühmten Band mit Kupferstichen aus der Neuen Welt, herausgebracht hat.

Aufbruch ins Paradies

Im Juni 1699 beginnt das große Abenteuer. Maria Sibylla Merian schifft sich mit ihrer jüngeren Tochter Dorothea Maria und mit gewaltigem Gepäck – Malutensilien, Botanisiertrommeln, Schmetterlingsnetzen, Herbarien und Zuchtkäfigen – auf einem holländischen Segler nach Niederländisch-Guayana ein. Nie zuvor hat es etwas ähnlich Spektakuläres gegeben: zwei Frauen, allein, auf dem Weg zu den ›Wilden‹ in Südamerika. Ein Jahrhundert bevor Alexander von Humboldt mit großem Troß zu seinen berühmten Südamerika-Expeditionen aufgebrochen ist. Zwei Jahrhunderte bevor Prinzessin Therese von Bayern mit männlichem Begleitschutz die Anden durchquert hat, um Raritäten, vom Gürteltier bis zu indianischen Schrumpfköpfen, für Münchner Museen zu sammeln.

Die Merianin und Therese von Bayern verbindet, neben ihrem Forscherdrang und Wagemut, eines: sie sind, im Gegensatz zu Alexander von Humboldt, wissenschaftliche Autodidaktinnen. Therese von Bayerns Lebenswerk wurde durch die Ehrendoktorwürde der Universität München trotzdem gebührend anerkannt, während Maria

Sibylla Merians Forschungen mit keiner wissenschaftlichen Auszeichnung gewürdigt worden sind.

Surinam also. Die Überfahrt auf dem Segelschiff dauert beinahe drei Monate – Zeit, sich auf den neuen, gemächlicheren Lebensrhythmus, auf fremde Eßgewohnheiten und tropisches Klima allmählich einzustellen. Auch auf die Mentalität der Menschen, mit denen sie auf dem Schiff zusammentrifft und mit denen sie es in Surinam zu tun haben wird: neben der farbigen Schiffsbesatzung vor allem holländische Handelsleute und Kolonialbeamte, aber auch deutsch- und portugiesischstämmige Siedler und hugenottische Religionsflüchtlinge. In der Hafenstadt Paramaribo, dem Ziel ihrer Reise, wird sie noch auf eine andere Bevölkerungsschicht stoßen: die schwarzen Sklaven, die man wie ein Stück Vieh kauft und verkauft, schuften läßt und züchtigt.

In Paramaribo sind den Ankömmlingen die Empfehlungsschreiben aus Amsterdam sehr hilfreich. Die beiden Frauen können schon im Spätsommer ein Haus beziehen, das ihnen ausreichend Platz für ihre Sammlungen und ihre Arbeit bietet. Sie gewöhnen sich an die indianischen Sklaven, mit denen sie sich in kreolischer Sprache zu verständigen suchen. Im Gegensatz zu den Kolonialherren sind sie neugierig auf die Lebensweise und Kultur der indianischen Bevölkerung und bemühen sich um Kontakte.

Maria Sibylla Merian fühlt sich im Paradies. Auch wenn ihr die feuchtschwüle Hitze zusetzt. Auch wenn Moskitos, beißende Ameisen, Spinnen und Schlangen sie belästigen. Sie nimmt als Beobachtungsobjekt, was anderen schlimme Plage ist. So beschreibt sie wilde Wespen, die ihr Lehmnest neben ihrem Farbkasten bauen: »Es stand auf einem kleinen Fuß. Darumherum machten sie einen Deckel aus Lehm, um das Innere von allem Ungemach zu beschützen. Sie ließen darin ein kleines Loch, um hinein- und herauszukriechen. Danach sah ich sie täglich kleine Raupen hineintragen, zweifellos als Nahrung für sich und ihre Jungen …«

Sie beobachtet – ein für sie beglückendes Erlebnis – die erste Metamorphose einer Raupe und macht Notizen und Skizzen dazu. Bald schon weitet sie den Radius ihrer Streifzüge aus und dringt in den von Europäern gemiedenen Regenwald vor, der so undurchdringlich ist, daß sie, wie sie schreibt, »meine Sklaven mit Beilen in der Hand vorwegschicken mußte, damit sie für mich eine Öffnung hackten«. Sie baut ihre Staffelei mitten im Dschungel auf, entdeckt unbekannte tropische Pflanzen und aufregende Insekten, die oft so gut getarnt sind, daß man sie nur mit der Lupe aufspüren kann.

Allmählich füllen sich ihre Behältnisse mit getrockneten Pflanzen, mit Zwiebeln und Knollen, mit Vogeleiern und Insekten, die sie in Branntwein konserviert. Sie beschriftet und katalogisiert alles sorgfältig, skizziert das Umfeld der Fundstelle und gerät in Verzückung, wenn sie besonders farbenprächtige und seltene Blüten oder Schmetterlinge in ihre Sammlung einordnen kann. Besonders fasziniert ist sie von einem aus der Verpuppung schlüpfenden prachtvollen Caligo-Tagfalter.

Jeder Tag bringt neue Entdeckungen und Begegnungen. Zu den naturverbundenen Indianern und den schwarzen Sklaven entwickelt sich dabei eine viel engere Beziehung als zu den weißen Siedlern, die nur den schmalen Küstenstreifen bevölkern und niemals ins Innere des Tropenwaldes vordringen. Sie belächeln die Sammelwut der beiden Frauen und können nicht verstehen, daß man sich unter großen Anstrengungen mit etwas beschäftigt, was keine Rendite abwirft. Sie lassen Sklaven auf ihren einträglichen Zuckerrohrplantagen arbeiten und nehmen die Umgebung nur mit kaufmännischen Augen wahr; »sie verspotten mich, daß ich in dem Land etwas anderes suche als Zucker«, notiert die Merian.

Wie anders die Indianer. Sie staunen über die weißen Frauen, die alle Strapazen auf sich nehmen, um tiefer in die Geheimnisse des Dschungels einzudringen, die mit ihnen auf Kanufahrten das Brot aus Cassava-Wurzeln teilen und die unbekannte Ananasfrucht, an der scharfe Härchen sitzen, »die beim Essen in die Zunge eindringen und viele Schmerzen verursachen«. Die Frauen lernen von den Indianern Erstaunliches über die Heilkraft von Kräutern, auch über die Wirkung der Pavonis-Pflanze, mit der Kinder abgetrieben werden, damit ihnen ein Sklavendasein erspart bleibt.

Die mühseligen Dschungel-Expeditionen und die nächtliche Arbeit an Schreibtisch und Staffelei ruinieren die Gesundheit der Forscherin. Ein Malaria-Anfall schwächt sie vollends. Nach zwei Jahren muß sie ihr Paradies aufgeben und nach Holland zurückkehren. Trotz reicher Sammelschätze eine traurige Heimfahrt. Nur der Gedanke, eines Tages wiederzukommen, hält die nun 54jährige aufrecht.

Ertrag eines Lebens

Amsterdam. Maria Sibylla Merian, von Natur aus zäh und widerstandsfähig, erholt sich zwar von der schweren Malaria, aber an eine Rückkehr in die Tropen, ins geliebte Surinam, ist nicht zu denken. So stürzt sie sich um so leidenschaftlicher in die Aufarbeitung ihrer Schätze. 1705 erscheint ihr wichtigstes und prächtigstes Werk unter dem Titel, der ihre lebenslange Passion verrät: *Metamorphosis insectorum Surinamensium*. Es enthält 60 von ihr eigenhändig kolorierte Kupferstiche. Um die Drucklegung zu ermöglichen, hat sie wie früher Auftragsarbeiten übernommen und sogar das Buch eines anderen Autors in dessen Stil illustriert.

Ihr großartiges Insektenbuch findet unter Naturwissenschaftlern, Künstlern und Laien viel Anerkennung, aber wenig Käufer. Aus dem Erlös kann sie nicht einmal ihre Reise- und Druckkosten decken. Eine geplante deutsche Ausgabe kommt trotz ihrer und ihrer Töchter Bemühungen nicht zustande.

Die jüngere Tochter hat nach der Rückkehr aus Surinam einen Arzt aus Heidelberg geheiratet, der in Amsterdam eine chirurgische Praxis führt. Beide Töchter und Schwiegersöhne haben sich vom Reise- und Sammelfieber der Mutter anstecken lassen, sie unternehmen ausgedehnte Reisen in entfernte Kontinente, auch nach Surinam. Briefe der Mutter an die Töchter sind leider nicht erhalten, so wissen wir wenig über die inneren Familienbeziehungen. Warum hat Maria Sibylla Merian die Mitarbeit ihrer jüngeren Tochter und Reisebegleiterin an dem Insektenbuch nirgends erwähnt? Sie hält doch viel auf die Familientradition der Merians und könnte auf eine Fortführung dieser Tradition durch die Töchter stolz sein. Warum ist sie nie nach Frankfurt zurückgekehrt, in ihre Heimatstadt, die Stadt der Merians?

Fragen. Vielleicht läßt sich einiges mit ihrem schlechten Gesundheitszustand in den beiden letzten Lebensjahren begründen. Vielleicht spielt Stolz eine Rolle. Zwar finden ihre Blumen- und Tierbilder viele Bewunderer, auch ihre Raupen- und Insektenbücher, aber Reichtum und gesellschaftliches Renommee haben sie ihr nicht gebracht.

Sie hat ein abenteuerliches Leben geführt, selbstbestimmt und wagemutig. Ob sie befriedigt auf dieses Leben zurückblickt oder ob die Sehnsucht nach Surinam sie weiter verzehrt? Im Januar 1717 ist sie in Amsterdam,

wahrscheinlich an einem Schlaganfall, gestorben, im To-
tenregister eingetragen unter den ›Unvermögenden‹.

Die Töchter haben aus ihrem Nachlaß ein weiteres
Raupenbuch herausgebracht – wohl nicht nur aus Pietät
oder Geschäftssinn, sondern im Wissen um die Bedeutung
des Werkes ihrer Mutter. Der Band enthält ein Alters-
porträt der Verstorbenen mit dem Wappen der Merian:
Auch Frauen können einen berühmten Familiennamen
weitertragen.

Selbst wenn die wissenschaftlichen Erkenntnisse Maria
Sibylla Merians heute überholt sind, so haben doch ihre
Bilder über die Jahrhunderte nichts an Faszination und
Leuchtkraft eingebüßt. Tropische Pflanzen und Insekten
wurden nach ihr benannt. In Hessen trägt ein Preis für
bildende Künstlerinnen ihren Namen. Das würde sie
wahrscheinlich mehr freuen als ihre Verewigung auf
einem Geldschein – ausgerechnet der 500-DM-Note, die
sie, würde sie heute leben, kaum zu Gesicht bekäme.

Surinam
Fluchtküste
hinter Horizonten
Fäden gekappt
zur graustrichigen Welt
Im Skizzenbuch
oszillierende Falter
Wollust der Farben
Das Auge süchtig
nach Überfluß

Vom Kindergarten zur Frauenhochschule

Die Pädagogin
Henriette Goldschmidt
1825–1920

Bald werden sie unter sich eine Gelehrtenrepublik errichten ...
Ganz Europa wimmelt derzeit von gelehrten Weibern.

CHRISTIAN F. D. SCHUBART

Eine Hochschule für Frauen – Traum vieler Frauenrechtlerinnen. Der erste Versuch, 1850 in Hamburg, ist
nach zwei Jahren gescheitert. Nicht weil die Idee nicht
tragfähig gewesen wäre, sondern weil sich nach der nie-
dergeschlagenen 48er Revolution keine mutigen Sponsoren mehr fanden. Die Leipzigerin Henriette Goldschmidt hat diesen Traum weitergeträumt, ihr Leben
lang, und als sie 86 war, ging er in Erfüllung. Dank einer
großzügigen Stiftung des Musikverlegers Henri Hinrichsen wurde 1911 die Gründung einer Frauenhochschule
in Leipzig möglich – Krönung eines Bildungsprogramms,
das nach den Intentionen der Gründerin *Vom Kindergarten
zur Hochschule für Frauen* reicht.

Viele glückliche Umstände kamen zusammen bei der
Verwirklichung dieser Lebensidee: ein geeignetes geräu-
miges Gebäude in der Königstraße – heute Goldschmidt-
straße – und die Unterstützung durch den jüdischen
Mäzen Dr. Hinrichsen; ein größeres Interesse bürgerlicher Eltern, nicht nur Söhnen, sondern auch Töchtern
bessere Bildung zukommen zu lassen; die Vorstöße der
Frauenbewegung, für Mädchen gleichberechtigten Zugang zu Gymnasien und Hochschulen zu fordern; die

ganz auf männliche Bedürfnisse ausgerichteten Universitäten, die Frauen zu Beginn unseres Jahrhunderts noch große Widerstände entgegensetzten; der Überhang an höheren Töchtern, die ins Berufsleben drängten, dafür aber schlecht ausgebildet waren – und, ausschlaggebend, der Elan der Gründerin, Schwierigkeiten anzupacken und für ihre Idee überzeugend einzustehen.

Und Schwierigkeiten gibt es genug. Traditionsverhaftete Kreise fürchten, die Mädchen würden mit wachsender Schulbildung weniger geneigt sein, sich in das überkommene weibliche Rollenbild zu fügen. In der Tat hatte die Frauenrechtlerin Helene Lange schon 1888 in ihrer berüchtigten *Gelben Broschüre* gegen eine Denkschrift von Pädagogen protestiert, die »dem Weibe eine Geistesbildung« nur zubilligten, »damit der deutsche Mann nicht durch die geistige Kurzsichtigkeit und Engherzigkeit seiner Frau an dem häuslichen Herde gelangweilt und in seiner Hingabe an höhere Interessen gelähmt werde ...«

Bessere Frauenbildung, darin sind sich radikale und gemäßigte Frauenrechtlerinnen einig, gehört zu den dringendsten Forderungen der Zeit. Allerdings lehnen Radikale wie die kämpferische Hedwig Dohm eine nach Geschlecht getrennte Ausbildung strikt ab, weil sie die Mädchen dabei benachteiligt sehen. Auch Franziska Tiburtius, die erste Ärztin Berlins, hat sich energisch gegen Frauenhochschulen ausgesprochen, sie will keine »Schmalspurausbildung«, keine Einengung auf Frauenthemen, sondern die gleichen harten, aber fairen Bedingungen wie die männlichen Kommilitonen.

So sieht Henriette Goldschmidt ihr Projekt von zwei Seiten beargwöhnt. Aber die auch im Alter noch resolute, zupackende Frau schrecken Widerstände nicht. Diese Hochschule sei »das Ergebnis einer langen mühe- und

kampfreichen Zeit«, sagt sie in ihrer auf die Zukunft ausgerichteten Eröffnungsrede in der festlich geschmückten
Aula. Mit der fast unwahrscheinlichen Zahl von 900 Studentinnen, davon allerdings weitaus die meisten Gast-
hörerinnen, beginnt das erste Semester – Provokation für
die einen, Bestätigung für die andern, sensationell alle-
mal, auch in einer Stadt mit langer Universitätstradition
wie Leipzig. Die alte *Universitas Litterarum Lipsiensis* zählt
1911 an die 5500 Studenten, nur 175 sind Frauen – erst
drei Jahre zuvor hat man ihnen die Tore überhaupt
geöffnet, noch gelten sie eher als »Störfaktoren« unter
den Kommilitonen und auch bei vielen Professoren. Was
Wunder, wenn sie sich in eigenen, für sie geschaffenen
Räumen wohler fühlen?

Der Lehrbetrieb der Frauenhochschule, die im Kern
zurückgeht auf ein ebenfalls von Henriette Goldschmidt
gegründetes *Lyzeum für Damen*, gliedert sich in drei
Abteilungen: eine allgemeine mit den Fächern Philosophie, Psychologie, Ethik, Ästhetik und Kulturgeschichte;
eine pädagogische für zukünftige Lehrerinnen an Kinder-
gärtnerinnenseminaren und Frauenschulen; eine sozial-
wissenschaftliche für berufliche oder ehrenamtliche Kräfte in der Sozialarbeit. Jahr um Jahr wird das Programm
weiter ausgebaut, Abteilungen für Fortbildung von
Oberschwestern, für medizinisch-technische Assistentin-
nen und für Jugendleiterinnen kommen dazu. Von 1917
an sind die Prüfungen staatlich. Die Abschlußzeugnisse
können allerdings, was die Gegnerinnen befürchteten,
Universitätsdiplomen nicht gleichgestellt werden, obwohl an der Hochschule viele Professoren unterrichten
und der Rektor der Leipziger Universität zum Kurato-
rium gehört.

Die Hochschule ist von Anfang an mehr auf Men-
schenbildung und Vermittlung praktischer Kenntnisse

ausgerichtet als auf wissenschaftliche Forschung, und das entspricht den Bedürfnissen der Zeit: Höhere Töchter wollen, statt an ihrer Aussteuer zu sticken, lieber in medizinischen Labors oder in Sozialberufen tätig werden und sich dafür das nötige Rüstzeug holen. Nach heutigen Begriffen wäre die Bezeichnung »Fachhochschule« für diese verdienstvolle Einrichtung vielleicht angemessener gewesen, sie hätte die Fachbezogenheit und Praxisnähe stärker betont. Als die Stadt Leipzig die Schule 1921, ein Jahr nach dem Tod Henriette Goldschmidts, übernahm, wurde sie konsequenterweise umbenannt in *Sozial-pädagogisches Frauenseminar.*

Die Fröbelsche Kindergartenidee

Die Frauenhochschule ist für Henriette Goldschmidt die Spitze einer Bildungspyramide, die auf dem breiten, soliden Fundament des Kindergartens ruht. Der Früherziehung in der Gemeinschaft mißt die Pädagogin, vor dem Hintergrund eigener leidvoller Erfahrungen, eine lebensprägende Bedeutung bei. Sie selbst wurde nach dem frühen Tod der Mutter von einer des Lesens und Schreibens unkundigen Stiefmutter großgezogen, von der sie keinerlei Anregungen empfing. Solchen Kindern, die wie sie nicht das Glück hatten, in idealen, Geist und Gemüt fördernden Familienverhältnissen aufzuwachsen, bessere Startchancen zu geben, macht sie zu einer Lebensaufgabe.

Durch Zufall und angetrieben von ihrer Neugier gerät sie eines Tages auf einem Gang durch Leipzig in einen Kindergarten. Er ist zwar nicht besonders attraktiv, in einem Kellergeschoß gelegen, aber die Kindergärtnerin, jung, begeisterungsfähig und überzeugt von der Fröbelschen Kindergartenidee einer Pflanzstätte, in der aufkeimende kindliche Kräfte gehegt und gefördert werden, vermag Henriette Goldschmidt mitzureißen: »Ich fühlte, hier ist ein Plan, ein System, eine Methode!« Sie liest alle Schriften Friedrich Fröbels, übernimmt dessen Erziehungskonzept und Menschenbild, das von einer harmonischen – männliche und weibliche Elemente umfassenden – Ganzheit ausgeht. Nicht nur Männer, sondern auch Frauen müßten sich ihrer Eigenart bewußt werden und diese pflegen, dazu bedürfe es schon in frühester Jugend kundiger Anleitung. Mehr noch als in der Familie, glaubt Fröbel, könnten die kreativen Kräfte und das soziale Verhalten von Kleinkindern in der Gemeinschaft gefördert werden: durch gut ausgebildete Kindergärtnerinnen.

Henriette Goldschmidt ist nicht die Frau, die sich Wissen und neue Gedanken nur anliest, sie setzt ihre frischgewonnenen Erkenntnisse auch in die Tat um. Sie habe einen »mütterlichen Instinkt, der sich helfend und schützend allem Werdenden, allem Schwachen und Kranken« zuwende, beschreibt ihre Freundin Josephine Siebe die Triebfeder ihres Tuns. Aber das ist nur die eine Seite, die durch eine zweite ergänzt wird: ihr Talent und ihre Lust am Planen, Organisieren, am Überzeugen von Menschen – für die Fröbelsche Kindergartenidee zum Beispiel. Sie arbeitet aktiv im *Deutschen Fröbelverband* mit, wirbt mit Vorträgen und mit Fröbels aufmunterndem Ruf: »Baut das Haus zum frohen Kindergarten!« interessierte Eltern und Sponsoren, die meist aus jüdischen Kreisen kommen und für die Wohltätigkeit zu den selbstverständlichen Bürgertugenden gehört.

Zugang zu diesen Kreisen hat sie durch ihren Mann, den Rabbiner der jüdischen Gemeinde Dr. Abraham Goldschmidt, mit dem sie 1859 von Warschau nach Leipzig übergesiedelt ist. In ihrem kulturell aufgeschlossenen, gastfreundlichen Haus finden regelmäßig sogenannte Tischrunden mit einflußreichen Persönlichkeiten aus Wissenschaft, Kultur und Politik statt − Verbindungen, die Henriette Goldschmidt für ihre Ziele zu nutzen weiß. Wie in den Salons der Romantik ist sie als Hausfrau für das leibliche Wohl der Gäste zuständig, beteiligt sich aber gleichzeitig eifrig an den Diskussionen. Sie liest Kant, Fichte, Hegel, den Revolutionsdichter Herwegh, vor allem aber den von ihr über alles verehrten Schiller. Bewundernswert für eine Autodidaktin, die in ihrer Jugend nur die Elementarschule und ein Jahr Töchterschule in ihrer Geburtsstadt Krotoschin besucht hat und die sich alles Wissen nach und nach mühsam aneignen mußte. Wichtiger Gesprächspartner ist ihr der Naturwissenschaftler Prof. Roßmäßler, ein Verfechter der Fröbelschen Ideen frühkindlicher Erziehung, der sie in ihren philanthropischen Projekten unterstützt.

1871 gründet sie, um ihren und Fröbels Ideen eine breitere Basis zu verschaffen, den *Verein für Familien- und Volkserziehung,* dem auf Anhieb 150 Förderer beitreten. Mit dieser Rückenstärkung kann sie in den nächsten Jahren in Leipzig vier Volkskindergärten aufbauen, in denen auch Kinder der besonders benachteiligten unteren Schichten aufgenommen werden. Ein von ihr gegründetes Seminar für Kindergärtnerinnen soll jungen Mädchen Fröbelsche Pädagogik vermitteln und ihnen gleichzeitig eine Berufsausbildung bieten, die sie finanziell unabhängig macht. »Der Erziehungsberuf ist der Kulturberuf der Frau«, postuliert sie. Um auch das weibliche Geschlecht an »vaterländischen Pflichten« zu beteiligen, fordert sie ein soziales Dienstjahr für Mädchen, das möglichst in Kindergärten abgeleistet werden soll.

Frauenkultur

Henriette Goldschmidts großes Vorbild Fröbel ist nicht nur der Begründer der Kindergärten, sondern auch ein beeindruckender Kulturphilosoph, der die Mitarbeit der Frauen im kulturellen Leben für unabdingbar hält. So gibt sie denn ihrem ersten öffentlichen Vortrag den Titel »Die Frauenfrage eine Kulturfrage«, und rhetorisch wirksam ruft sie in den Saal: »Wir haben wohl Väter der Stadt, wo aber sind die Mütter?« Allerdings ist es ihr nicht gelungen – und auch späteren feministischen Sprachregelungen nicht –, aus der »Vaterstadt« eine »Mutterstadt« zu machen.

Daß Henriette Goldschmidt sich mit Vorträgen und provozierenden Thesen an die Öffentlichkeit wagt, führt sie auf zwei ermutigende Denkanstöße zurück. Zum einen auf ihre Verbindung zur 48er Revolution durch ihren Freund, den Politiker Julius Behrens, den »roten Behrens«, der ihr demokratisches und gleichzeitig idealistisches Weltbild prägte, zum anderen auf ihr Engagement in der Frauenbewegung. Mit Louise Otto-Peters und Auguste Schmidt gehörte sie 1865 zu den Begründerinnen des *Allgemeinen Deutschen Frauenvereins* in Leipzig. Louise Otto-Peters, die ihr rhetorisches Geschick und ihre mitreißende Überzeugungskraft rasch erkannte, ermunterte sie zu ihrer Vortragstätigkeit.

In ihren immer professioneller wirkenden öffentlichen Auftritten läßt sie nicht selten persönliche Erlebnisse einfließen – niemals wehleidig, immer mit dem Unterton: Wo ein Wille ist, ist ein Weg. Sie erzählt von ihrer Kindheit – sechstes Kind des jüdischen Kaufmanns Benas in einer Kleinstadt Posens –, vom Unverständnis der Stiefmutter für ihre geistigen Interessen, vom Hochmut adliger Offizierstöchter, die sich mit »Sie« anreden ließen, ihre jüdischen Mitschülerinnen aber duzten. Sie spricht von ihrem verletzten Gerechtigkeitsgefühl, ihrer Rebellion, die sie empfänglich machte für revolutionäre Forderungen ...

Sie berichtet von ihren ersten sozialen Hilfsdiensten, der Konfrontation mit dem Elend kinderreicher Arbeiterfamilien, überforderter Mütter, vom Typhustod ihrer Schwester, den drei kleinen Halbwaisen, die sie nun zu betreuen hatte. Wer könnte nicht nachvollziehen, daß sie auch in dieser Notlage das Heiratsangebot ihres Schwagers ablehnte, weil für sie nur eine Verbindung in echter gegenseitiger Liebe, nicht als Zweckbündnis denkbar war. Sie spricht schließlich von dem Mann, dem sie sich in dieser tiefen Liebe verbunden fühlt, dem Rabbiner Goldschmidt: dreizehn Jahre älter als sie, gebildet, tolerant. Er brachte aus erster Ehe drei Söhne mit, denen sie eine bessere zweite Mutter sein möchte, als es ihre eigene Stiefmutter war.

Sie schildert auch ihre bedrückenden Erlebnisse in der unter zaristischer Knute geduckten Stadt Warschau, die Ohnmacht ihres Mannes, der als Rabbiner die deutsch-jüdische Gemeinde betreute, ohne an den politischen Verhältnissen etwas ändern zu können. Blieben nur die revolutionären Gedanken und Gespräche hinter verschlossenen Türen. Und durchs Fenster drangen die Schmerzensschreie gefolterter politischer Häftlinge aus dem Gefängnishof ... Ihre Wohnung lag in einer engen Altstadtgasse, der berüchtigten Strafanstalt unmittelbar gegenüber. Ein Alptraum, »Höllentraum« nennt sie ihn, der sie ihr Leben lang verfolgen wird.

Dann die Erlösung: Dr. Goldschmidt wird 1859 als Rabbiner nach Leipzig berufen. Aufatmen. Freiheit. Eine Stadt im Schiller-Fieber empfängt sie. Die Feiern zum hundertsten Geburtstag des Dichters, der hier sein *Lied an die Freude* geschrieben hat, reißen nicht ab. Henriette Goldschmidt feiert mit, genießt das Leipziger Kulturleben, Theater, Konzerte, Vorträge, politische Versammlungen … Aber bald schon ist sie nicht mehr nur Konsumentin, sondern mischt mit im kulturellen Geschehen dieser Stadt, in der sie sich so rasch heimisch fühlt. Sie liest, sie schreibt, sie hält Vorträge, organisiert Veranstaltungen, holt erfolgreich Spendengelder ein, gründet Vereine, Schulen, Kindergärten und schließlich eine eigene Stiftung, die vom israelitischen Frauenverein verwaltet wird.

Sie ist das, was wir heute eine Kulturmanagerin nennen würden. Aber sie ist mehr als das. In ihren Schriften erweist sie sich als eigenwillige Denkerin, die zusammenbringt, was bislang nebeneinander existierte: die Frauenbewegung und die Fröbelsche Kindergartenbewegung. Die Synthese der beiden ins Zeitgeschehen eingreifenden Strömungen macht den Reiz ihrer zuweilen auch überschwenglich patriotischen oder gefühligen Schriften aus. Die politischen Aufwallungen der 48er-Zeit haben sich nach und nach gelegt, die Fröbelschen Kindergärten, die von 1851 an fast zehn Jahre wegen »destructiven Tendenzen auf dem Gebiet der Religion und Politik« verboten waren, blühen wieder auf. Sie werden allerdings ohne staatliche Unterstützung als »Bürgerinitiativen« betrieben.

Das Jahr 1889 ist für Henriette Goldschmidt ein trauriges und gleichzeitig ein erfolgreich zukunftsweisendes. In diesem Jahr verliert sie ihren Lebensgefährten und verständnisvollen Partner, der ihr in der ganzen Zeit ihrer Ehe immer die Freiräume gelassen hat, die sie für ihre eigenständige Entfaltung brauchte – eine durchaus nicht selbstverständliche Haltung in der bürgerlichen Gesellschaft des 19. Jahrhunderts. Bei allem Schmerz bringt dieses Jahr auch einen bedeutsamen beruflichen Durchbruch. Unterstützt von der Stadt Leipzig und ihrem großzügig spendenden Freundeskreis kann sie in der Weststraße – heute Friedrich-Ebert-Straße – ein eigenes Vereinshaus übernehmen.

Damit geht ihr lange gehegter Wunsch, möglichst vielseitige Bildungsangebote unter einem Dach zu vereinen, in Erfüllung. Neben einem Hauskindergarten entsteht ein Seminar für Kindergärtnerinnen und ein Pensionat für Studentinnen. Auch ihre eigene Wohnung richtet sie, gemeinsam mit ihrer Freundin, in diesem stets offenen, von Leben erfüllten Haus ein. Sie ist nun 64. Ein Alter, in dem andere Frauen sich allmählich aufs Altenteil zurückziehen. Für Henriette Goldschmidt fängt ein neuer, spannender Lebensabschnitt erst an. Sie hat starke Nerven. Lärm, Unruhe, ständiges Gefordertsein belasten sie nicht, sie beginnt ihren Arbeitstag am Schreibtisch morgens um vier, wenn im Haus noch alles schläft.

Ihr kämpferischer Elan ist ungebrochen. 1898 fordert sie in einer vom Bund Deutscher Frauenvereine ausgehenden Petition an die deutschen Regierungen die »Einordnung der Fröbelschen Erziehungs- und Bildungsanstalten in das Schulwesen der Gemeinden und des Staates«. Damit will sie eine sachkundige Kontrolle der wild wuchernden Kindergärten und Seminare, die bislang der Gewerbeaufsicht zugeordnet sind, erreichen. Qualifizierung, Professionalisierung, Effizienz wären heutige Schlagworte zur Charakterisierung ihrer pressewirksamen »Anfrage«, aber sie decken nicht das geistige Spektrum der Goldschmidtschen Ziele ab, die immer wieder um den weiblichen Kulturbegriff kreisen.

Henriette Goldschmidt verwendet in ihren Schriften als eine der ersten Autorinnen das Wort *Frauenkultur*. Frauenkultur als eine eigenständige, von Frauen entwickelte Ausprägung und Sehweise kultureller Phänomene. Sie setzt sich damit nicht, wie es später Feministinnen taten, von der vorherrschenden »Männerkultur« ab, sondern ergänzt sie durch spezifisch weibliche Elemente. Heute wird der Begriff Frauenkultur wieder allgemeiner gebraucht und ist nicht mehr eindeutig feministischen Gruppen zuzuordnen.

90 und noch immer aktiv

Ein Geburtstagsgeschenk ganz im Sinne der 90jährigen Jubilarin: ein Henriette-Goldschmidt-Kindertagesheim. Freunde und Verehrer haben die Mittel zusammengetragen, im letzten Kriegsjahr 1918 kann die Tagesstätte für 90 Kinder – für jedes ihrer Lebensjahre ein Platz – eröffnet werden. Ein Lichtblick in dieser düsteren Zeit, ein Lichtblick auch für Henriette Goldschmidt, deren große Ideale der Völkerverständigung zusammengebrochen sind, deren kleine Oasen der Verständigung und des gemeinsamen Tuns aber überall Früchte tragen. *Was ich von Fröbel lernte und lehrte* heißt eines ihrer Bücher, ihr pädagogisches Vermächtnis.

Am 30. Januar 1920 stirbt Henriette Goldschmidt, aktiv bis zum letzten Tag, nach einem Fieberanfall. 95 Jahre, fast ein ganzes Jahrhundert, hat sie durchlebt. Am Vorabend ihres Todes läßt sie sich noch Börne vorlesen, Börne, den alten Revolutionär. Und ihre Erinnerung geht zurück an Börnes und Heines Grab auf dem Pariser Père-Lachaise, ihren Gang dorthin, den »Weg zu den Träumen meiner Jugend«.

An ihrem Sarg liest ihre Lieblingsschülerin Goethe-Verse:

... nach dem Gesetz, wonach du angetreten.
So mußt du sein, dir kannst du nicht entfliehen ...

Ihre letzte Ruhestätte findet die rastlos Tätige auf dem alten jüdischen Friedhof an der Berliner Straße, ihrem vor über dreißig Jahren verstorbenen Mann wieder nah.

Vieles ist ihr mit dem Tod erspart geblieben. Nie hätte die immer an das Gute im Menschen Glaubende fassen können, was 1933 und in den Jahren danach geschah: Ihr Name vom Schulportal getilgt, ihr Bildnis zerstört, ihre pädagogischen Ideen pervertiert. Erspart geblieben ist ihr ein Leidensweg, wie ihn die Berliner Sozialreformerin Alice Salomon gehen mußte: Nicht nur ihr Name über dem Schulportal, auch die Erinnerung an ihr Werk wurde ausgelöscht, die große Anregerin starb einsam und vergessen im New Yorker Exil. Und in Leipzig wird das Mendelssohn-Denkmal vor dem Gewandhaus geschleift. Der Mäzen Henri Hinrichsen kommt im Konzentrationslager Theresienstadt um, er stand auf der »Judenliste« der Reichsschrifttumskammer. Juden werden von allen kulturellen Veranstaltungen ausgeschlossen, dürfen die Parkbänke im Rosental nicht mehr benutzen. Im November 1938, in der berüchtigten »Kristallnacht«, brennen die Synagogen, werden auf dem Brühl die jüdischen Geschäfte verwüstet. Juden werden in Sonderzügen abtransportiert, nur wenigen gelingt noch die Flucht. Leipzig ist, wie stolz berichtet wird, beinahe judenfrei. Wäre Henriette Goldschmidt, die Frau eines Rabbiners, der Ermordung entgangen?

Seit 1947 trägt die Straße, in der mit der Hochschule für Frauen ein Jahrzehnt Leipziger Frauengeschichte geschrieben wurde, ihren Namen. Eine Gedenktafel am Haus Nr. 20, der *Henriette-Goldschmidt-Schule*, heute ein Berufliches Schulzentrum, erinnert an die pädagogische Pioniertat der Gründerin. Das Zentrum ihres Lebens und Wirkens jedoch, das *Henriette-Goldschmidt-Haus* in der Friedrich-Ebert-Straße, soll abgerissen werden. Frauengruppen haben in seltener Einigkeit dagegen protestiert – wohl vergeblich. Vertan die Chance einer kulturellen Begegnungsstätte. Die Stadt – mit Erinnerungsorten an bedeutende Leipzigerinnen nicht allzu reich gesegnet – wird um ein historisches Zeugnis frühen Frauenengagements ärmer. Hätte eine der berühmten Bittschriften Henriette Goldschmidts heutige Stadtväter (nicht Stadtmütter!) umstimmen können?

Anteil am Nobelpreis?

Kommilitonin und Ehefrau

Mileva Einstein-Marić

1875–1948

Als Albert Einstein 1921 von der Schwedischen Akademie der Wissenschaften der Physik-Nobelpreis zugesprochen wurde, überließ er das gesamte Preisgeld, immerhin die damals beträchtliche Summe von 180000 Schweizer Franken, seiner ersten Frau Mileva, von der er seit einigen Jahren geschieden war. Niemand nahm daran Anstoß. Warum sollte der in zweiter Ehe wohlhabend verheiratete Wissenschaftler, hochdotiertes Mitglied der Berliner Akademie, dieses Geld nicht seiner weniger begüterten ehemaligen Gefährtin, die mit den beiden gemeinsamen Kindern in Zürich lebte, zukommen lassen?

Erst in den achtziger Jahren bekam die Überweisung dieser Geldsumme eine neue Gewichtung – aus feministischer Sicht: Könnte es sich nicht um eine späte Wiedergutmachung an Mileva handeln? Hatte Albert Einstein seine erste Frau und Kommilitonin nicht für seine wissenschaftliche Arbeit ausgebeutet? Hatte sie ihm nicht mathematische Unterlagen für seine Forschungen zur theoretischen Physik geliefert, für die er dann den Nobelpreis bekam, ohne ihren Namen je zu erwähnen? Ist es Zufall, daß diese frühen Publikationen im Original nicht mehr auffindbar sind?

Daß all diese Fragen überhaupt gestellt werden konnten, hängt mit einem Buch zusammen, das schon 1969 in einem jugoslawischen Verlag erschienen ist, aber erst 1982 durch die Übersetzung ins Deutsche bekannt wurde: *Im Schatten Albert Einsteins. Das tragische Leben der*

Mileva Einstein-Marić. Die Verfasserin Desanka Trbuhović-Gjurić hat Mathematik und Physik studiert und ist Serbin wie Mileva Marić. Ihr geht es weniger um eine Anklage Albert Einsteins als um das Festschreiben des tragischen Lebens einer hochbegabten Wissenschaftlerin. Auch wenn man alle Regungen serbischen Nationalstolzes und alle Überhöhungen aus Zuneigung abzieht, bleibt diese Biographie beeindruckendes Zeugnis eines Frauenlebens zwischen Selbstbestimmung und Selbstaufgabe.

Natürlich ist Mileva Einstein-Marić, wie Feministinnen argwöhnen, auch ein Opfer patriarchaler Gesellschaftsverhältnisse. Natürlich hat sie aus Liebe zu einem Mann ihre eigene berufliche Entfaltung hintangestellt und die ihres Partners gefördert. Natürlich lag die Last des Familienalltags auf ihren Schultern, während der Gefährte sich ungehindert der Wissenschaft widmen konnte. Doch aus diesem zeittypischen Muster darf noch nicht auf ein unglückliches oder zerstörtes Leben geschlossen werden. Mileva hat sich während der ganzen Zeit ihrer Ehe nicht ausgebeutet gefühlt. Sie hat ihrem Mann, an dessen geniale Begabung sie glaubte, als er noch völlig unbekannt war, zugearbeitet, hat mathematische Berechnungen für ihn angestellt, hat Ordnung in seine Zettelwirtschaft und sein unstetes Leben gebracht. Sie ist sein »liebes Weiberl«, sein »Schatzerl«, aber auch, wie er ihr schreibt, eine ihm »ebenbürtige Kreatur ... die gleich kräftig und selbständig ist wie ich selbst«. Mileva liebt ihn in ihrer zurückhaltend verläßlichen Art, er erwidert ihre Liebe offener, heiterer, unbekümmerter um Konventionen.

Milevas Tragik beginnt erst in dem Augenblick, als er sich um einer anderen Frau willen von ihr trennt. Da steht sie betroffen vor den Scherben ihres gemeinsamen Lebens, nichts läßt sich mehr zusammenfügen, sie war immer nur Hälfte, immer auf ihn ausgerichtet, sah ihr Forschen und Wirken stets als Einheit, ohne jemals nach der Größe ihres Anteils zu fragen. Nun hält sie, mit 44 Jahren, kein eigenes Werk, keinen akademischen Titel, keinen Berufsabschluß in Händen. Nichts.

Albert Einstein aber nimmt in Stockholm den Nobelpreis entgegen für seine »Verdienste auf dem Gebiet der theoretischen Physik, besonders für die Entdeckung des Gesetzes der photoelektrischen Wirkung«. Dieses Gesetz, das die Entstehung des Lichtes durch Lichtquanten erklärt, wurde von ihm schon 1905 formuliert, in der Zeit, als er mit Mileva eng zusammenarbeitete. Sie hatte damals neben dem Haushalt noch ihren knapp einjährigen Sohn Hans Albert zu versorgen und konnte sich deshalb der wissenschaftlichen Arbeit nie so ungestört zuwenden wie ihr Mann. Trotzdem nutzte sie jede freie Minute, um die gemeinsamen Untersuchungen voranzutreiben. Sie sah sich dabei als seine ihm zuarbeitende Partnerin, die ihn anregt und seine Ergebnisse kontrolliert, die ihn auch wegen seiner intuitiv genialen Erfassung und Bewältigung physikalischer Probleme bewundert. Sicher würde sie es ablehnen, als »verhinderte Nobelpreisträgerin« unter die weiblichen Opfer einer machtorientierten Männergesellschaft eingeordnet zu werden. Auch den Titel »Mutter der Relativitätstheorie«, den ihr Norgard Kohlhagen in der Zeitschrift *Emma* (10/83) verleiht, würde sie mit Gewißheit zurückweisen. Selbst die Frage im *New Scientist* vom 3.3.1990 »Was the first Mrs. Einstein a Genius, too?« würde sie wohl, soweit wir sie aus ihren Briefen und der Schilderung ihrer Freunde kennen, verneinen. Sie hat sich nie als Genie gefühlt, empfand es als »unschön«, berühmt zu sein, auch wenn in ihrer Jugend einige Weichen in dieser Richtung gestellt worden sind.

Ihr Vater und später auch ihre Lehrer haben ihre außergewöhnliche mathematische Begabung früh erkannt und gefördert. In Titel, einer Kleinstadt im Randgebiet der österreichisch-ungarischen Donaumonarchie, in der Mileva am 19. Dezember 1875 geboren wurde, gilt sie, wenn nicht als Wunderkind, so doch als überragend intelligent und wissensdurstig, vor allem auf Gebieten, die Mädchen ihres Alters sonst wenig interessieren. Ein angeborenes Hüftleiden macht sie zur Außenseiterin, sie kann nicht mit den anderen Kindern herumtollen und wird gehänselt; so zieht sie sich auf den großen Dachboden des elterlichen Gutshauses und in ihre eigene Phantasiewelt zurück. Sie liest deutsche Märchen und serbische Volksdichtungen – beide Sprachen sind ihr von klein auf geläufig. Mit acht Jahren bekommt sie Klavierunterricht. Am meisten aber faszinieren sie Zahlenspiele, Rechenoperationen und Naturbeobachtungen am Ufer der träge dahinfließenden Theiß. Die Großmutter behandelt ihre mißgestaltete Hüfte mit Hausmitteln und Zaubersprüchen, früh bringt man ihr bei, daß hinkende Mädchen keine Heiratschancen hätten.

Um so stärker setzt sich der umsichtige Vater für die Ausbildung ihrer geistigen Fähigkeiten ein. Der wohlhabende Grundbesitzer und Kanzlist im Bezirksgericht Ruma kann es sich leisten, seine Tochter auf gute Schulen zu schicken. In der Höheren Mädchenschule in Novi Sad gilt Mileva als beste Schülerin, wegen ihrer Zurückgezogenheit wird sie Svetac, Heilige, genannt. Da in Österreich-Ungarn Mädchen der Zugang zum Gymnasium noch verwehrt ist, bringt der Vater sie am Königlich-Serbischen Gymnasium in Šabac unter, wo sie durch Begabung, Willenskraft und Ehrgeiz auffällt und von den Lehrern mit besonderer mathematischer Lektüre versorgt wird.

Als der Vater 1891 in die kroatische Hauptstadt Zagreb versetzt wird – von der Mutter ist nie die Rede –, wechselt auch Mileva ans dortige Königliche Obergymnasium über. Sie legt die Griechischprüfung mit der Note »vorzüglich« ab, die Schlußprüfung – als einziges Mädchen in der Klasse – mit den besten Noten in Mathematik und Physik. Das hebt ihr durch die Körperbehinderung angeschlagenes Selbstbewußtsein. Sie will studieren. In Zürich. Der Vater ist einverstanden, obwohl das für ihn eine ziemliche Belastung bedeutet. Er hat noch zwei weitere Kinder zu versorgen, Zorka, die jüngere, ebenfalls mit einem Hüftleiden geborene Tochter, und Miloš, den hochbegabten Sohn, der Medizin studieren möchte.

Mileva reist 1894 – mit neunzehn – allein nach Zürich, dessen Universität in ihrer Heimat einen guten Ruf hat und Frauen einen Studienabschluß ermöglicht. Sie fühlt sich hier vom ersten Augenblick an heimisch, die zurückhaltend nüchterne Art der Menschen sagt ihr zu. Unter den Studenten entdeckt sie eine Reihe vertrauter Gesichter aus Zagreb. Sie stürzt sich in die Arbeit und wird im November nach einer Aufnahmeprüfung in die dritte Klasse der Höheren Töchterschule aufgenommen. Ihre Lehrerin in allgemeiner Geschichte ist die Historikerin und Schriftstellerin Dr. Ricarda Huch, ihr Gesanglehrer der »Sängervater« Carl Attenhofer – Persönlichkeiten, die sie beeindrucken und prägen.

Die Maturitätsprüfung legt Mileva im Frühjahr 1896 an der Eidgenössischen Medizinschule in Bern ab, da sie anschließend Medizin studieren möchte. Sie beginnt auch ein Medizinstudium an der Universität Zürich, wechselt aber schon nach einem Semester ans Polytechnikum über und belegt die Fächer, die sie schon immer am meisten interessierten: Mathematik und Physik. In der Abteilung VI A, in der angehende Mathematik- und

Physiklehrer ausgebildet werden, ist sie die einzige Frau ihres Jahrgangs, vor ihr haben erst vier Frauen an dieser Abteilung studiert. Sie nimmt die Herausforderung an, es ist nicht die erste ihres Lebens, sie traut sich zu, mithalten zu können.

Einer ihrer Kommilitonen ist der um gut drei Jahre jüngere Albert Einstein, der die Aufnahme ins Polytechnikum erst im zweiten Anlauf geschafft hat. Daß dies nichts mit seiner Intelligenz und mathematischen Begabung zu tun hat, höchstens mit seiner Unbekümmertheit und seinem unkonventionellen Denken, wird ihr bald klar. Die beiden teilen sich einen Laborplatz im Physikalischen Institut, und Einstein verblüfft Mileva gleich am ersten Tag mit der Frage: »Haben Sie je daran gedacht, daß Newton in einigen seiner Schlüsse nicht recht hat?« – Sie ist in der Ehrfurcht vor großen Namen erzogen worden, er hinterfragt ohne Scheu eherne Gesetze. Dabei tut er dies nie – und das imponiert ihr – aus Besserwisserei, vielmehr aus einer kindlich-spielerischen Neugier heraus.

Über die Arbeit im Labor, über physikalische und philosophische Fragestellungen kommen sich die beiden näher und ergänzen sich: er in seiner sprunghaft intuitiven, sie in ihrer solide systematischen Art. Immer häufiger verbringen sie auch die Freizeit zusammen. Mileva führt Albert in den Kreis serbischer Studenten ein, man wandert, diskutiert und musiziert gemeinsam. Albert ist beliebt als geistreicher und witziger Gesprächspartner, auch als Violinspieler und Musikkenner, während man sein vagabundenhaftes Aussehen bespöttelt. Mileva kümmert sich nicht darum, so wie es ihn nicht stört, daß sie hinkt.

Die Kommilitonen gewöhnen sich an das seltsame Paar, die Eltern von Mileva und auch die von Albert nicht. Alberts Mutter setzt ihm mit drastischen Warnungen zu: »Du vermöbelst Dir Deine Zukunft und versperrst Dir Deinen Lebensweg... Wenn sie ein Kind bekommt, dann hast Du die Bescherung.« Und auf Milevas Intellektualität anspielend: »Sie ist ein Buch wie Du – Du solltest aber eine Frau haben.« Schließlich führt sie noch den Altersunterschied ins Feld: »Bis Du 30 bist, ist sie eine alte Hex.« Sie befürchtet zu Unrecht, Mileva klammere sich an ihn und halte ihn von seiner Karriere ab. Dabei ist es Albert, der von Heirat spricht, während Mileva sich sträubt und ihre wissenschaftliche Laufbahn gefährdet sieht durch Küche und Kinder. Um ihre Gefühle zu prüfen, hat sie in eigener Entscheidung und ohne Absprache mit Albert ein Semester in Heidelberg eingelegt, er nennt sie in seinem ersten Brief »kleine Ausreißerin« und wirbt erfolgreich um ihre Rückkehr nach Zürich.

Gemeinsam bereiten sie sich auf die Diplomprüfung vor, nachdem Mileva die Zwischenprüfungen im Oktober 1899 nicht so glänzend bestanden hat, wie sie das von sich selbst erwartete. Das Thema der Diplomarbeit, Wärmeleitung, interessiert Albert nicht besonders, Mileva hingegen arbeitet sich mit Energie in die Materie hinein und bereitet sich auch auf die anderen Fächer gewissenhaft vor. Trotzdem fällt sie bei der Diplomprüfung, die im Sommer 1900 stattfindet, durch. Vor allem ihre Leistungen in Funktionentheorie und Astronomie genügen den Anforderungen nicht. Sie wird die Prüfung ein Jahr später wiederholen müssen. Albert, dem Noten und Prüfungen unwichtig sind und der selber nur knapp bestanden hat, versucht sie zu trösten und zu ermuntern: »Du mußt jetzt Deine Untersuchungen fortsetzen – wie stolz werd ich sein, wenn ich gar vielleicht ein kleines Doktorlin zum Schatz habe und selbst noch ein ganz gewöhnlicher Mensch bin!«

Aber aus dem Doktorlin wird nichts, die Dissertation bleibt unvollendet, auch der zweite Prüfungsversuch scheitert. Mileva gibt ihr Physikstudium auf. Was das für die arbeitsbesessene und ehrgeizige Gefährtin bedeutet, kann Albert am besten ermessen. Wenn er sie nun noch stärker als vorher in seine Arbeit einbezieht, hat das weniger mit Ausbeutung als mit Verständnis für ihre bedrückende Lage zu tun. Im März 1901, nachdem seine erste wissenschaftliche Publikation in den Leipziger *Annalen der Physik* erschienen ist, schreibt er ihr: »Wie glücklich und stolz werde ich sein, wenn wir beide zusammen unsere Arbeit über die Relativbewegung siegreich zu Ende geführt haben! Wenn ich so andere Leute sehe, da kommt mir's so recht, was an Dir ist!«

Ihr Versagen auch in der zweiten Prüfung hängt ohne Zweifel mit den psychischen Belastungen in diesem Jahr zusammen. Daß ihre Familie, ihr Vater vor allem, ihren Mißerfolg nicht verstehen kann, bedrückt sie. Auch Alberts vergebliche Bemühungen um eine Assistentenstelle in Zürich, in Wien und an deutschen Universitäten setzen ihr mehr zu als ihm. Es beschämt sie, wenn er ihr in einem Brief versichert: »Meine wissenschaftlichen Ziele und meine persönliche Eitelkeit werden mich nicht davon abhalten, die untergeordnetste Rolle zu übernehmen.« Die eilige Suche nach irgendeiner Verdienstmöglichkeit hat einen Grund: Mileva ist schwanger.

In den Semesterferien fährt sie wie jedes Jahr nach Hause. Was dort in Novi Sad und im Familienkreis abläuft, läßt sich nur vermuten, es sind keine Briefe Milevas aus dieser Zeit erhalten. Aus Alberts Briefen kann geschlossen werden, daß er zwar den Zeitpunkt der Schwangerschaft ungünstig findet, aber das erwartete Kind − »Lieserl« nennen sie es − nicht ablehnt. »Pfleg Dich nur gut und sei munter und freu Dich auf unser liebes Lieserl ...«, schreibt er der Hochschwangeren im Dezember 1901 und gibt zu bedenken: »Das einzige, was noch zu lösen übrig wäre, das wär die Frage, wie wir unser Lieserl zu uns nehmen könnten; ich möchte nicht, daß wir es aus der Hand geben müssen. Frag einmal Deinen Papa, er ist ein erfahrener Mann und kennt die Welt besser als Dein verstrebter, unpraktischer Johonzel.« Den Kosenamen Johonzel hat sich Mileva ausgedacht.

Zwei Tage später folgt die erfreuliche Nachricht, daß der zukünftige Kindsvater – nach einem kurzen Intermezzo an einer Privatschule in Schaffhausen – nun eine gut bezahlte Stelle am Patentamt in Bern antreten wird. »Und Du wirst bald mein glückliches Weiberl, paß nur auf. Jetzt haben unsere Leiden ein Ende.« Wie Mileva in ihrem Zustand seinen drängenden Heiratswunsch aufnimmt, ist nicht bekannt, auch nicht, wie sie sich die gemeinsame Zukunft mit dem Kind vorstellt. Denkbar, daß die Schwangerschaft, die ihre Berufspläne vereitelt und in der sittenstrengen heimatlichen Umgebung ein Stigma bedeutet, sie ganz aus der Bahn geworfen hat. Albert, der inzwischen in Zürich seine Dissertation fertiggestellt hat, versucht sie in seinen Briefen aufzumuntern: »Bis Du mein liebes Weiberl bist, wollen wir recht eifrig zusammen wissenschaftlich arbeiten, daß wir keine alten Philistersleut werden, gellst.«

Mileva hat die geheimgehaltene Geburt sehr zugesetzt, aber das »Lieserl« scheint gesund zu sein. Albert erkundigt sich eingehend nach ihm: »Was hat es denn für Augerl? Wem von uns sieht es mehr ähnlich? Wer gibt ihm denn das Milcherl?« Er wünscht sich eine Photographie oder eine Zeichnung: »Ich hab es so lieb und kenn's doch noch gar nicht!« – Er wird es nie kennenlernen. Das weitere Schicksal Lieserls bleibt im Dunkeln, weder Geburt noch Tod lassen sich in amtlichen Registern nachweisen. Auch der erst vor einigen Jahren in Princeton veröffentlichte Briefwechsel zwischen Albert und Mileva gibt keine näheren Aufschlüsse über das Kind, das vermutlich von einer Jugendfreundin Milevas aufgenommen und zur Adoption freigegeben wird. Lieserl bleibt ein Familientabu.

Albert ist inzwischen nach Bern gezogen und hat seine Stelle als technischer Sachverständiger am Eidgenössischen Amt für geistiges Eigentum angetreten. Mileva, die in Zürich immer zur Untermiete oder in Pensionen gewohnt hat, richtet zum ersten Mal eine eigene kleine Wohnung ein, bohèmehaft gemütlich für lange Nachtgespräche mit Freunden. Am 6. Januar 1903 werden die beiden im Berner Zivilstandesamt getraut – ein glückliches, sich in der Arbeit geradezu ideal ergänzendes Paar.

Für Albert sind die nun folgenden Jahre die wissenschaftlich produktivsten seines Lebens. Er arbeitet an der *Elektrodynamik bewegter Körper*, einem nicht umfangreichen, aber fundamentalen Werk, das seine Spezielle Relativitätstheorie enthält. Wie weit Mileva daran mitgearbeitet hat, läßt sich nicht genau feststellen, da das Manuskript als verschollen oder vernichtet gilt. Fest steht, daß sie ihre Zeit nicht mehr ungeteilt der Forschung widmen kann, seit sie den im Mai 1904 geborenen Sohn Hans Albert zu versorgen hat; ein zufriedenes, pflegeleichtes Kind, das aber doch an ihren geschwächten Körperkräften und Nerven zehrt.

Die Linguistin Senta Trömel-Plötz sieht in der Tatsache, daß in dieser Ehe Albert allein alle wissenschaftlichen Arbeiten zeichnete, allein für geistige Leistung und Broterwerb zuständig war, allein sich um Lehrstühle bewarb, ein Geflecht patriarchaler Machtstrukturen (*Basler Zeitung*, Magazin 16/90). Daß Mileva gar keinen Studienabschluß besaß, wird dabei außer acht gelassen, auch, daß Einstein die Lehrstühle keineswegs in den Schoß gefallen sind. Als er sich 1909 an der Universität Zürich um eine außerordentliche Professur für theoretische Physik bewirbt, bekommt er die Stelle nur, weil der von der Fakultät favorisierte Gegenkandidat zu seinen Gunsten verzichtet. Man kennt zwar seine Relativitätstheorie, ahnt aber noch nicht deren epochale Bedeutung.

Mileva wechselt gern wieder nach Zürich über, in die ihr so vertraute Stadt, die ein internationaleres Flair besitzt als das gemütliche Bern. Ihr Heim an der Moussonstraße wird rasch zum Treffpunkt schweizerischer und serbischer Freunde, die meisten von ihnen sind Musiker oder Musikliebhaber. Mileva ist eine gewandte Gastgeberin, das nicht gerade üppige Gehalt ihres Mannes bessert sie durch Zimmervermietung an Studenten auf. Eine Hausgehilfin können sich die Einsteins nicht leisten, so kocht und putzt und näht Mileva selbst.

Im Juli 1910 wird ihr zweiter Sohn Eduard geboren. Nun hat Mileva noch weniger Zeit, sich in neue Forschungen zu vertiefen und ihrem Mann mit Berechnungen zur Hand zu gehen. Er trifft sich mit Freunden und Studenten häufig im *Café Terrasse* und führt mit ihnen die Gespräche, die er früher mit Mileva geführt hat. Mehr und mehr vergräbt er sich in die Arbeit, nur fürs Musizieren im Freundeskreis, fürs Theater und für die Tonhalle-Konzerte nimmt er sich noch Zeit, wobei ihm der äußere Rahmen völlig gleichgültig ist. Mit zerknittertem, kreidebeschmiertem Anzug eilt er direkt aus der Vorlesung in den Konzertsaal, Mileva steckt ihm in den Zwischenpausen heimlich Butterbrote aus ihrer Handtasche zu. Die Konzertbesucher belächeln das unbekümmert unbürgerliche Paar.

Als Einstein 1910 an der deutschen Universität in Prag der Lehrstuhl für theoretische Physik angeboten wird, nimmt er diesen Ruf trotz Milevas Bedenken an, da er mit größerer Unabhängigkeit und besserer Bezahlung verbunden ist. Das bedeutet für Mileva Umzug mit zwei kleinen Kindern und Abschied vom geliebten Zürich. Sie wird nicht heimisch in Prag, der gespaltenen Stadt mit den Rivalitäten zwischen der tschechischen und der deutschen Universität. Im Gegensatz zu ihrem Mann findet sie keinen gesellschaftlichen Anschluß und wird immer verschlossener und schweigsamer, auch die beiden Kinder vermögen sie nicht aufzuheitern. Sie sehnt sich nach Zürich zurück, obgleich sie sich in Prag zum ersten Mal in ihrer Ehe ein von Geldsorgen freies Leben und eine Hausgehilfin leisten kann.

Die Unstimmigkeiten zwischen Mileva und Albert vertiefen sich immer mehr, Einsteins Familie läßt keine Gelegenheit aus, ihm Milevas unvorteilhaftes Erscheinungsbild vor Augen zu führen: klein, hinkend, schüchtern und introvertiert. Die nachlässige Garderobe der beiden wird allein ihr angekreidet. Er, auf äußere und innere Harmonie bedacht, erträgt diese Spannung zwischen seiner Frau und seiner Familie nur schwer. Mileva fühlt sich durch die Einmischung der Verwandten verletzt; auch daß ihr Mann sie nicht mehr in seine Arbeit einbezieht, kränkt sie.

Auf einem wissenschaftlichen Weltkongreß in Brüssel nutzt sie die Gelegenheit, berühmte Kollegen zu bitten, sich für Einsteins Rückkehr nach Zürich einzusetzen. Marie Curie und Henri Poincaré wenden sich daraufhin mit Empfehlungsschreiben an die Eidgenössische Technische Hochschule, das frühere Polytechnikum, an dem Albert und Mileva studiert haben. Auch Einsteins Doktorvater, der Physiker Alfred Kleiner, und der ehemalige Kommilitone Marcel Großmann bemühen sich um seine Berufung an die ETH. Im Februar 1912 ist es soweit:

Einstein wird ordentlicher Professor für theoretische Physik.

Mileva versucht den Umzug nach Zürich so schnell wie möglich zu bewerkstelligen, bevor ihr etwas zögerlicher Mann wieder rückfällig werden könnte. Sie erhofft sich von der Rückkehr an die Stätte ihres gemeinsamen Aufbruchs eine Wiederbelebung ihrer Zusammenarbeit und ihrer menschlichen Beziehung. Aber Glück und Nähe lassen sich nicht so einfach zurückholen, auch wenn Mileva bewußt an alte Gewohnheiten anknüpft: Man musiziert gemeinsam im Hause von Professor Hurwitz, man wandert mit Freunden und Kindern in den Bergen, die Wohnung auf dem Zürichberg soll wieder zum Treffpunkt des großen Bekanntenkreises werden, Marie Curie wird samt Töchtern und Gouvernante eingeladen.

Doch mehr und mehr fühlt sich Mileva im Abseits, wenn ihr Mann mit Kollegen und Studenten über seine Theorien diskutiert, ohne sie in die Gespräche einzubeziehen. Im März 1913 schreibt sie ihrer Freundin in Belgrad stolz, aber mit verbittertem Unterton: »Mein großer Albert ist unterdessen ein berühmter Physiker geworden, der in der physikalischen Welt sehr geehrt und bewundert ist. Er arbeitet unermüdlich an seinen Problemen, man kann ruhig sagen, daß er nur für sie lebt.« Von Zusammenarbeit ist nicht mehr die Rede, Einstein entzieht sich zunehmend auch der Familie, spinnt sich in seine Arbeit und seine Musik ein. Bei einem Besuch des deutschen Physikers Max Born in Zürich erkundigt er sich vorsichtig nach den Forschungsbedingungen in Berlin.

Im Sommer 1913 reisen Max Planck und Walther Nerst an, um Einstein für die Preußische Akademie der Wissenschaften in Berlin zu gewinnen. Gleichzeitig soll er Direktor des Kaiser-Wilhelm-Instituts für Physik werden – ein verlockendes Angebot, dem er sich nicht entziehen mag, obwohl Mileva sich gegen einen erneuten Umzug sträubt und immer noch hofft, in Zürich könnte ihr Familienleben wieder in Ordnung kommen. Sie hofft vergebens. Einstein trifft die endgültige Entscheidung für Berlin ohne Rücksicht auf ihre Bedenken. Doch auch sie handelt eigenmächtig: Bei einem Besuch in ihrer Heimatstadt Novi Sad läßt sie die beiden Kinder unter dem Einfluß ihrer Familie nach orthodoxem Ritus taufen. Ihr Mann nimmt die Provokation gelassen, auch wenn die Söhne ihm dadurch noch stärker entfremdet werden, er ist ein freischwebender, toleranter Geist, kein strenggläubiger Jude.

Der Umzug nach Berlin bedeutet für den älteren Sohn Hans Albert die Eingewöhnung in ein Schulsystem mit preußischem Drill, dem sich der begabte, aber eigenwillige Junge nur schwer einfügen kann. Der dreijährige Eduard, genannt Tete, bleibt in der Obhut der Mutter. Ein zartes, kränkelndes Kind mit einem auffallend entwickelten Gedächtnis. Alles, was ihn interessiert, behält er, Lesen bringt er sich ohne Mühe selbst bei, musikalisch ist er – wie der Vater – hochbegabt. Seine nachdenklich altklugen Fragen und Überlegungen beunruhigen Mileva, aber sie hat niemanden, mit dem sie darüber sprechen kann. Sie liest viel, hauptsächlich wissenschaftliche Literatur, um Anschluß an die Umwälzungen in der neueren Physik zu finden. Dabei macht sie sich auch Gedanken über die Grenzen der Naturerkenntnis, doch ihr fehlen die philosophischen Grundlagen, um ihr Fachwissen in einen größeren Zusammenhang einordnen zu können. Vor allem jedoch fehlen ihr die Gespräche mit ihrem Mann, der sich ihr mehr und mehr – und dies nicht nur wegen der Arbeitsüberlastung – entzieht.

Von der politischen Unruhe nach dem Attentat von Sarajevo und der Kriegserklärung Österreich-Ungarns an

Serbien bekommt Einstein in der Abgeschirmtheit seiner Akademie nur wenig mit. Immerhin bringt er im Juli 1914, zu Beginn der Sommerferien, seine Familie nach Zürich, wohl auf Milevas Drängen hin, aber auch, weil ihm hier eine ruhige, geregelte Entwicklung der Kinder am ehesten gewährleistet scheint. Er selbst kehrt umgehend in das turbulente Berlin zurück – aus Pflichtbewußtsein seinem Institut gegenüber, wie Mileva hofft, doch insgeheim ahnt sie, daß die ständigen Sticheleien der Einsteinschen Familie gegen sie doch ihre Wirkung getan haben und ihrem Mann die Trennung nicht ungelegen kommt. Seine Cousine Elsa sorgt in Berlin bestens für sein Wohl.

Mileva hat sich in Zürich in einer Pension an der Bahnhofstraße eingemietet, noch hat sie ja vor, um ihre Ehe zu retten, in das verhaßte Berlin zurückzukehren. Der Ausbruch des Ersten Weltkriegs nimmt ihr die Entscheidung ab: Um der Kinder willen beschließt sie, die sichere Schweiz nicht mehr zu verlassen. Sie beschwört auch ihren Mann – vergeblich –, wieder nach Zürich zu kommen. Zu ihrer elterlichen Familie in Österreich-Ungarn ist durch den Krieg jede Verbindung abgebrochen. Sie steht allein da. Bald kann sie die Pension nicht mehr bezahlen, da die Geldüberweisungen aus Berlin sehr unregelmäßig eintreffen und durch die Entwertung der Mark immer geringer ausfallen. Die Freunde erfahren nichts von ihrer Not, auch die Kinder sollen nicht merken, wieviel sie sich ihretwegen vom Mund abspart.

Als Einstein eine größere Geldsumme schickt und ihr Klavier aus Berlin eintrifft, mietet sie sofort eine Wohnung und beginnt, Klavier- und Mathematikstunden zu geben. Um dem begabten Tete einen besseren Klavierunterricht als ihren eigenen zu ermöglichen, nimmt sie zahlende Pensionsgäste auf und macht Schulden, den

Kindern soll es an nichts fehlen. Ihr Mann, der inzwischen zu seiner Cousine Elsa gezogen ist, besucht die Familie in Zürich ab und zu, wandert und musiziert mit den Söhnen und versucht, ihr Interesse für die Wissenschaft zu wecken. Eine Aussprache mit Mileva, die von ihm eine klare Entscheidung fordert, vermeidet er. Erst von Berlin aus und wahrscheinlich unter dem Einfluß seiner neuen Lebensgefährtin verlangt er in einem Brief von ihr die Scheidung. Mileva bäumt sich dagegen auf. Ihre ganze Verbitterung, ja ihr Haß, entlädt sich aber nicht gegen ihn, sondern gegen Elsa. Tröstlich ist ihr einzig, daß sie die Kinder und auch viele Freunde auf ihrer Seite weiß.

Der endgültige Bruch mit ihrem Mann und die Existenzsorgen setzen Milevas nie ganz stabiler Gesundheit zu, ihre immer häufiger auftretenden lebensbedrohenden Herzanfälle bedingen eine Einweisung ins Theodosianum, ein von katholischen Schwestern geführtes Spital. Wohlmeinende und besorgte Kollegen verwenden sich für eine Rückkehr Einsteins nach Zürich, aber er kann sich trotz innerer Kämpfe aus seiner Berliner Umgebung nicht lösen. Im September 1916 schreibt er an Milevas Freundin Helene, die seine beiden Söhne aufgenommen hat: »Die Trennung von Mica war für mich eine Sache des Überlebens. Unser gemeinsames Leben ist unmöglich, ja depressiv geworden. Weshalb, vermag ich nicht auszudrücken. So habe ich meine Buben, welche ich trotz allem zärtlich liebe, aufgegeben... zu meinem tiefsten Bedauern habe ich bemerkt, daß meine Kinder meine Wege nicht verstehen und eine Art Groll gegen mich hegen. Ich finde, obwohl es schmerzlich ist, daß es für ihren Vater besser ist, sie nicht mehr zu sehen.«

Mileva ist verstört. Die Sorge um ihre Kinder veranlaßt sie, das Spital zu früh und auf eigene Verantwortung zu verlassen, doch Rückfälle machen eine erneute Einweisung erforderlich. Diesmal kommt sie in das von Diakonissen geführte Bethanienheim, wo sie Tete bei sich behalten kann, während Hans Albert bei einer befreundeten Familie vorübergehend Aufnahme findet.

Nach zwei Monaten wird Mileva nach Hause entlassen, geheilt ist sie nicht, aber aus ihrer Heimat ist die jüngere Schwester Zorka angereist, um ihr beizustehen. Dieses gutgemeinte Hilfsangebot ist der Beginn einer Kette tragischer Verstrickungen, denen sie schließlich nicht mehr zu entrinnen vermag. Zorkas immer merkwürdigeres und unberechenbareres Verhalten veranlaßt Mileva, einen Arzt zu Rate zu ziehen, der ihre Befürchtung von Zorkas geistiger Verwirrtheit bestätigt, sie aber nicht zu heilen vermag. So läßt die Schwester sie schweren Herzens nach Novi Sad zurückreisen.

Noch stärker aber belastet Mileva der nun auch gesetzlich vollzogene Bruch mit ihrem Mann. In Abwesenheit beider Partner wird die Ehe am 14. Februar 1919 wegen »natürlicher Unverträglichkeit« geschieden. Einstein hält zu jener Zeit in Zürich eine Vorlesungsreihe über die Relativitätstheorie, er wohnt in einer Pension und besucht Mileva und die Kinder regelmäßig, die von ihrer Mutter nie ein schlechtes Wort über ihn hören. Er wünscht, daß seine Söhne in ihrer Obhut bleiben, nur in den Ferien will er mit ihnen wandern und musizieren. Auf einer Wanderung im Engadin hat er seinen ersten schweren Herzanfall, dem später weitere folgen.

Seine Heirat mit Elsa nimmt Mileva wortlos und niedergeschlagen, der ältere Sohn Hans Albert mit Feindseligkeit zur Kenntnis, während Tete nach wie vor nichts auf den Vater kommen läßt. Später allerdings ändert sich diese Haltung, da entwickelt sich eine Art Haßliebe des hochintelligenten Sohnes zum Vater, dessen Genialität er nie erreichen wird. Hans Albert hingegen hat die Fronten von Anfang an klar gezogen: Er will nicht Wissenschaftler, sondern handfester Ingenieur und Statiker werden.

Einstein besucht nach seiner Heirat in Berlin die Familie in Zürich häufiger, nimmt auch seine Manuskripte zur Durchsicht für Mileva mit – sei es aus schlechtem Gewissen, sei es aus dem Bedürfnis nach neuen, freigewählten Arbeitszusammenhängen. Mileva jedenfalls blüht wieder auf, obgleich Tete ihr immer größere Sorgen macht. Einstein schreibt im April 1920 an einen Freund:»Mileva geht es gut; ich bin von ihr geschieden, die Kinder sind bei ihr in Zürich, Gloriastraße 59. Albert hat sich prächtig entwickelt, der Kleine ist leider etwas kränklich.« – Mit »etwas kränklich« ist der Zustand Tetes verharmlosend beschrieben. Seine Kopf- und Ohrenschmerzen werden immer stärker, Mileva fürchtet – das Schicksal ihrer Schwester vor Augen –, in seinem Gehirn könnte etwas nicht in Ordnung sein. Sie verwöhnt ihn, er bekommt das schönste Zimmer der Wohnung, alle Bücher, die er haben möchte. Er liest und schreibt und musiziert – ein frühreifer Einzelgänger. Die Matura besteht er ohne Schwierigkeiten, aber seine Aggressivität, auch gegen Mileva, nimmt zu. Nur mit Mühe kann sie ihn davon abhalten, in einem Anfall von Raserei aus dem Fenster des dritten Stockwerks zu springen. Der herbeigerufene Arzt weist ihn in die Nervenheilanstalt Burghölzli ein. Von den Würgemalen an ihrem Hals sagt Mileva nichts, aber sie fährt unverzüglich nach Berlin, um Einsteins Beistand einzuholen – offenbar vergebens. Allein und verzweifelt kehrt sie nach Zürich in die verwüstete Wohnung zurück. Ihrer Freundin in Belgrad schreibt sie:»Mitte Dezember wurde Tete sehr krank; ich kann Dir gar nicht sagen, wieviel Sorge und Angst ich ausstand... Bei Tete gibt es nichts Organisches, sondern nur nervöse Störungen, und das ist fast noch ärger, denn man weiß nicht, wie man helfen soll.«

Tete wird auch nach der Entlassung weiter von den Ärzten im Burghölzli betreut. Er hat ein Medizinstudium begonnen und beschäftigt sich intensiv mit seiner eigenen Krankheit. Zu den Vorlesungen wird er von einem Wärter begleitet. Mileva lebt in dauernder innerer Spannung, äußerlich läßt sie sich nichts anmerken. Sie unterrichtet Physik an einem Lyceum, vertieft ihre Kenntnisse in Biologie und pflegt ihre Blumen und Kakteen. Das Nobelpreisgeld, das ihr Einstein aus Stockholm überbringt, legt sie, klug berechnend, in drei Häusern an. Zwei davon muß sie allerdings bald wieder verkaufen, um ihre durch Tetes Krankheit verursachten Schulden bezahlen zu können. In dem ihr noch verbleibenden Haus, einer Jugendstilvilla in der Huttenstraße mit herrlicher Alpensicht, richtet sie für sich, Tete und den Wärter eine Wohnung ein. Doch das häusliche Leben wird für sie mehr und mehr zur Hölle. Wenn Tete seine Anfälle bekommt, versucht er mit fürchterlichem Lärm seine Stimmen im Ohr zu übertönen, er hämmert auf das Klavier ein und zerschlägt alles, was ihm in die Hände fällt. Die Nachbarn beschweren sich ständig, und Mileva muß mit all diesen Belastungen alleine fertigwerden.

Ihr früherer Mann, dem sie sich nach wie vor wie keinem andern Menschen sonst verbunden fühlt, kann ihr nicht helfen, macht ihr nur zusätzliche Sorgen: In Deutschland haben sich die Judenverfolgungen verschärft, sein Haus in Caputh bei Berlin wird demoliert, sein Vermögen beschlagnahmt, auf seinen Kopf ist eine Prämie ausgesetzt. Über England flüchtet er im September 1933 mit seiner Frau Elsa und deren Tochter nach Amerika.

Mileva bleibt allein mit dem unberechenbaren Tete. 1935 reist sie zur Beerdigung ihrer Mutter nach Novi Sad, drei Jahre später löst sie, nach dem Tod der trunksüchtigen und nicht mehr zurechnungsfähigen Schwester Zorka, den elterlichen Haushalt auf – ihr letzter und trauriger Besuch in der Heimat.

Nach Zürich zurückgekehrt, igelt sie sich immer stärker ein, wird zunehmend mißtrauischer und verdächtigt ihre Umgebung, sie zu bestehlen. Das hängt sicher auch mit dem Zwangsverkauf ihres Hauses zusammen und mit dem Verlust ihres vermeintlich lebenslangen Wohnrechts. Einstein, der im fernen Princeton lehrt, erhebt Anspruch auf den Erlös aus dem Hausverkauf, der Sohn Hans Albert, ebenfalls in Amerika lebend, kann der Mutter nicht beistehen, und Tetes Zustand verschlimmert sich so, daß eine endgültige Einweisung in die Anstalt Burghölzli notwendig wird.

Als Mileva ihn an einem frostigen Wintertag dort besuchen will, rutscht sie – von Sklerose geplagt und durch leichte Hirnschläge verunsichert – auf der eisglatten Straße aus und bricht sich ein Bein. Dies beschleunigt ihren körperlichen Verfall, den sie so lange mit fast übermenschlicher Willenskraft aus Verantwortungsgefühl für Tete verdrängt hat. Im Mai 1948 wird sie mit einer halbseitigen Lähmung in die Privatklinik Eos eingeliefert. Sie ist eine ungeduldige, schwierige Patientin, will sich zu ihrem Sohn ins Burghölzli verlegen lassen, resigniert schließlich und stirbt am 4. August 1948 einsam und ohne die Beruhigung, Tete gut versorgt zu wissen. Beerdigt wird sie nach orthodoxem Ritus auf dem Friedhof Nordheim in Zürich. Einstein wird später einem Studienkollegen schreiben: »Mir geht es soweit gut, indem ich die Nazizeit sowie zwei Frauen siegreich überlebt habe.«

Sein Sarkasmus befremdet angesichts des heroischen Lebenskampfes dieser Frau, die ihm immerhin während zweier Jahrzehnte eine treue Lebensgefährtin war, die seine Söhne großgezogen, seine Arbeit unterstützt hat und die ihn vor allem bis zum Schluß liebte. Ihr Anteil am Nobelpreis läßt sich nicht durch die Geldsumme aufrechnen, die ihr Einstein überlassen hat. Wieweit ihm die Formulierung des photoelektrischen Gesetzes, das ihm den Nobelpreis eingebracht hat, ohne Milevas Grundlagenberechnungen und ohne ihre ordnende Hand gelungen wäre, sei dahingestellt. Mileva selbst hat sich nie an seiner Genialität gemessen, nie Ansprüche auf Erwähnung ihres Namens gestellt. Um so angemessener wäre ein öffentlicher Dank an die treue Mitarbeiterin gewesen.

In der *Neuen Zürcher Zeitung* vom 26. Oktober 1965 lesen wir die Todesanzeige für Tete: »Eduard Einstein, Sohn des verstorbenen Prof. Albert Einstein...« – Kein Wort von Mileva, die diesem Sohn Jahre ihres Lebens und ihrer eigenen Entfaltung geopfert hat. Ihre Leistung geht nicht in die Geschichte ein. Ein Nobelpreis für Dienst am Nächsten wird nicht verliehen.

Vatertochter

Die Kinderanalytikerin
Anna Freud
1895–1982

Bühnenstück »Anna«. Wer könnte es geschrieben haben? Wer hätte die Sensibilität, sich in diese komplizierte Vater-Tochter-Beziehung hineinzudenken? – Möglicherweise Ingeborg Bachmann...

Szenenbild: Behandlungszimmer im Freudschen Haus Berggasse 19. Im Hintergrund die berühmte, orientalisch anmutende Couch mit den Samtkissen, auf der Professor Freud seine Klienten und vor allem seine Klientinnen therapiert. Er sitzt, in Zigarrenrauch gehüllt, an seinem wuchtigen Schreibtisch. Davor in einem grünen Polstersessel Tochter Anna, nach Worten suchend, nach Erinnerungsbildern. Freud hört schweigend zu, macht sich gelegentlich Notizen. Ein beinahe statisches Bühnenbild, das nur aus der inneren Dramatik der Worte und des Schweigens lebt.

Der Theaterzuschauer wird Zeuge eines in der Psychotherapie unüblichen Vorgangs: Der Vater therapiert seine eigene Tochter in einer sogenannten ›Lehranalyse‹. Einer solchen Analyse, die sich über drei bis fünf Jahre hinzieht, haben sich, als Bestandteil ihrer Ausbildung, alle angehenden Psychotherapeuten zu unterziehen. Dies geschieht jedoch, um Befangenheit auszuschließen, nie bei Familienangehörigen. Warum setzt sich Freud über dieses Tabu hinweg? Glaubt er, sich als ›Papst der Psychoanalyse‹ nicht an ungeschriebene Dogmen halten zu müssen? Will der eifersüchtig über seine Jüngste wachende Vater sie keinem Kollegen anvertrauen? Denkbar. Aber es gibt auch einen ganz praktischen Grund für seine Entscheidung: Anna fehlen die nötigen Voraussetzungen für eine offizielle psychotherapeutische Ausbildung.

Sie hat von 1911 an, nach einem sehr guten Schulabschluß am privaten Cottage Lyzeum, drei Jahre lang ein Lehrerseminar besucht und anschließend an ihrer alten Schule unterrichtet. Für eine Ausbildung zum Psychotherapeuten ist aber ein Medizinstudium Grundlage. Auch wenn Anna als Gasthörerin an den Vorlesungen ihres Vaters und an Sitzungen der Wiener Psychotherapeutischen Vereinigung teilnimmt: Sie ist eine von den tonangebenden Medizinern nicht voll anerkannte ›Laienanalytikerin‹.

Freud versucht auf allen möglichen Wegen, auch durch die Lehranalyse, seiner Tochter fachliche Anerkennung zu verschaffen. Er macht sie mit einflußreichen Kollegen bekannt, er nimmt sie mit zu internationalen Kongressen. Warum hat er der Hochbegabten und Lernwilligen keinen Gymnasiumsbesuch, kein Medizinstudium erlaubt? Gewiß, im ersten Viertel unseres Jahrhunderts ist ein Universitätsstudium für Mädchen noch nicht an der Tagesordnung, ›gelehrte Frauenzimmer‹ müssen gegen Vorurteile und Berufshürden ankämpfen, aber für eine Tochter Freuds dürfte dies kein Hinderungsgrund sein. Andere haben diese Hürden auch gemeistert: Raissa Adler, die Frau des Individualpsychologen Alfred Adler, gehört zu den frühen Medizinstudentinnen an der Wiener Universität. Die Atomphysikerin Lise Meitner hat hier schon 1906 promoviert, die Jugendpsychologin Charlotte Bühler 1921 ihre Habilitationsschrift vorgelegt.

Im Hause Freud jedoch ist ein Universitätsstudium nur für die drei Söhne vorgesehen. Die beiden älteren Töchter heiraten früh, wie sich das in bürgerlichen Kreisen gehört.

Doch was wird aus der im Dezember 1895 als sechstes und letztes Kind geborenen Anna? Sie muß sich erst einmal gegen die fünf Geschwister behaupten. Die Aufmerksamkeit des geliebten, aber in seine Arbeit versponnenen Vaters weiß sie durch vorlaute Bemerkungen geschickt auf sich zu lenken, und er notiert wohlgefällig: »Annerl wird geradezu schön vor Schlimmheit.«

Ein altkluges Kind, das sich unangepaßt gibt und Vaters ›Einzige‹ sein möchte. Es gelingt ihr, wie seinen Worten zu entnehmen ist: »Du bist etwas anders ausgefallen als Mathilde und Sophie, hast mehr geistige Interessen und wirst dich wahrscheinlich mit rein weiblichen Tätigkeiten nicht so bald zufriedengeben.« Er hat recht: Auch wenn Anna eine leidenschaftliche Strickerin ist, auch wenn sie später eine umfangreiche ›Wahlfamilie‹ betreut, eine Hausfrau wird sie nie, ihr Hauptinteresse wird immer – in einer problematischen Fixierung auf den Vater – psychoanalytischen Fragen gelten.

Die Mutter kann in dem großen Haushalt mit sechs Kindern, fünf Dienstboten und einem eigenwilligen Mann für die jüngste nicht viel Zeit erübrigen, ihre unverheiratete Schwester Minna Bernay, die mit im Hause lebt, kümmert sich um die Kinder. Die Freuds legen Wert auf standesgemäßen Lebenszuschnitt mit repräsentativem Haus, Reisen, Bibliothek, Dienstpersonal. Sigmund Freud ist seit 1902 Professor, und Tochter Anna bewundert ihn. Sie erlebt die Entwicklung der Psychoanalyse von Anfang an mit. Die ganze Garde der jungen Psychoanalytiker verkehrt im Freudschen Haus: ›Söhne‹ wie Alfred Adler oder Carl Gustav Jung, die sich später von ihrem Ziehvater lossagen und eigene Schulen gründen werden. Die Frauen bleiben ihrem Meister in größerer Treue verbunden, vor allem Marie Bonaparte, die seine Ideen nach Frankreich trägt. Obwohl Freud immer wieder ein patriarchalisch überhebliches Verhältnis zu Frauen nachgesagt wird, scharen sich diese um ihn. Aus einigen seiner Patientinnen werden bedeutende Psychoanalytikerinnen, ohne daß er ihnen den Weg verbaut hätte. Die Psychoanalyse wird zu einem frühen Entfaltungsfeld für intellektuelle Frauen.

Anna Freud ist am stärksten beeindruckt von der Schriftstellerin Lou Andreas-Salomé, die sich der Psychoanalyse zugewandt hat und an Freuds Sitzungen und Kollegs teilnimmt. Aus der Bewunderung für die um mehr als dreißig Jahre Ältere entwickelt sich eine hilfreiche Freundschaft – ein Gegengewicht zur übermächtigen Vaterbeziehung. Nicht, daß Anna Freud diesen mächtigen Vater als bedrückend empfunden hätte, im Gegenteil: Sie bindet sich freiwillig immer stärker an ihn, wird seine Reisegefährtin, seine Gesprächspartnerin und Sekretärin, wobei Konflikte mit der Mutter nicht ausbleiben.

Und Freud, der kluge Analytiker, der seine Patientinnen aus elterlichen Klammerbeziehungen zu befreien versucht, unternimmt nichts, um seiner Tochter eine Ablösung zu erleichtern. Zwar ermahnt er die Spätpubertäre, nicht wie ein Kind vor manchen Dingen davonzulaufen, und wünscht ihr, »daß du dich nicht mehr asketisch vor den Zerstreuungen deines Alters zurückziehst, sondern das gerne thun willst, was anderen Menschen Vergnügen macht«. Doch wenn es ernst wird, weiß er dieses Vergnügen zu verhindern. Als der englische Psychoanalytiker Ernest Jones um seine Tochter wirbt, hält er ihr vor Augen, sie sei noch viel zu jung für eine Bindung – und der 35jährige Freier für sie zu alt, außerdem stamme er aus kleinen Verhältnissen. An Jones schreibt er unmißverständlich: »Sie... ist noch weit entfernt von sexuellem Verlangen und lehnt Männer eher ab. Es gibt ein ausgesprochenes Einverständnis zwischen mir und ihr, daß sie nicht an Heirat oder die Vorbereitungen dazu denken sollte, bevor sie 2 oder 3 Jahre älter ist.« Der Abgewiesene fügt sich und wünscht Anna in einem deutlichen Brief an Freud, »daß ihr ihre sexuelle Verdrängung nicht schadet«.

Freud ist sich der gefährlichen Vaterbindung seiner Cordelia, wie er sie in Erinnerung an die jüngste Lieblingstochter König Lears nennt, bewußt. In seinem 1913 erschienenen Aufsatz Das *Motiv der Kästchenwahl* greift er das Thema auf. Wie bei Lear liegt eine Tragik über dieser Vater-Tochter-Beziehung. Sie wird durch die Intimität der Lehranalyse – Kritiker sprechen von ›sublimiertem Inzest‹ – noch verschärft.

An die verständnisvolle Freundin Lou Andreas-Salomé schreibt Anna Freud, sie habe oft Tagträume, die mit ›Schlagephantasien‹ zusammenhingen. Dieses Thema behandelt sie auch in ihrer ersten wissenschaftlichen Untersuchung, die ihr den Eintritt in die Wiener Psychoanalytische Vereinigung ermöglicht. Die amerikanische Biographin Elisabeth Young-Bruehl entschlüsselt den inzestuösen Liebeswunsch der von Anna Freud geschilderten Tochter als autobiographische Aussage und den Aufsatz *Schlagephantasie und Tagtraum* als Wendepunkt in ihrem Leben: Absage an erotisches Begehren und Hinwendung zu Frauenfreundschaften. Sie sei immer eine Vestalin geblieben, eine keusche Hüterin des Heiligtums, schreibt die hinter die Freudschen Familienkulissen schauende Analytikerin Marie Bonaparte.

Dem Vater kann diese Entwicklung nur recht sein, Frauen empfindet er nicht als Rivalinnen um die Gunst Annas. Gemeinsam mit Frauen baut sie ihr praktisches Betätigungsfeld auf, er fühlt sich weiter für ihre wissenschaftliche Laufbahn verantwortlich. Ihre Tätigkeit als

Lehrerin hat sie aufgegeben, nicht, weil sie der Kinder überdrüssig ist, sondern um ihm, dem Meister, als Mitarbeiterin voll zur Verfügung zu stehen. Sie baut ihre Kompetenz systematisch aus, hospitiert an der Psychiatrischen Klinik bei Helene Deutsch, steht dem Vater auf internationalen Kongressen zur Seite, erledigt seine Korrespondenz und übersetzt Fachtexte aus dem Englischen.

Die Lehranalyse zieht sich hin, Freud betreibt sie länger und gründlicher als üblich. Warum? An Lou Andreas-Salomé, eine der wenigen, die um die familieninterne Analyse weiß, schreibt er besorgt über Anna: »Sie ist nicht einfach und findet nicht leicht den Weg, auf sich anzuwenden, was sie jetzt so gut an anderen sieht... Ich habe die Furcht, daß ihr die unterdrückte Genitalität einmal einen argen Streich spielen kann. Von mir bringe ich sie nicht los, es hilft mir auch niemand dabei.« – Will er sie tatsächlich von sich losbringen? Und wer sollte ihm dabei helfen? *Er* ist doch der große Fachmann für Ablösungsprozesse.

Er bindet sie, auch in der wissenschaftlichen Arbeit, noch stärker an sich durch die Verleihung des ›Komitee-Rings‹ und die Aufnahme in den ›Kreis der Ringträger‹, einen erlauchten Zirkel von Psychoanalytikern und Freudianern, dem sie nun als einzige Frau angehört. Sie hält bedingungslos zu Freud, auch als seine Schüler und Bewunderer sich allmählich aus dem engen Kreis lösen und eigene, oft entgegengesetzte Wege gehen und ihn bekämpfen.

Das Jahr 1923 bringt entscheidende Einschnitte in Anna Freuds Leben. Sie eröffnet im elterlichen Haus an der Berggasse eine eigene Praxis. Ihr Sprechzimmer liegt dem ihres Vaters gegenüber, aber sie macht ihm keine Konkurrenz, sie hat sich, in kluger Abgrenzung, auf Kinder spezialisiert. Freud selbst hat sich mit Kindern kaum befaßt. Er spürt den Kräften im Unbewußten des Menschen nach und hat als erster eine Methode entwickelt, wie man diese Kräfte ins Bewußtsein bringen kann – die Psychoanalyse.

Anna Freud therapiert in ihrer Praxis vor allem Kinder von Patientinnen ihres Vaters. Als Lehrerin hat sie die Erfahrung gemacht, daß Kinder nicht isoliert von ihrer Umgebung behandelt werden können, die Familiengemeinschaft muß in die Arbeit einbezogen werden, neurotische Eltern übertragen ihre Schwierigkeiten oft auf die Kinder. Die Wechselwirkung zwischen der Außenwelt des Kindes und der Entwicklung seiner Innenwelt versucht sie aufzuzeigen und einen Zugang zum Erleben und den Phantasien der Kinder, die sich von denen Erwachsener unterscheiden, zu finden: »Nur in der Kinderanalyse gibt es die Umstände, unter denen Tagträume und nächtliche Ängste, Spiel und schöpferisches Handeln der Kinder in nie dagewesener Weise auftauchen und dem Verständnis des erwachsenen Beobachters zugänglich werden können.« Durch ihre ruhige, verständnisvolle Art gewinnt Anna Freud das Zutrauen der Kinder und deren Bereitschaft zur Mitarbeit. Diese Gefühlsbeziehung zur Analytikerin – das ›therapeutische Bündnis‹ – ist Voraussetzung jeder Therapie. Nur in einem offenen Vertrauensverhältnis können Enttäuschungen, wie sie sich bei der Auflösung frühkindlicher Fixierungen und Konflikte ergeben, aufgefangen und fruchtbar verarbeitet werden.

Mit ihren Kinderanalysen leistet Anna Freud, ähnlich wie der Schweizer Hans Zulliger und ihre spätere Kontrahentin Melanie Klein, Pionierarbeit. Daß sie für Melanie Klein und deren Anhänger stets die nicht medizinisch ausgebildete Laienanalytikerin bleibt, kann die Freud-Tochter nur schwer verwinden. Sie geht in ihrem Lebenslauf nicht darauf ein und erwähnt auch nicht, daß sie die Lehranalyse bei ihrem Vater gemacht hat. In ihrer Praxis als Kinderanalytikerin bekommt sie kaum Überweisungen von Ärzten, deshalb ist sie auf das Netz ihrer persönlichen Beziehungen angewiesen.

Der Vater aber muß seine Arbeit mit Patienten erst einmal zurückstellen. Eine Krebserkrankung macht immer neue Kieferoperationen notwendig. Große Teile des Gaumens und der Kieferknochen müssen entfernt und durch komplizierte Prothesen ersetzt werden. Essen, Sprechen, jede Bewegung wird zur Qual. Freud ist nun ganz auf die Hilfe seiner Tochter angewiesen. Sie pflegt ihn, tippt seine Manuskripte und verliest sie auf internationalen Kongressen. Sie vertritt ihren Vater auch in wissenschaftlichen Gremien und nimmt für ihn Ehrungen entgegen. Anna-Antigone nennt er sie zärtlich, anspielend auf die antike Idealgestalt der treuen Tochter und Schwester, auf den Mythos der weiblichen Selbstaufgabe. Mit dieser Idealisierung bindet er die 28jährige erneut an sich. Sie wird ihm als liebende Tochter und als strenge Verfechterin seiner Lehre zur Seite stehen in den 16 Jahren, die er noch zu leben hat. Wie es nach seinem Tod mit Anna-Antigone weitergehen wird, beschäftigt ihn schon Jahre vorher. An Lou Andreas-Salomé schreibt er besorgt: »Sie macht es sich zu schwer, was wird sie anfangen, wenn sie mich verloren hat, ein Leben in asketischer Strenge?«

Seine Sorge ist, was die berufliche Entfaltung Annas betrifft – und das müßte er wissen –, unbegründet. Und für die ›asketische Strenge‹ ihres Lebens ist er mitverantwortlich, er hat sie eifersüchtig oder selbstsüchtig vor Verehrern abgeschirmt. Ihre Hinwendung zu Frauen wie auch die Abgrenzung ihres Arbeitsgebietes sind Versuche eigener Entfaltung, ohne dem Vater weh zu tun. Sie stellt seine Theorien psychosexueller Entwicklung, sein

Strukturmodell von ›Es, Ich und Über-Ich‹ nie in Frage, ihre Kinderanalyse und ihre sich daraus ergebenden pädagogischen Projekte sieht sie seinem gewaltigen Werk gewissermaßen als Exkurs beigeordnet.

Da die Gründung einer eigenen Familie aus Rücksicht auf den Vater für Anna Freud nicht in Frage kommt, geht sie daran, systematisch eine ›Wahlfamilie‹ um sich herum aufzubauen – eine Art Frauenkommune, wie sie die Frauenrechtlerinnen Anita Augsburg und Lida Gustava Heymann auf einem Hof in Bayern zu verwirklichen versucht haben. Bei Anna Freud allerdings gibt es keine politische oder feministische ›Mission‹, ihr geht es um Therapiearbeit mit Kindern. Als 1925 die wohlhabende Tiffany-Tochter Dorothy Burlingham nach Wien kommt, um sich nach gescheiterter Ehe bei Sigmund Freud einer Analyse zu unterziehen, bringt sie ihre vier Kinder mit, die, wie es im Freudschen Familienbetrieb nicht unüblich ist, von Anna therapiert werden. Vor allem der schwer asthmakranke älteste Sohn braucht Hilfe. Zwischen Anna Freud und der Amerikanerin entwickelt sich bald eine Freundschaft, die lebenslang halten wird und die nicht nur auf persönlicher Nähe, sondern auch auf enger beruflicher Zusammenarbeit beruht.

Dorothy Burlingham bezieht mit ihren vier Kindern eine Wohnung über der Freudschen, und Sigmund Freud schreibt zufrieden an einen Freund: »Unsere Symbiose mit einer amerikanischen Familie (ohne Mann), deren Kinder meine Tochter mit fester Hand analytisch großzieht, befestigt sich immer mehr ...« Die Feststellung ›ohne Mann‹ ist für Freud wichtig und bezeichnend. Die beiden Frauen kaufen in Hochrotherd am Rand des Wiener Waldes ein uraltes Bauernhaus, das sie gemeinsam als Wochenendsitz herrichten. Es wird später im Zweiten Weltkrieg Verfolgten Unterschlupf bieten.

Gemeinsam mit Dorothy Burlingham und einer weiteren Freundin, Eva Rosenfeld, geht Anna Freud daran, eine Privatschule aufzubauen, die nach psychoanalytischen Prinzipien geleitet wird. Lehrende und Schüler leben wie in einer Großfamilie zusammen. Auch Eva Rosenfeld ist alleinerziehende Mutter und bei Freud in Analyse. Die meisten Eltern und Schüler stammen aus diesem Umfeld. Einer der ehemaligen Schüler, Peter Heller, hat jetzt die Briefe Anna Freuds an Eva Rosenfeld herausgegeben – Zeugnisse einer Bindungssehnsucht außerhalb der überstarken Fixierung auf den Vater. Gleichzeitig Zeugnis eines Schulexperiments, das Ausgangspunkt für die später immer weiter ausgebaute Kinderanalyse ist. Einführende Werke zur *Technik der Kinderanalyse* und zur *Psychoanalyse für Pädagogen* stammen aus dieser Zeit.

Bei Anna Freud steht dabei nie die Theorie allein im Mittelpunkt, die praktischen Beobachtungen und Erfahrungen, an denen sie jede Theorie mißt, haben einen genauso hohen Stellenwert. Für angehende Erzieher ist diese praxisnahe Lehre anschaulich und einprägsam, aber auch Psychoanalytiker-Kollegen sind an dem Erziehungsexperiment interessiert. 1935 schreibt René Spitz an einen Freund, er habe die Absicht, »die Ergebnisse der Wiener und der Schule von Anna Freud zu studieren«. Anna Freud, seit 1927 Sekretärin der Internationalen Psychoanalytischen Vereinigung, ist es gelungen, auch im Ausland Aufmerksamkeit für ihre praxisbezogene Forschung zu finden. Während sie bei ihren ersten internationalen Auftritten die Vorträge ihres sprechunfähigen Vaters verliest, stellt sie 1934 in Luzern ihre eigene Arbeit vor. In Wien hält sie im Auftrag der Stadt Vorlesungen zur Einführung in die Psychoanalyse für Horterzieher und Seminare für Kindergärtnerinnen. 1937 gründet sie gemeinsam mit Dorothy Burlingham die Jackson *Nurseries,* eine experimentelle Kinderkrippe für Kleinkinder aus proletarischen Verhältnissen – sie weiß, welche Bedeutung frühkindliche Prägungen haben.

Neben dieser praktischen Tätigkeit läuft die Arbeit am Schreibtisch weiter. 1936 ist ihr großes Standardwerk Das *Ich und die Abwehrmechanismen* erschienen, das sie auch als kompetente Theoretikerin ausweist. Sie hat es in Dankbarkeit ihrem Vater und Lehrmeister zum 80. Geburtstag gewidmet, den sie, trotz seiner zunehmenden Starrköpfigkeit, noch immer bewundert. An die dreißig Kieferoperationen hat er im Laufe der Zeit über sich ergehen lassen müssen. Ständig von Schmerzen geplagt und in den Körperfunktionen eingeschränkt, sitzt er doch Tag für Tag mit ungeheurem Willensaufwand an seiner Arbeit. Er ist gerührt von der Fürsorge seiner Anna-Antigone und beobachtet sorgenvoll deren Überlastung. Auf Herausforderungen und Schwierigkeiten antwortet sie stets mit gesteigertem Arbeitseifer – ihre Art der Konfliktbewältigung. Und zu bewältigen gibt es in diesen Jahren viel: Sigmund Freuds Werke sind bei der Bücherverbrennung in Deutschland in Flammen aufgegangen, für Psychoanalytiker hat der große Exodus aus dem Reich eingesetzt. Wie wird es in Österreich weitergehen?

Im März 1938 marschieren die deutschen Truppen in Wien ein. Fast alle der über hundert Psychoanalytiker haben das Land verlassen und suchen in Amerika, dem Eldorado der Psychoanalyse, neue Arbeitsmöglichkeiten. Sigmund Freud denkt nicht an Emigration. Vielleicht glaubt er, die Nationalsozialisten würden einem alten, kranken und sehr berühmten Mann nichts antun. Vielleicht scheut er auch die Auseinandersetzung mit den Kollegen und Schülern, die sich in New York mit eigenen Lehrmeinungen profilieren. Helene Deutsch, Bruno Bettelheim, Otto Rank, Wilhelm Reich, René Spitz und viele andere sitzen hier, der Altmeister wäre sich einer unangefochtenen Patriarchenstellung nicht sicher.

Erst als Anna Freud am 22. März anstelle ihres kranken Vaters von der Gestapo zur Vernehmung abgeholt wird, für den Fall einer Folterung hat sie Veronal in der Tasche, ist Freud bereit, sich und seine Familie ›freizukaufen‹, und ins Exil nach England zu gehen. Anna wird nach Protesten einflußreicher Freunde und des US-Botschafters umgehend aus der Haft entlassen und kann im Juni 1938 mit ihrem Vater über Paris nach London ausreisen.

In London findet sich im Haus 20 Maresfield Gardens die ›Wahlfamilie‹ allmählich wieder zusammen, auch die Möbel und Bücher sind aus Wien eingetroffen, die Gestapo hat sich — um welchen Preis? — großzügig gezeigt. Der 82jährige Freud nutzt das letzte Jahr seines Lebens zu intensiver, nur von Operationen unterbrochener Arbeit. Sein letztes Werk, *Abriß der Psychoanalyse,* bleibt unvollendet. Nach seinem Tod im September 1939 setzt die Tochter alles daran, sein Bild in der Öffentlichkeit ungetrübt zu erhalten.

Neben einer gläubigen Gemeinde, die Freud als ›Über-Vater‹ verehrt, sind ihm einflußreiche Schüler in einer Art Haßliebe verbunden. Sie sträuben sich dagegen, daß die Psychoanalyse allein als sein Werk in die Geschichte eingehen soll. Ein Werk, das allerdings nicht von allen Zeitgenossen gewürdigt wird. »Psychoanalyse ist jene Geisteskrankheit, für deren Therapie sie sich hält«, formuliert Karl Kraus boshaft.

Freud selbst hat sich nie als Heilsbringer gesehen. Sein aus der Antike übernommenes Motto ›Erkenne dich selbst!‹ zeigt ihn als faustischen Geist, der weiß, daß die Psychoanalyse die Menschen nicht besser machen kann, als sie sind – nur vollständiger, und zur Vollständigkeit gehört auch das Böse.

Anna Freud bemüht sich gleich nach dem Tod ihres Vaters um die Herausgabe seiner *Gesammelten Werke*. Einige Bände erscheinen noch während des Krieges in England in deutscher Sprache. Von den *Briefen an Wilhelm Fließ,* die sie 1950 mitherausgibt, bleiben etliche in der Schublade, um den Meister mit keinem Makel zu behaften, mehr als drei Jahrzehnte später erst werden sie vollständig veröffentlicht.

Im Nachkriegs-England stehen sich ›Freudianer‹ und ›Kleinianer‹, Anhänger der ebenfalls emigrierten Analytikerin Melanie Klein, gegenüber. Anna Freud versucht, es nicht zur offenen Spaltung kommen zu lassen und im Übrigen ihr eigenes Werk unter Mithilfe ihrer ›Wahlfamilie‹ auszubauen. Schon 1940 hat sie mit ihrer Freundin Burlingham in Hampstead *Nurseries* für kriegsgeschädigte englische Kinder eingerichtet – ihr Dank an England und ihr persönlicher Widerstand gegen Hitler. Mit Hilfe einer amerikanischen Stiftung wurden hier bis Kriegsende mehr als achtzig Kleinkinder betreut. Über deren Entwicklung haben Anna Freud und Dorothy Burlingham genaue Aufzeichnungen gemacht, die wichtige Aufschlüsse über frühkindliches Verhalten in Extremsituationen geben, auch wenn Anna Freud bescheiden vermerkt: »Als Dokumente des Kampfes mit praktischen Schwierigkeiten, Mängeln und Kriegsgefahren erheben die Monatsberichte selbst keinen Anspruch auf wissenschaftlichen Wert.« Die Vorlesungen, die sie für ihre Mitarbeiterinnen hält, werden häufig durch Bombenalarm und Löscharbeiten unterbrochen, 1944, bei Beginn der V1-Angriffe auf London, fallen sie ganz weg. Nun geht es in den *Hampstead Nurseries* nur noch ums Überleben.

Nach dem Krieg finden in England tausend aus Konzentrationslagern gerettete Waisen Aufnahme. Anna Freud und ihre Mitarbeiterinnen kümmern sich um Kleinkinder aus dem Lager Theresienstadt. Dabei steht die humanitäre Hilfe im Vordergrund, aber diese Kinder sind auch aufregende Studienobjekte: Wie haben sie die gewaltsame Trennung von der Mutter verkraftet? Wie verhalten sie sich untereinander? Kann die enge Gruppenbindung Familie ersetzen? Werden fremde Bezugspersonen als Mutterersatz angenommen? Wie kann das feindselig-ablehnende Verhalten der Kinder ihrer Umwelt gegenüber abgebaut werden? Alle Beobachtungen und Behandlungsversuche werden festgehalten und bilden die Grundlage für spätere Veröffentlichungen: *Kriegskinder* erscheint 1949, *Anstaltskinder* ein Jahr darauf. Die empirischen Ergebnisse aus dieser Kriegs- und Nachkriegsarbeit mit Kindern gehen später in ihr umfangreiches Werk *Wege und Irrwege der Kinderentwicklung* ein.

1947 gründet Anna Freud ein eigenes Ausbildungsinstitut in der Tradition ihres Vaters. Mit der hier gelehrten klassischen Psychoanalyse setzt sie sich ab von verwässernden und verfälschenden Strömungen der Freudschen Lehre. Die *Hampstead Courses* gelten als einmaliges Modell einer privaten, durch Spenden finanzierten Hochschule für Analytiker. Angegliedert wird ihr später die *Hampstead-Kinderklinik,* deren Direktorin Anna Freud ist. Hampstead wird so zu einer weit über England hinaus anerkannten Forschungs- und Ausbildungsstätte für Kindertherapeuten, zu der auch ein Ambulatorium, eine Mütterberatungsstelle, ein Kindergarten und ein Betreuungszentrum für blinde Kinder gehören. Alles greift ineinander in diesem gut funktionierenden Kleinkosmos, in dem Anna Freud die Fäden unauffällig in Händen hält.

Die anfänglich schüchterne, im Schatten ihres Vaters stehende Wissenschaftlerin stellt nun auf internationalen Kongressen ihre Arbeit unbefangen und selbstbewußt vor. Der Tod des Vaters war für sie zwar ein schmerzlicher Verlust, aber gleichzeitig der Beginn eines zweiten, ganz in Eigenverantwortung gelebten Lebens. 1950 folgt sie der ersten Einladung nach Amerika, die Clark University verleiht ihr die Ehrendoktorwürde, weitere amerikanische Universitäten, auch berühmte wie Yale und Harvard, folgen. Die lange Reihe der Ehrungen erfüllt die ›Laienanalytikerin‹, die nie promoviert und sich nie habilitiert hat, mit Stolz: Ihr Werk hat Anerkennung gefunden.

Daß das Echo auf ihr Wirken und ihre Schriften gerade in Amerika so groß ist, kommt nicht von ungefähr. Der Siegeszug der Psychoanalyse, auch der Kinderanalyse, hängt mit der weitverbreiteten Überzeugung der Amerikaner zusammen, jeder Mensch komme als unbeschriebenes Blatt zur Welt und werde in den ersten Lebensjahren ausschließlich durch seine Umgebung geprägt. Die Schuld für Charakterfehler sei dementsprechend im Versagen der Eltern zu suchen. Verdrängte traumatische Erlebnisse vor allem sexueller Art könnten und müßten von einem Psychoanalytiker aufgedeckt und ans Licht geholt werden. Einer solchen Analyse bedürften nicht nur ›gestörte‹ Erwachsene und Kinder, sie sei für jedermann von Bedeutung. Heute soll, wenn die Umfrageergebnisse stimmen, jeder dritte Amerikaner in psychotherapeutischer Behandlung sein oder gewesen sein.

Anna Freud teilt diese Behandlungseuphorie nicht, auch nicht die Ansicht Melanie Kleins, die Kinderanalyse sei eine unentbehrliche Ergänzung jeder Erziehung. Sie hält eine Analyse nur bei wirklichen infantilen Neurosen für notwendig und schreibt. »Im ganzen meine ich, hat man bei der Arbeit mit Kindern manchmal den Eindruck, daß die Analyse hier ein zu schwieriges, kostspieliges und kompliziertes Mittel ist, daß man mit ihr zu viel tut, in anderen Fällen wieder, und das noch häufiger, daß man mit der reinen Analyse viel zuwenig leistet.« Sie kann sich eine skeptische Haltung der ›Therapiesucht‹ gegenüber leisten, sie ist nicht mehr auf die Gunst zahlungskräftiger Klienten angewiesen.

Ihre Ehrendoktortitel häufen sich nun, mit Verspätung, auch in Europa. 1972 verleiht ihr die medizinische Fakultät der Universität Wien den Dr. h.c. als erster Frau, dazu noch Nichtmedizinerin. Drei Jahre später erhält sie das Ehrenzeichen für ihre Verdienste um Österreich. 1971 hat sie ihre Heimatstadt zum ersten Mal nach dem Krieg wieder besucht. Eigentlich wollte sie dies nur tun, wenn ihr die Stadt einen Lippizaner bereitstellte, um durch die Tore zu reiten. Aber auf solch einen Ritt hat die Sechsundsiebzigjährige dann doch verzichtet. Das Wiedersehen mit Wien, mit den vertrauten Räumen in der Berggasse 19, die zu einem Freud-Museum umgestaltet worden sind, wird für sie trotzdem zum Erlebnis. Sie hat aus ihrem Londoner Haus die alte Wartezimmereinrichtung nach Wien zurückgehen lassen, auch zahlreiche Gegenstände aus dem Familienbesitz und aus Freuds wertvoller Antikensammlung.

Ins Gästebuch des Museums tragen sich heute Besucher aus aller Welt ein. Anna Freud ist ein eigener Raum mit ihrem Intarsientisch und ihrer Büchervitrine gewidmet. Im Haus ist auch das Sekretariat der Sigmund-Freud-Gesellschaft untergebracht und ganz in Anna Freuds Sinn eine psychoanalytisch-pädagogische Erziehungsberatung für Eltern und pädagogisch Tätige. Eine notwendige Einrichtung, denn die Zahl verhaltensauffälliger Kinder wächst. Eltern erhoffen jedoch oft zuviel von einer Therapie. Sie möchten ein gut funktionierendes Kind zurückerhalten, nicht eines, das sich gegen deformierende Zwänge auflehnt. Anna Freud plädierte für eine Neudefinition der Begriffe ›krank‹ und ›normal‹. Für sie ist das rebellierende, ungezogene Kind ›normaler‹ als das unauffällige, überangepaßte. Sie wird sich ihrer Kindheit erinnert haben, »wo sie sich ohne rechten äußeren Anlaß auf den Boden hinwarf und schrie, in einer Weise, wie man sie früher wohl als Besessenheit gekennzeichnet hätte«.

Die Achtzigjährige spürt noch immer etwas von dieser Vitalität in sich. Freuds Sorge um seine asketische Anna-Antigone war unbegründet. In ihrer Freundschaft mit Dorothy Burlingham und ihrem Ausbau einer männerlosen Großfamilie hat sie das geleistet, was Freud ›Sublimierung des Trieblebens‹ nennt. Sie ist, ganz dezidiert, ›Miß‹ Freud geblieben. Zuletzt, nach dem Tod ihrer Gefährtin und ihrer treuen Mitarbeiterinnen, vereinsamt. Um so stärker hat sie sich in die Arbeit gestürzt, in die Alltagsgeschäfte ihrer Klinik, ins Schreiben.

Ein Schlaganfall Anfang März 1982 lähmt ihre Sprachmuskeln und ihre Beweglichkeit, aber nicht ihren Geist. Noch im Krankenhaus liest sie die Korrekturen eines Buches über Familienrecht. Ihrem klaren Kopf wird die Hinfälligkeit ihres Körpers um so stärker bewußt. Am 8. Oktober 1982 stirbt die Siebenundachtzigjährige.

Sie wird als Hüterin des väterlichen Erbes in die Geschichte eingehen: Anna-Antigone. Aber auch als Mitbegründerin der Kinderanalytik. Sie selbst sieht das Hampstead-Institut mit der Verbindung von praktischer und theoretischer Analysearbeit als ihr eigentliches Lebenswerk an. Praxisnähe ist charakteristisch für all ihre Schriften, ebenso die klare, verständliche Sprache, mit der sie komplizierte Sachverhalte auch Laien klarmachen kann. Als ehemalige Pädagogin hat sie unter dem Verdikt ›Laienanalytikerin‹ gelitten – ihren Büchern ist die Vermeidung klinischer Fachsprache zugute gekommen.

1980, zwei Jahre vor ihrem Tod, ist Anna Freuds Gesamtwerk erschienen. Zehn Bände – eine gewaltige Leistung, wenn man bedenkt, wieviel Zeit sie daneben ihrem Vater und ihrer sozialen und therapeutischen Arbeit gewidmet hat. Sie selbst hat ihr Leben nicht als zu anstrengend und sie überfordernd empfunden. Sie zieht, in aller Bescheidenheit, dankbar die Bilanz: »Ich für meinen Teil bin vom Schicksal gut behandelt worden und habe mehr empfangen, als ich verdiente.«

Cordella – Antigone: Rollen, die Sigmund Freud seiner Jüngsten und Liebsten zugedacht hat. Anna Freud hat sie angenommen und ausgefüllt.

Kapitel 4

Freiheit, Gleichheit, Menschlichkeit

Frauen und die Politik

Kaiserin Maria Theresia

Heiratspolitik im Hause Habsburg

Kaiserin
Maria Theresia
1717–1780

Erzherzogin
Marie Christine
1742–1789

Szenenbild aus einem historischen Drama, das von Grillparzer stammen könnte und 1765 in Wien spielt: Verlobung in der Hofburg.

Ein prunkvoller Barocksaal, wie geschaffen für ausgelassene höfische Feste, öffnet sich dem Zuschauer. Obwohl durch die hohen Seitenfenster viel Licht einfällt, liegt Düsternis über dem Festraum mit der langen Verlobungstafel. Alle Wandgemälde sind mit schwarzen Tüchern verhängt, die Gäste tragen Schwarz, nur einige Uniformen und das mit Brüsseler Spitzen besetzte Kleid der Braut bringen Farbe ins Bild. Keine Musik spielt auf, kein Gläserklirren, keine Hochrufe, das Brautpaar nimmt die Honneurs schweigend entgegen.

Eine beklemmende Szene. Der Wiener Rokokokünstler Johann Karl Auerbach hat dieses denkwürdige Ereignis in einem Ölgemälde festgehalten, das heute im Kunsthistorischen Museum hängt. Es heißt *Festmahl zur Verlobung Alberts und Marie Christines.* Ein Festmahl ohne Freude. Dabei hätte es allen Grund gegeben, sich zu freuen: eine Verlobung aus Liebe im Hause Habsburg, dessen Eheverbindungen sonst eher von Machtkalkül be-

Erzherzogin Marie Christine

stimmt sind. Aber noch ist das Trauerjahr für Kaiser Franz I., den im August 1765 früh und unerwartet verstorbenen Vater der Braut, nicht vorüber, und die kaiserliche Mutter, Maria Theresia, die streng auf Einhaltung der Hoftrauer achtet, hat dem Termin der Verlobung nur unwillig zugestimmt.

An dieser Verlobung, die das Erstaunen des Hofes erregt, ist nicht nur der Zeitpunkt ungewöhnlich. Am meisten überrascht, daß Maria Theresia ihrer Tochter freie Entscheidung bei der Gattenwahl gelassen hat, ohne für dieses eine Mal an die Mehrung habsburgischen Besitzes zu denken. Der Auserwählte, Prinz Albert von Sachsen, ist das elfte Kind des sächsischen Kurfürsten. Er bringt außer guten Manieren, Bildung und einer respektablen Herkunft – August der Starke von Sachsen ist sein Großvater – nichts in die Ehe ein, was dem Hause Habsburg von Nutzen sein könnte. Trotzdem hat Maria Theresia die Wahl ihrer Tochter von Anfang an, gegen den Willen ihres Gatten, voll unterstützt – wenigstens diese ihre Lieblingstochter sollte nach ihrem Herzen entscheiden können.

Kaiser Franz hatte für seine Fünftgeborene einen lothringischen Neffen im Auge, den Herzog von Chablais, Anwärter auf den Thron von Sardinien. Doch Mutter und Tochter hintertreiben diesen Plan in geheimer Verschwörung, obwohl Maria Theresia sonst nichts vor ihrem Gemahl zu verheimlichen pflegt. Aber wenn es um ihre liebste Tochter Mimi, zärtlicher noch Mimerl, geht, legt sie andere als die gewohnten Maßstäbe an. Hinter dem Rücken des Kaisers haben die beiden ihre Fäden zu Prinz Albert gesponnen, und Maria Theresia beschwört in ihren Briefen die verliebte Tochter, sich keiner Menschenseele anzuvertrauen: »Alles kann gelingen, wenn wir das strengste Geheimnis wahren. Du hast

Dein Glück in meine Hand gelegt und bringst mir den Kummer Deines Herzens, sei gewiß,... daß ich niemals gegen Deinen Willen handeln werde.« Schließlich der Rat: »Suche vor allem auch Vaters Zärtlichkeit mit tausend Aufmerksamkeiten und gib ihm keinerlei Anlaß zu einem Verdacht gegen Dich und Deinen Erwählten.«

Nun, da der Vater tot ist, steht einer Heirat nichts mehr im Wege, aber ein befreiendes Gefühl will nicht aufkommen, weder bei der Tochter noch bei der Mutter. Maria Theresia fehlt an der Festtafel, sie hat sich in ihre schwarz ausgeschlagenen Gemächer zurückgezogen, um mit dem verstorbenen Gatten Zwiesprache zu halten und ihm und Gott Rechenschaft zu geben über ihr Tun.

Wie ein gewaltiges Epos rollen die vergangenen Jahrzehnte vor ihr ab. Geschichte, die sie selbst geschrieben hat. Geschichte eines mächtigen, aber verwundbaren Herrscherhauses. Sie ist ein Glied in der langen Kette der habsburgischen Dynastie. Und diese Dynastie, das ist ihr eiserner Vorsatz, darf nicht untergehen. Für dieses Reich, nicht zur Mehrung ihres eigenen Ruhms, führt sie Kriege, verheiratet sie ihre Kinder nach den Gesetzen der Staatsräson.

Nur hier und da, wenn es um ihre Lieblingstochter geht, überkommen sie mütterlich fürsorgliche Gefühle, die ihrem sonstigen Gerechtigkeitsempfinden zuwiderlaufen. In Mimi, die ihr von allen Kindern am ähnlichsten ist, findet sie ihre eigene Jugend wieder: Hat nicht auch sie das seltene Glück selbstgewählter Partnerschaft erfahren dürfen? Für das Haus Habsburg wäre damals die Verbindung mit einem bayerischen Kurprinzen und damit die Vereinigung der wittelsbachschen und habsburgischen Länder viel einträglicher gewesen. Aber sie hat sich für den neun Jahre älteren, am Wiener Hof erzogenen Franz Stephan von Lothringen entschieden. In den Augen der Habsburger keine angemessene Partie für die »größte Erbtochter Europas«.

Auch Franz Stephan mußte für diese Liebesheirat Opfer bringen. Es fiel ihm schwer, unter politischem Druck auf seine lothringischen Stammlande zu verzichten. Doch beide Partner haben ihren Schritt nie bereut und fast dreißig Jahre lang eine glückliche Ehe geführt. Eine seltene Konstellation in der Geschichte des europäischen Hochadels, wo man Heiraten üblicherweise ohne Zutun der Betroffenen nach politischen Gesichtspunkten auszuhandeln pflegt.

Daß solche nach einem Staatskalkül geschlossenen Ehen nicht zwangsläufig ins Unglück führen müssen, hat Maria Theresia in der eigenen Familie erlebt. Ihr Vater, Kaiser Karl VI., entschied sich unter den ihm zur Wahl vorgelegten Prinzessinnen für die hübscheste, Elisabeth Christine von Braunschweig-Wolfenbüttel. Gesehen hatte er sie niemals vorher, Harmonie oder Zuneigung waren keine Heiratskriterien, die machtpolitischen Bedingungen mußten stimmen. Die Ehe mit Elisabeth Christine, die nicht nur hübsch, sondern als spätere Statthalterin in Spanien auch äußerst tüchtig war, stellte sich als seltener Glücksfall heraus. Den im Hause Habsburg schwerwiegenden Makel ihres protestantischen Glaubens konnte sie durch einen Übertritt zur katholischen Kirche beheben. Der zweite Makel, keinen Sohn und Thronfolger geboren zu haben, wurde später für ihre Tochter Maria Theresia schicksalsbestimmend.

Kaiser Karl VI. hatte in kluger Voraussicht schon 1713 eine sogenannte »Pragmatische Sanktion« erlassen, die festlegte, daß bei Fehlen eines männlichen Thronerben auch Töchter dem Hause Habsburg vorstehen können. Die Unteilbarkeit des habsburgischen Gesamtbesitzes wurde in diesem Dokument ebenfalls festgeschrieben und so eine Verfassungsgrundlage für die Einheit des weitverzweigten Habsburgerreiches geschaffen.

Diese Pragmatische Sanktion ermöglicht es der jungen Maria Theresia, nach dem Tod des Vaters im Oktober 1740 ohne rechtliche Komplikationen die Thronfolge anzutreten – eine Aufgabe, auf die sie als Mädchen und Lückenbüßerin nie richtig vorbereitet wurde.

Mit 23 steht sie nun an der Spitze eines zerbröckelnden Großreiches, zu dem die verschiedenartigsten und schwer zusammenzuhaltenden Völker gehören. Durch ihre Herzlichkeit und Beherztheit gewinnt die junge Monarchin zwar überall Sympathien, aber politische Kompetenz traut man ihr nicht zu. Wie sollte auch eine unerfahrene Frau dieses durch Heiraten und Erbschaften immer unübersichtlicher gewordene Staatengebilde in den Griff bekommen? Dieses bunte Völkergemisch slawischer, germanischer, madjarischer und romanischer Stämme regieren? Wie sollte sie bei den verrotteten Strukturen dringend notwendige Reformen durchsetzen?

Karl VI. hat seiner Tochter nicht nur ehrenvolle Titel und Kronen hinterlassen, sondern auch leere Staatskassen, marode Behörden und eine verwilderte Armee. Können Arbeitsenergie, Temperament, Durchsetzungswillen und Zähigkeit, wie man sie Maria Theresia nachsagt, politischen Durchblick und Regierungserfahrung ersetzen? Nicht nur die besorgten Wiener fragen sich, ob eine 23jährige, die ihr viertes Kind erwartet, solchen Belastungen gewachsen ist.

Maria Theresia sieht sich plötzlich von Armeen umstellt, die leichte Beute wittern und das Habsburgerreich insgeheim schon unter sich aufgeteilt haben. Mehr als der Kurfürst von Bayern, mehr als Franzosen und Spanier macht ihr der Preußenkönig Friedrich II. zu schaffen.

Dieser hat, wie sie, vor kurzem die Regierungsgeschäfte von seinem Vater übernommen – im Gegensatz zu ihr aber mit gefüllten Staatskassen und einem schlagkräftigen Heer. Er will der Habsburgerin Schlesien entreißen und legt unverfroren seine Gründe offen: »Der Ehrgeiz, mein Vorteil, der Wunsch, mir einen Namen zu machen, gaben den Ausschlag, und der Krieg ward beschlossen.«

Friedrich sieht in der Eroberung Schlesiens eine staatsnotwendige Arrondierung des zerstückelten Preußen, Maria Theresia sieht darin einen infamen Überfall auf ein nicht gerüstetes, friedliches Land. Ihr Rechtsbewußtsein ist tief verletzt – weniger durch den Landverlust als durch das rücksichtslose Vorgehen des Preußenkönigs. Dieser hat »dem schwachen Weib« listig angeboten, sich in England, Holland und Rußland für die Wahl ihres Gatten Franz Stephan zum Kaiser einzusetzen. Als Lohn für die Risiken dieses Freundschaftsdienstes hält er die Abtretung Schlesiens für angemessen.

Maria Theresia, die sich in den wenigen Monaten ihrer Regierungszeit erstaunlich rasch in eine schwierige politische Rolle hineingefunden hat, läßt den Preußen wissen: »So lange er noch einen einzigen Mann in Schlesien stehen hat, werden wir lieber untergehen als mit ihm verhandeln.« Ist dies die Drohung einer selbstbewußten Herrscherin oder einer mit dem Machtkalkül der großen Politik noch unerfahrenen Frau? Hat sie sich bei ihren Überlegungen und der Suche nach Verbündeten klargemacht, daß Beistandspakte eher mit Siegern als mit Besiegten geschlossen werden? Hätte sie nicht voraussehen müssen, daß sich Bayerns Kurfürst, der die Pragmatische Sanktion und damit ihren Herrschaftsanspruch nie anerkannt hat, sich mit Friedrich verbünden und Anspruch auf das Habsburgerreich erheben könnte? In München finden Geheimverhandlungen mit Frankreich und Spanien statt, der Österreichische Erbfolgekrieg nimmt seinen für Habsburg unglücklichen Lauf, Preußen schlägt das österreichische Heer bei Mollwitz in Niederschlesien.

Die besiegte Habsburgerin hat nicht nur diese Niederlage zu verkraften, sondern auch Schicksalsschläge in der Familie. Die älteste Tochter stirbt mit drei Jahren, die letztgeborene mit einem Jahr. Maria Theresia ist wieder schwanger und betet inständig um einen Sohn. Nicht daß ihr Töchter weniger lieb wären, doch nur ein Sohn kann die österreichische Erbfolge zuverlässig sichern und die juristisch umstrittene Pragmatische Sanktion, der sie ihre Stellung verdankt, überflüssig machen.

Während im Lande Mißmut über den Kriegsverlauf herrscht und man von ihr politisch diffizile Entscheidungen erwartet, setzt sie sich zum vierten Mal in den Gebärstuhl und bringt am 13. März 1741 – endlich – den ersehnten Thronfolger zur Welt, Joseph, der später als Kaiser Joseph II. regieren wird. Böllerschüsse verkünden das frohe Ereignis. In der Hofburg, in ganz Wien herrscht unbeschreiblicher Jubel. Die Stimmung im Lande schlägt von Resignation in Begeisterung um.

Maria Theresia dankt Gott für seine Gnade, läßt sich aber vom Überschwang der Bevölkerung nicht betören, sondern sondiert kritisch die militärische Lage. In ihren späteren Aufzeichnungen schreibt sie über diese von Kriegen geprägte Zeit: »Eine üble Nachricht folgte der anderen. Franzosen, Bayern und Sachsen überschwemmten ganz Böhmen und bemächtigten sich der Hauptstadt Prag, während gleichzeitig Preußen fast ganz Schlesien innehatte. Auf der anderen Seite besetzten jene auch Oberösterreich und rückten fast bis Wien vor. Keiner meiner Verbündeten getraute sich oder hatte Lust, mir zu helfen.«

In dieser hoffnungslosen Situation wächst Maria Theresia über sich hinaus. Sie fühlt sich verantwortlich für den Erhalt des Habsburgerreiches. Mit politischem Instinkt sucht sie nach neuen Verbündeten und findet sie in Ungarn. In Preßburg, der damaligen ungarischen Hauptstadt, läßt sie sich im Sommer 1741 nach altem Ritual und mit großer Prachtentfaltung zur Königin von Ungarn krönen. Geschickt nutzt sie die Begeisterung von Adel und Volk, sich des Beistands durch die ungarische Armee zu versichern und ihren Gemahl Franz Stephan als Mitregenten einzusetzen. Nicht, daß Franz Stephan sich in dieses Amt gedrängt hätte, er bleibt lieber der Mann an Maria Theresias Seite. Aber diese möchte in taktisch kluger Voraussicht Weichen stellen für seine spätere Wahl zum deutschen Kaiser.

Erst einmal zieht Franz Stephan jedoch ins Feld − der Österreichische Erbfolgekrieg ist in vollem Gange −, und Kaiser wird Maria Theresias früherer Gegenspieler Karl Albrecht von Bayern. Seit über dreihundert Jahren zum ersten Mal ein Nichthabsburger!

Immer gehen Politik und Familienleben Hand in Hand, Schwangerschaften begleiten Kriege. An Maria Theresias Geburtstag, dem 13. Mai 1742, setzen mitten in der Gratulationsfeier der Hochschwangeren die Wehen ein. Die Geburtstagsgäste versammeln sich statt um die Festtafel in der Hofkapelle zum Gebet. Daß wieder ein Mädchen geboren wird, das vierte, und nicht ein zweiter Thronfolger, nimmt man als Gottesfügung. Die am Geburtstag der Mutter zur Welt gekommene Tochter wird auf den Namen Marie Christine getauft − Maria Theresias geliebtes Mimerl.

Die Monarchin ist nun nicht nur fünffache Mutter, sondern auch immer gewieftere Politikerin. Um die Kampfkraft ihrer Truppen in Bayern zu stärken, hatte sie ein Bildnis, das sie mit dem kleinen Thronfolger Joseph auf dem Arm zeigt, an Feldmarschall Khevenhüller geschickt. Ob das rührende Bild seine Wirkung getan hat oder die ärgerliche Krönung Karl Albrechts zum deutschen Kaiser Karl VII. – Graf Khevenhüllers Truppen eroberten am Krönungstag des Bayern, am 13. Februar 1742, dessen Hauptstadt München.

Ein großer Erfolg für Maria Theresia, aber nur ein Etappensieg. Friedrich II. bedrängt sie von der anderen Seite, im Frieden zu Berlin muß sie ihm Schlesien überlassen. Dafür gelingt ihr die Rückeroberung Prags und Böhmens und die Besetzung Bayerns. Im Gegensatz zu ihrem militärisch glücklosen Mann verabscheut sie das Kriegshandwerk nicht, wenn sie auch mehr auf Verhandlungen als auf Schlachten baut. Nur bei ihrem Erzfeind Friedrich setzt ihr nüchtern kalkulierender Verstand aus, da überkommen die tiefgläubige Katholikin ganz unchristliche Rachegefühle. Den Verlust Schlesiens wird sie Friedrich, den sie nur *le monstre* nennt, nie verzeihen. Auch ihre Krönung zur böhmischen Königin 1743 in Prag kann diese Schmach nicht wettmachen. Die Wenzelskrone kommt ihr vor wie ein »Narrenhäubel«.

In Europa stehen sich Ende 1743 zwei Blöcke gegenüber: Österreich, England und Holland auf der einen, Frankreich, Spanien und Preußen auf der anderen Seite. Die Kriegshandlungen ziehen sich mit wechselseitigen Erfolgen und Niederlagen hin. Der Österreichische Erbfolgekrieg endet 1748 mit dem Aachener Frieden und einem Kompromiß: Die Pragmatische Sanktion des Hauses Habsburg wird allseitig anerkannt, Schlesien endgültig Friedrich von Preußen zugesprochen.

Diesem Friedensschluß vorausgegangen sind zähe Verhandlungen Maria Theresias mit den Kurfürsten um die

Nachfolge auf dem Kaiserthron. Nach dem Tod Karls VII. im Jahre 1745 möchte sie ihren Mann Franz Stephan mit dieser höchsten Würde betraut sehen. Ihre nach der Geburt des siebten Kindes vom Wochenbett aus geführten Gespräche müssen besonders erfolgreich verlaufen sein: Ihr größter Wunsch erfüllt sich, Franz Stephan wird in Frankfurt zum Kaiser Franz I. gekrönt. Sie ist damit Kaiserin – ein Titel, auf den sie keinen besonderen Wert legt, die »selbsterworbenen« Königskronen sind ihr wichtiger. In den habsburgischen Erblanden wird sie ohnehin weiter die Hauptrolle spielen, da bleibt Franz Stephan der Mitregent an ihrer Seite, im Bewußtsein der Öffentlichkeit ist sie längst Kaiserin und Landesmutter.

Landesmutter mit 28. Sie füllt ihre Rolle mit selbstverständlicher Autorität und Gestaltungskraft aus – und erwartet nebenher ihr achtes Kind. Die jährlichen Schwangerschaften erschöpfen sie weniger als die Kriege, an deren Ende sie nie Genugtuung empfindet, auch wenn sich Österreich redlich geschlagen hat und das Habsburgerreich sich als europäische Großmacht halten kann. Aber um welchen Preis? Die Faszination, die Feldherren angesichts einer reibungslos funktionierenden Kriegsmaschinerie empfinden, geht ihr ab. Sie kann das Elend, das jeder Krieg über Länder und Völker bringt, nicht beiseite wischen, sie sieht die bedrückenden Lebensbedingungen der Menschen, wenn sie in ihrer Kalesche durch die Dörfer fährt. Vor Gott fühlt sie sich verantwortlich für die ihr anvertrauten Untertanen, und sie weiß, daß Reformen überfällig sind.

Mit ihrem Namen verbinden sich mutige Neuerungen wie Abschaffung der Folter und Befreiung der Bauern von Leibeigenschaft. Weniger spektakulär, aber für die gesamte Bevölkerung von Bedeutung sind die Reformen in der Administration, die sie mit ihrem Berater Graf von

Haugwitz gegen den Widerstand der betroffenen Stände durchsetzt: Straffung des Beamtenapparates und des Militärs durch eine zentralistische, von Wien ausgehende Führung. Neuregelung der Einkünfte und Steuern, zu denen auch Adel und Klerus herangezogen werden. Schaffung einer unabhängigen obersten Gerichtsstelle und klare Gliederung der Kompetenzen – damit ist der erste Schritt zu einer Gewaltenteilung getan.

Die praktische Durchführung der Reformen scheitert vielerorts an unfähigen, schlecht ausgebildeten Beamten. Ohne Bildungsreform keine Verwaltungsreform – das wird Maria Theresia deutlich, und sie macht sich umgehend daran, im Wiener Favorita-Palais eine hohe Schule zur Ausbildung zukünftiger Staatsdiener einzurichten: das Theresianum. Auch eine Militärakademie, in der die Prügelstrafe verpönt ist, gehört zu ihren Gründungen. Die Wiener Universität öffnet sich internationalen Einflüssen, besonders die medizinische Fakultät gelangt zu hohem Ansehen. Aber nicht nur die Eliten, auch die unteren Stände sollen gefördert werden. Mit der Einrichtung von Volksschulen für Kinder vom sechsten bis zum zwölften Lebensjahr setzt Maria Theresia Normen, die auch in anderen Ländern Anerkennung finden.

Während sie fremden Sprachen und religiöser Unterweisung einen hohen Stellenwert beimißt, liegen ihr Literatur und Musik ferner, auch wenn sie Gluck zum Hofkapellmeister berufen hat und italienischen Opern, wie es dem Zeitgeschmack entspricht, zugetan ist. Bezeichnend die Antwort, die sie ihrem Sohn Ferdinand zukommen läßt, der aus Mailand anfragt, ob er den jungen Mozart an seinem Hof in Dienst nehmen könne: »Ich weiß nicht wieso, denn ich glaube nicht, daß Sie sich um einen Compositeur oder sonst unnütze Leute zu bekümmern haben... Es entwertet den Dienst, wenn sie wie Bettler in der Welt umherziehen; außerdem hat er eine große Familie.« Der letzte Satz erstaunt bei der sonst fürsorglichen und familienbewußten Monarchin. Typischer für sie ein Ausspruch, den sie Lessing gegenüber getan hat. Die Literatur stehe ihr fern, läßt sie den Dichter wissen, da dort Frauenzimmer nicht viel ausrichten könnten. – Eine zweifellos für ihre Zeit zutreffende Feststellung.

Mehr als Musik und Literatur beeindrucken sie Malerei und Architektur. Für die Ausgestaltung und Modernisierung ihrer Stadt holt sie die ersten Künstler und Baumeister Europas an ihren Hof. Der italienische Maler Canaletto, der für seine Stadtansichten berühmt ist, soll das aufblühende Wien in Monumentalgemälden festhalten. Und es gibt viel aufzuzeichnen: nicht nur den Ring von zwölf Basteien, eine der gewaltigsten Festungsanlagen der Zeit, auch jede Menge Kirchen und Klöster, Paläste und Parkanlagen für die 200 000 Bewohner der Stadt. Am markantesten der Stephansdom, aber auch das Hofburgviertel mit Burgkapelle und Augustinerkirche, Hofbibliothek und Winterreitschule, Burgtheater und Reichskanzlei. Mehrstöckige Bürgerhäuser mit hohen Fenstern und wohlproportionierten Fassaden verkörpern die beschwingte Bauweise des Rokoko. Gepflasterte Straßen mit Kanalisation und Laternenbeleuchtung zeugen von fortschrittlicher Planung. Bunte Märkte lassen etwas von der Vielfalt des Völkergemisches und der Kulturen ahnen, die im Zentrum Wien aufeinandertreffen.

Canalettos Bilder sind bevölkert von zierlichen Damen in Reifröcken und Herren im Halbfrack mit gepuderter Perücke. Prozessionen und Schlittenfahrten, Illuminationen und Maskeraden bieten reizvolle Sujets. Noch erinnert das Hofzeremoniell an spanisch barocke Würde, aber zunehmend wird diese Strenge durchbrochen von spielerisch leichten Rokoko-Elementen, vom Einfluß französischer Salonkultur. Die ersten öffentlichen Kaffeehäuser mit Zeitungen und Billardtischen sind dagegen eine typisch wienerische Eigenart.

Höfische Privilegien werden mehr und mehr abgeschafft. Weite Grünanlagen wie Augarten und Prater dürfen nun auch vom Volk betreten werden. Schloß Schönbrunn, das größte Projekt der theresianischen Zeit, wird im Stil von Versailles zu einem Gesamtkunstwerk ausgebaut, behält aber seine menschlichen Maße. Ein Einfluß Maria Theresias? Sie liebt das Übersichtliche, Harmonische, die Kriegsgeschäfte sind unübersichtlich genug. Aber sie meistert auch diese. Wenn Friedrich II., dem die Geschichte den Beinamen *der Große* gegeben hat, spöttisch den 1. Timotherbrief zitiert: »Einem Weib aber gestatte ich nicht, daß sie lehre, auch nicht, daß sie des Mannes Herr sei«, so muß er sich daran gewöhnen, daß in Wien alles anders ist, daß hier durchaus ein Weib das Regiment führen kann.

In der Art des Regierens unterscheiden sich die beiden gar nicht so sehr. Die katholische Habsburgerin und den preußisch protestantischen Freigeist verbindet ein absolutistischer Herrschaftsstil. Beide sehen sich als Vertreter einer sittlichen Staatsauffassung, voller Verantwortungsgefühl für die Untertanen und in rastloser Hingabe tätig: Diener, nicht Herrscher wollen sie sein, aber in der Praxis herrschen sie sehr wohl autoritär.

Was sie trennt, sind die geistigen Dimensionen. Friedrich, der flötespielende Schöngeist und Philosoph, Maria Theresia, die tiefgläubige, fern aller Theorie dem praktischen Leben zugewandte Frau und Landesmutter. Machtwillen, Kalkül und Zähigkeit in der Verfolgung gesteckter Ziele zeichnen beide aus. Daß Maria Theresias heranwachsender Sohn Joseph, dem sie als künftigem

Thronfolger eine sorgfältige Erziehung angedeihen läßt, Friedrich bewundert und zum Vorbild nimmt, erfüllt sie mit Bitterkeit.

Der Siebenjährige Krieg, der 1763 mit dem Frieden von Hubertusburg endet, läßt die alte Rivalität der Habsburgerin und des Preußen noch einmal in krassem Licht aufleuchten. Zwar wahren beide Parteien nach endlosen und unnötigen Siegen und Niederlagen das Gesicht, aber, was für Maria Theresia bereits zum Trauma geworden ist: Schlesien bleibt preußisch. Und dieses Schlesien war doch der einzige Grund, noch einmal einen Krieg gegen Friedrich vorzubereiten. Ihren Plänen ist der Preuße durch seinen Einmarsch in Sachsen zuvorgekommen.

Die Unterstützung, die sich Maria Theresia bei zwei anderen mächtigen Frauen, Elisabeth von Rußland und Madame de Pompadour, der einflußreichen Mätresse Ludwigs XV., holt, haben immerhin zu einem festen Kriegsbündnis mit Frankreich geführt. Die Sympathien in Europa liegen offensichtlich auf seiten Maria Theresias, die sich nun zum dritten Mal des »kriegslüsternen preußischen Aggressors« erwehren muß. Der Ruf, rücksichtslos Eroberungskriege zu führen, haftet Preußen noch lange an, obwohl auch Friedrich schlimme Niederlagen und Demütigungen, etwa in der Schlacht von Kunersdorf, hinnehmen muß. Doch der Feldherr und Aufklärer findet gerade unter jungen Menschen überall auch Bewunderer. Wie mag Maria Theresia die Versicherung des verhaßten Rivalen aufgenommen haben, ihrem Sohn Joseph seine Kurstimme bei der bevorstehenden römischen Königswahl zu geben?

Natürlich setzt die Mutter alles daran, ihrem Ältesten die römische Krone zu sichern. Aber mit der Stimme des Erzfeindes? Joseph, von Ideen der Aufklärung durchdrungen, hochbegabt und hochfahrend, kann an einer

Unterstützung durch Friedrich nichts Verwerfliches finden. Er wird tatsächlich im April 1764 in Frankfurt zum römischen König gekrönt.

Goethe – ein ironischer Beobachter mit Sinn für symbolträchtige Details – ist als Fünfzehnjähriger Augenzeuge des prunkvollen Krönungszuges. Er erinnert sich in *Dichtung und Wahrheit* an das beeindruckende Ereignis: »Der junge König schleppte sich in den ungeheuren Gewandstücken mit den Kleinodien Karls des Großen wie in einer Verkleidung einher, so daß er selbst, von Zeit zu Zeit seinen Vater ansehend, des Lächelns sich nicht enthalten konnte. Die Krone, welche man sehr hatte füttern müssen, stand wie ein übergreifendes Dach vom Kopfe ab... Szepter und Reichsapfel setzten in Verwunderung; aber man konnte sich nicht leugnen, daß man lieber eine mächtige, dem Anzug gewachsene Gestalt, um der günstigeren Wirkung willen, damit bekleidet und ausgeschmückt gesehen hätte.«

Maria Theresia verfolgt die ersten öffentlichen Auftritte ihres Sohnes mit einer Mischung aus Stolz und Unmut. Sie tadelt wiederholt seinen Hang, »sich nichts zu versagen, gegen Andere aber leicht ohne Gefälligkeit und rüde zu handeln«. Ihr mißfällt seine Spottsucht, seine geringe Ehrfurcht vor Tradition und Glaubensritualen. Daß sie den 24jährigen nach dem plötzlichen Tod ihres Gatten zum Mitregenten bestimmt hat, wird ihr noch schwer zu schaffen machen. Joseph ist kein gutmütiger, anpassungswilliger Partner wie der verstorbene Kaiser, der sich um die Staatsfinanzen gekümmert hatte und im übrigen seine Frau regieren ließ. Joseph steht seiner Mutter an Eigenwilligkeit nicht nach – und fügt sich doch überraschend oft in ihre Anordnungen, sei es aus anerzogenem Gehorsam, aus Sohnesliebe oder in Anerkennung ihres politischen Weitblicks.

Sie hat für ihn zweimal eine Frau unter Gesichtspunkten der Staatsräson ausgesucht: zuerst für den Neunzehnjährigen die kluge und schöne Isabella von Parma, eine Enkelin Ludwigs XV., eine Wahl, die Joseph gern akzeptierte. Doch nach drei glücklichen Ehejahren wurde Isabella mit ihrem Kind im Wochenbett von den Pocken dahingerafft. Ungeduldig drängte Maria Theresia ihren Sohn in eine zweite politisch nützliche Ehe mit Josepha von Bayern, einer Tochter Karl VII., häßlich, von einem Ausschlag gezeichnet, aber mit ansehnlichem Erbteil. Joseph entzieht sich ihr nach Möglichkeit, doch bei offiziellen Anlässen muß er sie an seiner Seite dulden.

Die Verlobung seiner Schwester Marie Christine mit Prinz Albert von Sachsen ist ein solcher Anlaß. Mißgelaunt hat Joseph als höchster Repräsentant des Hauses Habsburg am Kopf der langen Tafel Platz genommen, während die kaiserliche Mutter sich dem Festmahl entzieht und sich der Trauer um ihren Gatten hingibt.

Josephs Unmut ist verständlich. Neben ihm sitzt Josepha, die ihm aufgezwungene Gattin, während Schwester Marie Christine, die zufriedene Braut, sich ihren zukünftigen Gemahl selbst wählen durfte. Keinem anderen Kind hätte Maria Theresia dies erlaubt, keines hätte im Todesjahr des Vaters Verlobung und Hochzeit feiern dürfen. Von klein an wurde die immer noch mit dem Kosenamen Mimi Gerufene bevorzugt, obwohl ihre Schwestern ihr an Liebreiz und Begabung nicht nachstehen. Mimi bekam eine besonders sorgfältige, von der Mutter stets überwachte Erziehung, bei der ihre musischen Talente mehr als bei den anderen Kindern gefördert wurden.

Jedes der Kinder hat in der Hofburg seinen eigenen Stab von Bediensteten, Kammerfrauen, Hauslehrern, Lakaien – und vor allem einen Ajo oder eine Aja. Diese aus dem spanischen Hofzeremoniell übernommenen Erzieher wachen über den Tageslauf der ihnen Anvertrauten, über Stundenpläne und Freizeitvergnügen, über den Freundeskreis und über die höfischen Pflichten. Mimi erhält Zeichenunterricht bei einem Maler aus der angesehenen Künstlerfamilie Grassi. Einige Proben ihres Talents werden heute noch in der Albertina aufbewahrt. Im Schloß Schönbrunn hängt ein von ihr gemaltes Genrebildchen, das die kaiserliche Familie ganz unkonventionell bei einer Nikolausbescherung zeigt.

Neben der Malkunst gilt Marie Christines besondere Neigung den Sprachen, dem Französischen und Italienischen vor allem. Die meisten Briefe schreibt sie, wie beim europäischen Adel üblich, französisch. Die Mutter fordert ständig Rechenschaft über Mimis Lernfortschritte. Aus Prag ermahnt sie die Tochter: »Meine liebe Marie, ich bin ganz zufrieden mit Deinen Briefen, aber Deine Schreibweise ist noch zu flatterhaft.«

Für ihre Vorzugsstellung als Mutters Vertraute zahlt Marie Christine einen hohen Preis: Sie bleibt von der Gemeinschaft der Geschwister ausgeschlossen. Man mißtraut ihr, hält sie für eine »Petzerin«. Sie fühlt sich einsam inmitten der großen Geschwisterschar, kann mit niemandem, außer mit ihrem Beichtvater, über ihre Kümmernisse sprechen. Erst in Isabella von Parma, die als Ehefrau Josephs unvoreingenommen in die Hofburg einzieht, findet Marie Christine eine richtige Freundin. Der Briefwechsel der Schwägerinnen zeigt, daß Isabella Marie Christines Problem erkennt und einfühlsam auf sie einzuwirken versucht. Sie schreibt der Gleichaltrigen: »Besonders schwer ist es, der eigenen Mutter Freundin zu sein, weil die Ehrfurcht dort Schranken zieht, wo sonst Offenheit die Grundlage der Freundschaft bildet. «

Drei Jahre nur besteht diese für beide beglückende Freundschaft. Nach dem plötzlichen Tod Isabellas kommt sich Marie Christine verwaist vor, obwohl sie in Maria Theresia nach wie vor ihre mütterliche Freundin sieht, mit der sie, im Komplott gegen die übrige Familie, ihre Heiratspläne geschmiedet hat. Ein Geheimnis, das sie noch stärker von ihren Geschwistern und vor allem von ihrem Vater isoliert.

Ihr Auserwählter, Prinz Albert, hat als Leutnant die Feldzüge gegen Preußen mitgemacht und wird von Maria Theresia kurz nach dem Tod ihres Gatten zum Feldmarschall und Statthalter von Ungarn ernannt. Sie hat schon zu Lebzeiten des Kaisers insgeheim das düstere Preßburger Schloß für das künftige Statthalterpaar zu einer Prachtresidenz umbauen lassen. Eigenhändig hat sie sich um den Hofstaat gekümmert, über hundert Bedienstete ausgewählt – kein Wunder, daß diese Bevorzugung den Neid der Geschwister und des Hofes provoziert.

Oberhofmeister Khevenhüller notiert über den 1765 geschlossenen Ehevertrag: »Die eigentlichen Conditionen des Heirathsbrieffs wurden von darummen sehr geheim gehalten, weil die Kaiserin die Braut, für welche sie eine vorzügliche Neigung heget, über die Massen avantagieret, indem sie derselben über alle andere Kostbarkeiten an Geschmuck und sonstig reicher Ausstaffierung, annoch eine Dotem von vier Millionen verwilliget...« – ein Start, wie ihn keines der anderen Kinder geboten bekommt. Erkauft sich Maria Theresia damit die weitere Zuwendung ihrer Lieblingstochter?

Es stellt sich die Frage, warum Marie Christine, die den Neid der Geschwister spüren muß, nicht aus Klugheit auf die überdeutliche Bevorzugung verzichtet. Hat Leopold, der scharfzüngige jüngere Bruder, recht, wenn er in seinem Tagebuch vermerkt: »Sie ist voll Ehrgeiz und Gewinnsucht... Sie ist im ganzen Lande allgemein verhaßt wegen ihrer Einbildung, Protektionen, Willkür und Reden ...«?

Gegen diese von verständlicher Eifersucht zeugenden Zeilen spricht, daß Marie Christine und Albert ihre Privilegien nie öffentlich auskosten. Von den reich bemessenen Einkünften zweigen sie beträchtliche Summen für Bedürftige ab, sie holen Künstler und Gelehrte an den Preßburger Hof, unterhalten ein Orchester und Theatergruppen, kaufen Bücher und Gemälde. Albert ist ein großer Kenner und Liebhaber der graphischen Kunst, Marie Christine unterstützt ihn in seinen Neigungen und ermöglicht ihm aus ihrer Privatschatulle immer wieder den Ankauf wertvoller Blätter. So wird der Grundstock gelegt für die spätere Albertina, eine der weltweit bedeutendsten Graphiksammlungen.

Die kurz nach der Verlobung stattfindende Vermählung des jungen Statthalterpaares wird im Familienrahmen und ohne Prunkentfaltung in Schloßhof, vier Meilen vor Wien, gefeiert. Noch ist die Trauerzeit für Kaiser Franz I. nicht vorüber, für Maria Theresia wird sie nie vorüber sein, und sie verordnet auch dem Hof regelmäßige Trauertage und Gedenkgottesdienste.

An ihrem dreißigsten Hochzeitstag, dem 12. Februar 1766, schließt sie sich, wie so oft, in ihr Kabinett ein, um mit ihrer Trauer allein zu sein. Nur ihre Freundin, Gräfin Enzenberg, läßt sie daran teilhaben. »Umgeben von den Bildnissen unseres geliebten und großen Gebieters« schreibt sie ihr: »Alle diese Stunden hindurch habe ich schon mich mit meinem entschwundenen Glück beschäftigt, nicht ohne bittere Reue, daß ich es in der Zeit, da ich es besaß, nicht genügend geschätzt habe... Was mir übrigbleibt und ich mit Ungeduld erwarte, das ist meine Bahre und mein Sterbekleid.«

Maria Theresia hat mit dem Leben abgeschlossen, aber sie wird noch fast fünfzehn Jahre leben – und herrschen, bis zum letzten Atemzug. Sie hält die Geschicke des »Heiligen Römischen Reiches Deutscher Nation« in der Hand, auch wenn ihr Joseph als Mitregent zur Seite steht. Und ihr Reich ist ungemein schwerer zu regieren als das preußisch-deutsch geprägte ihres Gegenspielers Friedrich. Es ist bunt gemischt und vielsprachig – multikulturell, wie der heutige Ausdruck heißt. Ein Bewußtsein der Zusammengehörigkeit gibt es kaum, auch keine allgemeine Ausrichtung auf Wien, obwohl Maria Theresia und Joseph hoffen, durch strikten Zentralismus dieses widerspenstige Gebilde zusammenhalten zu können.

Mit politischer Aktivität versucht die Kaiserin, ihre persönliche Einsamkeit zu überdecken. Bei ihrem Schwiegersohn Albert beklagt sie sich: »Binnen acht Monaten verliere ich den besten Gatten, ein Sohn geht fort, dem meine ganze Liebe und Sorgfalt galt, und eine Tochter heiratet, die nach dem Tode ihres Vaters mein ganzer Trost und meine Freundin war.«

Warum hat sie nie erwogen, eine der anderen Töchter zu ihrer Vertrauten zu machen? Neun Kinder leben nach Mimis Weggang noch in der Hofburg, sechs davon Mädchen. Gewiß, Josepha, Marie Caroline und Marie Antoinette sind noch zu kindlich für ernsthafte Gespräche. Aber die 22jährige Maria Elisabeth? Die drei Jahre jüngere Maria Amalia? Oder Marianna, die vernünftige und geistig regsame Älteste, die später als Äbtissin das Adelige Damenstift in Prag übernehmen wird?

Die Beziehung zu diesen Töchtern ist eine einseitige. Maria Theresia ist die mütterlich belehrende Ratgeberin, Ermahnungen ersetzen Gespräche. Ein echter Gedankenaustausch findet nur mit ihrer Mimi statt. Die Vertrautheit mit dieser Tochter zeigt sich auch im unbekümmerten Sprachgebrauch, einem Gemisch aus spontan hingeschriebenen deutschen und französischen Wendungen. Einen Besuch kündigt sie mit den Worten an: ›je viendrai le 14 sûrement ... je ne peux répondre de l'exactitude des heures und wenn ich eilen muß, werde ich gleich grantig pour toute lajournee...« Schwiegersohn Albert ermahnt sie im April 1766: »Nicht soviel Komplimente. Das *madame* am Anfang Eurer Briefe ist mir zuwider, schreibt ein ander Mal *meine liebe Mutter.*«

Maria Theresia hat zu ihrem Schwiegersohn eine engere Beziehung als zu ihren Söhnen, auch wenn er ihr die liebste Tochter entführt hat. Aber gelegentlich kann sie ihre Eifersucht nicht unterdrücken, dann läßt sie in Briefen an Mimi ihren Gefühlen freien Lauf: »Ach, sie hält Hof bei sich und genießt die Nähe ihres Geliebten ja, das habe ich nun von meinen Sorgen, die ich seit zwei Jahren um sie gehabt.«

Im übrigen gibt sie Mimi vernünftige, auf eigener Erfahrung beruhende Ratschläge zum Eheleben: »Alles hängt hierin von der Frau ab, sie muß die rechte Mitte halten, die Achtung und das Vertrauen des Mannes gewinnen, nie Mißbrauch damit treiben oder gar damit prahlen wollen oder – das schlimmste – den Willen haben, ihn zu beherrschen. Eure Lage ist in dieser Hinsicht ebenso heikel wie die meine. Lasset ihn nie Eure Überlegenheit fühlen – nichts fällt schwer, wenn man vernünftig liebt – was mich betrifft, so kann ich jedenfalls über diesen Punkt ruhig sein.«

Maria Theresia, die sich eine Familie nicht ohne große Kinderschar vorstellen kann und diese Einstellung auch an ihre Kinder weitergibt, wartet mit Ungeduld auf Mimis erste Schwangerschaft. Als die Tochter nach dem zweiten Ehejahr endlich das ersehnte Kind zur Welt bringt, ist dieses nicht lebensfähig und stirbt noch am selben Tag. Auch Mimi schwebt in Lebensgefahr.

Dieses Katastrophenjahr 1767 hinterläßt in der Familiengeschichte Spuren: Josephs Frau und die drittjüngste Tochter Maria Theresias sterben an Pocken. Die 24jährige Maria Elisabeth übersteht die Krankheit zwar, doch ihr Gesicht bleibt von den schwarzen Blattern gezeichnet. Auch Maria Theresia und Schwiegersohn Albert erkranken, besitzen aber genügend Widerstandskräfte gegen die heimtückische Seuche. Mimi, wie die Mutter sie noch immer nennt, kommt nach der schweren Geburt langsam wieder zu Kräften, sie wird jedoch Maria Theresia keine Enkel mehr schenken können.

Marie Christine nutzt die kommenden Jahre, die Residenz Preßburg zu einem kulturellen Zentrum auszubauen. Und sie knüpft durch ihre Reisen die Familienbande wieder enger. Weit verstreut im großen Reich leben die Kinder, die Maria Theresia in frühem Alter und zum Nutzen des Staates verheiratet hat. Die Töchter haben ihre Mutter nach der Hochzeit nie wiedergesehen. Ist es ein Akt der Wiedergutmachung, daß Marie Christine mit ihrem Gemahl nun die Geschwister in der Fremde der Reihe nach besucht?

Zuerst geht die Reise nach Neapel, zur zehn Jahre jüngeren Schwester Marie Caroline, die Maria Theresia mit sechzehn dem rüpeligen König Ferdinand IV. von Neapel-Sizilien zur Frau gegeben hat – die Grenzen des Habsburgerreiches können nie weit genug gesteckt werden...

Dann Parma. Hier residiert Mimis vier Jahre jüngere Schwester Marie Amalie sehr selbstherrlich. Sie wurde dem fünf Jahre jüngeren spanischen Infanten Ferdinand von Parma überlassen – es galt, die Fäden zu den bourbonischen Höfen enger zu knüpfen. Daß Marie Amalie nicht gewillt ist, mit dem leichtlebigen Jüngling eine richtige Ehe zu führen, müßte den rigiden Moralvorstellungen Maria Theresias eigentlich entsprechen; aber wie immer im Zwiespalt zwischen Moral und Staatsräson, obsiegt letztere. Marie Amalie denkt nicht daran, sich den mütterlichen Vorhaltungen zu fügen und bricht die Beziehungen zum Elternhaus ab. Das einzige Kind Maria Theresias, das die Familienbande endgültig zertrennt, da nützen Vermittlungsversuche der älteren Schwester nichts.

In Mailand ein erfreulicheres Treffen: Mimis zweitjüngster Bruder Ferdinand gibt hier als Gouverneur der Lombardei und zukünftiger Herzog von Modena ein festliches Bankett für seine Gäste aus Wien. Er ist mit Marie Beatrix von Este verheiratet – offenbar keine unglückliche Verbindung, obwohl er seine Frau erst am Tag vor der Hochzeit zum ersten Mal gesehen hat.

In Padua treffen sich Albert und Marie Christine schließlich mit Bruder Leopold und dessen Frau, der spanischen Infantin Maria Ludovica, Tochter König Karls III. von Spanien. Diese mit zwölf Kindern ungewöhnlich fruchtbare Ehe erfüllt wohl als einzige Maria Theresias Erwartungen. Trotzdem ist Leopolds Verhältnis zur Mutter nicht ungetrübt. Er nimmt ihr die Bevorzugung Mimis übel und fühlt sich zeitlebens als Zukurzgekommener, auch wenn er nach Josephs Tod als dessen Nachfolger den Kaiserthron besteigen wird.

Noch regiert aber in Wien Maria Theresia an der Seite Josephs – oder genauer: Joseph an der Seite Maria Theresias. Es bleibt eine spannungsgeladene Beziehung, allerdings eine von Liebe und gegenseitiger Achtung getragene. Zu groß sind die Unterschiede der religiösen und politischen Ansichten, als daß es zu einem Gleichklang kommen könnte.

Maria Theresias Haß auf die Aufklärung und auf deren Schrittmacher Friedrich von Preußen äußert sich noch einmal im Briefwechsel mit ihrem jüngsten Sohn Maximilian, den sie für den geistlichen Stand bestimmt hat und der mit ihrer Hilfe das Amt des Erzbischofs von Köln, »das sicherste, ungefährlichste und angenehmste«, innehat. Ihm klagt sie, ihren Mitregenten Joseph im Blick: »Der Ton, der gegenwärtig hier herrscht, ist der verderblichste für Glauben, Sitte und Familie, und zumal die jüngere Generation meint jetzt, ein lockeres, ungebundenes Leben führen zu können.«

Vor diesem lockeren, ungebundenen Leben warnt sie auch ihre übrigen jüngeren Kinder, die sie, wie deren ältere Geschwister, früh und zum Wohle des Reiches verheiratet hat. Marie Antoinette, die Zweitjüngste, wird mit knapp fünfzehn zur Bekräftigung der bourbonisch-habsburgischen Freundschaft an den gleichaltrigen Dauphin in Paris verschachert. Es ist ein endgültiger Abschied von der Mutter, von Wien, von der Kindheit.

Im Reglement, das Maria Theresia ihrer Tochter nach Paris mitgibt, ermahnt sie die kokett Leichtsinnige zur gewissenhaften Erfüllung religiöser Pflichten und verlangt außerdem von ihr Rechenschaft über ihren Lebenswandel am französischen Hof: »Zu Beginn eines jeden Monats werde ich von hier einen Kurier nach Paris schicken ... vernichte meine Briefe, das wird mich instandsetzen, Dir offenherziger zu schreiben; ich werde dasselbe mit den Deinigen tun.«

Als Marie Antoinette nach dem Tod Ludwigs XV. im Mai 1774 an der Seite des Thronfolgers Königin von Frankreich wird, verstärken sich die Einmischungsversuche der Mutter noch. Sie fordert von der Tochter zum Wohle beider Staaten, »daß wir in unseren Interessen ebenso eng verbunden bleiben wie in der Familie«. Regierungsanweisungen vermischen sich mit privaten Belehrungen über angemessenen Kopfputz und der Rüge, daß die Tochter getrennt von ihrem Gemahl schläft.

Ihre Ermahnungen nutzen wenig. Es erstaunt und betrübt die sonst so realistisch denkende Herrscherin immer wieder, daß die mit Sorgfalt und in der Familientradition erzogenen Kinder ihre eigenen Wege gehen und nicht auf die mütterlichen Ratschläge hören. Das grausame Ende Marie Antoinettes auf dem Schafott erlebt die Mutter nicht mehr. Sie hätte sich vielleicht damit getröstet, mit welch stolzer, tapferer Haltung die Habsburgerin – »l'Autrichienne«, wie die Franzosen sie nennen – das Henkergerüst erstiegen hat.

Das letzte Lebensjahrzehnt Maria Theresias wird nicht mehr von großen Kriegen, sondern von zermürbenden Erbhändeln geprägt. Die von ihrem Sohn Joseph zu verantwortende sogenannte Erste Polnische Teilung im Jahre 1772 und den Bayerischen Erbfolgekrieg sechs Jahre später hat sie nicht gutgeheißen, aber auch nicht verhindert – sei es aus Loyalität Joseph gegenüber, sei es aus Resignation. Ihrem Sohn Ferdinand schreibt sie, ihre Haltung zur Polnischen Teilung rechtfertigend: »... nur die Aussichtslosigkeit, von Frankreich und England Beistand zu erhalten, die Wahrscheinlichkeit, allein einen Krieg gegen Rußland und Preußen führen zu müssen, Elend, Hungersnot und verderbliche Krankheiten in meinen Ländern zwangen mich, auf diese unseligen Vorschläge einzugehen, die einen Schatten werfen auf meine ganze Regierung. Gott wolle, daß ich danach nicht noch in der anderen Welt zur Verantwortung gezogen werde.«

Auch die bayerische Erbfolge ist Anlaß zu Auseinandersetzungen zwischen Maria Theresia und Joseph. Die Kaiserin fürchtet, daß ein erneuter Krieg zwischen Österreich und Preußen sich zu einem europäischen

Konflikt ausweiten und die Kampfkraft des Habsburger-
heeres überfordern könnte. Joseph jedoch ist, gemeinsam
mit seinem militärischen Berater Graf Kaunitz, entschlos-
sen, sich erneut mit Friedrich II. wegen eines angemessenen Ersatzes für Schlesien anzulegen. Da handelt Maria
Theresia, die ihren Rückzug aus der Politik seit langem
angekündigt hat, noch einmal als verantwortungsbewuß-
te Monarchin. Sie schickt, ohne Wissen ihres Sohnes,
einen Unterhändler mit einem Bittbrief zu Friedrich,
ihrem lebenslangen Rivalen. Welche Demütigung muß
dies für sie gewesen sein, welche Selbstüberwindung
muß sie der Satz gekostet haben: »Ich tue diesen Schritt,
ohne den Kaiser, meinen Sohn, davon benachrichtigt zu
haben; und ich erbitte von Ihnen Geheimhaltung gegenüber aller Welt, welches auch der Erfolg sein mag ...«
    Nach zähen Verhandlungen und der Vermittlung
durch Frankreich und Rußland kommt es am 13. Mai
1779, ihrem 62. Geburtstag, zum Friedensschluß von Te-
schen. Daß er für Habsburg ohne herben Gesichtsverlust
ausgeht, ist allein Maria Theresias Verdienst. Ihr Ansehen
in Europa ist so groß, daß man ihren Rückzug und den
Verzicht auf Bayern nicht als Schwäche, sondern als al-
tersweise Versöhnungsbereitschaft auslegt. Nun habe sie
ihre Karriere glorios mit einem Tedeum im Stephansdom beendigt, schreibt sie an Graf Kaunitz, ihren lang-
jährigen außenpolitischen Berater.
    Sie hat gelernt, sich zu bescheiden, aber sie weiß auch,
was sie geleistet hat. Das Reich, das sie ihrem Sohn hinterläßt, ist sicherer gefügt und besser verwaltet als zu Beginn ihrer Regierungszeit. Ihre Kinder sind – wenn auch
nicht unbedingt glücklich – gut versorgt. Sohn Leopold
schätzt die Lage wohl richtig ein, wenn er in seinem Fa-
milientagebuch bezweifelt, daß sie sich nun »ganz zurückziehen und die Regierung ganz aufgeben« werde.

Ihre Gebrechen, ihre schwere Atemnot spielt sie bis zum Schluß herunter. Noch im Spätherbst 1780 besteht sie darauf, an einer Fasanenjagd, die Albert in Schönbrunn veranstaltet, teilzunehmen. Am Arm ihrer Tochter Mimi durchmißt sie ein letztes Mal all die Räume im Schloß, mit denen sich so viel Familienerinnerungen verbinden. Eine schlimme Erkältung, die sie sich dabei geholt hat, schwächt sie zusehends. Doch das Angebot Mimis, sie zu pflegen, weist sie zurück, sie will keine hilflose Patientin sein. In einem letzten Brief an ihre Lieblingstochter schreibt sie am 22. November 1780: »Ihr wißt, daß ich eine ungeduldige Kranke und am besten allein bin. Wenn Ihr mich auf eine kurze Weile besuchen wollt, ohne daß Ihr deswegen andere Pläne ändern müßt, werde ich mich sehr, sehr freuen ...« Eine Woche später stirbt sie, ohne Mimi noch einmal gesehen zu haben, in den Armen ihres ältesten Sohnes Joseph.

Auf Joseph II. lastet nun die ganze Verantwortung für das Reich. Aus einem Brief an Bruder Leopold geht hervor, was ihm die Mutter, mit der er in Regierungsgeschäften zeitlebens uneins war, doch bedeutet hat: »Eine Mutter zu verlieren, der ich alle die vielen Jahre lang zugetan war, der mein Leben gehörte, der ich alle die vielen Wohltaten danke – das geht über die Fassungskraft. Da ist nun mein Lebensplan, alles ist gestört und ich finde mich fast allein auf der Welt.«

Die verstorbene Landesmutter wird in der Kapuzinergruft, der letzten Ruhestätte der Habsburger, in einem Doppelsarkophag an der Seite ihres geliebten Mannes, Kaiser Franz Stephan, beigesetzt. Nicht nur in Wien, an allen europäischen Höfen, beim Adel und beim Volk herrscht Trauer. Mit Maria Theresia, das wird den Zeitgenossen bewußt, ist eine Epoche zu Ende gegangen.

Doch die Regierungsgeschäfte am Wiener Hof laufen weiter. Noch kurz vor ihrem Tod hat sich die Kaiserin persönlich um den Hofstaat ihrer Lieblingstochter Mimi in Brüssel gekümmert. Daß das Herzogspaar von Sachsen-Teschen eines Tages das Statthalteramt in den Österreichischen Niederlanden übernehmen sollte, ist schon in dessen Ehevertrag festgelegt worden. Nun, nach dem Tod des bisherigen Statthalters, ziehen die beiden in Schloß Marimont, ihrem zukünftigen Amtssitz, ein. Die Zurückhaltung, ja Feindseligkeit, die Albert und Marie Christine in Brüssel zu spüren bekommen, hängt mit dem von Kaiser Joseph II. erlassenen Toleranzpatent zusammen, das Protestanten mehr Rechte einräumt. Die Niederländer fühlen sich in ihren alten Vorrechten und religiösen Traditionen beschnitten, es kommt in Brabant zum Aufstand. Das Volk gibt keine Ruhe, bis der Kaiser seine Anordnungen zurücknimmt. Albert und Marie Christine, die inzwischen auf Schloß Laeken residieren, haben keinerlei Einfluß auf das politische Geschehen, alle Macht liegt in Wien.

Herzog Albert nützt die politisch unerquickliche Brüsseler Zeit, um seine in Jahren systematisch aufgebaute graphische Sammlung zu vervollständigen. Er ist ein passionierter Liebhaber französischer und englischer Graphik. Beraten läßt er sich bei seinen Ankäufen von Graf Durazzo, einem italienischen Fachmann, aber auch von seiner Frau Marie Christine, die sich über Malerei und Graphik großes Wissen angeeignet hat. Das Herzogspaar steckt einen nicht geringen Teil seiner Einkünfte in die Erweiterung der Sammlung. Da das Brüsseler Statthalteramt das höchstdotierte im ganzen Reich ist, können Ankäufe getätigt werden, die heute unbezahlbar wären. Blätter von Dürer, Raffael, Michelangelo, Bruegel, Rembrandt und Rubens gehören dazu.

Von den Wirren der Französischen Revolution bleibt auch Brüssel nicht verschont. Es kommt zu Plünderungen und Überfällen, die wertvollen Kunstgegenstände von Schloß Laeken und die graphische Sammlung werden vor den Revolutionsheeren in Sicherheit gebracht. Auch das Herzogspaar soll evakuiert werden, aber Mimi weigert sich, in Erinnerung an ihre furchtlose Mutter, Brüssel zu verlassen: »Wir fühlen ihren Mut und wollen ihr in Gottesfurcht und Ergebenheit nachahmen«, schreibt sie an ihre Freundin Fürstin Liechtenstein. Doch als die Stadt von gewalttätigen Horden nahezu eingezingelt ist, sieht sich das Herzogspaar doch zur Flucht gezwungen. Es findet Unterschlupf bei Mimis jüngstem Bruder Maximilian auf Schloß Poppelsdorf bei Bonn, kehrt aber, als sich die Lage etwas entspannt, nach Brüssel zurück.

Als die Franzosen im Koalitionskrieg 1792 Österreich herausfordern, übernimmt Herzog Albert den Oberbefehl über die belgischen Truppen. Er war nie ein Feldherr mit Fortune, auch diesmal zwingt ihn eine − vielleicht ganz willkommene − Krankheit, das Kommando abzugeben. Marie Christine muß sich wieder nach einem Unterschlupf umsehen, und auch diesmal ist es Bruder Maximilian, der sie als Erzbischof von Köln und Bischof von Münster in der westfälischen Stadt sicher unterbringt.

Marie Christine hat vor der überstürzten Abreise aus Brüssel ein Segelschiff angeheuert, das ihre wertvollen Kunstschätze, Bücher und einen Teil der graphischen Sammlung nach Hamburg bringen sollte. Doch das Schiff geht vor der holländischen Küste mit seiner ganzen kostbaren Fracht unter. Zu dieser Hiobsbotschaft kommt im Januar 1793 eine weitere: Ihr Schwager in Paris, König Ludwig XVI., ist durch die Guillotine hingerichtet worden. Noch im selben Jahr wird auch Mimis Schwester Marie Antoinette dieses Schicksal ereilen.

Albert und Marie Christine kehren 1795 nach langer Irrfahrt ins heimatliche Wien zurück. Im Bannkreis der Hofburg beziehen sie ein kleines Palais, auf diesem Gelände soll auch die immer weiter vervollständigte Graphiksammlung einen angemessenen Platz finden. Albert hätte sich am liebsten ganz seinen Kunstschätzen gewidmet, aber im Hause Habsburg haben militärische Pflichten Vorrang. Er wird Oberbefehlshaber der österreichischen Truppen in Italien, und Marie Christine verfolgt die Kampfhandlungen mit Besorgnis. Ihre Gesundheit ist angeschlagen. Sie leidet an heftigen Magenbeschwerden, offenbar einem Magengeschwür. Die Ärzte können ihr nicht mehr helfen, nur die Schmerzen durch Opium lindern.

Sie hat ihre Mutter vor Augen in diesen letzten Tagen, will den Tod ebenso tapfer und gottergeben erwarten wie diese. Noch am Todestag, dem 24. Juni 1798, schreibt sie klaren Sinnes einen Abschiedsbrief an ihren Mann: »Pour mon Epoux á lui remettre le lendemain de ma mort.« Darin kommt zum Ausdruck, wieviel Albert der Kinderlosen und von den Geschwistern Gemiedenen bedeutet hat.– »Du warst mein Vorbild, meine Triebfeder zum Guten, mein Leitstern, das einzige Wesen, für das ich lebte, dem ich zugehörte und dessen ich würdig sein wollte.«

Albert, zunächst von Trauer gelähmt, macht sich die gewissenhafte Erfüllung ihres Nachlasses zur Lebensaufgabe: Er nimmt sich des jungen Erzherzogs Karl an, eines Neffen, den Mimi wie ein eigenes Kind ins Herz geschlossen hatte. Er läßt einem von ihr unterstützten Blindenheim eine großzügige Dotation zukommen. Er kümmert sich um den Bau einer Trinkwasserleitung für Wien und eines Kanals in den ungarischen Sümpfen, die in Kulturland verwandelt werden sollen. Hauptanliegen der

Verstorbenen aber ist der Ausbau der Albertina, die sie als das Lebenswerk ihres Mannes sieht, obwohl sie selbst oft die treibende Kraft war. Die Nachwelt allerdings bringt nicht ihren, sondern nur den Namen ihres Mannes mit dieser großartigen Sammlung in Verbindung.

Herzog Albert hat seiner Frau jedoch ein anderes Denkmal gesetzt. Er hat den berühmten italienischen Bildhauer Antonio Canova an seinen Hof berufen und ihn ein Grabmal für Marie Christine gestalten lassen. Das in sechs Jahren aus Carrara-Marmor geschaffene Kunstwerk in der Augustinerkirche gehört zu den eindrücklichen Monumenten eines heroischen und doch gefühlsbetonten Zeitalters. Der Sarg Marie Christines ruht, wie der ihrer kaiserlichen Mutter, in der Kapuzinergruft.

Albert beschließt seine über lange Jahre geführten Familienaufzeichnungen mit dem Tod Marie Christines. Die letzte Eintragung über seine Frau – gleichzeitig eine Würdigung seiner Schwiegermutter – schließt mit den Worten: »Ich kann nicht mehr zu ihrem Lobe sagen, als daß sie sich in allen Lebensverhältnissen als eine würdige Tochter Maria Theresias gezeigt hat. Sie war ihr liebstes Kind und hat all die edlen Eigenschaften ihres Geistes und Herzens geerbt ...«

Marie Christine ist, wie die meisten Kinder Maria Theresias, im Bewußtsein der Nachwelt kaum noch lebendig – ihre Mutter dafür um so stärker: Nach ihr sind Straßen und Plätze, Gebäude und Institutionen benannt, ihre Epoche ist als das *Zeitalter Maria Theresias* in die Geschichte eingegangen. In Wien beherrscht sie vom Denkmalsthron herab, flankiert von den großen Museen, den Ring und – mit etwas Abstand – den Heldenplatz.

»Wer den Namen Maria Theresia ausspricht, der beruft mehr als nur eine vergangene geschichtliche Gestalt, mehr als eine gewesene große Herrscherin und mehr als eine in der Fülle ihres Lebens und ihrer Taten unvergleichbaren Frau«, schreibt der Historiker Carl Jacob Burckhardt 1932 in einem ihr zugedachten Essay.

Knapp und nüchtern – vielleicht mit Zähneknirschen – die Huldigung ihres großen Gegenspielers Friedrichs II. von Preußen: »Sie hat ihrem Thron und ihrem Geschlecht Ehre gemacht.«

Sie tanzte bayerische Geschichte

Lola Montez
1818–1861

Der Bayernkönig Ludwig I. liebte schöne Frauen und machte keinen Hehl daraus. Das Volk verzieh dem populären Monarchen und Kunstmäzen die Liebschaften. Selbst seine Frau, Prinzessin Therese von Sachsen-Hildburghausen, die ihm insgesamt neun Kinder gebar, zeigte sich großzügig. Minderwertigkeitskomplexe brauchte sie nicht zu haben, die Bayern waren von ihrer Schönheit und Ungezwungenheit begeistert, und sogar der weltkundige Wilhelm von Humboldt bezeichnete sie als »eine der hübschesten Fürstinnen, die ich je gesehen habe«.

Obwohl Ludwig sich die Ehefrau nicht hatte aussuchen können – Ehen wurden nach Staatsräson geschlossen, und ihm blieb lediglich die Wahl zwischen der älteren und der jüngeren Schwester –, fand er sich gut mit seiner Lage ab. »So schicke ich mich in den Ehestand, fühle mich nicht unglücklich«, schrieb der 24jährige Kronprinz. Die Hochzeit, die am 12. Oktober 1810 stattfand, wurde zu einem großen Volksfest ausgerufen. Die Brautrobe in den bayerischen Landesfarben weiß-blau, der glanzvolle Hochzeitszug durch die Stadt, der großzügige Freiball für die Bevölkerung, an dem 10 000 Maß Bier, 16 000 Würstl und 50 Zentner Käse ausgegeben wurden, auch die traditionsreichen Pferderennen auf der großen Wiese vor dem Sendlinger Tor, die später zu Ehren der jungen Königin Theresienwiese genannt wurde – all dies war bewußt inszeniertes »teutsches« Brauchtum, Abrücken von französischen Einflüssen und dem napoleonischen Prägestempel. Dem in der Zeit der Romantik überall neu aufblühenden Nationalgedanken gab Kronprinz Ludwig so eine besondere bayerische Note. Das Oktoberfest auf der »Wies'n« ist bis heute eine beliebte Volksattraktion geblieben.

Als Ludwig nach dem Tod Max I. Joseph im Oktober 1825 den bayerischen Thron bestieg, hatte er die Münchner hinter sich. Keine Selbstverständlichkeit für einen zwar hochintelligenten, aber eher gehemmten, linkischen Regenten, von dem die klug beobachtende Bettine von Arnim sagt, seine Stimme, Sprache und Gebärde hätten »etwas Angestrengtes, wie ein Mensch, der sich mit großem Aufwand an Kräften an glatten Felswänden hinaufhalf«. Sie bescheinigt ihm aber auch Originalität und Geistreichtum, Eigenschaften, die seine hochfliegenden Pläne für den Ausbau der bieder provinziellen 50 000-Seelen-Stadt München beflügelten. Die Idee eines ästhetisch geprägten »Kunstkönigtums« schwebte ihm vor, ein Thron, der sich nicht durch die Zahl seiner Regimenter und die Waffenstärke definiert, sondern durch künstlerische Taten. »Als Luxus darf die Kunst nicht betrachtet werden. In allem drückt sie sich aus, sie geht über ins Leben«, schrieb Ludwig und berief den tüchtigen Städtebauer Leo von Klenze als Hofbaumeister. Sein Arbeitszimmer wurde zum Planungszentrum für das neue München, das mit dem Ausbau des Paradeobjekts Ludwigstraße langsam Gestalt annehmen sollte. Nun verkündete er mit schon gewachsenem Selbstbewußtsein, es sollte künftig keiner mehr sagen können, er habe Deutschland gesehen, wenn er nicht München gesehen habe.

In der Residenz ging Ludwig daran, einen seit langem gehegten Wunsch in die Tat umzusetzen: die Einrichtung einer Schönheitsgalerie. Er beauftragte den Hofmaler Joseph Stieler, »die Schönsten des schönen Geschlechts in München« zu malen. So kamen im Laufe von fast drei Jahrzehnten *36 Ölgemälde* zusammen, Porträts von Gräfinnen und Prinzessinnen, aber auch von Bürgertöchtern und Mädchen einfacher Herkunft, deren Väter Schuhmacher, Wildprethändler oder Kupferschmied waren. Daß sich auch Schauspielerinnen und Tänzerinnen unter den Ausgewählten fanden, gab zu süffisanten Vermutungen und Spötteleien Anlaß, die Heinrich Heine auf den Reim brachte: »Er liebt die Kunst und die schönsten Fraun./Die läßt er porträtieren./Er geht in diesem gemalten Serall/als Kunsteunuch spazieren.«

Ludwig hatte jedoch keineswegs die Absicht, hier seine Mätressen öffentlich auszustellen. Es ging ihm ausschließlich um ästhetische Kriterien – ein guter Leumund der Porträtierten sollte allerdings Vorbedingung sein. »Nur Schönheiten guter Aufführung kommen in die Sammlung«, bestimmte er. Die Auswahl traf er nach Vorschlägen Stielers, seines Hofes und seiner Gemahlin Therese, die trotz ihrer Anmut in der Galerie nicht vertreten ist. Bei neun Geburten in zeitlich kurzen Abständen hatte sie auch wichtigere Beschäftigungen als Modellsitzen.

Stieler malte die Landesschönheiten in gefälliger und züchtiger Pose. Bei einem der letzten Gemälde wird ihm das nicht leichtgefallen sein. Das mit »Gräfin Maria von Landsfeld, geboren in Sevilla 1823« beschriftete Bild zeigt eine junge Frau mit ebenmäßigen Gesichtszügen, schwarzem Haar und hochgeschlossenem Samtkleid. Bildnis einer tugendhaften Tochter aus gutem Hause.

Wie ließ sich Ludwig da täuschen. Aber er war nicht der einzige, den die temperamentvolle, südländisch wirkende Schöne mit dem wohlklingenden Namen »Maria de los Dolores Porrys e Montez« zu umgarnen verstand. Sie war Anfang Oktober 1846 von Baden-Baden her nach München gekommen und hatte sich beim Hoftheater um ein Engagement als Tänzerin bemüht. Der Direktor ließ sie abblitzen. Sie besaß keine Papiere – die habe man ihr unterwegs gestohlen, behauptete sie –, dafür ging ihr ein zweifelhafter Ruf voraus. Eine »Femme fatale«, die man schon aus einigen Fürstenstädten ausgewiesen hatte, über deren Beziehungen zu einflußreichen oder schöngeistigen Männern man munkelte. Städte, Namen hinter vorgehaltener Hand: Paris, Franz Liszt, Alexandre Dumas ...

Ihre Auftritte als Flamenco-Tänzerin waren mäßig, ihr schauspielerisches Talent, das sich im privaten Rahmen entfaltete, um so beachtlicher. Es gelingt ihr, hartnäckig und einfallsreich, eine Audienz bei König Ludwig zu erwirken – und dieses Datum, der 7. Oktober 1846, wird in die Annalen der bayerischen Geschichte und des Hauses Wittelsbach eingehen.

Ludwig, der Schönheitsfanatiker, läßt sich von den Reizen der Lola Montez betören. Den Sprachkundigen macht ihr schlechtes Spanisch nicht stutzig, weder ihre blauen Augen noch ihre verworrene Lebensgeschichte wecken seinen Argwohn. Sie gibt an, wie später in ihren Memoiren nachzulesen ist, 1823 in Sevilla geboren zu sein, »Irländerin durch meinen Vater, Spanierin durch meine Mutter, Engländerin durch meine Erziehung, Französin aus Neigung und Kosmopolitin durch die Umstände«. Ihr Vater sei ein irländischer Gentleman von sehr vornehmer Herkunft, ihre Mutter stamme aus der Familie des Grafen von Montalvo, der seine großen Güter in Spanien durch Kriegswirren verloren habe.

Spätere und auch schon damalige Biographen stellen fest, daß weder Geburtsdatum noch Herkunft stimmen.

Aber Lola wechselt Kindheit und Leben, wie es ihr gerade zweckmäßig erscheint.

Der Redaktion der *Köllnischen Zeitung* teilt sie mit, ihr Vater sei carlistischer Offizier gewesen, und nach seinem Tode habe ihre Mutter, eine geborene Havaneserin, sich mit einem irländischen Adligen verheiratet. Infolge unglücklicher Familienverhältnisse sei sie genötigt gewesen, beim Theater ihr Fortkommen zu suchen.

Je verwirrender ihre jeweiligen Lebensläufe gesponnen sind, um so eifriger machen sich Zeitungsleute und Hofbeamte auf Fährtensuche. In ihren Adern fließe kein Tropfen südlichen Blutes, befinden sie. Sie sei schon 1818 als Tochter einer Putzmacherin im irischen Limerick geboren. Ihre wilde Jugend in Calcutta, die fromme Pensionszeit in England, die Entführung mit 14 durch einen Captain auf ein irisches Schloß, um der drohenden Verheiratung mit einem Greis zu entgehen, das weitere abenteuerliche Leben in Indien – alles sei mit blühender Phantasie ausgeschmückt. Wahr an ihren Geschichten sind zwei gescheiterte Ehen, das unstete Wanderleben durch viele Länder und die zahllosen Affären als Tänzerin.

Lola Montez ist es nicht unangenehm, Mittelpunkt der Skandalpresse zu sein, auch wenn sie klagt: »Es ist wahr, diese Journale verbreiten die albernsten Lügen über meine Person, sie erzählten Dinge von mir, die ich selbst nicht wußte, sie gaben mir ganz nach ihrem Gutbefinden eine Herkunft, einen Vater, eine Mutter, sie machten zu meinem begünstigten Liebhaber, wen sie wollten, und den ich nicht einmal dem Namen nach kannte, und gerade durch diese Lügen kam ich in aller Munde, und da man auf die Moralität einer Künstlerin ein nicht so großes Gewicht legt, so gewährten mir diese Lügen« – stellt sie als Fazit fest – »allerdings oft mehr Vorteil als

Nachteil.« Aber nicht nur die Presse macht sie verantwortlich für die Verfolgung einer jungen Frau, »welche
das Unglück hat, schön und gesucht zu sein«, sondern die
Männer, denen es nicht gelingt, ihr Fallstricke zu legen,
und die Mädchen, denen es nicht gelingt, Männer zu finden.

Der König verschafft ihr doch noch einen Auftritt als
Flamenco-Tänzerin im Hoftheater, und nach ihren Ein-
lagen applaudiert er hingerissen. In einem Brief an einen
Freund vergleicht er sich in überschwenglicher Verzückung mit dem Vesuv, der für erloschen galt und
plötzlich wieder aufbrach: »Ich glaubte, ich könnte nicht
mehr der Liebe Leidenschaft fühlen, hielt mein Herz für
ausgebrannt.« Und ein paar Sätze weiter: »Einen neuen
Schwung hat mein Leben bekommen, jung bin ich wieder geworden, freudig sieht mich die Welt an.«

Der über Sechzigjährige widmet seiner jungen Geliebten glühende Gedichte, schenkt ihr ein Haus in der Barer
Straße, stellt ihr eine Kutsche zur Verfügung und kommt
für ihren ausschweifenden Lebenswandel auf. Höflingen,
die den Altersunterschied des Paares glossieren, antwortet
sie spöttisch, sie habe während ihres ganzen Lebens jugendliche Greise alten Jünglingen vorgezogen. Sie ist
äußerst schlagfertig, furchtlos und arrogant. Karikaturen
zeigen sie mit Reitpeitsche, Zigarre rauchend und Männer entführend. Dabei hat sie für die »Emancen« und
Amazonen des Vormärz, die mit ähnlichen Attributen
karikiert werden, wenig übrig. Sie glaubt, die Frauen ge-
wännen nichts bei all ihren Revolutionen: »Seit wann ist
es denn den Frauen gestattet, ihr Geschlecht zu verleugnen und abzuschwören? Seit wann ist es gebräuchlich,
daß sie ihre Haushaltung, die Wiege ihrer Kinder verlassen, um auf den öffentlichen Plätzen, auf der Redner-
bühne, vor den Schranken des Senats und in den Reihen

der Armee die Pflichten zu erfüllen, welche die Natur den Männern zugeteilt hat?«

In anderen Äußerungen jedoch schlägt sie sich wieder auf die Seite der Suffragetten, etwa wenn sie schreibt: »Ich habe dem starken Geschlechte überall den Fehdehandschuh hingeworfen und ihm gezeigt, wie wenig Recht es hat, sich in moralischer Hinsicht über uns Frauen zu erheben. Ich habe den Frauen gezeigt, daß, wenn sie verständen, die Schwäche der Männer zu nützen, sie überall aufhören würden, das schwache Geschlecht zu sein.« Und sie fährt provozierend fort: »Es wäre kein Unrecht, sich jedes Vorteils gegen die Eitelkeit und Anmaßung der Männer zu bedienen.« Ihre Natur gestatte es ihr nicht, ein Weib der Gewohnheit, ein sozusagen traditionelles Weib zu sein, welches sein höchstes Glück dareinsetze, dem Manne eine gute Brühe und ein freundliches Gesicht zu machen ...

Ein traditionelles Weib ist sie wahrhaftig nicht. Sie provoziert in der Öffentlichkeit Skandal um Skandal, reizt ihre königlichen Privilegien schamlos aus. Den an sich langmütigen und toleranten Münchnern wird das Treiben nun doch zu bunt, aber Ludwig zeigt sich Warnungen gegenüber uneinsichtig, er stellt unmißverständlich klar: »Der König befiehlt und läßt sich nicht vorschreiben, was er tun und lassen soll.« Nicht nur im privaten Bereich, auch in der Politik entscheidet er immer eigenmächtiger. Restaurative Tendenzen liegen als Auswirkung der Pariser Julirevolution von 1830 ohnehin im Zug der Zeit. Sie schränken die Verwaltungsreform Graf Montgelas' und die fortschrittliche Gesetzgebung in Bayern zunehmend ein. Die Pressefreiheit wird beschnitten, satirische Zeitschriften wie *Der reisende Teufel, Das schwarze Gespenst* oder der populäre *Bazar* erhalten einen Maulkorb.

Als nun Ludwig – unbelehrbar – das von Stieler gemalte Porträt der Lola Montez in seiner Schönheitsgalerie öffentlich zur Schau stellt, ist das Maß voll. Längst kursieren Gerüchte, die Kurtisane mische sich in die Staatsgeschäfte ein, habe Zugang zu geheimen Akten und beeinflusse den König in seinen Entscheidungen. Lola tut diese Befürchtungen als Hetze der Jesuiten am Hofe ab. Aber nicht nur die auf Wahrung von Sitte und Moral bedachte Kirche – Papst Pius IX. hat sich mit einem Mahnbrief eingeschaltet –, auch die Regierung, das konservative Ministerium Abel, legt dem König nahe, sich von der Tänzerin zu trennen. Als die Minister sich weigern, Lola die bayerische Staatsbürgerschaft zu gewähren, entläßt der König das konservative Kabinett kurzerhand und setzt ein neues, wie er annimmt liberaleres, ein. Doch auch diese Minister versagen ihm die Gefolgschaft, als er von ihnen fordert, Lola Montez in den Adelsstand zu erheben. Sie werden, wie ihre Vorgänger, entlassen und durch ein neues, willfähriges Kabinett ersetzt, das auf Vorschlag von Lola Montez gebildet wurde und allgemein »Lola-Ministerium« genannt wird. Dieses Ministerium stellt ihr am 25. August 1847, dem 61. Geburtstag des Königs, den heißbegehrten Adelsbrief aus und macht sie »Wegen der Wohltaten gegenüber dem bayerischen Volk« zur Gräfin Landsfeld. Die Montez genießt den Triumph.

Das Volk jedoch, diesmal solidarisch mit Regierung und Kirche, fühlt sich verhöhnt, hintergangen, ausgenommen. Schon seit Monaten kommt es wegen der »babylonischen Hur« immer wieder zu Demonstrationen, Tumulten und Handgreiflichkeiten vor ihrem Haus und in der Stadt. Lauthals verlangt das Volk ihre Ausweisung. Sie läßt sich von einer obskuren Burschenschaft, dem »Korps Alemannia«, beschützen. Es ist wie ein Kräftemessen.

All ihre Auftritte sind bewußt inszenierte Provokationen. Was mag Lola Montez dazu angetrieben haben? Machtrausch? Verachtung der soliden Münchner Bürgergesellschaft? Genußvoll ausgespielte Egozentrik? Sie ist intelligent, aber die Intelligenz bewahrt sie nicht vor Maßlosigkeit und Selbstüberschätzung, vor falschen Vergleichen. Sie kennt sich in der Geschichte des Hauses Wittelsbach gut aus, weiß, daß es im 17. Jahrhundert eine junge, lebenslustige Prinzessin aus Savoyen geschafft hat, dem Bayerischen Hofstaat ihren Stempel aufzudrücken. Henriette Adelaide, Gemahlin des Kurfürsten Ferdinand, erhielt als Belohnung dafür, daß sie ihm einen Sohn geschenkt hat, das Gartengut Kemnaten, das sie zu einem Sommersitz nach italienischem Vorbild umgestalten wollte und »Borgo delle Nimfe«, Nymphenburg, nannte. Von solchen großen Gesten mag Lola Montez träumen. Sie weiß, daß Kurfürstin Henriette für den Bau der Theatinerkirche einen Architekten aus Bologna holte und ihm den Auftrag gab, die größte und schönste Kirche in ganz München zu bauen. Sie weiß, daß das Kurfürstenpaar zur Wasserjagd ein prachtvolles Lustschiff auf dem Starnberger See segeln ließ. Gemessen daran nehmen sich die Geschenke, die sie von Ludwig erhält, bescheiden aus. Aber für die Münchner ist alles, was er ihr zukommen läßt, ein Ärgernis.

Ludwig wird immer abhängiger von ihr, immer mehr in die Enge getrieben. Aber er will nicht sehen, wie sich ganz München gegen diese Frau verschworen hat: das Volk, das – bei ständig steigenden Lebensmittelpreisen – sich über ihre Verschwendungssucht empört; die Studenten und Professoren, die ihren Einfluß hinter den Einschränkungen der Lehrfreiheit vermuten; Liberale, die Toleranz und Asylrecht gefährdet sehen; Konservative und Kirchenleute, die Sittenverfall und Hochmut anprangern. Die Situation spitzt sich zu.

Bei einer Straßenschlacht, die sich Polizei und Volk gegen das Korps Alemannia liefern, flüchtet sich Lola in die Theatinerkirche. Ludwig eilt aus der Residenz herbei, um sie zu beschützen und geleitet sie erhobenen Hauptes durch die aufgebrachte Menge. Als er im Februar 1848 die Universität schließen läßt, um die rebellischen Studenten zu bestrafen, hat die Empörung der Bayern ihren Höhepunkt erreicht. Bewaffnete Volksmassen rotten sich vor der Residenz und vor Lolas Haus zusammen und fordern die Ausweisung der Unruhestifterin, die sofortige Wiedereröffnung der Universität und mehr Mitspracherecht der Bevölkerung. Hart schlagen Ludwig die Rufe »Spionin«, »Freimaurerin«, »Kokotte«, »Hure« entgegen. Selbst die Armee rückt nun auf die Seite der Protestierenden. Ludwig gibt auf, um Blutvergießen zu vermeiden.

Am 11. Februar wird die Universität wieder geöffnet, der König unterschreibt – gegen sein Gefühl und Gewissen – den Ausweisungsbefehl für die »Gräfin Landsfeld«, die sich nie durch Papiere legitimieren konnte. In ihren Memoiren liest sich ihr Abschied von Ludwig so: »Sire, Sie sind Herr in Ihrem Lande, Sie sind der Vater Ihres Volkes; wenn aber dieses Volk mich haßt, – dann will ich nicht zwischen Ihnen und Ihrem Volke sein, lassen Sie mich gehen, Sire, – lassen Sie mich von neuem meinem Schicksal folgen, das mich zur Rastlosigkeit verdammt hat ... die königliche Krone wankt, von zu viel Feigheit ist sie umgeben, zu viel Verrat hat sie umsponnen, was vermögen die wenigen Getreuen gegen eine Herde Wölfe? Rette die Krone.« Und die Edelmütige weicht, ein Opfer von Mißgunst und Intrigen.

Lola Montez – so die Order – muß München innerhalb weniger Stunden verlassen. In Schloß Blutenburg findet sie bei den Klosterschwestern mit einigen »Beschützern« aus der Burschenschaft Alemannia Unterschlupf, bevor sie in die Schweiz weiterreist. Ludwig hat ihr eine ansehnliche Rente ausgesetzt. Er liebt diese Frau noch immer, muß sich treulos vorkommen. Die persönliche und die politische Last drücken ihn nieder. Er erwägt den Rücktritt, obwohl die Bayern diesen Schritt von ihm nie gefordert haben, sie sehen ihn ja als das bedauernswerte Opfer der falschen Gräfin.

Trägt sie wirklich die Schuld an den ganzen politischen Wirrnissen? Hätte Ludwig mit seinem absolutistischen Regierungsstil, der München zu einem kulturellen Zentrum Europas und die Bürger zu Untertanen machte, nicht auch ohne das Tänzerinnen-Intermezzo Schwierigkeiten bekommen in dieser Zeit zunehmender Freiheitsbestrebungen hinter der Biedermeieridylle? Revolution liegt nicht nur in München in der Luft in diesem Umwälzjahr 1848, in dem Marx und Engels das Kommunistische Manifest unters Volk bringen. Auf die Februarrevolution in Paris folgt die Märzrevolution in Deutschland und Österreich mit der Forderung nach einer demokratischen Verfassung. In München unterschreiben 10 000 Bürger eine Liste, in der Pressefreiheit verlangt wird. Überall gärt es.

Am 20. März 1848 tritt der König ab. Er will nach 23 Jahren eigenmächtiger Regentschaft in einem neuen, demokratischer geprägten Staat kein »bloßer Unterschreibkönig sein, gebunden und gefesselt«, er überläßt die Krone seinem Sohn Maximilian zweifach, von der Liebe und der Politik, tief getroffen.

Natürlich hatte Lola Montez die Glut des Aufruhrs tüchtig geschürt, aber der Brand wäre auch ohne ihr Zutun ausgebrochen. Sie klagt das Volk an: »Ihr Bayern habt das Herz eures Königs verkannt, ihr wißt nicht, oder wolltet es nicht wissen, welche erhabene Idee für Volkes Wohl in diesem Herzen lebte; nun wohlan, eine spätere unbefangene Geschichte wird über einen König richten, der zu edel dachte, um von den gemeinen Seelen verstanden zu werden, welche nichts verstehen, als vor der Macht zu kriechen – oder sie zu begeifern.«

Ludwig I. wäre als großzügiger Kunstmäzen auch ohne Lola Montez in die Geschichte eingegangen. Umgekehrt hätte die Tänzerin ohne den Glanzpunkt München in ihrer Karriere kaum in Lexiken und Geschichtsbüchern und auch nicht in der Trivialliteratur überlebt. Ihr weiteres Schicksal ist alles andere als glanzvoll. Kurz nach ihrer Vertreibung aus Bayern heiratet sie einen jungen, vermögenden Engländer, wird von dessen Verwandten wegen Bigamie verklagt, siedelt nach erzwungener Scheidung nach Paris über, tritt als Tänzerin in New York und New Orleans auf, heiratet ein drittes Mal ohne Fortune und bricht, vom Goldfieber angesteckt, nach Australien auf. Aber sie findet weder Gold noch Anerkennung als Tänzerin und verlegt sich nun aufs Schreiben von Frauenhistorie. Um eine Begründung ihres Tuns ist sie nie verlegen: »Ach, glaubt es mir, Ihr tugendhaften Leute: diese Weltgeschichte im Unterrock, wie Ihr sie nennt, ist oft eine bessere Weltgeschichte, als diejenige ist, welche in Pantalons einherstolziert ... «

Die Unrastige stirbt nach einem Gehirnschlag in New York – einsam und längst nicht mehr im Rampenlicht stehend. Aber das Verwirrspiel um ihre Identität setzt sich fort. Als Todesjahr geben Biographen 1860 an, andere 1862. Der Grabstein auf dem New Yorker Greenwood-Friedhof trägt die Inschrift »Mrs. Ellsa Gilbert, died January 17, 1861, aged 42 years«.

Ihren *Memoiren,* 1850 in Paris entstanden, hat sie einen überschwenglichen Huldbrief an »Se. Majestät den

König Ludwig von Bayern« vorangestellt. Doch zu dem Zeitpunkt hat Ludwig schon abgedankt und – spät genug – ihren »Treuebruch zu dem Undank sich gesellt« durchschaut und das Marmorbrustbild der Gräfin Landsfeld aus seinem Gemach ins Magazin der Pinakothek schaffen lassen.

Aber Geschichte läßt sich nicht in einem Winkel ablegen. Die Memoiren der Lola Montez, 1914 engbedruckte Seiten, schreiben die schillernde Figur in einer Mischung von Dichtung und Wahrheit fest. Die farbigen Landes- und Milicuschilderungen, Salongeschichten und eigenwilligen Reflexionen lesen sich spannend wie ein Kriminalroman. Die Kapitel 140 bis 167 sind München gewidmet, Kapitel 140 trägt die selbstbewußte Überschrift »Ich und meine Gegner«. Ob Lola Montez diese Memoiren auf Drängen geschäftewitternder Buchhändler schrieb, allein oder mit fremder Hilfe, ob sie den zahlreichen über sie kursierenden Lebensläufen einen weiteren, ihrem Selbstbild entsprechenden hinzufügen wollte, ob sie einfach Geld brauchte oder tatsächlich in dankbarer Verehrung Ludwig ein Kuckucksei ins Nest legte, sei dahingestellt. Sie selbst verspricht Authentizität der beschriebenen Geschehnisse. Der Biograph Eduard Fuchs vergleicht ihr Mammutwerk mit dem Casanovas, nur daß er Casanovas Schilderungen mehr Wahrheitsgehalt zubilligt.

Jenseits vom Wahrheitsgehalt der dargebotenen »Fakten« geben die Memoiren Einblick in die zwiespältige Persönlichkeit einer Frau, die, ausgerüstet mit Intelligenz und Scharfblick, die Spielregeln einer etikettebewußten, doch oft genug hohlen Gesellschaft durchschaut, selbst aber diese Spielregeln meisterhaft und ohne Skrupel handhabt. Neben aller Selbstinszenierung weist sie auf Probleme hin, die zeittypisch sind, noch bevor eine sich erst allmählich formierende Frauenbewegung diese aufgreift. Sie weiß, wovon sie spricht: Wer als Frau sich die Freiheit nimmt, nicht nach den Normen der Gesellschaft zu leben, kann auch deren Schutz nicht beanspruchen, gehört zur Demimonde der Begehrten, aber nicht Geachteten, wird gestempelt, während der Mann ungestraft Grenzen überspringen kann. »Haben wir wirklich die Bestimmung und die Pflicht, der Arroganz dieser Männer zu dienen, welche verlangen, daß wir nur für ihre Genüsse leben sollen«, fragt sie mit rhetorischem Geschick und läßt sich gleichzeitig lustvoll und völlig selbstbestimmt auf diese Rolle des Opfers ein.

Nach Logik und Stimmigkeit im Leben der Lola Montez zu fragen, ist müßig. Es sind wohl gerade die Unberechenbarkeiten, die Anreiz bieten, sich mit ihrer Rolle zu beschäftigen. Eine Rolle, die zum klassischen Repertoire des Theaters gehört: die verführerische, gefährliche Schöne, der unschuldige Männer anheimfallen.

Ludwig, 1868 in Nizza gestorben, hat seine frühere Liebe um etliche Jahre überlebt. Seinen Abgang von der politischen Bühne und die Staatsaffäre um die Tänzerin soll er mit den Worten kommentiert haben: »Vorüber ist, was ich gefühlt, empfunden, doch um die Krone bleibe ich gebracht.« So scheint die Überschrift gerechtfertigt, die eine preußische Zeitung über den Jahrhundertskandal um Lola Montez setzte: »Sie tanzte bayerische Geschichte.«

Suppenlinas Volksküchen

Lina Morgenstern
1830–1909

Berlin, Potsdamer Bahnhof. Ein eisiger Januarmorgen des Kriegswinters 1870/71. Trotz der schneidenden Kälte auf den Bahnsteigen hektische Geschäftigkeit: ein Zug mit Frontsoldaten ist angesagt, Heimkehrern von den Schlachtfeldern in Frankreich. Der Deutsch-Französische Krieg nähert sich nach dem Sieg von Sedan dem Ende, aber eine Siegesstimmung will nicht aufkommen, zu drückend sind die Bilder des Elends, die die durchreisenden Truppen hier tagtäglich bieten. Verwundete, Krüppel, Erschöpfte. Bahren werden bereitgestellt, Verbandszeug und warme Decken herangeschleppt, Töpfe mit dampfender Suppe. Mitten im Gedränge gibt eine kleine, unscheinbare Person mit resoluter Stimme Anweisungen an die Sanitäter, die Helferinnen und die wartenden Angehörigen: Lina Morgenstern. Niemand widersetzt sich, die gerade Vierzigjährige im schwarzen, schmucklosen Kleid, mit kleiner Nickelbrille und strengem Haarknoten strahlt eine selbstverständliche Autorität aus, die jedoch für eine Frau ohne Rang und Stand im Viktorianischen Zeitalter alles andere als selbstverständlich ist. Eine Autorität, die sie allein ihren eigenen Fähigkeiten, ihrer pragmatisch zupackenden Art, ihrem Organisationstalent und nicht zuletzt ihrer – in Berlin vielleicht mehr als anderswo geschätzten – spröden Herzlichkeit verdankt. Und ihrem zähen Durchhaltewillen: Seit Monaten betreut sie die heimkehrenden und durchziehenden Soldaten auf Bahnhöfen und in eilig

hergerichteten Massenquartieren. Sie schläft mit ihren freiwilligen Helferinnen in Lagerschuppen oder in Waggons auf dem Güterbahnhof, zwischen Erbsen- und Kartoffelsäcken, dem sorgsam gehüteten Vorrat für die Truppenspeisungen, für die man ihr die Verantwortung übertragen hat.

Nicht von ungefähr. Lina Morgenstern hat sehr große Erfahrung im Organisieren und im Umgang mit Menschenmassen. Vier Jahre zuvor hat sie in Berlin die Volksküchen gegründet, eine bald weithin bekannte und nachgeahmte Institution, die ihr im Volksmund den liebevoll-schnoddrigen Spitznamen »Suppenlina« einbrachte. Dieser Volksküchengründung lag nicht ein theoretisches oder ideologisches Konzept zugrunde, sondern die ganz praktische Überlegung, wie der im Kriegsjahr 1866 von der Verknappung und Verteuerung der Lebensmittel schwer betroffenen Berliner Bevölkerung am wirkungsvollsten zu helfen sei. Der Preußisch-Österreichische Krieg hatte die Wirtschaft und die aufkommende Industrie stark zurückgeworfen, die in die Höhe schnellenden Preise und die verschlechterten Arbeitsmöglichkeiten konnten nach Meinung Lina Morgensterns nur durch einen preisgünstigen Großeinkauf von Lebensmitteln und Massenherstellung von Mahlzeiten aufgefangen werden. Warum also nicht eine billige öffentliche Volksspeisung aus einer Zentralküche? Keine Armenspeisung als gnädig gewährtes Almosen, sondern Abgabe der Mahlzeiten zum Selbstkostenpreis, wobei die Küchen- und Ausgabearbeit von ehrenamtlichen Helferinnen übernommen wurde.

Die Idee fand Anklang, zumal Lina Morgenstern einflußreiche Fürsprecher gewinnen konnte: Dr. Adolf Lette, der gerade den »Verein zur Förderung der Erwerbsfähigkeit des weiblichen Geschlechts« gegründet hatte, und Professor Virchow, nicht nur Arzt und Forscher,

sondern auch Mitglied des preußischen Abgeordneten-
hauses und des deutschen Reichstages. Die *Vossische
Zeitung* machte sich zum Sprachrohr der Volksküchenbewegung und rief »die Mitbürger Berlins« zu Spenden auf.
In kürzester Zeit kam das Gründungskapital von 4359
Talern und 15 Groschen zusammen, weitere Beiträge
mußten nicht erhoben werden, da die Küchen sich bald
selbst trugen. Die erste wurde am 9. Juni 1866 geöffnet,
nach und nach kamen in allen Stadtteilen Berlins weitere
Speiselokale dazu, dabei konnte man auf Leipziger Erfahrungen aufbauen, wo schon seit 1849 eine Volksküche
bestand: »Pro Kopf wird durchschnittlich ein Liter
Gemüse in Bouillon gekocht und ca. 1/12 kg Fleisch gegeben, die Preise dafür schwanken zwischen 15 und 25
Pf., sogen. halbe Portionen reichen für die Ernährung
von Frauen und Kindern vollkommen aus.« Ein Napf
Löffelerbsen mit Speck kostete 20 Pfennig, Milchreis mit
Zimt und Zucker 10 Pfennig.

Während anfänglich das Essen im Henkelmann abgeholt wurde, ging man mehr und mehr dazu über, Sup-
penstuben wie die Strousbergsche in der Dorotheen-
straße mit langen Holztischen und -bänken einzurichten,
wo sich mittags nicht nur Arbeiter und Arbeitslose ein-
fanden, sondern auch ganze Familien. Das gab Anlaß, Lina Morgenstern öffentlich anzugreifen. Sie zerstöre das
häusliche Familienleben und leiste der Faulheit der Frau-
en Vorschub, warf man ihr vor – keine stichhaltigen Ar-
gumente, wenn man bedenkt, daß es nicht um Hausfrau-
en des Mittelstands, sondern um Arbeiterinnen aus den
Hinterhöfen ging, die ohnehin weder die Zeit noch das
Geld hatten, selbst eine gesunde und nahrhafte Familien-
mahlzeit zu kochen. Nicht die Volksküchen, wohl aber
die sozialen Verhältnisse müßten verändert werden, forderte Suppenlina denn auch.

Daß in den Volksküchen Berlins, für die Kaiserin Augusta das Protektorat übernommen hatte, täglich Tausende von Bedürftigen preiswert verköstigt wurden, daß den Damen der gehobenen Gesellschaft, denen eine Berufstätigkeit ja verwehrt war, sich hier ein sinnvolles Betätigungsfeld eröffnete, all das war Lina Morgenstern noch zu wenig. Die Not und die planerische Hilflosigkeit der Arbeiterinnen auf der einen Seite, die vielen brachliegenden Kräfte bei den bürgerlichen Frauen auf der andern, veranlaßten sie, nach immer neuen Möglichkeiten der Ausweitung weiblicher Sozialaktivitäten zu suchen. Dabei ging es ihr nicht um huldvoll gewährte Zugeständnisse, wohl aber um einzufordernde Rechte: »Wir Frauen brauchen nicht Gnade, sondern Gerechtigkeit.«

Sie war eine Frau der Tat, nicht der großen Parolen und Postulate. Packte zu, wo es notwendig war, koordinierte, kämpfte. Den theoretischen Überbau überließ sie anderen, sie fühlte sich für die praktischen Belange zuständig. So gründete sie in Berlin eine Mägdeherberge, wo die Dienstboten vom Land erst einmal unterkommen konnten. Sie kümmerte sich um die hauswirtschaftliche Ausbildung schulentlassener Mädchen ebenso wie um die Erziehung strafentlassener Minderjähriger, die sie in einer landwirtschaftlichen Industrieschule unterbrachte. Gemeinsam mit Louise Otto-Peters rief sie einen Arbeiterinnenbildungsverein ins Leben, und der »Engelmacherei« versuchte sie Einhalt zu gebieten, indem sie einen Kinderschutzverein gründete, der sich der Kinder lediger mittelloser Mütter annahm.

Ihre bedeutendste Initiative, neben der Volksküchenbewegung, ist wohl die Gründung des Berliner Hausfrauenvereins im Jahre 1873. Einer zahlenstarken Bevölkerungsgruppe wollte sie damit eine Lobby schaffen, aber auch praktische Hilfestellung bei der Haushaltsführung geben. So gliederte sie dem Verein eine Kochschule und eine Dienstbotenvermittlung an. Daß sie das Vereinsorgan, die *Deutsche Hausfrauenzeitung* während dreißig Jahren redaktionell betreute, überrascht in doppelter Hinsicht. Zum einen, weil ihr, wie sie immer wieder betonte, das Schreiben weniger lag als das Handeln, zum andern, weil sie sich von fast all ihren Projekten dann löste, wenn sie sicher auf eigenen Füßen standen und ihrer nicht mehr bedurften. Lina Morgenstern als Impulsgeberin, als Motor. Das Neue, das Ausloten von Möglichkeiten forderte sie heraus, ohne den geringsten Anflug von Abenteurertum allerdings. Als »regsamen Gegenwartsmenschen mit humanitären Idealen, liberaler Gesinnung und einem überkonfessionellen Moralismus« charakterisiert Helene Lange sie später.

Regsam und findig war sie schon immer gewesen, wenn es um das Organisieren von Hilfsbereitschaft ging. Mit 18 gründete die Breslauer Fabrikantentochter in ihrer Geburtsstadt einen »Pfennigverein zur Bekleidung armer Schulkinder«. Mit 29, schon in Berlin, den »Verein zur Förderung des Fröbelschen Kindergartens«. Lina Morgenstern, geborene Bauer, war ihrem Mann, einem aus Rußland emigrierten, nun vermögenslosen Kaufmann, nach Berlin gefolgt, und sie scheute sich nicht, durch Gelegenheitsarbeiten zum Familienunterhalt beizutragen. Erstaunlich, wie rasch die Zugereiste sich in der preußischen Hauptstadt einlebte, wie sicher sie die Arbeitsfelder fand, die ihren Fähigkeiten entsprachen, und wie selbstverständlich sich Gleichgesinnte um die unauffällige Frau, der man gar kein Charisma zutraut, scharten. Ihre handfest zupackende Art, das Ärmelhochkrempeln im richtigen Augenblick, mag den Berlinern in besonderer Weise imponiert haben.

Daß die schon legendäre Suppenlina ohne ihr Zutun mit immer mehr Aufgaben betraut wurde, konnte nicht ausbleiben. Sie wurde in den Vorstand des Allgemeinen Deutschen Frauenvereins gewählt und mischte mit, als sich 1894 der Bund Deutscher Frauenvereine konstituierte. 1896 berief sie, geradezu kühn, einen Internationalen Frauenkongreß nach Berlin ein, den ersten, der auf deutschem Boden stattfand. Hier wurde nicht nur über Frauenbewegung und allgemeine Frauenfragen diskutiert, sondern auch über das Thema, das Lina Morgenstern immer stärker beschäftigte: Weltfrieden. Unter dem Einfluß von Bertha von Suttners Roman »Die Waffen nieder!« und in Erinnerung an all die Verwundeten und Krüppel, die sie im Kriegswinter 1870/71 auf den Bahnhöfen betreut hatte, setzte sie sich mit zunehmender Leidenschaft für eine internationale Friedensbewegung ein. Das brachte ihr auch über die Grenzen Deutschlands hinaus Achtung und Ansehen – aber keinen Erfolg. Ihre Tragik war, daß der Zeitgeist ihre Appelle überrollte. Das Pathos des vaterländischen Aufbruchs wirkte stärker als ihre glanzlosen Worte der Vernunft.

Den Ausbruch des Ersten Weltkriegs hat sie nicht mehr erlebt. Sie starb am 19. Dezember 1909 in Berlin im Alter von 79 Jahren, ohne Resignation, immer noch in der Überzeugung, daß eines Tages ein Zusammenleben in einer Welt ohne Krieg möglich sein müsse.

Europäerin in München

Annette Kolb
1870–1967

Annette Kolb, wie der Schriftstellerkollege Thomas Mann
sie porträtiert: »Von mondäner Häßlichkeit, mit elegantem Schafsgesicht, darin sich das Bäuerliche mit dem Ari-
stokratischen mischte, ganz ähnlich wie in ihrer Rede das
bayerisch Dialekthafte mit dem Französischen, war sie
außerordentlich intelligent und zugleich gehüllt in die
naiv nachfragende Ahnungslosigkeit des alternden Mädchens.« – In einem Satz meisterlich boshaft zusammen-
gefaßt das Charakteristische dieser »Romandichterin«, der
Thomas Mann im *Doktor Faustus*, den Namen Jeanette
Scheurl gibt.

Er hatte reichlich Gelegenheit, seine gefürchtet exakten
»Studien« über Annette Kolb alias Jeanette Scheurl zu machen, die ihm schon im Fin de siécle-München im Hause
seiner Schwiegereltern Pringsheim aufgefallen war. Beide
verließen sie mit sicherem Instinkt für das Kommende
diese Stadt und dieses Land im Jahre 1933. Annette Kolb
ging nach Paris, Thomas Mann in die Schweiz, wo sie ihn
in Küsnacht mehrmals besuchte, bevor er sich nach Amerika absetzte. Auch sie tat diesen Schritt später, und wieder
kam es zu einem Treffen mit Mann, diesmal in seinem ka-
lifornischen Exil Pacific Palisades, während er am *Doktor
Faustus* arbeitete. Nach Kriegsende kehrten beide nach
Europa zurück, zogen die in Schutt und Asche liegende
alte Welt der neuen vor, hatten ihr europäisches Bildungs-
bürgertum mit dem weiten Horizont und den entsprechenden Beziehungen über die Zeiten gerettet.

Thomas Mann, 1875 geboren, ist fünf Jahre jünger als Annette Kolb, auch wenn sie sich gelegentlich zur Gleichaltrigen macht, sie nimmt es mit biographischen Daten und Fakten nicht so genau, schreibt über Geburtstagsfeiern: »Es ist mir fortan nicht erinnerlich, mein Alter jemals richtig angegeben zu haben. Ich griff ad libidum in die Tasten, zu hoch oder zu tief, ganz einerlei nach Laune und – wie es mir gefiel. Nur stimmen durfte es nie, weder Ort, noch Tag, noch Jahr.« So steht denn auf ihrem schmiedeeisernen Grabkreuz auf dem Münchner Friedhof Bogenhausen als Geburtstag der 2. Februar, im Erzbischöflichen Matrikelamt aber der 3. Februar. Das Geburtsjahr hat sie in ihrem Paß von 1916 mit einem dicken Tintenklecks unleserlich gemacht, eine weibliche Koketterie, die zu der herb Intellektuellen eigentlich nicht paßt, genausowenig wie die verspielten Schleierhütchen, die sie über Jahrzehnte trägt. Eine schräg ins Gesicht gezogene Baskenmütze wäre für die Deutsch-Französin mit dem politischen Kopf charakteristischer.

Der Zeichner Olaf Gulbransson hat Annette Kolb auf dem Umschlag ihres Bändchens *Kleine Fanfare* einen – männlichen – Zylinder verpaßt und läßt sie mit finsterem Blick und ausgemergelten Backen kräftige Fanfarenstöße ins Land blasen: die unbequeme Mahnerin, die die satten Bürger diesseits und jenseits des Rheins aufschreckt.

Joseph Roth, den die Kolb seit 1930 kennt und mit dem sie später während der Emigration in Südfrankreich in den Cafés von Nizza wieder zusammentreffen wird, malt in seiner liebenswürdig-entlarvenden österreichischen Art noch ein anderes Bild von ihr. Aus einem Brief vom 5. Juli 1932, den er ihr vom Gustav-Kiepenheuer-Verlag aus Berlin schickt, geht hervor, daß sie offenbar an den Verlag Manuskripte und Briefe geschickt hat, die einander »mit einer so reizenden Schnelligkeit« jagen,

daß er kaum antworten kann. Nach dieser galanten Um-
schreibung ihrer nervtötenden Hartnäckigkeit geht er auf
ein von ihr beigelegtes Photo ein: »Wenn ich ein Bett
hätte«, schreibt der Unbehauste, »ich hängte es darüber,
vorausgesetzt, daß Sie nichts dagegen hätten. Es ist ein
sehr schönes Bild von Ihnen, ein pfingstlicher Ernst ist
darüber.«

Ob das Bild ihn wirklich begeistert oder ob der Charmeur der Knochentrockenen nur die Nachricht ver-
süßen will, die dann – auch wieder hübsch verklausuliert
– folgt, sei dahingestellt. Er schreibt: »Selbstverständlich
würde Kiepenheuer ein Buch bringen, das Aussichten
hätte ›zu gehn‹.« Im Klartext: Es hat sich herumgespro-
chen, daß mit ihren Büchern kein Geschäft zu machen
ist. Er tröstet sie mit seinem eigenen Schicksal: »Mein
Radetzky-Marsch ist immer noch nicht ganz gesetzt ... es
ist gar nicht zu sagen, wie schlecht es mir geht ... Heute
habe ich Unglück hinter und neben mir, graue Haare,
eine kranke Leber und bin unheilbarer Alkoholiker.«
Aber dann wieder der Gentleman: »Ich küsse Ihre lieben
Hände – Ihr alter Joseph Roth.«

Dreimal Annette Kolb. Aus der Sicht Thomas Manns,
Olaf Gulbranssons, Joseph Roths. Vielschichtig und wi-
dersprüchlich. So ist sie, und so möchte sie auch sein. Immer ein bißchen kostümiert und altjüngferlich, das necki-
sche Strohhütchen als Tarnung der darunterliegenden
scharf beobachtenden und leicht zusammengekniffenen
Augen. Röntgenblicke auf das Gegenüber, auf Geschrie-
benes, auf das Zeitgeschehen. Immer auf der Hut und
protestbereit, immer aber, wie es ihrer Erziehung entspricht, Contenance wahrend, die schmutzigen Dinge be-
herzt, doch mit feingehäkelten Handschuhen anfassend.

So hat sie es aus dem Münchner Elternhaus mitbekommen, das so münchnerisch gar nicht war, auch wenn der

Vater als Königlicher Gartenbauinspektor – und, wie man munkelte, Abkomme eines Wittelsbachers – zum Hofstaat gehörte. Mehr wurden die vier Kinder, Annette als jüngstes, von der Mutter geprägt, einer französischen Pianistin. Sie brachte in die bieder-bayerische Dienstwohnung in der Sophienstraße am Alten Botanischen Garten Pariser Flair. Man sprach selbstverständlich französisch, man musizierte, Madame Kolb hielt Cercle. Die Kinder wuchsen – soweit sie nicht in Internaten untergebracht waren – ohne geregelte Mahlzeiten und warme Winterkleider auf, aber geübt wurde an einem Pleyel-Flügel.

Man lebte ständig und ohne Scham etwas über die Verhältnisse, das Gehalt des inzwischen zum Hofrat beförderten Vaters reichte unerklärlicherweise nie bis zum Monatsende. Auf einen standesgemäßen Salon wollte die Mutter, Preisträgerin des Pariser Konservatoriums, aber nicht verzichten. Um Gäste wie den Hofkapellmeister Bülow, seine Frau Cosima samt Vater Franz Liszt in gebührendem Rahmen empfangen zu können, sah sie sich gezwungen, gänzlich unmusikalischen Töchtern aus dem Bekanntenkreis Klavieretüden beizubringen. Ein hartes Brot. Verletzter Stolz schlug in Überheblichkeit um. Annette Kolb beschreibt diese auch den Kindern vermittelte Wertearroganz in ihrem autobiographischen Roman *Die Schaukel*. Da mokiert sich die Familie Lautenschlag, zu der sie als jüngstes Mädchen gehört, über die neuadligen von Zwingers und deren stockunbegabte Töchter. Da wird Frau Konsistorialratswitwe Erlendicht geschildert, hart und hager, aber hochgebildet, in einer Wohnung, die den Lautenschlagschen Kindern protestantisch, kalt und preußisch vorkommt: »Die Räume, nüchtern, unverbindlich, ausgekältet, glichen Betsälen ... Weihnachten auf Eis.« Für die Lautenschlags hingegen ist Weihnachten ein üppiges Herschenkefest: »Geschenke weit über ihre Verhältnisse zu geben, gehört mit zu ihrem Größenwahn.« Und die Jüngste steht mit ihrem drallen katholisch-bayerischen Selbstbewußtsein weit über den Zugereisten: »Sie sagt der Butter, der Schokolad, und wäre es nur aus Opposition. Die Preußen, die sagten Blumenkohl statt Karfiol und Tüte statt Stranitzel, und Apfelsinen statt Orangen sagten die, und Sonnabend und Abendbrot, und Berliner Pfannkuchen statt Faschingskrapfen ... sie kannten das Wort Krapfen nicht einmal, solche Leute waren das.«

Berliner Zugezogene sind es auch, die sich über den unperfekten Lautenschlagschen Salon entsetzen, in dem es keine Kuchengäbelchen gibt und der zu hart gebackene Zwetschgenkuchen von den Töchtern statt vom Personal gereicht wird. Und die Lakaien, die die Damen des Hofes herkutschiert haben, müssen in einem schmalen, dunklen Gang statt in standesgemäßen Vestibülen warten, wo gibt es denn so etwas?

Aber die Lautenschlags sind über Kritik von Dilettanten und Leuten mit mittelmäßigen Bildern an den Wänden erhaben: »Blöde Urteile über Musik oder Bücher oder Bilder unwidersprochen hinzunehmen, weil sie von Leuten kamen, in deren Sold man geriet, das war nichts für sie, o nein. In dieser Meinung waren die Eltern mit den Kindern eins. Diese mußten immer frei bleiben, frei, ihre Ansicht, gelegentlich auch ihren Hohn zu äußern.« Das hat Annette Kolb ihr Leben lang getan – mit einem unverwechselbar bayerisch-französischen Sprachkolorit, das im *Doktor Faust*us Thomas Manns gönnerhafte Würdigung findet: »Zwischen den Sprachen aufgewachsen, schrieb sie in einem reizend inkorrekten Privatidiom damenhafte und originelle Gesellschaftsstudien, die des psychologischen und musikalischen Reizes nicht entbehrten und unbedingt zur höheren Literatur zählten.«

Die Dame mit dem inkorrekten Privatidiom und der Zuordnung zur höheren Literatur hat dem Literaturpapst diese Klassifikation nie verziehen. Auf wohlwollendes Schulterklopfen reagiert sie allergisch. Wie sie mit den überheblichen Männern umzugehen beabsichtigte, wußte sie schon als Schülerin: »Jetzt ging sie ja noch ins Institut, aber später würde sie der Welt schon zeigen, daß sie für kein fades Aufblicken zum Manne, als wäre sie weniger als er, zu haben sei ...«

Annette Kolb blieb ihr Leben lang unverheiratet. Schwer vorstellbar ein Mann an ihrer Seite, der ihrem kritischen Blick und dem sarkastischen Wortwitz auf Dauer standgehalten hätte. Ebenbürtige Männer suchten sich bequemere Frauen – es sei denn, sie gerieten in die Ehe wie ihr Vater, der »hatte mit der Unüberlegtheit geheiratet, mit welcher man für eine Tagestour einen Vergnügungsdampfer besteigt«.

Die häusliche Atmosphäre mit dem abseitsstehenden Vater und der in höheren Sphären schwebenden Mutter, die den Haushalt so zerstreut führte, »daß es schon besser war, sie komponierte«, läßt Annette Kolb nicht mit Wehmutssehnsucht an ihre Jugend zurückdenken, aber auch nicht mit Widerwillen; den hebt sie sich für die Schilderungen der Internatsjahre bei den Salesianerinnen in Thurnfeld und später im Münchner Privatinstitut von Therese Ascher in der Luitpoldstraße auf – nachzulesen in *Torso* und *Klosterleben*. Auf Freiheitsentzug hat sie zeitlebens empfindlich reagiert. Sie ließ sich weder vom Elternhaus noch von einem Mann, noch von der Gesellschaft oder der Politik ihre Rolle zuschreiben, sie bestimmte alle ihre Schritte selbst: Nicht Musikerin wurde sie, wie das in der Familientradition gelegen hätte, sondern Schriftstellerin, und dazu entschied sie sich schon früh.

Daß sie die Musik in ihr Schreiben hineinnahm, war für sie selbstverständlich und oft ein Trost in finsterer Zeit. Bis 1937 fuhr sie regelmäßig zu den Salzburger Festspielen, hörte Beethovens Siebte mit Toscanini, *Die Entführung aus dem Serail* mit Bruno Walter und schrieb das heitere Bändchen *Festspieltage in Salzburg*. Dann kam Österreichs ›Anschluß‹ ans Reich und ihr Ausschluß aus der deutschen Kultur. In Paris ging sie in stillem Protest gegen das braune Pathos Mozarts Lebensspuren nach. 1937 erschien ihre Mozart-Biographie, die französische Übersetzung ein Jahr später mit einem Vorwort von Jean Giraudoux. In den ersten wirren Kriegsmonaten schrieb sie in Paris und Vichy mit ihrer Schubert-Biographie gegen das innere und äußere Chaos an. In den Entbehrungen der Nachkriegszeit, als sie 1946 ins zerstörte München zurückkam, setzte sie sich mit *König Ludwig II. und Richard Wagner* auseinander, der Geschichte einer glanzvollen und tragischen Freundschaft. Auch dieses Bändchen erschien in deutscher und französischer Sprache.

Immer wieder dieses zweisprachige Denken, diese doppelte kulturelle Zugehörigkeit, die sie bereicherte und belastete. Der Konflikt hatte schon ihre Kindheit überschattet. Im Jahr ihrer Geburt, 1870, standen sich im Deutsch-Französischen Krieg die Truppen beider Nationen gegenüber, und der Sieg der Deutschen war für ihre Mutter, Französin in München, nur schwer zu verkraften. So hängt für Annette von klein auf die Familienharmonie mit der großen Politik zusammen, Völkerverständigung ist für sie kein Pathoswort, sondern eine Alltagsvokabel. Sie sieht die nationalen Übersteigerungen in beiden Ländern und warnt vor den Folgen. Vergeblich.

Nach Ausbruch des Ersten Weltkrieges ruft sie noch eindringlicher zur Versöhnung auf, mit Briefen im Münchener *Zeit-Echo,* die 1916 unter dem Titel *Briefe einer Deutsch-Französin* als Buch erscheinen. Darin zieht sie gegen die Alldeutschen, die »plumpen Parforce-Germanisierer« ebenso zu Felde wie gegen die nationalistischen Franzosen – und gerät zwangsläufig unter Beschuß von beiden Seiten, so wie sie auch Freunde in beiden Lagern hat. Rathenau setzt sich für sie ein, und Romain Rolland schreibt ihr bewundernd: »Sie sind nicht nur Patriotin, Sie sind es gleich doppelt, als Deutsche und als Französin.«

Das patriotisch aufgeheizte Volk ist weniger tolerant. Schon bei ihrer ersten öffentlichen Rede 1915 hat man sie als Pazifistin niedergeschrien und von der Tribüne gedrängt. Das Bayerische Kriegsministerium versuchte, ihre politische Tätigkeit durch eine Briefsperre und ein Verbot von Auslandsreisen zu lähmen. Wiederum mit Rathenaus Hilfe setzt sie sich 1917 in die Schweiz ab. Von neutralem Boden aus hofft sie, ihren pazifistischen Appellen breitere Resonanz zu verschaffen. Sie arbeitet mit Schriftstellern wie Hermann Hesse oder Carl Sternheim zusammen und mit dem Friedensnobelpreisträger Alfred Fried, sie kämpft an allen publizistischen Fronten für eine Beendigung des unseligen Krieges. Dabei lernt sie auch den elsässischen Dichter René Schickele kennen, der die pazifistischen *Weißen Blätter* herausgibt und sie zur Mitarbeit auffordert. Aus dieser Begegnung entwickelt sich eine lebenslange Freundschaft.

Pazifist zu sein, ist suspekt in jener Zeit in der Schweiz – nicht nur in der Schweiz und nicht nur in jener Zeit. Die Schweiz kommt ihr vor wie ein herrlicher, aber nach allen Seiten hin verbarrikadierter Garten.

Ihre Zusammenkünfte werden von der Polizei registriert und machen den Geheimdiensten auf französischer und auf deutscher Seite Kopfzerbrechen, da sie in ständi-

gem Kontakt mit Regierungsstellen und Oppositions-
gruppen beider Länder steht. Ihre Gespaltenheit, ihr
Grenzgängertum paßt nicht ins Freund-Feind-Schema.
»Wenn jemand keine Parteien kannte, so war ich es«,
schreibt sie in *Zarastro,* den tagebuchartigen Aufzeichnungen jener Wühljahre.

Obwohl Annette Kolb, die sich nie in eine von außen
oder oben vorgegebene Ordnung pressen läßt, für Partei-
en nicht viel übrig hat, nimmt sie 1919 am Internationalen Sozialistenkongreß in Bern teil. Sozialismus sieht sie
als einen Weg zur Überwindung kapitalistischer Aus-
wüchse, aber niemals als eine künftige Gesellschaftsform
an. Für einen egalitären, auf Gemeinschaft angelegten
Staat ist sie allzusehr Individualistin.

In diesen Jahren nach dem Ersten Weltkrieg ist sie viel
in Europa unterwegs. Unermüdlich tritt sie für ihre sich
selbst auferlegte Kulturmission ein, die Versöhnung der
Erbfeinde Deutschland und Frankreich. In ihren Notizen
tauchen Namen von Politikern wie Brüning und Paul
Hirsch auf, von so unterschiedlichen Schriftstellern wie
Gerhart Hauptmann, Arnold Zweig und Rainer Maria
Rilke, von Verlegern wie Samuel Fischer und Kurt Wolf
oder von Dirigenten wie Furtwängler und Toscanini.
Auch Regisseure und Schauspieler sind darunter, Max
Reinhardt, Alexander Moissi; das Leben ist für sie eine
Bühne, die Bühne ein Stück Leben, vorübergehend,
flüchtig, ohne Alltagsabsicherung.

Das Geld, zu dem sie nie ein ausgewogenes Verhältnis
hatte, »reichte nicht, um es zurückzulegen«, wohl aber,
»um es eine Weile nicht zu zählen«, sie gibt es bedenken-
los für Reisen und Theaterkarten aus, wie sie schon als
Schülerin Galoschen, Wintermantel und Schlittschuhe
bei einer Tandlerin verhökert hat, um den ersten Auftritt
Eleonora Duses in München miterleben zu können.

Gegen Ende der zwanziger Jahre läuft die Politik der Kunst immer stärker den Rang ab. Annette Kolbs Buch über *Aristide Briand,* den Schöpfer des Locarno-Paktes und Hoffnungsträger eines friedlichen Europa, findet zwar Anhänger in Deutschland und in Frankreich, kann aber politisch nichts mehr bewirken, ebensowenig wie eine Rede, die sie im April 1932 in Paris hält und in der sie vor dem Faschismus und dem Bolschewismus gleichermaßen warnt. Ihre Worte »Lieber gekillt oder liquidiert, als ohne Recht auf freie Meinungsäußerung leben«, zwingen sie schon bald zu Konsequenzen. Wieder einmal werden die Weichen ihres weiteren Lebens durch die Politik gestellt.

Am 31. Januar 1933 dreht sie das Radio an, sucht nach einer Musiksendung und hört dabei zufälligerweise eine Stimme »in einem niederträchtigen Deutsch, eine Stimme, die in Gebell ausartet, Töne und Untertöne des Hasses, der Rachgier, der hündischen Wut ...!« Es ist die Stimme Hitlers. Sie hört ihn an diesem Abend zum ersten- und zum letztenmal und weiß: »Wenn dieser Mann die Macht behielt, dann war Krieg, ein neuer, unmenschlicher Krieg unabwendbar!«

Mit zwei Koffern und einer Hutschachtel verläßt sie Deutschland und trifft nach einigen Umwegen in Paris ein, dieser Stadt, die ihr nach München die vertrauteste ist. 1936 erhält sie die französische Staatsbürgerschaft. Sie schreibt, reist, lebt von Übersetzungen und wird 1939 zum internationalen PEN-Kongreß nach New York eingeladen. Aufregende Wochen für sie, mit einem Empfang bei Präsident Roosevelt, einem Besuch bei Thomas Mann in Princeton, einem Gespräch mit dem verstörten expressionistischen Dichter Ernst Toller wenige Tage vor dessen Freitod.

Wieder zurück in Paris, erlebt sie die Zuspitzung der Lage kurz vor dem Einmarsch der deutschen Truppen, ihrer Landsleute. Wieder läßt sie, wie 1933, ihre Wohnung, ihre Habe hinter sich und flüchtet nach Vichy, wo sich viele Emigranten mit der Hoffnung auf Ausreisemöglichkeit in ein neutrales Land einfinden. Sie ist nun siebzig, ein Alter, in dem man sich normalerweise zur Ruhe setzt. Für sie aber beginnt erneut ein Leben aus dem Koffer: Basel, Genf, dann im letzten Augenblick die Visen für Spanien, Portugal, die Vereinigten Staaten. In abenteuerlicher Flucht entkommt sie in Barcelona knapp der Gestapo, und es gelingt ihr, sich im April 1941 von Lissabon aus nach New York einzuschiffen.

Viereinhalb Jahre tristes Emigrantenleben folgen, Hotelunterkünfte, Anonymität. Ab und zu ein paar Lichtblicke, ein Treffen mit alten Freunden, ein Besuch bei den Zuckmayers auf der Backwoods-Farm in Vermont, und als Höhepunkt im Juli 1944 de Gaulle in der französischen Kolonie in New York. Auf den General und die Befreiung Frankreichs von Hitlers Truppen setzt sie fortan ihre Hoffnung. Das beschwerliche und niederdrückende Leben in Amerika hatte sie schon bei ihrem ersten Übersee-Aufenthalt festgehalten. Nirgends sei das Exil für einen deutschen Autor tragischer als in den Vereinigten Staaten: »Der Haß dort auf alles Deutsche ist heute so groß, daß auch dessen herrliche Sprache davon betroffen wird«, schreibt sie bitter.

Nach dem Krieg kehrt Annette Kolb ins zerstörte Europa zurück, und ihre gelähmte Energie erwacht wieder, auch wenn die Kräfte nicht mehr die alten sind. Das Wiedersehen mit München im Jahre 1946 ist eine Herausforderung. »... so habe ich die Hände voller als ich Kraft habe«, schreibt sie bedauernd. Aber die Kraft zum Schreiben wächst mit der Arbeit. 1954 erscheint der Band *Blätter in den Wind,* einige Jahre später *Memento* und als letzte Zusammenfassung ihrer Lebensstationen kommen 1964 die *Zeitbilder* 1907–1964 heraus.

Doch auch aus ihren drei weitgehend autobiographischen Romanen kann man Fakten und Gestimmtheiten entnehmen. Der erste, schon 1913 erschienene, mit dem Titel *Das Exemplar* brachte ihr den Fontane-Preis ein, und Rilke gratulierte in seiner komplimentreichen Art: »Wenn ich nicht in dieser infamen Entfernung wäre, ich würde Ihnen alle Blumen ins Haus schicken, die ich zu sehen bekomme, um nur etwas zu tun, was meiner Freude und Ergriffenheit gleichkommt ...«

Der zweite Roman *Daphne Herbst* ist 1928 herausgekommen. Er zeichnet ein strahlendes Bild der frühverstorbenen Schwester vor dem Hintergrund einer langsam auseinanderbrechenden Feudalgesellschaft am Münchner Hof vor dem Ersten Weltkrieg. Verklärung und Untergangsstimmung liegen nah beieinander, wie häufig in Zeiten sich anbahnender Umbrüche. Am Zerfall einer Familie läßt sich gleichzeitig das Ende der bayerischen Monarchie ablesen – Annette Kolb registriert es mit einer bei ihr ungewohnten Wehmut.

Auch über dem dritten Roman *Die Schaukel* aus dem Jahre 1934 liegt der elegische Grundton des endgültig Vergangenen. »Das Licht in seinem Hause wird nicht mehr ausreichen, um die Schatten zu bannen, die in den Spalten und Ritzen sich sammeln«, heißt es da über den Vater, und die Familie wird einbezogen in diese allmähliche Verdüsterung, auch wenn sie es nicht wahrhaben will und scheinbar unbekümmert in den Tag hinein lebt mit geborgtem Glanz und gepflegtem Selbstbewußtsein. Doch das Buch enthält auch viele heitere Episoden, Welterfahrungen eines eigenwilligen, unangepaßten Kindes und liebevolle Schilderungen der Stadt, die den Rahmen für diese behütete und doch offene Jugend bietet: München.

»München leuchtete«, so beginnt Thomas Mann seine Erzählung *Gladius Dei*. München leuchtete auch für Annette Kolb. Die Stadt öffnet sich ihr auf immer neue und überraschende Weise. In *Daphne Herbst* sieht sie vom Zug aus, der über die Großhesseloher Brücke donnert, über die Isar hinweg auf die – »von den Alpen fast bedrohlich nahe umzackte Stadt« am Rande eines Horizontes, »der sie in Glut und Schwefel badete«. Oder ein anderer Blick von der Terrasse zur Friedenssäule auf die Isar, die »so leuchtend und blau dahinfloß, so deutsch mit dem verträumten Gebüsch ihrer weiten Sandbänke ...« – Eine Stadt der Träume und Beschaulichkeit ist München für Annette Kolb, »vielleicht die schönste Sommerstadt der Welt«, schwärmt die Nüchterne, sonst jedem Pathos Abgeneigte. Und wenn Thomas Mann München für völlig unliterarisch hält, zählt das für sie nicht so viel wie die individualistische Freiheit, die sie hier genießt: »... der Boden war für das Ausgefallene weit aufnahmebereiter als andernorts«, schreibt sie. Sie hat sich wohl gefühlt in München. Ist immer wieder in diese Stadt zurückgekehrt, aus Frankreich, aus der Schweiz, aus New York und Berlin, selbst aus dem geliebten Badenweiler, das für sie – nah an Frankreich und der Schweiz gelegen, mit René Schickele Haus an Haus – umweht war »von einer Luft, welche die Menschen gütig stimmt«.

Ihre letzte »Heimkehr« nach München fällt in den Sommer 1961. Da zieht sie nach Bogenhausen in die Händelstraße, nicht weit entfernt von der St. Georgskirche, an deren Friedhofsmauer sie später beerdigt wird. Hier waren sie wieder versammelt, die alten Freunde, die sie alle überlebt hat: der Kulturhistoriker Wilhelm Hausenstein, einer ihrer anregendsten Gesprächspartner, der Dirigent Hans Knappertsbusch und – nur ein halbes Jahr vor ihr gestorben – der Dichter Oskar Maria Graf, der genau wußte, warum es sich in München so gut leben ließ: »... weil wir alle, wir echten Münchner, durch unsere katholische Herkunft nihilistisch, in einem herrlich wurschtigen Sinn angekränkelt sind«. Eine Münchner Heiterkeit schwebt über diesem Friedhof, auf dem später die Gräber von Erich Kästner und Liesl Karlstadt dazukommen; aber Heiterkeit und Tragik liegen nah zusammen, die Gedenktafel für den Jesuitenpater Alfred Delp an der Kirchenmauer erinnert daran: Er hat den Widerstand gegen die Nationalsozialisten in dieser Gemeinde am 2. Februar 1945 mit dem Leben bezahlt. Schon von Efeu überwuchert und fast nicht mehr lesbar auf einem Findling der Name des Filmemachers Rainer Werner Fassbinder – ein Unangepaßter auch er, nur daß er nicht mit der Weisheit Goethes in den Tod gegangen ist, die sich Annette Kolb schon früh mit der Erkenntnis »Wie gut ist es, daß der Mensch sterbe« zu eigen gemacht hat.

Annette Kolb, die am 3. Dezember 1967 mit 97 Jahren diese ihr fremd gewordene Welt verlassen hat, liegt auf dem Bogenhausener Friedhof unter ihresgleichen, unter einem geschmiedeten Kreuz, dunkelgrün und mit Gold verziert, wie es in der Gegend üblich ist. Ein geschliffener Marmorobelisk auf dem Pariser Friedhof Père Lachaise hätte genauso zu ihr gepaßt, denn sie war, wie sie immer wieder betonte, in Bayern und in Frankreich beheimatet, Europäerin und Weltbürgerin, ein Leben lang unterwegs.

Noch in ihrem letzten Lebensjahr hatte sie einen Reisewunsch: Israel. Mit 97 immer noch die zäh Beharrliche, die sich nichts aus dem Kopf schlagen läßt, was einmal darin ist. Die Reise sei in ihrem Alter zu beschwerlich? Sie hat schon anderes durchgestanden. Das Klima zu anstrengend? Sie hält doch auch den Föhn in München aus. Der Flug zu teuer? Sie findet natürlich

Mäzene: Carl Jacob Burckhardt und das Auswärtige Amt. Warum gerade Israel? Auf den jungen Staat ist sie neugierig, die Heiligen Stätten will sie besuchen. Aber der tiefere Grund läßt sich ihrem schon 1954 erschienenen Aufsatz *Gelobtes Land – gelobte Länder* entnehmen: Sie möchte mit der jüdischen Frage – die für sie auch eine christliche ist –, mit ihrem Verhältnis zum Judentum ins Reine kommen.

Auch wenn sie zeitlebens mit Juden befreundet war, mit Franz Werfel etwa, mit Rathenau oder zum Schluß mit dem israelischen Dichter Elazar Benyoetz, so hatte sie sich doch oft mit Vorbehalt über jüdische Kollegen geäußert; der erst 1987 veröffentlichte Briefwechsel mit René Schickele zeigt dies.

In ihrem Urteil war sie von alttestamentarischer Härte, aber in ihrem Handeln strebte sie stets Versöhnung an. Der jüdische Schriftsteller Hermann Kesten bescheinigt ihr, neben französischem Esprit, den Glanz europäischer Humanität. Sie selbst setzte ihr Wirken bescheidener an – aber mit trotzig selbstbewußtem Nachsatz: »Mein Leben hindurch sprach ich in den Wind – und hatte doch manchmal recht.«

Annette Kolb ist für ihre Haltung und für ihr literarisches Werk hoch geehrt worden. In Bayern mit dem Kunstpreis für Literatur der Stadt München und dem Bayerischen Verdienstorden. In der Bundesrepublik mit dem Großen Verdienstkreuz mit Stern und dem Orden Pour le mérite. In Frankreich als Chevalier der Französischen Ehrenlegion. Einen europäischen Orden hätte sie außerdem verdient.

Kapitel 5

Verbannt den Hanswurst von der Bühne!

Frauen und das Theater

Friederica Carolina Neuberin.

Verbannt den Hanswurst von der Bühne!

Die Theaterprinzipalin
Caroline Neuber
1697–1760

Sie tändelte ungemein gerne auf dem Theater.
Alle Schauspiele von ihrer Erfindung
sind voller Verkleidung, voller Festivitäten,
wunderbar und schimmernd.

G. E. LESSING

Ja, sie war eine Vollblutkomödiantin. Wenn sie spielte und wenn sie schrieb. Bunt und phantasiesprühend, volkstümlich derb und doch von hohem Sprachgespür, burlesk komisch, aber nie obszön. Sie organisierte und improvisierte mit leichter Hand, sah zu, daß die Kasse stimmte und die Schauspielertruppe nicht über die Stränge schlug, verhandelte selbstbewußt mit Honoratioren und Behörden und rührte geschickt die Werbetrommel – kurz: eine geborene Prinzipalin. Eine Frau, die gesellschaftliche Schranken durchbrach, sich männliche Privilegien anmaßte. Eine Provokateurin.

Selbst in unserem Jahrhundert ist es nur wenigen Frauen gelungen – Helene Weigel oder Ida Ehre gehören zu den Ausnahmen –, sich über längere Zeit an der Spitze eines Ensembles zu behaupten. Im 18. Jahrhundert war ein weiblicher Prinzipal einer Theatertruppe, von kleinen Wanderbühnen abgesehen, noch völlig undenkbar. Auf der Bühne wurden in der Regel sogar die Frauenrollen von Männern gespielt, Schauspielerei war ein anrüchiges Gewerbe, jungen Mädchen aus ehrbarem

Hause nicht zuzumuten. Das wollte die Neuberin, die auch eine ausgeprägt pädagogische Ader hatte, ändern.

Doch Theater mußte eine Sache des Pöbels und der Volksbelustigung auf Marktplätzen bleiben, wenn undisziplinierte, nicht ausgebildete Schauspieler das Publikum nur mit plumpen Possen und Jahrmarktssensationen unterhielten. Caroline Neuber hatte in Straßburg erlebt, daß es auch anders ging, daß die Darsteller ein Stück ohne improvisierten Klamauk über die Runden bringen konnten und nach festgeschriebenen Rollen agierten. Denn dort wurden anspruchsvolle Stücke von Corneille und Racine gespielt und vom Publikum angenommen, Schauspielerei galt als ordentlicher und geachteter Berufsstand. Kleine Bühnen wurden an Fürstenhöfe eingeladen, Schauspieler als Hofkomödianten protegiert. Warum sollte das nicht auch in Deutschland möglich sein? Warum sollte *ihr* das nicht gelingen?

Freilich brauchte sie dazu eine lernwillige, zuverlässige Truppe, keine hergelaufenen Gelegenheitsspieler. Deshalb hielt sie auf straffe Ordnung, auch im privaten Leben: Junge Schauspielerinnen nahm sie als Ziehtöchter unter ihre Fittiche, die unverheirateten Schauspieler wurden an ihrem Tisch verköstigt, damit sie nicht im Wirtshaus in schlechte Gesellschaft gerieten. So hoffte sie, Vertrauen in bürgerlichen Kreisen zu gewinnen und Bühnennachwuchs auch aus »soliden« Familien heranziehen zu können. Leicht war das nicht, sah sie sich doch dem Mißtrauen der Bürgerschaft und vor allem der Kirche ausgesetzt. Das Pamphlet eines Magdeburger Predigers warnte vor den »buhlerischen Vorstellungen der Komödianten, voll reitzender Brunst«, die sich einem solchen Beruf »entweder aus Faulheit oder liederlichem Hertzen« verschrieben. Daß diese Vorwürfe nicht ganz unberechtigt waren, ärgerte die Neuberin, sie nahm ihre Schauspieler deshalb gehörig in die Zucht, setzte regelmäßige Proben an und verlangte etwas völlig Ungewohntes: Auswendiglernen von Texten. Auch Sprechweise und Gebärden wurden eingeübt und von pathetischem Schwulst befreit. Um Kostüme und Requisiten kümmerte sie sich selbst, vor allem aber um die Beschaffung neuer Stücke – und da sah es finster aus. Auf die von religiösen Vorstellungen geprägten Barockvorlagen mit Himmelsflügen und Höllenszenario konnte sie im Zeitalter der Frühaufklärung nicht zurückgreifen, und die Rüpelstücke und Stegreifkomödien der Wanderbühnen waren ihr zu drastisch für das bürgerliche Publikum, das sie ins Theater locken wollte. Sie brauchte neuen »Stoff«.

So traf es sich gut, daß der Leipziger »Literaturpapst« Johann Christoph Gottsched diesen Stoff liefern konnte und seinerseits nach Schauspielern suchte, die seine Bühnentheorien in die Praxis umsetzten. Er hatte die Neuberin schon früher in einer ihrer glanzvollen »Hosenrollen« als Verwandlungskünstlerin bewundert und 1725 in seiner Zeitschrift *Die vernünftigen Tadlerinnen* geschrieben, sie habe »vier Burschen ... so unvergleichlich characterisirt, daß ich mein Lebtag nichts schöneres gesehen habe«. Von ihren Bemühungen, der Schauspielerei einen seriösen Anstrich zu geben, war er sehr angetan. Wäre sie nicht die geeignete Partnerin, seine Vorstellungen über eine neue Bühnenkunst unters Volk zu bringen?

Beide, der Theoretiker und die Praktikerin, glauben sie an die gesellschaftliche Funktion des Theaters, beide sind sie von der Erziehbarkeit des Menschen überzeugt. Wem fielen da nicht Brechts Lehrstücke aus unseren Tagen ein? Professor Gottsched sieht die Bühne als »weltliche Kanzel«, das Theater als »moralische Anstalt« wie später Schiller. »Die Tragödie erbauet, indem sie vergnüget, und schicket ihre Zuschauer allezeit klüger, vorsichtiger und standhafter nach Hause«, schreibt er in seiner *Critischen Dichtkunst*. Seine aus Beispielen entwickelten Belehrungen hält er für wirksamer als Kanzelpredigten. Aber sie sind akademisch spröde und blutleer. Wer anders als die Neuberin könnte ihnen Leben einhauchen? Die Neuberin, die versichert, »in unseren Vorstellungen die strengste Moral beizubehalten, alle leeren Possen und unehrbare Zweideutigkeiten zu vermeiden und ... die Zuschauer nicht sowohl zum Lachen zu reizen als solche zu verbessern«.

1727 beginnt die gemeinsame Arbeit, die sich für beide Seiten – und auch für die Zukunft der deutschen Bühne – als äußerst fruchtbar erweist. Die neugegründete Neubersche Truppe ist zum ersten Mal zur Leipziger Ostermesse aufgetreten und hat kurz darauf durch geschicktes Taktieren der Prinzipalin vom Dresdner Hof das Privileg erhalten, als *Königlich polnische und Kurfürstlich sächsische Hofkomödianten* auftreten zu dürfen. Das bedeutet Spielmöglichkeiten auch an Höfen und sichert vor allem zu Messezeiten ein festes Standquartier in Leipzig: zuerst über den Fleischbänken, später in Lokalitäten vor dem Grimmaischen Tor, in Zotens Hof und am Brühl.

Die von Gottsched und der Neuberin mit missionarischem Eifer betriebene Reinigung des Theaters von trivial Possenhaftem gipfelt in der Verbannung des »Hanswurst« von der Bühne, jener im Volk beliebten Ulkfigur, die sich alle Freiheiten herausnehmen kann, willkürlich in eine Szene platzt und die Handlung durch eingestreute Späße und Zoten beherrscht. Doch das Publikum vermag sich mit den von Gottsched ausgewählten lupenreinen Klassikern nicht so richtig anzufreunden, auch wenn die Neuberin ihnen selbstverfaßte witzige Vor- oder Nachspiele beifügt. Deutsche Stücke gibt es kaum, Gottscheds eigene Tragödie *Der sterbende Cato* ist langweilig gestelzt, seine Forderung, in Originalkostümen zu spielen, nimmt das Publikum als Gaudi und lacht den Helden in römischer Toga kräftig aus.

Stücke von Gottscheds Frau, Lustspiele vor allem, erweisen sich als weit geschmeidiger und spielbarer als die ihres gelehrten Gatten. Aber die Gottschedin – für Kaiserin Maria Theresia die »gelehrteste Frau Deutschlands« – kann oder mag nie so richtig aus seinem Schatten treten und sich als eigenständige Persönlichkeit profilieren, obwohl sie als exzellente Übersetzerin gilt. Bei der Neuberin verhält es sich umgekehrt. Johann Neuber, offiziell der Theaterprinzipal, da Frauen keine Geschäfte abschließen dürfen, fühlt sich im Schatten seiner umtriebigen Ehegefährtin keineswegs unwohl. Bei den Proben geht er ihr zur Hand, spielt, wie es sich gerade ergibt, kleinere oder größere Rollen und erscheint auf den Theaterzetteln nur beim Kleingedruckten. Er ist froh, nicht in Amtsstuben und an Höfen antichambrieren zu müssen, das kann seine charmant resolute Gemahlin besser. Die hat den Theaterfundus mit abgetragenen Prachtgewändern der Dresdner Hofgesellschaft gefüllt, während er durch ungeschicktes Verhandeln das Privileg, regelmäßig zu den Leipziger Messen in den Räumen »über dem Fleisch-Hausse« spielen zu dürfen, an einen gerissenen Konkurrenten abtreten muß.

Durch diesen Verlust einer festen Spielstätte sind die Bemühungen der Neuberin um Aufführungen in Hamburg und Hannover, in Braunschweig und Nürnberg um so wichtiger. Sie hat es sogar fertiggebracht, sich von Zarin Anna Iwanowna an den Petersburger Hof einladen zu lassen. Doch diese so spektakuläre Reise wird ein finanzielles Fiasko – der Anfang des unaufhaltsamen

Abstiegs der Neuberschen Truppe. Durch den plötzlichen Tod der Zarin waren Aufführungen am Hof unmöglich geworden, die hohen Reisekosten wurden der Neuberin nicht ersetzt, so daß sie zum ersten Mal Gagen nicht mehr bezahlen kann und gute Schauspieler an andere Truppen verliert.

Nach der Rückkehr aus St. Petersburg muß sie erfahren, daß der weit über Leipzig hinaus berühmte Gottsched fortan nicht mehr mit ihr, sondern mit ihrem Konkurrenten und früheren Schüler Schönemann zusammenarbeiten will. Ein harter Schlag, für den sie sich mit ihren Mitteln rächt: mit einer scharfzüngigen Satire gegen den eitlen Wortpedanten. Schon seit längerem hat es mit Gottsched und der Neuberin, dem Theoretiker und der Praktikerin, nicht mehr richtig geklappt. Die Prinzipalin konnte mit den vom Publikum als langweilig empfundenen französischen Stücken in gebundener Sprache das Haus nicht füllen. Sie hatte an Gottsched geschrieben: »Vielleicht würden wir etliche Taler mehr erobert haben, wenn wir lauter abgeschmackte Modestücke aufführten.« Doch der Hanswurst, der üblicherweise für Stimmung und Applaus sorgte, war von der Bühne verbannt, die von Gottsched geforderte strenge Einheit von Ort, Zeit und Handlung empfand sie als Fessel, so daß sie – erfahrene Komödiantin und Geschäftsfrau – seine reine Lehre mehr und mehr verwässerte.

Ihre Intentionen sind dieselben geblieben: die Anhebung des Niveaus der deutschen Bühnenkunst, das Theater als Bildungsstätte des Volkes. Nur daß sie es mit den Alexandrinern nicht so genau nimmt, wie es der »pedantische Olympier« gern sähe – und daß sie aus Erbarmen mit dem possensüchtigen Publikum den verstoßenen Hanswurst als sittsameren Harlekin oder als »Hänschen« wieder auftreten läßt. Lessing schreibt dazu später in seiner *Hamburgischen Dramaturgie*: »Im Grunde hatten sie nur das bunte Jäckchen und den Namen abgeschafft, aber den Narren behalten. Die Neuberin selbst spielte eine Menge Stücke, in welchen Harlekin die Hauptperson war. Aber Harlekin hieß bei ihr Hänschen und war ganz weiß, anstatt scheckigt gekleidet ... Die Neuberin ist tot, Gottsched ist auch tot: ich dächte, wir zögen ihm das Jäckchen wieder an.« Und er fragt provozierend, auf die deutsche Belehrsucht anspielend: »Warum wollen wir ekler, in unseren Vergnügungen wähliger und gegen hohle Vernünfteleien nachgebender sein, als – ich will nicht sagen, die Franzosen und Italiener sind – sondern, als es selbst die Römer und Griechen waren?« – Gottscheds Grenzen: Nie hätte er etwa Shakespeare in seinen engen Bühnenkäfig sperren können.

Den äußeren Anlaß zum Zerwürfnis mit Gottsched gibt ein Bühnenstreit: die Weigerung der Neuberschen Truppe, ein Stück von Voltaire in der Übersetzung der Gottschedin zu spielen, da es in einer anderen Übersetzung schon eingeübt war. Gottsched ist tief gekränkt, ihm einen Wunsch abzuschlagen, empfindet er als Undankbarkeit. Womit hätte er die Neuberin mehr bestrafen können als mit seiner Hinwendung zu ihrem Erzrivalen Schönemann? Aber so einfach läßt sie sich nicht aus dem Feld schlagen.

Immer auf der Suche nach spielbaren deutschen Stücken und mit einem Gespür für theatralische Begabungen bringt sie 1748 in Zotens Hof eine Uraufführung auf die Bretter: das Lustspiel *Der junge Gelehrte* des neunzehnjährigen, noch unbekannten Gotthold Ephraim Lessing, der mit seiner *Minna von Barnhelm* später das verwirklicht hat, was ihr vorschwebt: Belehrung und gleichzeitig geistreiche Unterhaltung. Zu einer weiteren Zusammenarbeit kommt es nicht mehr. Lessing, in ständigen Geldnöten, ist aus Leipzig geflohen, obwohl er glaubt, daß nur in dieser Stadt »ein Sprößling der bürgerlichen Klassen eine Handvoll Lebensluft atmen konnte«.

Mit der Neuberschen Truppe geht es stetig abwärts. Sie kann sich gegen die mächtige Konkurrenz ehemaliger Schüler, die in Leipzig feste Spielstätten besitzen, nicht mehr behaupten. 1750 verliert sie das von der Neuberin mühsam wiedereroberte »Hofkomödianten«-Privileg, August der Starke, der sie protegiert hat, lebt nicht mehr. Wild plündernde Soldatenhorden, die nach den Schlesischen Kriegen durchs Land ziehen, machen Tourneen mit Wanderbühnen zu riskanten Unternehmen. Dazu kommen persönliche Belastungen der Prinzipalin: Verleumdungen durch mißgünstige Konkurrenten, die schwere Erkrankung ihres Mannes, die sie ans Haus bindet, finanzielle Sorgen und die Ansprüche eines Publikums, das selbstgezimmerte Holzbühnen und Versatzkulissen als primitiv ablehnt: Der Wandel des Zeitgeschmacks – weg von typisierten Figuren, hin zur Darstellung individueller Charaktere – läßt das lehrhafte Holzschnitt-Theater altmodisch erscheinen. Lauter schwerwiegende Gründe, die für eine Auflösung der Neuberschen Truppe sprechen.

Schon zu lange hat die Theaterbesessene ihre Bühne über Wasser zu halten versucht. 1757 gibt sie auf. In den drei Jahrzehnten ihrer Prinzipalinnenzeit hat sich die Theaterlandschaft – nicht zuletzt durch ihre Impulse – verändert. Die Neuberin hat ihre Schuldigkeit getan, wird, wie auch der literaturgewaltige Gottsched, dem Lessing und die Schweizer Bodmer und Breitinger mit ihrer Kritik schwer zusetzen, als überholt ausgemustert. Erst spätere Generationen werden ihre Verdienste um die deutsche Bühne wieder zu würdigen wissen. Sie könnte sich mit Goethe trösten, der Jahrzehnte später an Eckermann schreibt: »Ich hatte wirklich einmal den Wahn, als sei es möglich, ein deutsches Theater zu bilden. Ja, ich hatte den Wahn, als könne ich selber dazu beitragen und als könne ich zu einem solchen Bau einige Grundsteine legen.«

Die erfolgsgewohnte und stets in eigener Verantwortung handelnde Prinzipalin verdingt sich nun aus blanker Not in Wien als Schauspielerin. Das kann nicht gutgehen. Verstört und enttäuscht zieht sie sich schon nach kurzer Zeit mit ihrem schwerkranken Mann nach Dresden zurück und muß, selbst völlig entkräftet, während eines preußischen Angriffs im Siebenjährigen Krieg aus der Stadt fliehen. Im Dörfchen Laubegast kommt sie in einem Gasthaus unter, doch als der Wirt ihren elenden Zustand bemerkt, setzt er sie vor die Tür. Den Tod einer Frau, die zur zwielichtigen Schauspielerzunft gehört, kann er sich in seinem ehrbaren Haus nicht leisten.

Ein Bauer nimmt die Todkranke aus Mitleid auf. In dessen Haus stirbt sie am 30. November 1760, ein Jahr nach ihrem Mann. Ein christliches Begräbnis verweigert der Dorfgeistliche aus moralischen Gründen. Und das bei einer Frau, die zeitlebens in treuer Ehegemeinschaft gelebt hat, die bei ihrer Schauspieltruppe gewissenhaft auf »Sittsamkeit, Zucht und eine christliche Lebensart« achtete. Stoff für ein Drama, leider nicht für eine Komödie.

Therese Giehse

Pfeffer über Zürich

Die Schauspielerin
Therese Giehse
1898–1975

Erika Mann
1905–1969

und die »Pfeffermühle«

Der 30. September 1933 – ein denkwürdiger Tag für die Zürcher Kulturszene. Ein literarisches Kabarett, dem ein legendärer Ruf vorausgeht, etabliert sich in der Stadt: die »Pfeffermühle«. Nach stürmischen, aber kurzen Erfolgen in München mußten die Kabarettisten dort über Nacht abtauchen, weil die im Programm fein verpackten, doch unmißverständlichen Pointen den neuen Machthabern mißfielen.

Nun also Premiere in Zürich. Fiebrige Erwartungen knüpfen sich an diesen Abend. Erika Mann, der Initiatorin des Unternehmens, geht der Ruf einer scharfzüngigen, streitbaren Unruhestifterin voraus. »Pazifistische Friedenshyäne« wird sie nach ihrem Auftritt beim Internationalen Frauenkongreß für Frieden und Freiheit in München genannt. Ihr zur Seite Therese Giehse, die den Zürchern schon aus Gastspielrollen am Schauspielhaus als markante Charakterdarstellerin bekannt ist. Wer hätte die Kupplerin in Shakespeares *Maß für Maß* eindrücklicher gespielt?

Zwei Frauen. Politisches Kabarett, das auf Provokation abzielt. Dazu ein ziemlich gewöhnliches Etablisse-

Erika Mann

ment, mehr Bierlokal als Musentempel, im Niederdorf – keine Renommieradresse. Kann das gutgehen?

Nicht nur Kabarettbegeisterte drängen durch die schmale Tür in den angemieteten Vereins- und Theatersaal des Hotels Hirschen. Viel Neugierige auch, die einen Eklat erwarten; die Zürcher Bohème, Intellektuelle, Studenten, Kollegen vom Schauspielhaus, politisch Fanatisierte von rechts und links, Presse, Ordnungshüter und natürlich die Familie. Thomas Mann, der noch spätabends, stolz auf den Erfolg seiner Tochter, ins Tagebuch schreiben wird: »Es gab viele Hervorrufe und Blumen, Erikas geistige und organisatorische Leistung bewundernswert. Die Giehse hervorragend und schon Liebling des Publikums.«

Auch Mutter Katia und Bruder Golo sitzen auf den harten Wirtshausstühlen und warten, bis sich der Provinztheatervorhang öffnet. Die Holztische, streng in Reih und Glied, wurden eng zusammengerückt, um möglichst viel zahlendes Publikum im Saal unterzubringen. Die beiden Flügel – der einzige Luxus – stehen in der zugigsten Ecke, so daß der Komponist Magnus Henning und die Pianistin Valeska Hirsch die Gäste unter erschwerten Bedingungen in Stimmung bringen müssen: »Das Publikum saß so nah, daß es öfters mit mir hätte vierhändig spielen können«, erinnert sich Valeska Hirsch, die spätere Frau des Regisseurs Leopold Lindtberg.

Für knisternde Stimmung sorgen auch die Texte, alle von Erika Mann geschrieben, Songs von Zauber- und Hungerkünstlern, von einem Wunderkind, hintergründige Märchengeschichten. Vor allem aber reißt Therese Giehses *Frau X,* biedere Geschäftsfrau um die Ecke, die Zuschauer zu Beifallsstürmen hin. Noch werden die makabren Verse der Giehse vom spießig-feigen und selbstgenügsamen Kleinbürger nicht als Vorahnung genommen, noch löst das Wort *Krieg* keine Beklemmung aus, noch ist das Kabarett vor allem kulinarischer Genuß:

> Und gibt es Krieg, dann muß es ihn halt geben, –
> Wozu denn sonst das Militär im Land?
> Die Industrie will schließlich weiter leben.
> Ich und mein Mann, wir haben's längst erkannt.
>
> ....
>
> Am Ende liegt die Welt in Schutt und Trümmern,
> Die wir so listig-tüchtig aufgebaut.
> Das Giftgas schwelt in unsern guten Zimmern –
> Ich und mein Mann, wir geben keinen Laut.

Und nach jeder Strophe der Refrain: »Es kräht kein Hahn danach...« – Leider kräht kein Hahn danach. Applaus für die perfekte Darbietung erstickt die Nachdenklichkeit. Zwei Tage später steht in der *Neuen Zürcher Zeitung,* das Hirschen-Lokal sei durch die Pfeffermühle geadelt worden: »Die Mann hat ein männlich-stählern Gedämpftes... Da ist neuer Bänkelsängerstil.« Mehr Gespür für das Bedrohliche der Szene bringt der *Tagesanzeiger* auf: »Giftgaskrieg und Massensterben. Das spielt die Therese Giehse, schon nach knapp vier Wochen Zürich ›unsere Therese‹, daß einem der Angstschweiß aus den Poren bricht.«

Trotz der provokativen Texte bleibt der vom Publikum erwartete Protest der Frontisten, der Schweizer Nationalsozialisten, die in Zürich besonders aktiv sind, aus. Sie brauchen wohl etwas mehr Zeit, um sich auf die neuen Feinde, besser Feindinnen, einzuschießen. Die Kritik kommt – überraschend – von links: zu wenig Pfeffer. – Das sagt sich leicht. Ahnen die Kritiker, gegen welche Widerstände Erika Mann angehen mußte, bis dieses Programm stand? Ausländische Kabaretts haben, um überhaupt eine Spielerlaubnis zu erhalten, zermürbende Rahmenbedingungen zu erfüllen: Aufnahme von Schweizern ins Ensemble, genaue Überprüfung der Pässe und Aufenthaltsbewilligungen, Vorzensur der Texte. Nichts darf geschrieben werden, was »gegen die Existenz und Rechtssicherheit anderer Staaten« gerichtet ist – ein Maulkorberlaß, weniger vornehm ausgedrückt. Wer unangenehm auffällt, kann jederzeit ausgewiesen werden.

Mit dem Arbeitsamt und querschießenden Schweizer Kollegen hat Erika Mann schon ihre Erfahrungen gemacht. Um ihren mittellosen Pfeffermühle-Akteuren ein Zubrot zu verschaffen (einzig Therese Giehse spielte mit einem Zeitvertrag auch beim Schauspielhaus), hatte sie die Organisation und Moderation einer großen Modeschau des Warenhauses *Globus* übernommen – und damit die in Aussicht gestellte Arbeitsbewilligung für ihr Kabarett gefährdet. Nicht politischer Druck, sondern Existenzangst und Futterneid der einheimischen Bühnenleute zwangen sie zur Aufgabe des lukrativen Nebengeschäfts.

Um Kabarettarbeit überhaupt zu ermöglichen, gibt sie, ganz gegen ihre sonst sehr direkte Art, die Devise aus: »immer indirekt«. Keine Namen fallen auf der Bühne, aktuelle Kritik wird in Märchen oder Parabeln verpackt. Aber die eifrig mitschreibenden Zuträger der Nationalsozialisten sind nicht begriffsstutzig, die Proteste diplomatischer Vertreter des Deutschen Reiches waren vorauszusehen. – Aufhören oder taktisch vorsichtig weitermachen?

Die Publikums- und Presseerfolge ermutigen das Ensemble, die Gratwanderung weiter zu versuchen. Nach Gastspielreisen in andere Schweizer Städte treten sie mit neuem Programm unter dem Motto *Kaltes Grauen* im Januar 1934 wieder im Zürcher Hirschen auf, nicht gezähmter durch die Denunziationen und Einschüchterungsversuche, sondern mit zunehmender Wut gegen die braunen Machthaber jenseits der Grenze eher schärfer und unverblümter.

Die Vorstellungen sind während sechs Wochen Abend für Abend ausverkauft. Erika Mann hält die Regiefäden routiniert in der Hand, läßt die temperamentvolle Palucca-Schülerin Lotte Goslar als Vamp tanzen, die rührend naive Sybille Schloß makaber verfremdete Kinderlieder singen und Therese Giehse – die Glanznummer des Abends – in wallendem Heroinengewand und gebieterischer Pose als »die Dummheit« auftreten:

> Besonders bin ich eingestellt,
> auf Herren, die regier'n.
> Und die auf dieser ganzen Welt
> mich freudig akzeptier'n...

Der aus dem Pariser Exil angereiste Philosoph Ludwig Marcuse über den Auftritt der Giehse: »Ein Riesenweib mit einem Gelock, das halb von der Loreley und halb von der Mänade stammt. Man nehme die Berolina und die Bavaria und noch einige Dutzend anderer monumentaler Weiber, man gebe ihrem Typus den Zug der Intransigenz, der eisernen Enghorizontigkeit, des unüberwindbaren Widerstands der Dumpfheit – und man hat die ›Dummheit‹ der Therese Giehse.« – Und den stürmischen Beifall des Publikums.

Erika Mann selbst tritt verhaltener auf, als trauriger Pierrot im winterweißen Kostüm mit den eindringlichen Versen *Kälte* und dem Appell ans Publikum:

> Beteiligt Euch, es geht um Eure Erde!
> Und Ihr allein, Ihr habt die ganze Macht!
> Seht zu, daß es ein wenig wärmer werde,
> In unserer schlimmen, kalten Winternacht!

Ist *Beteiligt Euch*... schon Aufruf zum Widerstand, politische Agitation in einem Land, das aus Furcht vor dem mächtigen Nachbarn Exilanten jede politische Äußerung verboten hat? Vom Januar 1933 an wird in Deutschland allen, die im Ausland, wie es gesetzestrocken heißt, »deutsche Belange schädigen«, die Staatsbürgerschaft aberkannt. Damit verlieren sie den lebenswichtigen Paß und werden staaten- und rechtlos. Die Pfeffermühle ist sich dieser Konsequenzen bewußt. Darf sie sich, um der Sache willen, um Kopf und Kragen spielen?

Noch regen sich auf den Tourneen durch die Schweiz und nach Holland nur vereinzelt laute Proteste. In Straßburg allerdings erhält die Pfeffermühle aus politischen Gründen keine Aufenthaltserlaubnis, »das Pflaster dort ist verflucht heiß«, schreibt Erika Mann an Klaus, den ihr innig verbundenen Bruder, der am Schicksal des Kabaretts besorgt Anteil nimmt und gelegentlich Programmtexte beisteuert.

Allmählich schlägt die Stimmung auch in Teilen der Schweizer Öffentlichkeit um. Was sich draußen im Reich tut, nimmt man mit Bewunderung oder zumindest mit Staunen zur Kenntnis: Die Arbeitslosen – ein Problem auch in der Schweiz – verschwinden von der Straße. Autobahnen werden gebaut. Es herrscht wieder Ordnung nach den wirren Zeiten der Weimarer Republik mit ständig wechselnden Regierungen, mit Inflation und Börsenkrach. Womit die Ordnung erkauft ist und zu wessen Schaden, wird vielen erst später deutlich, zu spät. Die warnenden Stimmen der Emigranten werden als übertriebene Kassandrarufe, als lästig empfunden. Dazu kommt, aus einer andern Ecke, die sich gerade von Großdeutschland absetzt, die Betonung des Eigenen, des Schweizerischen, der Mundart. Da wird die »ausländische« Pfeffermühle mit ihrer Wortgewandtheit und ihren geschliffenen Dialogen als Fremdkörper empfunden, auch wenn einige Schweizer zum Ensemble gehören.

So spitzt sich die Lage mehr und mehr zu. Bomben- und Gewaltdrohungen gehen ein, Erika Mann fühlt sich verantwortlich für ihre Leute: Kann man den Spielern, dem Publikum diese Gefahr zumuten? Oder ist alles nur blinder Alarm?

Nach erfolgreichen Aufführungen mit einem neuen Programm, dem dritten im Exil, in Basel und einigen anderen Städten, gastiert die Pfeffermühle im Oktober 1934 wieder in Zürich. Nicht mehr im Hirschen, hier hat sich inzwischen ein schweizerisches Kabarett, das »Cornichon«, etabliert, sondern im viel nobleren, aber stimmungstötenden Kursaal. Natürlich ist das Cornichon für die Pfeffermühle eine ärgerliche Konkurrenz. »Schweizerisch bleibt schweizerisch und wenn es zehnmal ein so freches wie schwaches Plagiat von Ausländischem darstellt«, schreibt die Pfeffermühlengründerin spitz – und tut damit dem Cornichon, das durchaus Eigengewicht hat, Unrecht.

Zu den längst erwarteten Krawallen und Saalschlachten kommt es erst am 16. November 1934, von da an geht keine Aufführung der Pfeffermühle mehr ohne Störung über die Bühne. Die dem Kabarett anfänglich wohlgesonnenen bürgerlichen Zeitungen äußern sich nun besorgt über Gefährdung der Neutralität und Mißbrauch des Gastrechts. Die Nummern des neuen Programms fordern bewußt die schweizerische Taktik der Zurückhaltung und Nichteinmischung in fremde Angelegenheiten heraus: der *Prinz von Lügenland* beispielsweise, von Erika Mann mit Peitsche, in Uniformhosen und Armeestiefeln großprotzig dargestellt. Oder *Das Megaphon,* ein Text, diesmal nicht aus der eigenen Werkstatt, sondern vom Exilschriftsteller Hans Sahl, vorgetragen von Therese Giehse:

> Jüngst sah' ich einen neuen Staat,
> Den man ›legal‹ gegründet hat.
> Die Männer standen auf vom Skat
> Und riefen ›Heil dem neuen Staat!‹
> Doch viele, die einst mitgemacht,
> In gleichem Schritt und Tritte,
> Es hat der Staat sie umgebracht,
> Weil das bei ihm so Sitte.

Doch nicht an dieser atemraubend visionären Nummer, sondern an der von Therese Giehse im schwarzen Abendkleid dramatisch vorgetragenen Persiflage *Weil ich will* entzündet sich die Wut der Frontisten im Saal. Der Titel, eigentlich auf die Expansionsgelüste Hitlers bezogen, kann auch als Wortspiel auf den Namen »Wille« ausgelegt werden, mit dem es eine besondere Bewandtnis hat. Eine enge Freundin Klaus und Erika Manns, die Schriftstellerin und Photographin Annemarie Schwarzenbach, Enkelin des Schweizer Generals Wille, hat sich von ihrem stark national gesinnten Elternhaus losgesagt. Die Mutter, die später die Briefe der Mann-Geschwister an Annemarie vernichtet, mißbilligt den Umgang mit den Manns, nicht nur deren politische Gesinnung ist ihr suspekt, auch die Enttabuisierung homosexueller Beziehungen.

Ob die Familie Schwarzenbach-Wille, wie die Manns vermuten, tatsächlich Drahtzieher der Skandale um die Pfeffermühle ist, läßt sich nicht mit Sicherheit sagen. Das Zürcher Stadtratsprotokoll vermerkt dazu: »Im Theater gab der Zuschauer James Schwarzenbach [ein Cousin Annemarie Schwarzenbachs] ... mit einer Militärordonnanzpfeife das Signal zu Lärmszenen; es wurde gepfiffen,

Rufe ›Pfui‹ und ›Use mit de Jude‹ ertönten; Tränengas-ampullen wurden zu Boden geworfen. Es entwickelte sich eine Keilerei...«

Die ständigen Ausschreitungen und die Saalschlachten mit den bewaffneten Anhängern der Nationalen Front können von der Polizei offenbar nicht verhindert werden, obwohl sie Abend für Abend »Schutzwälle« um den Ort der Krawalle zieht. Nach den Vorstellungen werden Erika Mann und Therese Giehse von steinewerfenden Randalierern verfolgt und finden keine Aufnahme mehr in Zürcher Hotels, da die Wirte um ihr Mobiliar und ihren guten Ruf fürchten. Ein Schutzmann übernimmt die nächtliche Begleitung zum Haus der Manns in Küsnacht. »Der Fall hat schaurigen Zeitstil und kennzeichnet auch die Verhältnisse in der Schweiz«, vermerkt Thomas Mann im Tagebuch, nachdem ihm Erika von einer verleumderischen Flugblattaktion der Frontisten berichtet hat.

Ziel der Nationalen Front ist ein Verbot der Pfeffer-mühle. Das Flugblatt, das zu einer öffentlichen Kundgebung am 21. November in der Stadthalle aufruft, macht dies überdeutlich: »Gegen das jüdische Emigrantenkabarett ›Pfeffermühle‹, in der alles Nationale und Vaterländische in den Schmutz gezogen wird... Für die radikale Säuberung der Schweiz vom ganzen Geschmeiß ausländischer Emigranten, das sich schon allzulange in unserem Lande breit macht. – Kartenvorverkauf auf der Gauleitung, Zähringerstr. 25.«

Die Kundgebung wird nicht verboten – aber auch die Pfeffermühle nicht. Ob dieser Liberalität kommt es im Stadtrat zu emotionsgeladenen Auseinandersetzungen, die neuen Recherchen Susanne Gisel-Pfankuchs geben aber keinen Hinweis auf eine »Lex Pfeffermühle«. Ein geordneter Spielbetrieb ist nach Waffenbeschlagnahmungen

und an die hundert Verhaftungen im Verlauf der Pfeffer-
mühlen-Randale ohnehin nicht mehr möglich, obwohl
Erika Mann das Chanson *Weil ich will* abgesetzt hat. Aber
es bleibt noch genug Anstößiges in diesem dritten und
schärfsten Exilprogramm. Im *Mann der Stunde* wird die
Willkürjustiz des in Deutschland neu eingesetzten Volksgerichtshofs angeprangert, die Nummer von den *Fünf
Freunden* zielt sarkastisch auf die Untätigkeit der umliegenden Staaten, die mit dem politischen Ritual des Be-
dauerns und der eigenen Ohnmacht Feigheit, Furcht und
Egoismus übertünchen – ein Thema, das bis heute be-
klemmend aktuell geblieben ist.

Erika Mann bemüht sich, beinahe rührend, in einer
Presseerklärung Vorwürfe gegen die Pfeffermühle zu
entkräften. Sie sei weder Hetzbühne noch Emigran-
tentheater, sondern »eine Vereinigung von jungen Leuten der verschiedensten Nationalität (Schweizer, Deutsche, Russen, Österreicher), die sich Mühe gibt, auf
anständigem Niveau unterhaltend zu sein und auf unter-
haltende Art nachdenklich«. Diese bewußte Verharm-
losung nehmen ihr die Zürcher nicht ab.

In der übrigen deutschsprachigen Schweiz verfolgt
man die skandalösen Vorgänge um die Pfeffermühle sehr
genau. Die meisten Kantone verbieten Auftritte der Un-
ruhestifter mit dem Hinweis auf die Konkurrenz für
einheimische Künstler. Der Kleine Landrat von Davos
drückt sich deutlicher aus: »Schließlich darf gesagt werden, daß Davos der Familie des Herrn Thomas Mann
keine besondere Dankespflicht schuldet, da dessen ›Zauberberg‹ durch die darin enthaltene tendenziöse Schilderung des Kurlebens zweifellos eine Schädigung des Kur-
ortes zur Folge gehabt hat.« – Kennen die Manns solche
Töne nicht aus der Buddenbrooks-Stadt Lübeck? Dabei
hat Erika Mann nun auch einen original Schweizer Text

im Programm, *Die öffentlichen Verleumder* von Gottfried Keller:

> Gehüllt in Niedertracht,
> Gleich wie in einer Wolke,
> Ein Lügner vor dem Volke,
> Ragt bald er groß an Macht,
> Mit seiner Helfer Zahl,
> Die, hoch und niedrig stehend,
> Gelegenheit erspähend,
> Sich bieten seiner Wahl...

Der Text wird in Prag wegen zu großer Aktualität verboten: kein gutes Omen für den Auftakt einer Europatournee. Doch das Publikum, darunter viele deutsche Emigranten, zeigt sich fast überall begeistert. 85 meist ausverkaufte Gastspiele in 15 Monaten – eine organisatorische Glanzleistung der Prinzipalin, die neben der immer schwieriger werdenden Quartier- und Visumsbeschaffung Programme neu zusammenstellt oder Chansons über Nacht umschreibt, wenn die Zensur es verlangt. Konzessionen an engstirnige Bürokraten sind sonst nicht Erika Manns Sache, aber es geht ums Überleben. Abends, wenn sie als charmante und geistsprühende Conférencière auf der Bühne steht, merkt ihr niemand mehr die Strapazen des mühseligen Alltags an.

Seine 1000. Vorstellung erlebt das Kabarett im April 1936 in Amsterdam, mit Therese Giehse in der Paraderolle der herrschsüchtigen Hausmeisterin Motzknödel. In Zürich tritt die Pfeffermühle nicht mehr auf. Im Sommer 1935 war Erika Mann wegen ihres subversiven, »im Ausland umherziehenden Kabaretts« die deutsche Staatsbürgerschaft aberkannt worden; das erschwert Verhandlungen mit ängstlichen Behörden, die sich mit den überall mächtiger werdenden Nationalsozialisten nicht anlegen wollen, obwohl die Kabarettistin inzwischen wieder einen gültigen Paß vorlegen kann. Klaus, der liebend besorgte Bruder, hat eine Heirat mit dem englischen Schriftsteller Wysten H. Auden vermittelt, so ist sie, ohne große Formalitäten und eheliche Pflichten, britische Staatsbürgerin geworden. Auch Therese Giehse kam auf diese Weise an einen englischen Ehemann und Paß.

Einer Amerikatournee, wie sie Erika Mann längst geplant hat, steht nun nichts mehr im Wege – höchstens die Lustlosigkeit des Ensembles, das nur aus alter Verbundenheit und aus Pflichtgefühl mitmacht. Therese Giehse hat am Schauspielhaus verlockende Rollen in Aussicht, außerdem spricht sie kaum Englisch. Daß die wohlhabenden Mann-Geschwister Erika und Klaus auf einem Luxusdampfer in die neue Welt übersetzen, während die übrige Truppe die Reise wesentlich weniger komfortabel auf dem überfüllten Passagierdeck eines Zementfrachters antreten muß, trägt nicht zur Hebung der Stimmung bei.

Amerika wird zum Fiasko, dem ersten und letzten in der Geschichte der Pfeffermühle. Alles, was in Zürich das Einmalige und Fanalhafte dieses Kabaretts ausmachte, kommt hier nicht an: der geschliffene Sprachwitz, die Verkleidung politischer Ketzereien in verfremdende Gewänder, das Prickelnde des Balancierens am Rande der Illegalität. Den Amerikanern ist diese Art Kabarett fremd, sie erwarten Tanzgirls und ein Unterhaltungsprogramm, nicht Auseinandersetzungen mit fremden Problemen und Warnungen vor dem fernen Mister Hitler. »Dieser H. war eine innerdeutsche Affäre«, stellt Erika Mann sarkastisch fest.

Nur eine Woche kann sich die »Peppermill« in New York halten, aus der großen Tournee durch die USA wird nichts, obwohl sich einflußreiche Sponsoren für das Unternehmen einsetzen. Einer davon ist der Bankier

Wertheim, ein Verehrer Erika Manns, der die ganzen Schulden der Amerikatournee übernimmt, den sie sich sonst aber möglichst vom Leibe hält. Sie schreibt Anfang Februar 1937 an Katia Mann: »Alles wurde bereinigt und aufs beste applanieret, nur daß, natürlich, dann wieder meine Freundschaft mit ihm darunter ein wenig zu leiden hatte, von der freilich ohnedies niemand sagen könnte, wie weit sie zu treiben gewesen wäre, – ist doch der unermeßlich Reiche einfach eine Schattierung zu reich, – man kann es irgendwie nicht aushalten ...« Die Umworbene verzichtet – obwohl sie bei anderer Gelegenheit einen luxuriösen Lebensstil durchaus zu schätzen weiß.

Das Kabarett löst sich im Januar 1937, nach knapp vier alles in allem sehr erfolgreichen Spieljahren, sang- und klanglos auf. – Man hätte ihm einen angemesseneren Abgang gewünscht.

Die Tänzerin Lotte Goslar findet sofort ein Engagement in den Staaten, die Schauspielerin Sybille Schloß einen amerikanischen Ehemann. Erika und Klaus Mann reisen mit Vorträgen über Hitler-Deutschland durch mehrere amerikanische Staaten und führen so das Anliegen der Pfeffermühle mit anderen Mitteln und in anderem Rahmen fort. Therese Giehse und der Komponist Magnus Henning kehren enttäuscht und ernüchtert nach Europa zurück.

Bei der Ankunft in Cherbourg erwartet die Giehse ein Telegramm: Schauspielhaus Zürich. Direktor Rieser, der die Gunst der Stunde nutzt und hervorragende Schauspieler an sein Haus holt, die aus politischen oder rassischen Gründen im Reich ihre Anstellung verloren haben, bietet ihr – wenn auch zu miserablen Bedingungen – ein festes Engagement. »Das nennt man Anschluß«, kommentiert sie das Geschäft mit dem ihr eigenen trockenen

Humor. Die Chance, zu diesem hochkarätigen, meist aus deutschen Emigranten bestehenden Ensemble zu gehören, wiegt schlechte Arbeitsbedingungen auf.

Und die Giehse nutzt ihre Chance. Unter Regisseuren wie Leopold Lindtberg, Wolfgang Heinz, Leonard Steckel oder Wolfgang Langhoff spielt sich die vielseitige und doch unverwechselbare Darstellerin durch das Repertoire der gängigen Bühnenstücke: Ibsens Lona Hessel, die Marthe im *Faust,* die Emmy in Shaws *Arzt am Scheideweg.* Wie eigens für sie geschrieben die Mutter Wolffen in Gerhart Hauptmanns *Biberpelz.*

Das Schauspielhaus, die ehemalige Pfauenbühne, ist ein Privattheater, das nicht mit hohen Subventionen unterstützt wird, sondern sich mit Premieren in rascher Folge die Gunst des Publikums erhalten muß. Das heißt für die Giehse, fast jede Woche ein neues Stück einstudieren, in den Aufführungspausen schon die nächste Rolle lernen, statt auszuruhen. Tagsüber konzentrierte Proben, abends Aufführung, dieser Rhythmus läßt keine Erholung, kein Familienleben, kein Krankfeiern zu. Und das bei Gagen von 180, später 230 Franken monatlich.

Das Arbeitspensum der Schauspieler grenzt an Ausbeutung, aber alle sind froh, in diesen unsicheren Zeiten überhaupt eine Anstellung zu haben. Die meisten besitzen nur eine befristete Arbeitsbewilligung für eine Saison oder ein Transitvisum, das ständig erneuert werden muß. Und die Fremdenpolizei fragt immer wieder nach, wie es denn mit der Ausreise stehe. Ausreisen wohin? Welches Land nimmt mittellose Schauspieler, potentielle Ruhestörer auf? Der Arm der Nationalsozialisten reicht weit, und ein amerikanisches Visum zu bekommen gelingt nur wenigen.

Die Zürcher Behörden halten sich, ständig in der Angst vor Überfremdung und Benachteiligung einheimischer Künstler, immer strenger an die von Jahr zu Jahr schärfer werdenden Bestimmungen der Fremdenpolizei. Wenn da nicht Elisabeth Birsinger wäre, der »Zürcher Engel der Emigranten«, wie Ernst Ginsberg die mutige Frau bei der Kantonalen Fremdenpolizei nennt. Wie vielen von »Ausschaffung« Bedrohten mag sie durch großzügige Auslegung der Paßbestimmungen das Leben gerettet haben?

Die Hilfsbereitschaft der Bevölkerung macht den Emigranten die Schwerfälligkeit und Sturheit der Bürokratie erträglicher. Der Verleger Emil Oprecht und seine Frau Emmie gehören zu den Menschen, die sich der rechtlosen Emigranten und Flüchtlinge besonders annehmen, ihr Haus steht Hilfesuchenden jederzeit offen, nicht nur der Prominenz, auch wenn Thomas Manns Tagebuchnotiz vom 26.5.1937 von einem Abendessen bei Oprechts mit Ignazio Silone und den Schauspielern Giehse, Kalser und Hirschfeld berichtet.

Bei Schauspielern beliebt sind die sonntäglichen Mittagstische bei Wladimir und Aline Rosenbaum und bei Lilly Reiff. Der in Geschäften harte Schauspieldirektor Rieser, ein Schwager Franz Werfels, zeigt privat ebenfalls ein Herz für seine Schauspieler, sie dürfen sich, meist nach Premieren, bei seinen üppigen Gelagen durchfuttern: »Die Kommunisten fressen mir alle aus der Hand«, pflegt er zu scherzen. Wenn's ums Essen geht, sind die Schauspieler nicht wählerisch, um eines guten Bratens willen nehmen sie auch Koloraturgesang und Frühlingslyrik dichtender Industriellengattinnen in Kauf.

Durch die Mäzenin Lilly Reiff, die eine Kaution von 10000 Franken an die Zürcher Behörden zahlt, wird es Therese Giehse möglich, noch im Juli 1939 ihre Schwester Irma und ihren legendären Bühnenhund Daisy aus München nach Zürich zu holen – in letzter Minute, denn Irma trägt den jüdischen Familiennamen Gift, den Therese wohlweislich zu Beginn ihrer Bühnenlaufbahn abgelegt hat. Bitter mußte sie schon früh, in der gut katholischen Schwabinger Volksschule erfahren, was für Vorurteile mit einem Namen, einer Herkunft verbunden sind: »Ich war dick und rothaarig und hatt' den Herrn Jesus umgebracht«, schreibt sie in ihren Erinnerungen.

Später, als sie bei den Münchner Kammerspielen Karriere machte, war sie nicht mehr dick und rothaarig, keiner sah ihr die Jüdin an, und der *Völkische Beobachter* konnte triumphierend schreiben: »Endlich ein deutsches Weib in diesem verjudeten Haus!« Daß Hitler sie begeistert eine »völkische Künstlerin« nannte und die nationalsozialistische Hautevolée sie feierte, auch als ihre jüdische Herkunft schon bekannt war, hinderte sie nicht daran, die völkischen Gefilde klammheimlich zu verlassen – Richtung Zürich.

Sie ging nicht in die Fremde, sie wechselte nur die Kulisse: von der Isar an die Limmat. Zürich war ihr vertraut, sie kannte das Publikum, traf am Schauspielhaus auf alte Kollegen von den Kammerspielen und knüpfte in der Pfeffermühle an Münchner Tradition an. Sie wäre nicht die Giehse, wenn sie sich von den Störaktionen der Frontisten hätte einschüchtern lassen. Widerstände fordern sie heraus, auf der Bühne wie im Leben.

Sie ist die Darstellerin kantiger Frauengestalten, furchtlos, zäh, schlagfertig. Im Grunde – so kommt es beim Publikum an – spielt sie immer sich selbst, und diese glaubwürdige Einheit von Gesinnung und Gestaltung bringt ihr ungeteilte Sympathien ein. Mit ihrem schnoddrigen Mutterwitz meistert sie Schwierigkeiten, an denen andere zerbrechen; in nüchtern zupackender Art hilft sie resignierenden oder kleinmütigen Kollegen und macht ihnen Mut – die Mutter Courage des Schauspielhauses.

Mutter Courage: eine Rolle, mit der sie in die Theatergeschichte eingehen wird. Wer vergäße je das eindrückliche Bild, wie die Marketenderin Courage ihren Karren über die Schlachtfelder des Dreißigjährigen Krieges zieht? Wie sie, eines nach dem andern, ihre Kinder verliert, all ihre Habe, und doch, unbelehrbar und schicksalsergeben, weiter ihre Geschäfte mit dem Soldatentroß macht? Ein Proteststück gegen den Krieg. Brechtsche Dialektik, dem Premierenpublikum, das der Uraufführung am 19. April 1941 im Schauspielhaus beiwohnt, fremd. Man möchte nicht auch noch auf der Bühne mit dem Krieg konfrontiert werden, wo der Rundfunk täglich vom unaufhaltsamen Vormarsch der deutschen Truppen berichtet: Jugoslawien, Griechenland, Kreta... was dann?

Das von Leopold Lindtberg inszenierte Stück, das Brecht aus dem schwedischen Exil nach Zürich geschickt hat, wird kein Kassenerfolg, obwohl die Presse der Giehse »wahrhaft Shakespearsche Größe« bescheinigt. Daß auch von anrührender Menschlichkeit die Rede ist, macht den auf Verfremdung bedachten Autor mißtrauisch, er hat den Text in späteren Aufführungen verändert.

Für Therese Giehse bleibt die Brechtsche Sprache, bleiben seine holzschnittartigen und doch subtil agierenden Bühnenfiguren eine Offenbarung. Aus der Arbeitsbeziehung zum Autor, zum Regisseur, zum politischen Kopf Brecht entwickelt sich eine schwierige Freundschaft, die lebenslang hält. Die Giehse wird mit ihm später an den Münchner Kammerspielen eine weitere Modellaufführung der Courage erarbeiten und in Zürich unter seiner Regie als Schmuggleremma in der Uraufführung von *Herr Puntila und sein Knecht Matti* auf der Bühne stehen. Für Brecht ist die Giehse »die größte

Schauspielerin in Europa« – Brechts Ehefrau Helene Weigel, die beim Berliner Ensemble die Mutter Courage spielt, wird's mit gemischten Gefühlen vernommen haben.

Die Giehse und die Mutterrollen: Nicht nur die Courage verkörpert sie überzeugend, auch Gorkis *Wassa Schelesnowa* oder die Mutter Wolffen im *Biberpelz* – Frauen aus dem Volk, derb, mit rauher Herzlichkeit, listig, lebenstüchtig. In ihrem Repertoire gibt es Bordellmütter und Schieberinnen, Toilettenfrauen und Kupplerinnen, aber auch Herzoginnen, Gräfinnen, Königinnen, die sie aus der steifen Unnahbarkeit des Rollenklischees holt. Sie spielt die Jokaste in Sophokles' *König Ödipus* genauso souverän wie die »Welt« in Hofmannsthals *Großem Welttheater*. Da kommt ihr die solide Bühnenausbildung zugute, erst zwei Jahre Privatunterricht, dann, nach Provinzerfahrungen, der große Lehrmeister Otto Falckenberg, der sie entscheidend prägt – soweit sich dieses eigenwillige Naturtalent überhaupt prägen läßt.

Zum Theater wollte sie schon als Kind, und sie hat diesen Wunsch auch gegen massivste Widerstände durchgesetzt. Die Tochter des jüdischen Textilkaufmanns Salomon Gift war weder schön noch grazil, galt als faul und verstockt, niemand hätte ihr eine Bühnenkarriere vorausgesagt. Aber sie hat es geschafft, in München, in Zürich, später in Berlin.

Das Zürcher Schauspielhaus wird ihr zum Zuhause, ihr Leben spielt sich auf und hinter der Bühne ab. Durch die Bedrohung von außen sind die Ensemblemitglieder zu einer verschworenen Notgemeinschaft zusammengewachsen, geeint durch die Gegnerschaft zum Nationalsozialismus. Da spielt es keine Rolle, ob einer Kommunist ist wie Wolfgang Langhoff oder der Bühnenbildner Teo Otto, Katholik wie Ernst Ginsberg und Kurt Horwitz oder »freischwebend links« wie Kurt Hirschfeld und die Giehse. Was zählt, ist das gemeinsame Engagement. Die Zürcher Bühne bringe das Kunststück fertig, revolutionäres Theater in eine gesellschaftlich weitgehend unerschütterte Umwelt zu stellen, schreibt der Germanist Hans Mayer, auch er ein Emigrant in dieser Stadt.

Die große Theatertradition der Piscator-Bühne soll über die Zeiten gerettet, modernen Stücken, die sonst nirgends mehr aufgeführt werden können, eine Plattform geboten werden. So erlebt das Zürcher Theaterpublikum, oft begleitet von Störmanövern der Frontisten, Premieren und Uraufführungen von Zuckmayer und Werfel, Sartre und Giraudoux, Eliot und Wilder, Lorca und Silone. Es feiert Friedrich Wolfs *Professor Mamlock* und läßt Else Lasker-Schülers hellsichtiges Drama *Arthur Aronymus und seine Väter* durchfallen, zum Bedauern der Schauspieler, vor allem Ernst Ginsbergs, der die im ordentlichen Zürich immer wieder Anstoß erregende Dichterin zu unterstützen versucht.

In den Inszenierungen Kurt Hirschfelds erhalten auch die Klassiker ungeahnte Aktualität, Schulbuchzitate werden zu konspirativen Durchhalteparolen. Wilhelm Tell. Nathan der Weise. Don Carlos. Wann erleben Schauspieler solchen Gleichklang mit dem Publikum wie im *Götz von Berlichingen,* wenn der Ausspruch »Es lebe die Freiheit« Beifallsstürme auslöst? Oder die *Faust II*-Premiere im Mai 1940: Die Schweizer befürchten täglich den Einmarsch Hitlers. Die Schauspieler haben ihre gepackten Rucksäcke in der Garderobe stehen, zur Flucht bereit, nur weiß niemand, wohin. Inmitten der kopflosen Theaterschar die Giehse als ruhender Pol. Sie ist mit ihrem britischen Paß und der Möglichkeit, jederzeit zu ihrem englischen Ehemann auszureisen, allerdings privilegiert. Aber sie läßt ihre Kollegen nicht im Stich, setzt sich nicht ab, auch wenn sich die Lage mehr und mehr zuspitzt.

Im September 1944 werden in Deutschland und Österreich alle Theater endgültig geschlossen. Es herrscht längst Ausnahmezustand, »totaler Krieg«. Wird sich die Schweiz aus dem Inferno heraushalten können? Am Zürcher Schauspielhaus, der nun einzigen deutschsprachigen Bühne von Bedeutung, geht die Arbeit unter erschwerten Bedingungen weiter. Für Flüchtlinge aus den Arbeitslagern gibt es verbilligte oder kostenlose Karten, nie wieder in späterer Zeit werden sie mit solchem Heißhunger alles Neue in sich aufsaugen: das Theater nicht nur als moralische Anstalt, sondern als Tor zur Welt. Da wird der äußere Aufwand plötzlich unwichtig. Man könne ohne Vorhang und Kulissen Theater spielen, postuliert Leopold Lindtberg, allerdings nicht ohne Ideen. Und an Ideen fehlt es am Schauspielhaus nicht, auch nicht am Einsatz der Schauspieler.

Für Therese Giehse bringt das letzte Kriegsjahr neben der Bühnenarbeit persönliche Belastungen. Ihre Schwester Irma, mit der sie von Kindheit an in enger Freundschaft zusammengelebt hat, stirbt im Januar 1945. Therese läßt sie in Zürich bestatten, in einem Familiengrab, das dreißig Jahre später auch ihre letzte Ruhestätte sein wird.

Den Schmerz über den Verlust der Schwester und Vertrauten überspielt sie auf der Bühne mit Silone und Shakespeare. Im Kino ist sie im Schweizer Flüchtlingsfilm *Die letzte Chance* zu sehen, der die menschliche Tragik der Asylpolitik ins Bewußtsein rufen will. Dieser international beachtete Film macht die Giehse über die Grenzen des deutschsprachigen Raums hinaus bekannt, aber sie ist keine Filmschauspielerin, sie braucht den unmittelbaren Kontakt zum Publikum. Ohne sonderliche

Begeisterung, aber mit Erfolg spielt sie noch in einigen weiteren Filmen mit, auch in britischen Produktionen. Nach diesem Ausflug in die Welt des »schönen Scheins« kehrt sie um so lieber zur Bühnenarbeit zurück.

Sie bleibt auch nach Kriegsende dem Schauspielhaus treu, während die meisten ihrer Kollegen sich in alle Winde zerstreuen. Das Zürcher Publikum feiert sie in Rollen, die ihr auf den Leib geschrieben sind: Giraudoux' *Irre von Chaillot,* Gorkis *Wassa Schelesnowa,* Brechts Schmuggleremma im *Puntila.* Mit dieser Rolle holt sie Brecht, der im Sommer 1947 wie die Manns aus der amerikanischen Emigration zurückkehrt, auch nach Berlin. Drei Jahre lang spielt sie in seinem Berliner Ensemble, aber Zürich gibt sie nicht auf, zuviel Erinnerung verbindet sie mit dem Schauspielhaus. So ist sie ständig auf Achse zwischen Zürich und Berlin, auch in München knüpft sie die alten Beziehungen zu den Kammerspielen neu. Das zeitraubende Pendeln kostet Kräfte. Sie gibt Berlin auf – aber nicht die Freundschaft mit Brecht.

Ein ähnlich kongeniales Arbeitsverhältnis entwickelt sich in Zürich mit Friedrich Dürrenmatt. In seinen Rollen findet sie sich, wie in den Brechtschen, sofort wieder. Das ist ihre Sprache, klar, hintergründig, mit vertracktem Humor. Im *Besuch der alten Dame* – Uraufführung im Januar 1956 in Zürich – spielt sie die millionenschwere Claire Zachanassian, die in ihrem Heimatdorf Güllen noch eine Rechnung zu begleichen hat. Die moderne Parabel von der Verführbarkeit des Menschen durch den Mammon. Eine makabre, aberwitzige Tragikomödie, ganz nach dem Geschmack der Giehse. Wenn Dürrenmatt sagt, der Welt sei nur noch mit der Komödie beizukommen, würde sie ihm sicher beipflichten.

Nicht alle Dürrenmatt-Stücke, deren Uraufführung Therese Giehse am Schauspielhaus miterlebt, werden ein

Welterfolg wie *Der Besuch der alten Dame,* aber die Rollen liegen ihr: Ottilie in *Frank V.,* die Abortfrau Nomsen im *Meteor,* vor allem aber die bucklige Irrenärztin Mathilde von Zahnd in den *Physikern.* In dieser ursprünglich männlichen Rolle, die Dürrenmatt eigens für die Giehse umgeschrieben hat, gelingt es ihr, die Grenzen menschlicher »Normalität« und die Grenzen verantwortbarer Wissenschaft auszuloten.

Zürich hat »seinen« Dürrenmatt und »seine« Giehse. Zu Max Frisch, in dessen Stück *Don Juan oder Die Liebe zur Geometrie* sie die Kupplerin Celestina spielt, gestalten sich die Kontakte nie so eng. Die neue, die rebellische 68er Zeit sieht sie in jüngeren Autoren verkörpert, in Franz Xaver Kroetz vor allem, dem damaligen enfant terrible der Bühne. Von den Regisseuren arbeitet sie am liebsten mit Peter Stein zusammen, der sie in einer Gastrolle an die Berliner Schaubühne holt. Mit ihm und seinem Ensemble spielt sich die 72jährige wieder jung. In 68 Ensuite-Vorstellungen verkörpert sie die Revolutionärin Pelagea Wlassowa, aus Gorkis *Mutter,* in der Brechtschen Bearbeitung. Mit Brecht beschließt sie auch ihre Karriere. Mit einem Brecht-Abend, den sie allein gestaltet, gastiert sie in München, Berlin und Hamburg, in Zürich und Paris. Sie liest die Brechtschen Texte langsam und eindrücklich auf schwarzer, nackter Bühne. Nur das Wort soll wirken, über den Tod hinaus, den Brechts im Sommer 1956 und den ihren, fast zwei Jahrzehnte später, am 3. März 1975.

»Die Giehse besitzt die Uneitelkeit derer, die viele Erfolge gehabt haben und so weit gekommen sind, daß sie gelassen, unaufdringlich und bescheiden sein können«, sagt Franz Xaver Kroetz von seiner Mentorin. Ihre nur unter Widerstreben preisgegebenen »Memoiren«, aufgezeichnet von Monika Sperr, tragen den bezeichnenden

Titel *Ich hab nichts zum Sagen*. Sie hat eine Abneigung gegen Schwätzer und Vielschreiber, sie haßt es, »wenn einer, der sich durch Tanzen, Singen, Spielen oder sonstwie auszudrücken vermag, nun glaubt, er müsse unbedingt auch schreiben, damit jeder erfahre, wie es bei Empfängnis und Geburt seines kleinen Stückchens Kunst zugegangen ist«.

Auch wenn sie sich gegen Nachruhm sträubt, für die Zürcher bleibt sie die »Mutter Courage« vom Schauspielhaus. Jenem Schauspielhaus, das in Kriegstagen durchaus nicht allen geheuer war. Max Frisch erinnert in einer Ansprache im Herbst 1969 daran, »daß ein Teil der Zürcher, die das alte Schauspielhaus nachträglich als ihr Schauspielhaus bezeichnen, sich täuschen: damals war es ein Emigranten-Juden-Marxisten-Theater...«

Ähnliches ließe sich von der Pfeffermühle sagen. War den Zürchern – jenseits aller Krawalle – bewußt, daß sich mit diesem Kabarett in ihrer Stadt ein Widerstand manifestierte, der Symbolwirkung hatte und vielen Emigranten Mut zum Weiterleben gab? »Sie machen zehnmal mehr gegen die Barbarei als wir alle Schriftsteller zusammen«, schrieb der Dichter Joseph Roth an Erika Mann.

Die Pfeffermühle – von der Zeitspanne her gesehen nur eine Episode im Leben der beiden Hauptakteurinnen, aber eine sehr bedeutungsvolle. Erika Mann schreibt rückblickend an die Gefährtin: »Ja. Theres, so steht's, seit – in Buchstaben – vierzig Jährchen sind wir nun freundschaftlich verbunden, auch wenn die Geographie uns jetzt nicht mehr so hold ist wie zu der Zeit, da wir überall lebten und nirgends, und unsere Pässe aus den Nähten platzten vor lauter Stempeln... Wir setzten alles auf die bedenklichste Karte (konnten nicht anders) und wurden damit zum einzigen international erfolgreichen theatralisch-politischen Unternehmen der deutschen Emigration.«

Erika hat später, 1956, noch einmal Kabarettpläne. *Der Rettungsring* soll als zeitkritisches Kabarett die Nachfolge der Pfeffermühle antreten, aber Therese Giehse winkt ab, sie glaubt nicht mehr an die Veränderbarkeit des Menschen durch Satire. Sie ist ohnehin die Beständige, Seßhafte, die sich nicht ohne Not in Abenteuer stürzt. Ihr Lebensweg verläuft, gemessen an dem ihrer Partnerin, bemerkenswert normal, sie hat all die Jahre das getan, was sie am besten kann: Theater gespielt.

Erika Mann dagegen hat sich in vielen Berufen versucht, ihr Leben ist von Aufregungen und Turbulenzen geprägt. Während die Giehse auf Herausforderungen reagiert, agiert Erika Mann, fordert Entscheidungen heraus, übernimmt den traditionell männlichen Part der Beziehung. Sie hat von allen Mann-Geschwistern wahrscheinlich das ausgeprägteste Selbstbewußtsein, fühlt sich nicht, wie es die langjährige Sekretärin Erika Manns von den übrigen Geschwistern berichtet, vom Vater unterdrückt. Dabei waren die Startbedingungen nicht die besten: »Nur« ein Mädchen, stellten Thomas und auch Katia Mann nach der Geburt enttäuscht und verärgert fest.

Aber das Mädchen hat mehr Energie als die später geborenen Brüder. Das Mädchen liebt Herausforderung und Bewegung. Läßt sich nach dem Abitur bei Max Reinhardt zur Schauspielerin ausbilden. Steht in Hamburg gemeinsam mit dem um ein Jahr jüngeren Bruder Klaus auf der Bühne. Heiratet den Regisseur Gustaf Gründgens. Trennt sich von ihm. Fährt Autorennen für Ford: 10000 Kilometer in 10 Tagen. Geht mit Klaus Mann auf Weltreise. Schreibt Reiseberichte, Theaterstücke, Kinderbücher. Zieht mit der Pfeffermühle durch

Europa. Heiratet den englischen Dichter Wystan H. Auden. Siedelt nach Amerika über. Wird Presseberichterstatterin im Spanischen Bürgerkrieg. Veröffentlicht gemeinsam mit Klaus Mann *Escape to Life* und andere Bücher. Macht während des deutschen Blitzkriegs von London aus Deutschlandsendungen für die BBC. Wird »Coordinator of Information« in New York (was ihr später den nicht haltbaren Vorwurf der Agententätigkeit für das FBI einbrachte). Geht als Kriegsberichterstatterin mit der US-Army nach Ägypten, Persien, Palästina, Frankreich, Belgien und Deutschland. Berichtet nach dem Krieg von den Nürnberger Prozessen. Hat den Selbstmord des geliebten Bruders Klaus zu verkraften. Läßt sich 1952 mit Thomas und Katia Mann endgültig am Zürichsee nieder. Wirkt bei den Verfilmungen der Thomas-Mann-Romane *Königliche Hoheit, Felix Krull* und *Buddenbrooks* mit. Schreibt 1956, nach dem Tod Thomas Manns, *Das letzte Jahr. Bericht über meinen Vater.*

Aufregender und ereignisreicher kann ein Leben kaum verlaufen. In den letzten Jahren allerdings ist ihre Bewegungsfähigkeit durch Krankheit und mehrere, zum Teil mißglückte Hüftoperationen stark behindert. Sie geht an Krücken, kann das Haus in Kilchberg über dem Zürichsee kaum mehr verlassen. Im September 1964 schreibt sie aus dem Kantonsspital Zürich an ihren Bruder Michael, Germanistikprofessor in Kalifornien: »Cher frère et ami, – wenn Du wüßtest, wie krank ich bin – vier Monate nach jener Höllenoperation –, und wie grausig zerfetzt mein Tag ist, zur Hälfte durch all die sinnlosen Anwendungen (Fango, Gehbad, wieder Fango, Bindegewebsmassage, am Bettrand sitzen, auf dem Stuhl sitzen und nichts können, als liegen und schmerzerfüllt sitzen), zur anderen, knappen Hälfte durch mühselige Arbeit…« Trotz ständiger Schmerzen hat sie die erzwungene

Seßhaftigkeit in den letzten Jahren ihres Lebens in erstaunlicher Weise zur Arbeit genutzt. Aus über 4000 Briefen aus dem Nachlaß ihres Vaters stellt sie eine dreibändige Briefausgabe zusammen, die Bruder Golo, Historiker, vor Expertenhochmut in Schutz nimmt: »Zum Gelingen dieses Mosaiks gehörte mehr Liebe, mehr Geduld, mehr Takt und viel, viel mehr Arbeit, als die Kritiker sich das vorstellen.«

Sie bemüht sich auch um die Neuauflagen der Werke Klaus Manns, dem sie einen Gedächtnisband gewidmet hat. Und sie engagiert sich in der Friedensbewegung. Vietnam, der Israel-Konflikt, die Biafra-Tragödie brennen ihr auf den Nägeln. Sie verfaßt Aufrufe und schreibt Briefe an einflußreiche Politiker und Künstler. An Pablo Picasso richtet sie die Bitte, sein Bild *Guernica* doch in den Dienst der Vietnam-Aktionen zu stellen, und sie liefert auch gleich den Briefentwurf dazu, der in der *Times* veröffentlicht werden soll.

Woher sie die Energie nimmt, all diese Projekte mit ihren abnehmenden Kräften zu bewältigen, bleibt ein Rätsel. Von ihrer geistigen Beweglichkeit hat sie bis zum Schluß nichts eingebüßt – auch nicht von ihrer polemischen Schärfe. Ihr Briefwechsel mit dem tonangebenden Philosophen der Frankfurter Schule, Theodor W. Adorno, den sie für pathologisch eitel, für einen Bluffer, ein »flaches Universalgenie« hält, zeugt von ihrer selbstbewußten Aggressivität. Sie antwortet Adorno, der sich durch kritische Äußerungen Golo Manns angegriffen fühlt: »Für Ihre Reaktion gibt es eine (und wie mir scheint nur eine) Doppelerklärung: Sie sind ungemein verwöhnt und ungemein empfindlich. Wie werden wir doch ›heftig angegriffen‹, wir alle, außer Ihnen, – jeden zweiten Tag und auf die infamste Weise. Und wie kühl läßt uns dies... Golo, ein sehr konservativer Historiker, schreibt gar manches, was mir nicht in den Kram paßt, und ich, das Gegenteil einer sehr konservativen Historikerin, schreibe fast nur, was Golo nicht in den Kram paßt. Deshalb herrscht doch immer eitel Friede zwischen uns.« In einem Brief vom April 1963 zieht sie den Schlußstrich unter diese scharfe Debatte mit dem Philosophen: »Und wenn Sie denn nun die Menschheit einteilen in solche Kreaturen, die sich mit Ihnen solidarisch fühlen und ergo gut sind, und solche, die sich durch Sie verletzt fühlen und ergo miserabel sind, so gehöre ich – wie weiß Gott vorauszusehen – zu den miserablen.«

Das geschärfte Schwert – oder Florett – der Erika Mann. Als Kabarettistin war es ihr sehr nützlich, etwas »Pfeffer über Zürich« konnte auch den Zürchern nicht schaden. Thomas Mann war zeitlebens stolz gerade auf diese kämpferische Ader seiner ältesten Tochter.

Als sie, nach der Operation eines Gehirntumors, am 27. August 1969 im Kantonsspital Zürich stirbt – mit 64, sechs Jahre vor Therese Giehse –, fehlt sie Freunden und Feinden. Manfred Gregor-Dellin faßt bei der Trauerfeier in der Kilchberger Kirche ihr Leben mit den treffenden Worten zusammen: »Sie kannte die Labyrinthe, und sie liebte das Licht. Sie durfte sagen: J'ai vécu.«

Mutter Courage im zerstörten Berlin

Helene Weigel

1900–1971

Das Theater des neuen Zeitalters
Ward eröffnet, als auf die Bühne
Des zerstörten Berlin
Der Planwagen der Courage rollte.
BERT BRECHT

Eine denkwürdige Aufführung an jenem 11. Januar des Jahres 1949 im Deutschen Theater: Bert Brechts *Mutter Courage und ihre Kinder*. Ein Stück aus dem Dreißigjährigen Krieg, aus einem verwüsteten Land, gespielt in einer verwüsteten Stadt. Die Berliner kommen mit hungrigem Magen und staubigen Schuhen zur Premiere – Schutt liegt noch auf den Straßen und man geht zu Fuß. Jeder kann sich ohne Mühe identifizieren mit der grauen, zerlumpten Mutter Courage, die ihren Planwagen über die öde Bühne zieht, vornübergebeugt, entkräftet, allein. Der Krieg hat ihr nicht nur all ihre Habe genommen, sondern auch die drei Kinder. Und doch läßt sie sich weiter mittreiben im Troß der Soldaten und Landsknechte, wer weiß wohin. Sie lebt vom Krieg, die Erschütterungen haben sie nicht verändert, sie hat nichts dazugelernt. Brechts Warnung – er schrieb das Stück kurz vor Ausbruch des Zweiten Weltkrieges – kam zu spät. Nun ist der Krieg vorbei, und die Zuschauer im ungeheizten Theater leiden mit der geschundenen Courage, der die Weigel einen Zug von Menschlichkeit, sogar von Weisheit gibt, niemand glaubt, daß sich das Er-

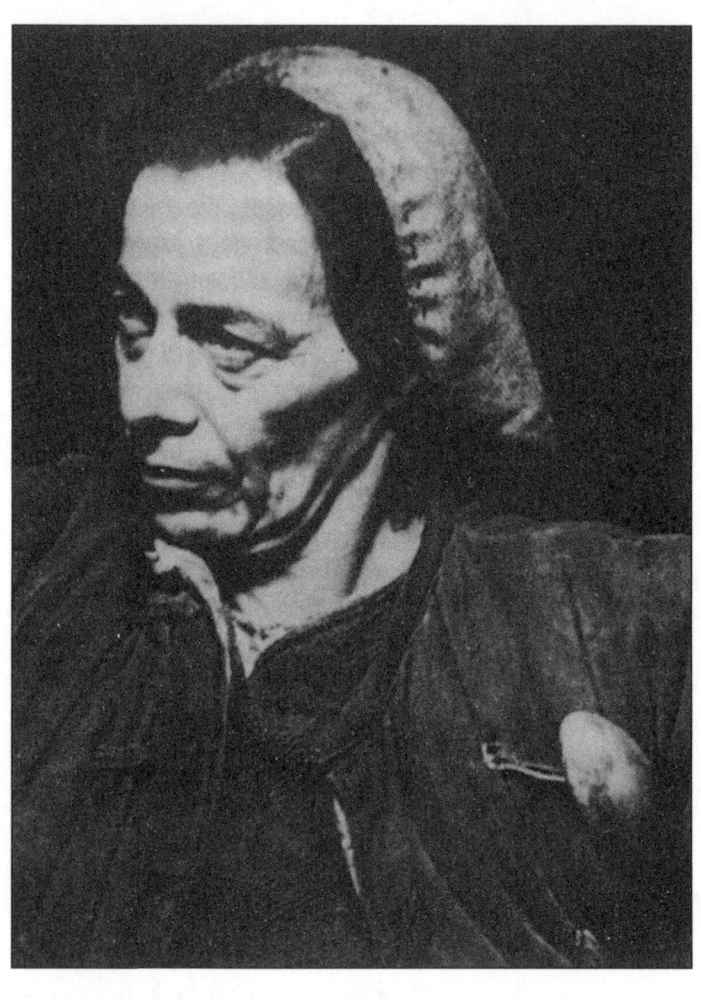

lebte jemals wiederholen könnte. Hier setzt Brecht mit seinen Lehrstücken, setzt die Weigel mit ihrer überzeugenden Ausdruckskraft an. »Aber den Unbelehrbaren zeige/Mit kleiner Hoffnung/Dein gutes Gesicht«, schreibt Brecht. Er will mit seinem neuen epischen Theater das Bewußtsein der Zuschauer verändern, Erkenntnisprozesse in Gang bringen; Helene Weigel verkörpert den von ihm geforderten, von der »Sache« getragenen Schauspielertyp.

Die beiden haben sich bei der Bühnenarbeit kennengelernt. Brecht traute der gebürtigen Wienerin, die Leopold Jessner 1922 von Frankfurt nach Berlin geholt hat, nicht auf Anhieb das Gewicht für all die Rollen zu, die sie später unter seiner Regie spielte. Dabei hatte sie sich als Charakterdarstellerin schon in klassischen und modernen Stücken bewährt, hatte unter Fehling, Pallenberg und Schweikart gespielt, an der Seite von Heinrich George, Albert Bassermann, Fritz Kortner und Matthias Wieman. Brecht selber war ein schwieriger und extravaganter Mensch, als Regisseur für die Weigel, die sich nicht gern in fertige Rollen stellen ließ, aber genau der richtige Lehrmeister. Er hatte die Fähigkeit, mit den Schauspielern gemeinsam nach einer Lösung zu suchen, und er verhalf jedem zu seinen eigenen Stärken. Helene Weigel entwickelte sich unter seiner behutsamen Führung zu einer großen Darstellerin von Mutterrollen, die, immer kontrolliert und mit nüchterner Genauigkeit, alle Register ihres Temperamentes ziehen konnte.

Für Brecht gab es keine Trennung zwischen Arbeit und Privatleben, aus Sachgesprächen entspannen sich persönliche Beziehungen, diese wiederum regten ihn zu Rollengestaltungen an. Er brauchte einen Kreis von Mitarbeitern und besonders Mitarbeiterinnen um sich, mit dem er seine Ideen entwickelte. Er verbrauchte Menschen, nicht nur die Schriftstellerin Marieluise Fleißer fühlte sich von ihm ausgebeutet, aber er förderte auch; Elisabeth Hauptmann, Ruth Berlau, Margarete Steffin wurden seine ständigen Zuarbeiterinnen. Helene Weigel war sich darüber klar, was sie erwartete, als sie Brecht 1929 heiratete. Ihre Toleranz machte ein Leben in fruchtbaren Arbeitszusammenhängen möglich, Brecht wußte das zu schätzen, sie war ein verläßlicher Partner, ein Kumpel, ohne daß sich ihr Stolz in Unterwürfigkeit verwandelt hätte. Das fein abgestimmte Zusammenspiel der beiden zeigte sich vor allem beim Auf- und Ausbau des Berliner Ensembles, jener Theatertruppe, die sich 1949 in Ostberlin zusammenfand, auch zu gemeinsamer politischer Arbeit und Agitation, Picassos Friedenstaube auf dem Bühnenvorhang.

Da sich Helene Weigels Organisationstalent und Finanzgeschick in den Emigrationsjahren bewährt hatten, wurde sie Intendantin des neuen Ensembles, und die Leiter der übrigen Bühnen, vorab Walter Felsenstein von der Komischen Oper, lächelten etwas süffisant über die neue Kollegin. Wie sollte eine Frau diesem schwierigen und nervenaufreibenden Posten gewachsen sein? Die Prinzipalin machte sich ohne große Worte ans Werk, krempelte, wie zwei Jahrhunderte zuvor die Neuberin, die Ärmel hoch, besorgte Räume, schleppte Möbel herbei (»nicht absolut erstklassiges Barock«), organisierte Medikamente, Pässe, Schuhe in Übergröße, richtete eine Kantine ein und ein offenes Büro, in dem niemand antichambrieren mußte wie sie damals als junge Schauspielerin. Ihr Büro war eher ein Wohnzimmer, wie sich Gisela May erinnert, mit einem massiven runden Holztisch, an dem sie saß, umgeben von Telefon und tausend Zetteln und Briefen, vom Bild ihrer vier Enkel, von Kinderzeichnungen und Handpuppen, und von der Lampe

266

baumelte ein Kranz aus Strohblumen. Die Besucher fanden's gemütlich oder unmöglich, wie sich an ihrer Person immer die Meinungen polarisierten.

Brecht charakterisiert sie mit dem scharfen Blick des Theatermannes: »Sie ist von kleinem Wuchs, ebenmäßig und kräftig. Ihr Kopf ist groß und wohlgeformt. Ihr Gesicht schmal, weich, mit hoher, etwas gehobener Stirn und kräftigen Lippen. Ihre Stimme ist voll und dunkel und auch in der Schärfe und im Schrei angenehm. Ihre Bewegungen sind bestimmt und weich. Wie ist ihr Charakter: Sie ist gutartig, schroff, mutig und zuverlässig. Sie ist unbeliebt.« Diese letzte Aussage, ungeschönt ehrlich, kann der Preis ihrer herausgehobenen Stellung sein. Eine Prinzipalin, auch in einem sozialistischen Kollektiv, muß anordnen, verbieten, kann sich nicht hinter dem Rücken anderer verstecken, ihre Entscheidungen fordern Kritik heraus, schaffen Zufriedene und Unzufriedene. Helene Weigels Ansprüche an sich selbst und an andere waren hoch. Guter Schauspieler zu sein, genügte nicht, es mußte auch die Gesinnung stimmen, der politische Einsatzwille über das Rollenengagement hinaus. Die Inszenierungen wurden auch am gesellschaftlichen Lehrwert gemessen. Dabei versuchte sie immer wieder das, was sie humanistische Gesinnung nannte, von der Theorie, von der Bühne in die Praxis zu holen: »Ich glaube nicht, daß der Humanismus etwas anderes ist, als daß man Leuten hilft, und zwar nicht ›den Menschen‹, sondern Leuten.« – Sie hat das mit Brecht gemeinsam aufgebaute Berliner Ensemble über zwanzig Jahre in diesem Sinne geleitet, von 1954 an im eigenen Haus, dem renovierten Theater am Schiffbauerdamm. Über Brechts Tod im Jahre 1956 hinaus hat sie die Kontinuität seiner Ideen, seiner Theatertheorie, die er in Modellbüchern festgehalten hat, gewahrt. Der Beruf des Intendanten ist bis heute eine der ganz wenigen männlichen Domänen. Helene Weigel hat in ihrer unkonventionellen, aber bestimmten und bestimmenden Art gezeigt, daß auch eine Frau fähig ist, ein modernes Theater zu leiten.

Dabei ließ sie es sich nicht nehmen, von Zeit zu Zeit selbst auf der Bühne zu stehen, ohne daß sie sich mit populären und gefälligen Rollen die Gunst des Publikums erspielt hätte. Sie reizte der Widerstand einer Bühnenfigur, sie spielte gern gegen den Strich, »hart, sprachlich klar und eindringlich, niemals einer billigen Tendenz, einer Holzhammer-Wirkung hingegeben«, wie der Kritiker Herbert Ihering feststellte. Die Weigel war eine konzentrierte Arbeiterin, aber sie konnte sich auch genauso konzentriert entspannen, beim Pilzesammeln, beim Patiencelegen, beim Kreuzworträtseln oder bei einem Kriminalroman. In ihrer Wohnung in der Chausseestraße 125, heute Brecht-Weigel-Museum, hat sie von Trödelmärkten und aus Antiquitätengeschäften zusammengetragen, wovon sie nicht lassen konnte: altes Küchengerät, Zinn- und Kupferkannen, Tonkrüge, Meißner Zwiebelmuster. Borde und Schränke stehen voll davon. Ihre Sammlung alter Kochbücher hat sie tatsächlich benutzt, sie war eine passionierte Hausfrau und schämte sich dessen nicht.

In den fünfzehn Jahren des Exils, erst in Skandinavien, dann in Amerika, war geschicktes Haushalten Überlebenshilfe. Marta Feuchtwanger berichtet in ihren Erinnerungen, ihr habe oft das Herz weh getan, wenn sie »dieses Genie ungenützt sah«, beim Schrubben, Nähen, Tapezieren und Kochen. Helene Weigel hat diese Arbeiten nie als Fron empfunden, zumal an eine Schauspielerkarriere im fremdsprachigen Ausland nicht zu denken war. Selbst in der Rolle der stummen Kattrin, Tochter der »Mutter Courage«, die Brecht in der Emigration für sie geschrieben hat, gibt es auf keiner Bühne Verwendung für sie.

Bei ihrer Rückkehr nach Deutschland ist sie 48 und für viele Rollen, die sie gern gespielt hätte, schon zu alt. Dafür gelingen ihr jetzt Charakterstudien von subtiler Genauigkeit. Wie souverän sie die Gouverneurin im *Kaukasischen Kreidekreis* gestaltet und die Parteinahme des Zuschauers erzwingt. Wie herausfordernd hart ihre Teresa Carrar im Stück *Die Gewehre der Frau Carrar*. Wie gütig und zugleich haßerfüllt die Pelagea Wlassowa in Brechts Bearbeitung von Gorkis *Mutter*. 1932 hatte sie die Rolle zum erstenmal in Berlin gespielt, und es war im Frühjahr 1971 ihre letzte. Ein Gastspiel mit ihrem Berliner Ensemble in Pariser Vorstädten vor Arbeitern, ihrem liebsten Publikum. Sie war schon sehr krank, und sie wußte es, brachte in den letzten Wochen »ihre Sach« noch in Ordnung und starb am 6. Mai 1971 in der Charité, wenige Tage vor ihrem 71. Geburtstag.

Ihre selbstgezogenen Blumen im Wintergarten, ihre Rabatten vor dem Haus hält nun Frau Schmidt in Ordnung, seit Jahrzehnten dienstbarer Geist im Haus Brecht-Weigel. Von den Fenstern des ersten Stockwerks, den Arbeitsräumen Brechts, geht der Bück hinüber zum Dorotheenstädter Friedhof, auf dem beide begraben liegen. Ein hoch aufragender Findling für Bertolt Brecht, ein breit hingelagerter, niedriger für Helene Weigel. Die Freunde und die Weggefährten im Exil auch im Tod nahbei, in den umliegenden Grabreihen: Anna Seghers, Heinrich Mann, Johannes R. Becher, Arnold Zweig. Ein paar Häuser weiter, Chausseestraße 131, wohnte Wolf Biermann bis zu seiner Ausbürgerung. Tochter Barbara Schall-Brecht, verheiratet mit dem jetzigen Intendanten des Berliner Ensembles, lebt ebenfalls in der Nachbarschaft. Sie verwaltet heute die Brecht-Weigel-Gedenkstätten, die nicht museale Besichtigungsobjekte, sondern Arbeitsstätten sein sollen; ein Brecht- und ein Weigel-archiv sind angegliedert, im Vorderhaus, Front zur Chausseestraße, ein Buchladen. Draußen in Buckow, eine Autostunde von Berlin entfernt, in der Märkischen Schweiz, liegt ein weiteres Museum, Sommersitz und Refugium der Brechts.

Die Eiserne Villa mit dem geräumigen Eß- und Gästeraum und davon etwas abgesetzt, direkt am Seeufer, das Gartenhaus, in dem Brecht wohnte. ›Ich habe versucht, unter allen Lebensumständen das Notwendige beizubehalten. Es war nötig, daß Brecht ein Zimmer hatte, in dem er ungestört arbeiten konnte, und das mußte ziemlich groß sein, denn er lief gern bei der Arbeit«, schreibt Helene Weigel. Nicht »Ein Zimmer für sich allein« wie bei Virginia Woolf, sondern eines für den Meister. Von den zwei Zimmern im skandinavischen Exil bekam Brecht das eine, die beiden Kinder das andere, sie selbst schlief in der Küche.

Im Buckow gab es endlich Platz für beide, und auch für die Freunde. Sie hegte ihre Blumen, und Brecht arbeitete an den »Buckower Elegien«:

Am See, tief zwischen Tann und Süberpappel
Beschirmt von Mauer und Gesträuch ein Garten
So weise angelegt mit monatlichen Blumen
Daß er vom März bis zum Oktober blüht.

Im ehemaligen Bootsschuppen, Brechts Garage, steht der legendäre Planwagen der Courage, mit dem die Weigel 1949 Theatergeschichte machte. Schulklassen pilgern daran vorbei. Für sie ist die Nachkriegszeit schon eine entrückte historische Epoche. Ob sie noch etwas ahnen von der Kraft dieser Frau, die den Wagen durch das verwüstete Land zog?

Die Weigel: Bert Brecht und die Freunde nannten sie Helli, offiziell hieß sie Frau Professor Weigel. In der Straßenbahn konnte es vorkommen, daß sich die Leute anstießen: Da sitzt die Mutter Courage.

Kapitel 6

Ums Überleben schreiben

Frauen und die Literatur

Salon in der Dachstube

Rahel Varnhagen
1771–1833

> Denken ist Graben, mit einem Senkblei messen.
> RAHEL VARNHAGEN, DENKBLÄTTER EINER BERLINERIN

Wie kommt es, daß im Berlin des ausgehenden 18. Jahrhunderts alles, was Stand und Rang und Namen hat oder haben möchte, sich ausgerechnet in den Salons der Henriette Herz oder der Rahel Varnhagen trifft? – Henriette Herz, deren Mann philosophische Vorlesungen im eigenen Haus abhält – Berlin hat noch keine Universität –, glaubt es zu wissen: »Die christlichen Häuser Berlins boten nichts, welches dem, was jene jüdischen an geistiger Geselligkeit boten, gleichgekommen oder nur ähnlich gewesen wäre ... Es gab da viele ehrenwerte Familientugenden, aber jedenfalls noch mehr geistige Beschränktheit und Unbildung.« Vom königlichen Hof unter Friedrich dem Großen und seinem Nachfolger Friedrich Wilhelm II. kann sie von tödlicher Langeweile namentlich junger Edelleute berichten und führt als Beispiel Alexander von Humboldt an, der sein Familienschloß Tegel in Briefen an sie »Schloß Langeweile« nennt.

Von Langeweile allerdings konnte in den Salons der geistreichen und temperamentvollen Damen keine Rede sein, auch wenn man artig seinen Tee trank und Biskuits und geröstete Kastanien knabberte. Zuviel gegensätzliche Charaktere und Meinungen prallten in diesen gewissermaßen exterritorialen Räumen aufeinander, in denen

Aristokratie und Diplomatie ganz ungeniert mit den rechtlich noch nicht als vollwertige preußische Bürger anerkannten jüdischen Gelehrten und Künstlern verkehrten. Die Literaten gaben den Ton an, die Schauspieler brachten die Farbigkeit mit, Philosophen wie Fichte und Schleiermacher den Tiefgang und Gäste von auswärts, Schiller, Jean Paul, die Abwechslung.

Dabei spielt es keine Rolle – oder erhöht sogar den Reiz –, daß sich Rahels Salon nicht wie derjenige der Madame Herz in einem vornehmen Bürgerhaus, sondern in einer schlichten Dachstube etabliert hat: Jägerstraße Nummer 54 – eine Adresse, die als Treffpunkt führender Köpfe der Romantik in die Literaturgeschichte eingeht. Die Brüder Schlegel, Tieck, Achim von Arnim und Brentano begegnen sich hier, und Rahel Levin, Tochter eines wohlhabenden Berliner Juweliers, die nie eine vernünftige Schule besucht und nur hebräisch schreiben gelernt hat, saugt sich bei diesen Dachstubengesprächen voll mit Wissen und fremden Ideen. Aber nie läßt sie sich von diesen Ideen ganz überwuchern, sie bleibt ein Eigengewächs, kritisch und souverän, »auf das Selbstdenken kommt alles an«, resümiert sie ihre eigenen Bildungsbemühungen. Als wirblig, funkensprühend, exzentrisch, kokett und auf Wirkung bedacht, aber auch als gutherzig und wohltätig charakterisiert sie die eine Generation später geborene Schauspielerin Karoline Bauer und vergleicht sie darin mit Bettine von Arnim, doch ohne deren Anmut der Erscheinung: »Rahel ist klein, ziemlich stark, von Taille keine Spur. Ein graues Kleid hing wie ein Sack um ihre Gestalt ...« Rahel leidet an ihrem Aussehen. »Außer dem, daß ich nicht hübsch bin, habe ich keine innere Grazie ... Ich bin unansehnlicher als häßlich«, schreibt sie und beklagt außer der mangelnden Schönheit und der fehlenden Mitgift, die ihr eine

Einheirat in angesehene Kreise erleichtert hätten, auch ihr Schicksal als Jüdin, ihren »Makel der infamen Geburt«. Wenn sie das Fazit zieht: »Ich bin eine Falschgeborene«, so drängt sich die Frage auf, wie ihr Leben ohne diese schmerzlichen, aber auch herausfordernden Erfahrungen verlaufen wäre. Hätte sie mit einer soliden bürgerlichen Ausbildung diesen Heißhunger auf Wissen und Welt verspürt? Ist es nicht gerade der fehlende Bildungsballast, der es ihr ermöglicht, sich so frei, ganz aus eigenem Empfinden heraus und ohne Vorprägungen zu äußern? Ihr untrüglicher Instinkt für das Wesentliche eines Menschen, ihre Fähigkeit der Empathie, des sich Hineinversetzens in den andern, und ihre vorurteilslose Offenheit – hätten sich all diese Eigenschaften so entwickeln können ohne selbsterlittene Verwundungen?

Rahel, Vertraute des Prinzen Louis Ferdinand, der sich in ihren Räumen mit der schönen Schauspielerin Pauline Wiesel traf, war Beraterin und Freundin so mancher Haltsuchender. Doch in ihrem eigenen Leben findet sie nicht den Halt und Mittelpunkt, den sie anderen gewährt. Die beklemmenden Kindheitsprägungen, das Stigma der jüdischen Herkunft belasten sie zeitlebens, aber auch das Eingeengtsein als Frau in die Konventionen ihrer Zeit. An ihre Schwester Rose schreibt sie 1819: »Dies ist der Grund des vielen Frivolen, was man bei Weibern sieht: sie haben gar keinen Raum für ihre eigenen Füße, müssen sie nur immer dahin setzen, wo der Mann eben stand und stehen will ... jeder Versuch, jeder Wunsch, den unnatürlichen Zustand zu lösen, wird Frivolität genannt; oder noch für strafwürdiges Benehmen gehalten.«

Zu diesem Zeitpunkt hat sie bereits zwei Verlobungen und einige zerbrochene Freundschaften hinter sich und ist seit fünf Jahren – mehr aus praktischen Erwägungen

denn aus Liebe – verheiratet. Die erste Verlobung mit
dem preußischen Landedelmann Karl Graf von Finckenstein scheitert am jahrelangen Zaudern des Bräutigams,
die mittellose Jüdin, die von einer Rente ihrer Brüder
lebt, in seine Familie einzuführen. Rahel resigniert, löst
die Verbindung, die ihr endlich die ersehnte Assimilation
gebracht hätte, nach fünf Jahren, ohne Finckenstein diese
Demütigung jemals zu verzeihen. Sie sucht in Paris bei
ihrer Freundin Caroline von Humboldt den Schmerz zu
betäuben, stürzt sich aber nach ihrer Rückkehr in die
preußische Hauptstadt fast besinnungslos in ein neues
Liebesabenteuer. Sie verlobt sich mit dem spanischen Le-
gationssekretär Don Raphael d'Urquijo, einem Mann
von Etikette und furioser Eifersucht. Nach zwei Jahren
gegenseitiger Marter trennen sich die beiden. Eine bittere Zäsur in Rahels Leben und auch eine zeitgeschichtli-
che Zäsur: das Ende der Frühromantik. Restaurative
Tendenzen verstärken sich, Antisemitismus tritt offener
zutage, Napoleon marschiert am 2.–7. Oktober 1806 in
Berlin ein. Rahels Salon gerät in den Strudel der Kriegswirren, sie zieht von der Jägerstraße um in die Charlot-
tenstraße, später in die Behrensstraße.

1814, nachdem sie sich hat taufen lassen und sich nun
Antonie Friederike nennt, heiratet sie, 43jährig, den 14
Jahre jüngeren und noch in keiner Weise profilierten
Karl August Varnhagen von Ense, der ihr endlich bürgerlichen Status, wenn auch nicht den seinem Stand
gemäßen Lebenszuschnitt bieten kann. Sie verhilft ihm
zu bescheidenem beruflichen Aufstieg, er dankt es ihr
mit treuen Sekretärsdiensten. Früh beginnt er, ihre ver-
streuten Notizen, ihre Aphorismen und Briefe zu sammeln; sein Verdienst ist es, daß uns weit über 5000 Briefe
erhalten sind, teils veröffentlicht, teils noch unerschlossen
in der Jagellonischen Bibliothek in Krakau lagernd.

Varnhagen hatte das richtige Gespür: Rahels ganz subjektive und doch welthaltige, zeitgebundene und über die Zeit hinausweisenden Briefe sind es, die ihr den Nachruhm sichern und die gleichzeitig eine Möglichkeit weiblicher Selbstentfaltung in den Grenzen des Berliner Gesellschaftslebens dokumentieren. Für diese so ausdrucksstarken, sich wenig um Regeln der Orthographie und Interpunktion kümmernden Briefe holte sich Rahel die Worte zusammen, wo sie sie fand, aus fremden Sprachen, dem Berliner Jargon oder aus ihrer schöpferischen Sprachphantasie. Sie, die sich nie für eine Dichterin hielt, war sich der Bedeutung und des literarischen Ranges ihrer Briefwechsel durchaus bewußt und hat eine spätere Veröffentlichung wohl mit einkalkuliert, wenn sie verkündet: »Mein Leben soll zu Briefen werden.« Schon 1801 schreibt sie an eine Freundin: »Und sterbe ich – suche alle meine Briefe – durch List etwa – von allen meinen Freunden und Bekannten zu bekommen ...«, und sie stellt ihr Licht nicht unter den Scheffel mit dem Nachsatz: »Es wird eine Originalgeschichte und poetisch.« Noch deutlicher die Aussage: »Ich bin so einzig, als die größte Erscheinung dieser Erde. Der größte Philosoph oder Dichter ist nicht über mir. Wir sind vom selben Element. Im selben Rang ... Mir aber ward das *Leben* angewiesen.«

Ein Leben, in dem die Briefkontakte eine so bedeutsame Rolle spielen, nicht zuletzt deshalb, weil es Rahel in ihren späteren Salons – sie siedelt 1827 von der Französischen Straße in ihr letztes Domizil, die Mauerstraße 36, über – nicht mehr gelingt, »die Dachstube im Größeren fortzuspinnen«. Sie ist nun, was sie sich immer gewünscht hatte, eine getaufte Preußin, aber eine neue Identität hat sie im kleinräumigen Biedermeierberlin nicht finden können. Sie rebelliert, hadert, läßt sich von den emanzipatorischen Saint-Simonistinnen beeindrucken, greift im Gefolge Heines politische Fragestellungen auf, man reiht sie bei den utopischen Sozialistinnen ein. Doch dieselbe Frau liest, ganz nach innen gerichtet, den Mystiker Angelus Silesius und huldigt zeitlebens einem Goethekult, wie er zwar in den Salons der Zeit und besonders bei Bettine von Arnim üblich war, aber bei Rahel befremdlich wirkt. »Goethe hat mir für ewig den Ritterschlag gegeben. Beim Himmel ... Kein Olympier könnte mich mehr ehren«, schreibt sie enthusiastisch nach einer flüchtigen Begegnung. Goethe selbst scheint diese Art von Huldigung nicht unangenehm zu sein. Er nennt seine Verehrerin »ein liebevolles Mädchen« und äußert einem Freund gegenüber: »Sie ist was ich eine schöne Seele nennen möchte, man fühlt sich, je näher man sie kennen lernt, desto mehr angezogen und lieblich gehalten.« Heine geht noch weiter. Er hält sie für die geistreichste Frau des Universums, am 17. April 1823 schreibt er: »Und wenn ich mir auch hundertmal des Tags vorsagte: ›Du willst Frau von Varnhagen vergessen!‹ – es ginge doch nicht.«

Eine seltsame Faszination muß selbst noch von der alternden Rahel ausgegangen sein, auch wenn Madame de Staël nach ihrem Deutschlandbesuch abschätzig von der »kleinen Berlinerin« spricht. Grillparzer schildert anschaulich, wie er sie spätabends in der Mauerstraße besucht – da ist sie 56: »Nun fing aber die alternde, vielleicht nie hübsche, von Krankheit gezeichnete, etwas einer Fee, um nicht zu sagen einer Hexe ähnliche Frau zu sprechen an, und ich war verzaubert. Meine Müdigkeit verflog oder machte vielmehr einer Trunkenheit Platz. Sie sprach und sprach bis gegen Mitternacht, und ich weiß nicht mehr, haben sie mich fortgetrieben oder ging ich selbst fort ... In der ganzen Welt hätte mich nur eine Frau glücklich machen können, und das ist Rahel.«

Und diese selbe Frau ist es, die sich ihr Leben lang als Ausgestoßene, Unbehauste vorkommt, die »als Parvenu ihre Pariaqualitäten« behalten hat, wie Hannah Arendt es in ihrer Biographie ausdrückt. Eine Frau in ihren Widersprüchen, und es lag Rahel nie daran, diese Widersprüche auszuräumen, zu harmonisieren.

Sie wünscht sich einen Sargdeckel aus Glas, mit kleinsten grünen Glasscheiben, und er soll »nicht in die Erde gegraben, sondern in ein wenn auch noch so kleines Häuschen gesetzt« werden. Sie möchte nicht in Vergessenheit geraten. Varnhagen respektiert den Wunsch seiner Frau, die für ihn »während 19 Jahren unserer Ehe das höchste und reinste Glück meines Lebens« war. Er läßt die am 7. März 1833 Verstorbene in einem Gewölbe auf dem Dreifaltigkeitsfriedhof beisetzen, erst 25 Jahre später, nach seinem Tod, werden beide gemeinsam begraben.

1834 gibt Varnhagen einen Privatdruck mit ausgewählten Briefstellen seiner Frau heraus: »Rahel – ein Buch des Andenkens für ihre Freunde« – der Beginn eines umfangreichen Sammelwerkes. Rahel Varnhagen überlebt in ihren Briefen.

Quasi una fantasia

Dichterin und Kommunikationskünstlerin
Bettine von Arnim
1785–1859

> Es ist ein wunderliches kleines Wesen, eine
> wahre Bettine an körperlicher Schmieg- und
> Biegsamkeit, innerlich verständig, aber
> äußerlich ganz töricht ...
>
> CAROLINE SCHLEGEL-SCHELLING

Liebe Bettine,

Sie haben sicher nichts gegen die vertrauliche Anrede, schlagen Sie selbst doch bei Ihren vielen Briefwechseln meist sehr persönliche Töne an. Es wird Sie auch nicht stören, daß dieser Brief aus einer Zeit kommt, die Sie nicht erlebt haben, in die Sie aber gut hineinpassen würden. Ihre Aufgeschlossenheit und Neugier, Ihre Spontaneität und Ihr Drang, auf Menschen zuzugehen und sie in Ihr weites Beziehungsgeflecht einzubauen – all diese Fähigkeiten sind gefragt im Zeitalter weltweiter Kommunikation und Vernetzung. Unbekannte Worte für Sie? Keineswegs. Sie praktizierten Ihr Leben lang, worauf es heute ankommt: extraordinär zu sein, mit möglichst originellen Gedanken sich einzubringen in den Kulturbetrieb, Verbindungen zu schaffen und zu nutzen, aber auch: furchtlos einzustehen für seine Ideen, zu kämpfen gegen Ungerechtigkeit und jegliche Beschneidung der Freiheit.

Sie haben die Meinungen stets polarisiert: Man mochte und bewunderte Sie oder man fand Sie exaltiert und aufdringlich. Das haben Sie oft genug erfahren, und es wird Sie interessieren, daß dies bis heute so geblieben ist. Unendlich viel ist über Sie geschrieben worden, das müsste Ihrem Selbstgefühl schmeicheln, Sie wohl manchmal auch ärgern, wenn Sie schnoddrig Mokantes lesen und sich nicht mit Ihrer berühmten Schlagfertigkeit verteidigen können.

Vielleicht mögen Sie auch die Stimmen nicht, die Sie in andächtiger Verehrung zur Ikone überhöhen oder die Sie ungefragt vereinnahmen für gesellschaftspolitische, feministische, romantisch-utopische oder freidenkerische Vorstellungen. Sie wollten stets nur Sie selbst sein, niemals Abbild, niemals Nachbeterin kluger Gedanken, niemals abhängig von dem, was Damen der Gesellschaft geziemt. Das hat Sie viel Kraft gekostet, auch wenn es Ihnen gleichgültig war, daß böse Zungen Sie der eitlen Selbstüberschätzung bezichtigten, Ihr Sich-Querstellen als Wichtigtuerei abtaten. Mochten andere dafür Ihre Eigenwilligkeit bewundern, Ihr furchtloses Engagement, Ihr mildtätiges Herz.

Ob Ihnen aufgefallen ist, daß Männer mit Ihnen meist härter ins Gericht gehen als Ihre Geschlechtsgenossinnen? Keine Frau – es sei denn eine Rivalin – hätte Sie, wie Goethe es tat, eine »leidige Bremse« genannt oder Sie so barsch zurechtgewiesen wie Fürst Pückler. Der hielt, Sie erinnern sich sicher, nichts von Ihrer »Gehirnsinnlichkeit«, die nur künstlich heraufgeschraubt sei und beliebig beiseite gelegt oder auf einem anderen Instrument abgespielt werden könne. – Ein Verdacht, den offenbar auch andere hegten, die sich von Ihrer impulsiv vereinnahmenden Art bedrängt fühlten und die mit Fürst Pückler hätten sagen mögen: »nicht überspannt, wenn ich bitten darf!«

Wenn Frauen sich über Ihre – Sie müssen zugeben – oft pubertär anmutenden Gefühlsausbrüche ärgern, über

Ihr Flunkern und Funkeln, so würdigen sie doch gleichzeitig Ihre Lebensleistung, Ihren Einsatz für die Familie, für Benachteiligte und der Hilfe Bedürftige, auch das hohe Maß an Selbstzurücknahme, das damit einhergeht. Wie viel lieber hätten Sie sich ans Klavier gesetzt, als den Kindern Bohnensuppe zu kochen. Wie viel lieber hätten Sie am Schreibtisch gesessen und Ihre Brieffreundschaften gepflegt, als unter Ihren Bekannten die Butter von Gut Wiepersdorf zu verscheuern …

Sie haben früh gelernt, hart gegen sich selbst zu sein, Überlebensstrategien zu entwickeln und Ihre Fähigkeiten voll auszuspielen – wer könnte Ihnen das verübeln? Welcher Energie bedurfte es, sich als siebtes Kind inmitten einer vitalen zwölfköpfigen Geschwisterschar durchzusetzen und ein völlig unangepasstes Eigenleben zu führen. Mit acht die Mutter verloren, vier Jahre später den geliebten Vater, ins klösterliche Internat abgeschoben, dann reihum zu Verwandten. Immer auf der Suche nach Geborgenheit, Verstehen.

Daß Karoline von Günderode, die einzig vertraute Freundin, sich von Ihnen zurückzog und aus dem Leben schied, daß Goethe, Ihre alles überstrahlende große Liebe, diese Liebe eher beiläufig wahrnahm, wie muß Sie das geschmerzt haben. Aber nie fallen Sie in die Opferrolle, nie lassen Sie sich bemitleiden, auch nicht in Ihrer Ehe mit Achim von Arnim, dem genialisch weltfernen Gutsherrn von Wiepersdorf. Auch nicht mit Ihren sieben Kindern, die Sie weitgehend alleine erzogen haben. Geldnöte überspielen Sie mit Grandezza. Gesellschaftliche Konventionen ignorieren Sie, Klatsch ebenfalls.

Später die politischen Anfeindungen. ›Communistin‹ schimpft man Sie, hält Sie für gottlos, weil Sie, obwohl katholisch getauft und bei den Nonnen erzogen, nicht kirchenfromm sind. Mit den gesellschaftlichen Kreisen Ihres Standes haben Sie es sich ohnehin verdorben, seit man Sie vor dem Haus eines Judenmädchens in einer zwielichtigen Gegend den Bürgersteig fegen sah. Ihre ›sozialen Schrullen‹ sieht man Ihnen nicht nach, schon gar nicht Ihre Anklage gegen das Weberelend im Vogtland: Was haben Sie sich in die Angelegenheiten der Proletarier einzumischen? Gar dem König Vorwürfe zu machen?

Immer eine Provokateurin. Eine Rolle, die Ihnen gut zu Gesicht steht und die Ihnen, vor allem bei der rebellischen Jugend, viel Sympathie einbringt – wenn da nicht noch die andere Rolle wäre, die Sie mit ebensolcher Bravour spielen: die der kindlich koketten Schwärmerin, der verzückten Anbeterin großer Geister, deren vertrauliche Nähe Sie suchen. Diese Inszenierungen – wenn es denn Inszenierungen sind und nicht echte Aufwallungen Ihres Gemüts – sind zu Ihrer Zeit schon auf Befremden gestoßen, denken Sie an Marianne von Willemer, die nicht nur Sie, sondern gleich Ihre ganze Brentanosche Familie der ›Coquetterie‹ und hemmungslosen Eitelkeit zeiht. Oder an Goethes Verdikt gegen die ›Tollhäusler‹, nachdem Sie seine Christiane als ›toll gewordene Blutwurst‹ verunglimpft hatten. Erinnern Sie sich? Es war in Weimar, ausgerechnet auf Ihrer Hochzeitsreise, Christiane hatte Ihnen wegen Ihrer kessen Bemerkungen die Brille von der Nase geschlagen und zertreten …

Sie liebten es, Ihren Charme und Ihre Phantasie spielen zu lassen, um Rivalinnen eifersüchtig zu machen. Dabei tut es wenig zur Sache, ob Goethe tatsächlich seine Hand auf Ihren Busen gelegt hat oder ob Sie sich die Szene wirkungsvoll zurechtgeschrieben haben. (Heute könnte der Meister übrigens wegen Busengrabscherei gerichtlich belangt werden, während – paradox – die erotischen Anspielungen in Ihren Tagebüchern und Briefen niemanden mehr aufregen.)

Stets waren Sie auf der Suche nach väterlichen Freunden – verständlich, nachdem Sie Ihren Vater, auf dessen südländisches Blut Sie stolz sind, so früh verloren haben. Sie suchten nicht Liebesabenteuer, Sie suchten den überlegenen Geist, aber wenn es dabei verführerisch knisterte, um so besser. Sie wussten mit Ihren dunklen staunenden Augen und Ihrem kleinen Wuchs Ihre Kindlichkeit noch auszuspielen, als Sie längst kein Kind mehr waren. Als Zweiundzwanzigjährige kauern Sie auf einem Schemelchen zu Goethes Füßen. Auch als Schleiermacher Ihnen ein häusliches Privatkolleg hält, rücken Sie das Schemelchen ehrfurchtsvoll vor seine Knie. Und was für Mühe hat es Sie gekostet, bei Ihrem Wiener Aufenthalt zu Beethoven vorzudringen und den Widerspenstigen handzahm zu machen!

Die Liste Ihrer illustren Brief- und Gesprächspartner ist lang, und immer geht die Initiative von Ihnen aus, ob bei den Schlegels, den Grimms oder den Humboldts, ob bei der Frau Rat Goethe oder den politischen Köpfen des Jungen Deutschland. Sie lassen sich auch von Celebritäten nicht einschüchtern, verkehren in vertraulichem Ton selbst mit Friedrich Wilhelm IV., der Ihnen als Ihr »Quasi-Phantasie-Gebilde« seine Gunst gewährt.

Es muß Sie mit Genugtuung erfüllen, mit den Großen Ihrer Zeit korrespondiert zu haben, auch wenn viele Ihrer Briefe nicht oder mit Distanz beantwortet wurden. Wissen Sie, daß Sie auch in die Literatur Ihrer Nachwelt eingegangen sind, in Musils Tagebücher beispielsweise oder in Hesses Essays? Den Anreiz, sich mit Ihnen zu beschäftigen, hat Walter Jens, ein heutiger Kritiker und Literat, auf den Nenner gebracht: »Eine Frau in ihrem Widerspruch.« Und Ihr Dichter-Bruder Clemens, der Sie wie niemand sonst in Ihren Stärken und Schwächen kennt, hebt Ihre Entschlossenheit hervor, »alles in Beschlag zu nehmen und jede platte Umgebung zurecht zu gewalttätigen«. Nehmen Sie's als Kompliment!

Daß jedes noch so objektiv angelegte Porträt immer auch subjektive Fragestellungen und Gewichtungen enthält – wer wüsste das besser als Sie. So mag es reizvoll sein für Sie zu erfahren, wie heutige Schriftstellerinnen sich Ihrer Person nähern, wo deren Beweggründe liegen, sich mit Ihrem Leben und Ihrem, nimmt man alles zusammen, stattlichen Werk zu beschäftigen.

Katja Behrens zum Beispiel. Eine Autorin, die Außenseitern nachspürt und die auch in Ihrem Leben, genauer in Ihrer Jugend, das Gegen-den-Strich-Gebürstete sucht, den Grund, warum Sie, trotz Ihrer vielen Kontakte, Außenstehende geblieben sind. Liegt es an den unübersichtlichen Familienverhältnissen im Haus Ihrer Kindheit in der Frankfurter Sandgasse, die Ihnen nie die Gewissheit sicherer Verortung gegeben haben? Ihr Vater, der italienische Kaufmann Pietro Brentano, hatte zwar das Frankfurter Bürgerrecht, sprach aber nur gebrochen Deutsch. Nach dem Tod Ihrer Mutter hatte er – man stelle sich das vor – achtzehn Kinder aus zwei Ehen zu versorgen. Sie vermissten ihn, den Vielbeschäftigten und stets Abwesenden, schon vor seinem frühen Tod schmerzlich.

Er hat Sie und zwei Ihrer Schwestern in einer Klosterschule, bei den Ursulinen in Fritzlar, untergebracht. Vier Jahre, wie Katja Behrens es sieht, »dem christlichen Klosterleben innewohnende Verlogenheit und Prüderie«. Ob Sie das so negativ erlebt haben? Ihr Eigenwille, Ihre innere Auflehnung gegen Unterwerfungsriten sind in dieser Zeit gewachsen – und Ihre Einsamkeit: »Ich habe keinen andern Freund gehabt als mich selber, ich habe nicht um mich, aber oft mit mir geweint«, schreiben Sie. Sie hatten in den vier Jahren nicht einmal Ihr Spiegelbild, Spiegel waren verpönt im Kloster, erst nach Ihrer Internatszeit haben Sie mit Befremden Ihr Äußeres wahrgenommen: »Ich erkannte alle, aber die eine nicht, mit feurigen Augen, glühenden Wangen, mit schwarzem, fein gekräuseltem Haar.«

Der klösterlich spartanischen Gleichförmigkeit folgt eine Zeit der Turbulenz, die Ihrem quirligen Wesen entsprochen haben müsste, die aber auch Ihre Sehnsucht nach fester Verankerung wachsen lässt. Sie kommen bei Ihrem Halbbruder Franz, Ihrem Vormund, unter, vertragen sich nicht mit der Stiefmutter, werden zur Großmutter, Sophie von La Roche, nach Offenbach weitergereicht, die als erfolgreiche Schriftstellerin einen der ersten literarischen Salons führt. Auf dem großmütterlichen Dachboden machen Sie einen aufregenden, Ihr weiteres Leben prägenden Fund: Sie entdecken dort einen Packen Briefe von Goethe, Briefe an Ihre Großmutter, seine Jugendfreundin, aber auch Liebesbriefe, die er an Ihre Mutter Maximiliane geschrieben hat ... Darum also hatte Goethe nach der Heirat Ihrer Mutter Hausverbot bei den Brentanos!

Sie sehen sich nun – darf man das so interpretieren? – als Sachwalterin Ihrer Mutter und setzen alles daran, den Absender der Briefe persönlich kennen zu lernen. Mit Ihrer charmant berechnenden Art gelingt es Ihnen, Goethes Mutter manche Erinnerung aus der Jugend des ›Hätschelhanses‹ zu entlocken, die Sie dann – mit Sinn für Spannung und Komik aufbereitet – an den Sohn in Weimar weiterreichen und so erste Kontakte knüpfen. Frau Rat Goethe schließt Sie in ihr Herz, und der große Sohn in Weimar wird Ihre Aufzeichnungen später seinem autobiographischen Werk *Dichtung und Wahrheit* einverleiben.

Die Begegnung mit ihm wird zum Angelpunkt Ihres Lebens. Sie identifizieren sich mit der Gestalt der Mignon, fühlen sich als Goethes ›Psyche‹ – und der Meister sieht's mit Wohlgefallen, ist geschmeichelt. Später allerdings genervt. Ihre vereinnahmende Zuneigung, mit der Sie sein Leben begleiten, wird ihm zunehmend lästig. Er ist 39 Jahre älter als Sie, könnte Ihr Vater sein, aber er gefällt sich nicht in Vaterrollen, spielt lieber den Charmeur, den jugendlichen Liebhaber. Sie aber suchen den Übervater.

»Auch wo sie liebte, liebte sie durch den anderen hindurch nur den Geist«, schreibt Margarete Susman, eine andere Ihrer Biographinnen. Und: »Vor allen Bindungen, allen Gefühlen, selbst vor der Freundschaft schreckt sie zurück.« Können Sie sich in diesem Zitat wiederfinden, wenn Sie an Ihre Goethe-Annäherung denken? Sie seien, glaubt Susman, von der Liebe anderer immer erstaunlich unabhängig gewesen, nie gefesselt von leidenschaftlichem Verlangen. – Also reines Geistwesen oder kalkulierende Rollenspielerin? Wahrscheinlich behagen Ihnen beide Auslegungen nicht.

Sie machen es, bewusst oder unbewusst, Biographen schier unmöglich, Ihr Wesen einzufangen und in ein Kästchen zu sperren. Und der Band *Goethes Briefwechsel mit einem Kinde,* den Sie mit fünfzig, drei Jahre nach Goethes Tod, herausgebracht haben, macht das Verwirrspiel für Uneingeweihte noch verwirrender: Welche der abgedruckten Briefe von Goethe, von seiner Mutter, seiner Frau Christiane, von Ihnen selbst, sind echt? Welche von Ihrer Hand frei ergänzt oder verändert? Welche entspringen ganz Ihrer Phantasie? Gewiss, es zeugt von Ihrem sprachlichen Geschick und Ihrem subtilen Einfühlungsvermögen, wenn Original und Nachdichtung nicht zu unterscheiden sind, und etliche Rezensenten, das ist Ihnen sicher bekannt, billigen dem Buch gerade wegen dieser phantasievollen Mischung aus Fiktion und Wahrheit eine besondere literarische Qualität zu. Sie haben den Band Fürst Pückler gewidmet, er hatte Sie angeregt, Ihren Briefwechsel mit Goethe zu veröffentlichen, als Sie nach dessen Tod Ihre an ihn ge-

richteten Briefe zurückerhielten. Daß Sie damit so frei um-
gehen würden, damit hat der Fürst wohl nicht gerechnet.

Es mit der Urheberschaft nicht so genau zu nehmen,
das haben Sie Ihrem Genius Goethe abgeschaut. Hat er
nicht in den Sonetten an Minchen Herzlieb Stellen aus
Ihren Briefen wörtlich übernommen? Obendrein Ihnen
eine Sonett-Scharade geschickt, die Sie auf sich beziehen
mußten, die aber seiner neuen Flamme Minchen Herzlieb zugedacht war? Sie nehmen es ihm nicht übel, Sie
nehmen ihm nichts übel, er bleibt Ihr verklärter Held. –
Dies ist ein Grund, weshalb Frauenrechtlerinnen, Feministinnen nennt man sie heute, sich eigentlich nicht auf
Sie berufen können. Sie sind zwar eigenwillig, aber nicht
in dem Sinne eigenmächtig, emanzipiert, wie Frauen-
bewegte es für sich in Anspruch nehmen.

Obwohl Ihr Leben ganz auf Goethe ausgerichtet ist,
sind Sie nur erstaunlich selten mit ihm zusammengetrof-
fen. Bei Ihrem ersten Besuch in Weimar, durch Wieland
vermittelt, sitzen Sie ihm verzückt gegenüber, schreiben
später: »Ich wundre mich, daß ich so ruhig war bei ihm,
bei ihm allein, daß ich auf seiner Schulter lag und beinah
schlief, so still war die Welt um mich her ...« Ist's
Traum? Ist's erlebt? Fließend gleiten bei Ihnen Wunsch
und Wirklichkeit ineinander. Wie damals – erinnern Sie
sich? –, als Sie ihn in Ihr Haus führen wollen, drei Stie-
gen hoch in Ihr Zimmer. Auf Ihren blauen Sessel soll er
sich setzen, Ihnen gegenüber, und Sie weisen ihn liebevoll an: »So, nun reich mir die Hand herüber und laß
mich meinen Mund drauf drücken ... Dann mußt Du
die unwandelbarste Liebe in meinen Augen erkennen,
mußt jetzt liebreich mich in Deine Arme ziehen ... –
siehst Du, und mußt mich küssen.«

Ganz selbstverständlich duzen Sie ihn, während er nur
gelegentlich seinen diktierten förmlichen Briefen einen

handschriftlichen Zusatz in der vertraulichen Du-Form anfügt. Sie können nicht ahnen, daß er – war's im August 1830? – in sein Tagebuch einträgt: »Frau von Arnims Zudringlichkeit abgewiesen.«

Harter Entschluss eines Mannes, der weiblichen Annäherungen durchaus nicht abgeneigt ist. Vielleicht haben Sie verkannt, daß er bei aller Anfälligkeit für Huldbezeugungen doch stets der Handelnde, der Bestimmende bleiben will? Vielleicht auch fehlte ihm bei Ihren Gesprächen der innere Tiefgang? Zu seiner eigentlichen Gedankendimension, seinen philosophischen und naturwissenschaftlichen Fragestellungen sind Sie niemals vorgedrungen, wollten es auch nicht. Ihre instinktive Abneigung gegen Philosophie, gegen theoretische und theologische Spekulationen äußerte sich schon früh. Erinnern Sie sich, wie Sie Ihre Freundin Karoline, die Sie mit der Lektüre Schellings bedrängte, abblitzen ließen: »Dein Schelling und Dein Fichte und Dein Kant sind mir ganz unmögliche Kerle.«

Sie mochten keine Belehrung, weder vom Stiftsfräulein Günderode noch von Freund Varnhagen oder von Ihrem älteren Ihnen seelenverwandten Bruder Clemens, dem Sie ein barsches »Halts Maul!« entgegenschleudern konnten. – Von Goethe hätten Sie sich belehren lassen. Warum eigentlich haben Sie nie versucht, ihm statt als kindlich Bewundernde als ernsthaft Fragende gegenüberzutreten?

Genug von Goethe. Ihr Leben hatte, auch wenn der Genius Mittelpunkt blieb, noch andere Facetten. Immerhin sind Sie die einzige Frauengestalt um Goethe, der die Literaturgeschichte über diese Beziehung hinaus Interesse entgegenbringt. Sie sind eine Brentano, und das Haus Brentano, mit Ihrer Großmutter Sophie, Ihrer Mutter Maximiliane, Ihrem Bruder Clemens und Ihnen selbst, mit Ihren reichen Verbindungen zu den Geistesgrößen Ihrer Zeit, gilt als eine Wiege und als ein späterer Mittelpunkt der deutschen Romantik.

Zu diesem Beziehungsgeflecht gehört natürlich auch Clemens' Studienfreund aus Heidelberg, Achim von Arnim, den Sie lange vor Ihrer recht zögerlichen Eheschließung im Jahre 1811 kennen gelernt haben. Wieder ist es, und das ist wohl kein Zufall, eine Frau, Hildegard Baumgart, die Ihr allmähliches Zusammenfinden einfühlsam nachzeichnet: Die heimliche Heirat – Sie haben die Szene in der Bibliothek des Berliner Predigers bestimmt noch vor Augen – mit vergessenem Aufgebotsschein und geborgtem Myrthenkranz nimmt sich wie der Prolog zu Ihrer zwanzigjährigen, nach bürgerlichen Maßstäben doch ziemlich ungewöhnlichen Ehe aus.

Aus heutiger Sicht gäbe Ihre Beziehung kaum mehr Anlass zu Klatsch und Missbilligung. Zwei ausgeprägte Singles, die sich in ihrer Gegensätzlichkeit respektieren, sich lieben auf eine Art, die Ihrer sonstigen Emphase nicht entspricht, tun sich zusammen, reiben sich aneinander, versöhnen sich, gehen schließlich, durch praktische Gründe gerechtfertigt, getrennte Wege: Ihr Mann, der Landmensch und Einsiedler, bleibt auf Gut Wiepersdorf, Sie, die Urbane, leben mit den Kindern, die ja vernünftige Schulen besuchen sollen, in Berlin. Eine Spagatehe nennt man das heutzutage. Sie bekommt Ihnen beiden offensichtlich gut. Sie blühen auf in der kulturgesättigten Großstadtluft, und Ihr Mann braucht sich nicht mehr durch Sie eingeengt zu fühlen. Erinnern Sie sich seiner bitteren Worte: »Du übst Dein altes Kunststück, mich in allem, was ich tue, auf irgendeine frappante Art zu stören, daß ich wochenlang nach Luft schnappen muß ...«

Die Trennung macht Ihre Ehe nicht nur erträglich, sondern beflügelt sie, Ihre lebhaft getauschten Briefe sind

Zeugnis dafür. Beide führen sie ein tapferes Leben: Sie im Alltagskampf mit Kindern und Haushalt, mit Geldsorgen und Wohnproblemen, Ihr Mann im hoffnungslosen Einsatz für das marode Gut, das keine Rendite abwirft. Und nachts führen Sie beide Ihr anderes Leben, sitzen am Schreibtisch über Ihren Büchern und Briefen. Durch die doppelte und dreifache Belastung wachsen Ihnen Kräfte zu – Ihr Mann reibt sich auf. Er stirbt, ein Jahr vor Goethe, im Januar 1831 an einem Schlaganfall. Nicht einmal fünfzig Jahre alt. Sie überleben ihn um 28 Jahre.

Für Sie beginnt, mit 46, ein neues Leben. Ihre soziale, politische Zeit. Ihre Zeit als Schriftstellerin, als die Sie bislang nicht hervorgetreten sind. In der Berliner Gesellschaft kennt man Sie als wunderliche Dilettantin, nimmt Sie nicht ganz ernst. Vielleicht neidet man Ihnen auch Ihre Vitalität, Ihre vielseitigen Talente. Sie komponieren, singen, zeichnen, bildhauern, Sie haben ein Goethe-Denkmal entworfen, und doch gelten Sie nicht als Künstlerin, die Rolle im gesellschaftlichen Leben ist Ihnen längst zugewiesen: Frau eines Dichters, Gutsherrin, Mutter von sieben Kindern – sollte das nicht genügen?

Es genügt Ihnen nicht. Sie ignorieren die anklagenden Stimmen, die sich um das Wohl Ihrer Kinder sorgen und Sie lieber am häuslichen Herd sähen, die Ihre freie Erziehung missbilligen. Sie denken nicht daran, »den Genuß dieser widerwärtigen Bekanntschaften zu pflegen, wo ich jeden Augenblick riskiere, zu beleidigen und mich ihrer Herablassung unwürdig zu machen«. Lieber Wanzen als solche Freundinnen wünschen Sie sich.

Sie kümmern sich um die Herausgabe der Werke Achim von Arnims – aus Pietät? Aus schlechtem Gewissen? Egal, Sie verschaffen ihm, mit Hilfe Ihrer Freunde Varnhagen und Grimm, nun die Anerkennung, die er zu Lebzeiten nicht fand und die Sie ihm auch nicht zollten.

Seine letzten Entwürfe hat er Ihnen gar nicht mehr gezeigt.

Wenige Monate nach seinem Tod bricht in Berlin – Sie werden's in schrecklicher Erinnerung haben – die Choleraepidemie aus. Sie leisten Hilfe – nicht mit Almosen und guten Worten, sondern mit dem Einsatz Ihrer Person. Und Sie erleben hautnah, daß soziales Elend mit gesellschaftlichen Bedingungen zusammenhängt und daß diese Bedingungen im Proletariat menschenunwürdig sind. Ihr rebellischer Geist bricht wieder durch, der Weg von der mildtätig mitfühlenden Bettine zur politischen Aufrührerin ist gebahnt.

Diesen Weg zeichnet die Berliner Schriftstellerin Ingeborg Drewitz eindrucksvoll nach. Eine Frau, die Ihnen gefallen hätte, eine Frau, die sich zeitlebens eingesetzt hat für Benachteiligte, für Strafgefangene, die »mit Sätzen Mauern eindrücken« wollte und die wie keine andere Ihr Aufbegehren und Ihre Wut angesichts der Berliner Hinterhöfe, der Armenkolonie vor dem Hamburger Tor und des schlesischen Weberelends nachvollziehen konnte. »Den Hungrigen helfen heißt jetzt Aufruhr predigen« überschreibt sie ein Kapitel, das ganz im Sinne Ihres *Armenbuches* abgefasst ist. Dieses Armenbuch mit der Liste der hungernden Weber – wissen Sie, daß Sie damit die erste soziologische Untersuchung über die Lebensbedingungen des vierten Standes geliefert haben? – Brisanter Zündstoff, selbst wenn er in der Schublade bleiben muß!

Ingeborg Drewitz weiß Ihren Mut zu würdigen, mit dem Sie ins soziale und politische Geschehen eingreifen und sich einsetzen für Verfolgte und Verfemte: für den Maler Blechen, für die aus Göttingen vertriebenen Brüder Grimm und für Hoffmann von Fallersleben, für die zum Tode verurteilten polnischen Freiheitskämpfer, für den verhafteten Kommunisten Schloeffel – Ihnen werden noch viel mehr Namen einfallen. Immer wieder appellieren Sie furchtlos an den ›allergnädigsten König‹ Friedrich Wilhelm IV., erinnern ihn an sein Versprechen, als Volkskönig zu regieren, soziale Reformen durchzuführen, Geistesfreiheit zu gewähren und Minderheiten unter seinen Schutz zu nehmen. Als ›untertänigste Bettine Arnim‹ gehen Sie dabei mit erstaunlicher List und Raffinesse zu Werk.

Welch geschickter Schachzug, Ihre Anklage gegen die sozialen Missstände in Preußen in einer Schrift niederzulegen, die Sie Seiner Königlichen Majestät Friedrich Wilhelm IV. widmen und der Sie den Titel geben *Dies Buch gehört dem König*. Wie muß sich die Zensurbehörde ausgetrickst fühlen bei dieser provozierenden Zueignung. Und wie elegant legen Sie die Vorwürfe in einem fiktiven Gespräch der honorigen Frau Rat Goethe in den Mund. Da soll noch einer sagen, Sie seien nur impulsiv und unberechenbar: Selbst der dem Buch vorangestellte Ausspruch der Frau Rat »Freiheit allein bringt Geist, Geist allein bringt Freiheit« zeugt von Ihrer präzisen Berechnung.

Sie haben beim Regierungsantritt Friedrich Wilhelm IV. große Hoffnung auf den ›Volkskönig‹ gesetzt, haben ihm vorgeschlagen, statt des Berliner Domes doch tausend Hütten in Schlesien zu bauen. Das war 1840. 1843 erschien Ihr Königsbuch, dessen zweiter Teil, die *Gespräche mit Dämonen,* ein knappes Jahrzehnt später. Dazwischen lag die 48er Revolution, die Ernüchterung. Ihre Berliner Wohnung war Treffpunkt konspirativer Geister, hier haben Sie versucht, Sozialutopien in reale Politik umzusetzen. Sie sind gescheitert, aber Sie haben nicht resigniert.

Sie haben nie resigniert, »sich niemals für unglücklich halten« war eine Ihrer Lebensmaximen. »Es weissagt etwas in mir, daß eine Kraft in dieser Welt sei, die mit Leidenschaft mich liebt.« Von dieser Kraft, die Sie nicht genauer definieren, lassen Sie sich tragen. Sie gibt Ihnen das Urvertrauen, das Sie nie verloren haben. Daneben setzen Sie auf die Vernunft, auf die menschliche Einsicht, auf das Wort, hoffen mit Ihren Büchern die Welt oder wenigstens das preußische Staatswesen zu verändern, wie Ingeborg Drewitz mit Sätzen Mauern eindrücken wollte.

Wie die Staatsmacht auf Ihre Anmaßungen reagiert, das hat eine andere Berliner Schriftstellerin unserer Tage aufs Genaueste verfolgt: Christa Wolf. Und ihr Interesse an Ihren Kollisionen mit Bürokratie und Justiz, mit Polizei und Zensur ist nicht zufällig. Auch sie hat Gunst und Missgunst in einem Obrigkeitsstaat erlebt, auch sie wurde hofiert und observiert. Sie kann den Balanceakt – vielleicht mit leisem Neid – nachvollziehen, den Sie ohne Netz und doppelten Boden auf dem Hochseil ausführten. An der Zensur vorbei zu schreiben, auszuloten, was machbar ist, Zugeständnisse zu machen, ohne das Gesicht zu verlieren, das sind Strategien, die Diktaturen überleben.

Christa Wolf, die sich in einem Bändchen fragt »Was bleibt?«, registriert mit kollegialer Anteilnahme, wie Ihr Buch mit dem harmlosen Titel *Clemens Brentanos Frühlingskranz* wegen »respektwidrigen Inhalts der Zueignung« beschlagnahmt wurde. Sie rollt Ihre Verurteilung zu zwei Monaten Gefängnis wegen des läppischen Scheinarguments ›Steuerhinterziehung‹ auf, die, nach Fürsprache Ihres Schwagers Savigny, zur Bewährung ausgesetzt wurde. Ihr Kommentar wird Sie interessieren: »Bettine aber hat begriffen, daß ein Formfehler zum Vorwand genommen wurde, ihr die Instrumente zu zeigen … Aber wie unzuverlässig die Schonung war, die sie, kraft ihres Ansehens in weitesten Kreisen, durch Polizei und Zensur genoß, war ihr natürlich überscharf bewußt.«

Sie scherten sich nicht um Bespitzelung, Postzensur und Observierung. War's Leichtsinn oder verwegene

Zivilcourage, Turgenjew und Bakunin in Ihrer Wohnung zu empfangen, sich mit Karl Marx in Bad Kreuznach zu treffen? Ihr Buch *Die Günderode* haben Sie den rebellischen Berliner Studenten gewidmet, sie danken es Ihnen mit einem Fackelzug. Eine »Vordenkerin« hat Karl Gutzkow Sie genannt, der Begriff wird Ihnen gefallen haben.

Mit Ihren politischen Büchern und Schriften haben Sie sich in die Berliner Revolutionsgeschichte eingeschrieben, kühn und eigenständig. Die Zeit Ihres ekstatischen Goethekultes schien weit hinter Ihnen zu liegen. Und doch: Nach Ihrem Tod wollten Sie zu Füßen Ihres Goethedenkmals aufgebahrt werden.

Obgleich Ihr Buch *Goethes Briefwechsel mit einem Kinde* Sie berühmt gemacht hat, bleiben Sie der Nachwelt doch eher als die sozial tätige, die politische Bettine in Erinnerung, die Bettine, die – im harten Winter 1859 – an der Seite Achim von Arnims auf Gut Wiepersdorf die letzte Ruhestätte fand.

Frankfurt, Berlin, Wiepersdorf: Wegmarken Ihrer kleinkreisigen und doch weiten Welt. Gut Wiepersdorf, das wird Sie freuen, ist zu einem literarischen Zentrum ausgebaut worden, und ab und zu liegt auf Ihrer Grabplatte eine Rose oder ein Feldblumenstrauß mit Mohn und Margeriten, die Sie besonders gern mochten – Zeichen der Verbundenheit über Zeiten und Grenzen hinweg, so, wie Sie es sich immer gewünscht hatten ...

Leben aus dem Koffer

Die Dichterin
Else Lasker-Schüler
1869–1945

Zu Lebzeiten hat Else Lasker-Schüler immer wieder für Aufregung und Irritation gesorgt. Doch wer hätte geahnt, daß sie fünfzig Jahre nach ihrem Tod – just vor der Eröffnung der großen Gedenkausstellung im Zürcher Museum Strauhof im Juni 1995 – noch einmal Schlagzeilen machen würde? Nicht nur Zürcher Zeitungen berichten von einem geheimnisvollen »Koffer aus dem Keller«, auch in Deutschland läßt der Inhalt des abgewetzten braunen Köfferchens, das mehr als ein halbes Jahrhundert unbeachtet im Keller der Zürcher Buchhandlung Dr. Oprecht ruhte, die Fachwelt aufhorchen. »Ein sensationeller Nachlaßfund«, befindet die *Frankfurter Allgemeine Zeitung*. Und der Literaturhistoriker Martin Bircher ist nach einer ersten Durchsicht des Materials überzeugt, daß durch die neuentdeckten, mit Korrekturen übersäten Manuskripte und Druckfahnen das Bild von der intuitiv leichthin schreibenden Dichterin endgültig widerlegt sei. Die von sich sagte, sie dichte »mit der Hand der Seele – mit dem Flügel«, feilte in Wahrheit beharrlich und sprachversessen an jedem Begriff.

Wie nun kommt das in keinem Verzeichnis erwähnte Gepäckstück mit den wertvollen unbekannten oder verloren geglaubten Dokumenten, auch einigen Büchern und Postkarten, in das Kellerverlies? – Die aus Deutschland nach Zürich emigrierte Dichterin hat es kurz vor ihrer letzten Palästinareise im Frühjahr 1939 Emil Oprecht, dem Verleger ihres Buches *Das Hebräerland*, anvertraut,

dessen Buchhandlung eine wichtige Anlaufadresse für Emigranten war. Nur für ein paar Wochen oder Monate wollte sie es bei Oprecht unterstellen, bis zu ihrer Rückkehr nach Zürich. Die verschärften Schweizer Einreisebestimmungen und der Ausbruch des Zweiten Weltkrieges machten diese Rückkehr unmöglich. So geriet der nie zurückgeforderte, unscheinbare Koffer mit dem Aufkleber *Hotel Seehof, Schifflände 28,* der letzten Zürcher Bleibe der Dichterin, allmählich in Vergessenheit. Als man ihn endlich wiederentdeckte, flatterte beim Öffnen ein geheimnisvolles, bis heute nicht entschlüsseltes Zettelchen mit Else Lasker-Schülers Handschrift zu Boden: »Verlaß mich nicht. Es sind ja nur noch die letzten Stunden. Und ich muß wieder hinaus in die Welt« – ihre Zürcher Abschiedsbotschaft – an wen?

Das braune Köfferchen ist nicht der einzige persönliche Besitz, den die Verscheuchte zurückläßt. Auch im Keller des Kunsthauses Zürich hat sie vier Koffer untergestellt. Zwei Aufbewahrungsbestätigungen fanden sich in ihrem Nachlaß, der in der Jewish National and University Library Jerusalem aufbewahrt wird. Der Schauspieler Ernst Ginsberg, einer der treuesten Freunde der Dichterin, machte sich dreizehn Jahre nach ihrem Tod auf die Suche nach den verschollenen Koffern. Er öffnete sie nicht ohne Beklemmung: »Ich gedachte der herben Scheu, mit der Else Lasker-Schüler immer jeder Berührung privatester Bezirke auszuweichen pflegte. Aber dann gedachte ich auch so vieler Beweise ihrer Freundschaft und tat, was getan sein mußte.« Drei der Koffer waren angefüllt mit Zeichnungen ihres frühverstorbenen Sohnes Paul, dessen große künstlerische Begabung für sie außer Zweifel stand. Im vierten Koffer fanden sich bislang unbekannte Dichtungen aus ihrer Feder und Briefe, die ihr berühmte Zeitgenossen geschickt hatten. Der

Kofferdeckel war – augenfällige Bestätigung ihres Wanderlebens – übersät mit Hotelaufklebern ihrer Reiseziele: Wien, Zürich, Berlin, Kolberg, Königsberg, Leipzig, Köln, Stuttgart, Frankfurt, Hamburg, London, Kairo, Alexandrien, Jerusalem.

Auch wenn sie weitgehend ein Leben aus dem Koffer führte, mochte sie doch auf persönliche Erinnerungsstücke und alles, was sie je geschrieben hatte, nicht verzichten. Sie war sich des Wertes ihrer Dichtung bewußt, keine Verlagsabsage, keine noch so herbe Kritik ließ sie an sich und ihrem Schreiben zweifeln. Dabei machte sie es selbst ihr wohlgesonnenen Menschen schwer, all ihren Eskapaden Verständnis entgegenzubringen. Die Schwierigkeiten, mit denen sie zeitlebens zu kämpfen hatte, lagen nicht nur in den Zeitläuften und dem entwürdigenden Dasein als Heimat- und Staatenlose, sondern auch in dem bewußt inszenierten Verwirrspiel um ihre Person, das die Phantasie und Toleranz ihrer Umwelt oft überforderte.

Wer war diese Else Lasker-Schüler, die sich auch *Tino von Bagdad* oder *Prinz Jussuf von Theben* nannte und sich damit einen künstlerischen Adelstitel – höher angesiedelt als Erb- und Geldadel – zulegte?

Eine Nomadin. Eine Traumtänzerin. Ruhelos unterwegs auf der Suche nach einem Leben, das ihr die Realität nie bieten kann. In keiner Stadt, in keinem Land ist sie wirklich zu Hause, auch wenn sie in Zürich gern seßhaft geworden wäre. Keine menschliche Beziehung kann ihren Eruptionen, ihrem exzentrischen Wesen auf Dauer standhalten. Sie hat sich eine Welt nach ihrem Bilde geschaffen, bizarr und unberechenbar, und sie mit leibhaftigen Fabelwesen bevölkert: *König Giselheer* nennt sie ihren jungen Geliebten, den Berliner Arzt und Dichter Gottfried Benn, der in ihr »die größte Lyrikerin, die Deutschland je hatte« sieht. Für eine andere Schlüsselfigur der Literaturszene, den Kritiker Karl Kraus, dem sie die Titel *Cardinal* oder *Dalai Lama* verleiht, ist sie »die stärkste und unwegsamste lyrische Erscheinung des modernen Deutschland«.

Aber das moderne Deutschland – bis auf avantgardistisch-expressionistische Kreise – und auch die Schweiz tun sich schwer mit ihr und all den biographischen und literarischen Fußangeln, die sie legt. Man stelle sich biedere Zürcher Beamte vor, denen eine Vita wie die folgende auf den Schreibtisch flattert: »Ich bin zu Theben (Ägypten) geboren, wenn ich auch in Elberfeld zur Welt kam im Rheinland. Ich ging bis 11 Jahre zur Schule, wurde Robinson, lebte fünf Jahre im Morgenlande, und seitdem vegetiere ich.« – Überbordende Phantasie oder Flucht in Wunschwelten, um die nackte Alltagswirklichkeit auszugrenzen?

Von dieser Alltagswirklichkeit setzt sich Else Lasker-Schüler auch in ihrer Kleidung ab, wenn man den Beschreibungen ihrer Zeitgenossen mehr Glauben schenkt als den offiziellen, in Ateliers gestellten Fotos. Sie zeigen eine geschmackvoll und dezent gekleidete Dame, während etwa Benn schildert, wie man mit ihr nicht über die Straße gehen konnte, ohne daß alle Welt stillstand und ihr nachsah: »Extravagante weite Röcke oder Hosen, unmögliche Obergewänder, Hals und Arme behängt mit auffallendem, unechten Schmuck, Ketten, Ohrringen, Talmiringen an den Fingern, und da sie sich unaufhörlich die Haarsträhnen aus der Stirn strich, waren diese, man muß schon sagen: Dienstmädchenringe immer in aller Blickpunkt.«

Daß sie ihr Geburtsdatum verändert, sich um sieben Jahre jünger gemacht hat, fällt bei ihrer knabenhaft schlanken Gestalt, dem pechschwarzen Haar und den jugendlich lebendigen Gesichtszügen und Gesten nicht weiter auf. Benn glaubte, sie sei ein knappes Jahrzehnt älter als er – in

Wirklichkeit waren es siebzehn Jahre. Auch die Geburt ihres Sohnes Paul gehört in das Verwirrbild, das sie von ihrem Leben zeichnete. Nie hat sie den Namen seines Vaters genannt, aber den Vermutungen, es handle sich um einen spanischen Prinzen, nicht widersprochen.

Ein von Legenden umranktes Leben, kunstvoll gewirkt aus Dichtung und Wahrheit, wobei das Irreale oft als gelebte Wirklichkeit, das Reale als poetische Überhöhung erscheint. Die nachprüfbaren Fakten nehmen sich nüchterner, aber nicht weniger beeindruckend aus:

Geboren ist Else Lasker-Schüler am 11. Februar 1869 in Wuppertal-Elberfeld. In ihrem Elternhaus – der Vater ist jüdischer Bankier – herrscht eine liberale und tolerante Atmosphäre, um so mehr erschrecken sie antisemitische Ausschreitungen auf dem Schulweg und in der Stadt. Noch als Kind hat sie den Tod ihres Lieblingsbruders zu verkraften, mit 21 verliert sie ihre über alles geliebte Mutter. Knapp vier Jahre später heiratet sie den Arzt Dr. Berthold Lasker und zieht mit ihm nach Berlin.

Hier beginnt ihr eigentliches Leben, ihre künstlerische Entfaltung. Sie nimmt Zeichenunterricht beim Maler Simon Goldberg und legt sich ein eigenes Atelier zu. Von ihrem Mann entfremdet sie sich mehr und mehr:

> »Bist wie der graue sonnenlose Tag,
> Der sündig sich auf junge Rosen legt.
> – Mir war, wie ich an deiner Seite lag,
> Als ob mein Herze sich nicht mehr bewegt.«

Um so weiter öffnet sie ihr Herz dem Dichter und Bohemien Peter Hille, der ihr Mentor wird und sie in die *Neue Gemeinschaft* einführt, einen Kreis von Musikern, Künstlern und Literaten, die außerhalb der etablierten Gesellschaft neue Lebensformen erproben wollen. Mag sein, daß sie hier auch dem unbekannten Vater ihres

Sohnes Paul begegnet ist, den sie, nicht nur im Gedicht *Sinnenrausch*, mystisch verklärt:

>»– Ich folge dir ins wilde Land der Sünde
>Und pflücke Feuerlilien auf den Wegen,
>– Wenn ich die Heimat auch nicht wiederfinde...«

Mit Sicherheit lernt sie in dieser Runde den neun Jahre jüngeren Schriftsteller und Verleger Georg Levin kennen, dem sie den Namen *Herwardt Walden* gibt. Eine literarisch produktive Zeit beginnt. 1902 erscheint ihr erster Gedichtband *Styx*. Ein Jahr darauf, wenige Monate nach der Scheidung von Berthold Lasker, heiratet sie Walden. Der zum Freundeskreis gehörende Dichter Alfred Döblin beobachtet die Verbindung mit Skepsis und schreibt über die Lasker-Schüler: »Sie führte eine unglückliche Ehe. Walden befreite sie daraus und heiratete sie, und ihr kleiner Sohn, Paulchen, ging mit ihr... Walden, mit seinem Spürtalent, hatte die große Begabung der jungen Frau erkannt, aber ihr Temperament, wie mir scheint, nicht mit derselben Sicherheit.«

Walden versucht nicht, dieses ungestüme Temperament zu zügeln, er leistet aber verlegerische Hilfestellung bei den Veröffentlichungen seiner Frau, die nun in kurzen Abständen erscheinen, auch in der von ihm gemeinsam mit Karl Kraus gegründeten Wochenschrift *Der Sturm*. Finanziell wirft diese Zeitschrift nichts ab. Die kleine Familie »mit ihrem unglaublich verzogenen Sohn« nähre sich, vermutet die Schauspielerin Tilla Durieux, nur von Kaffee, den ihnen ein buckliger Oberkellner mitleidig stunde. – Ein Eheleben, mehr von Geldnot als von Bohemeromantik gezeichnet, das im November 1912 mit einer von Walden betriebenen Scheidung endet.

Im Berliner Café des Westens, ihrem Stammcafé, begegnet Else Lasker-Schüler dem Mann, dessen *Morgue-*

Gedichte sie überwältigt haben und den sie nun mit Leidenschaft bedichtet: Gottfried Benn, ihr *König Giselheer*. »Der heere König Giselheer / Stieß mit seinem Lanzenspeer / Mitten in mein Herz.« Sie widmet Benn, dem »dichtenden Kokoschka«, einen Gedichtzyklus und eine selbstillustrierte Prosa-Skizze und empfiehlt ihn dem Verleger Kurt Wolff: »Er ist halb Tiger, halb Habicht... ebenso herb wie derb ebenso zart wie weich.« Und sie beeilt sich, Wolff zu versichern: »Ich stehe Dr. Benn *nicht* was Liebe betrifft nah – tue es *Ehrenwort* hinterrücks...« Doch sie zelebriert ihre Leidenschaft öffentlich. Benn, um Distanz bemüht, widmet ihr im Herbst 1913 zwar seine Gedichtsammlung *Söhne*, läßt im Gedicht *Hier ist kein Trost* aber keinen Zweifel am Ende der Beziehung: »Keiner wird mein Wegrand sein. / Laß deine Blüten nur verblühen. / Mein Weg flutet und geht allein.« – Dem Band vorangestellt ist die Widmung »Ich grüße Else Lasker-Schüler: Ziellose Hand aus Spiel und Blut«.

Beobachtungen des mit Benn befreundeten Dichters Klabund könnten dieses Zitat verständlicher machen. Er schreibt: »Sie liebt nur sich, weiß nur von sich. Die Objekte ihres Herzens... sind Bleisoldaten, mit denen sie spielt. Aber sie leidet an diesen Bleisoldaten; und wenn sie von ihnen spricht, bluten die Worte aus ihr heraus.« – Eine Verwundete, die sich fahrlässig oder wissend auf gefährliche Spiele eingelassen hat.

Freunde, vor allem der Maler Franz Marc und seine Frau, setzen sich für die völlig Verstörte und Mittellose ein. Mitten im kriegslüsternen Säbelgerassel erscheint im Sommer 1914 *Der Prinz von Theben*, ein vom Alltag abgehobenes Geschichtenbuch mit Zeichnungen der Lasker-Schüler und farbigen Bildern von Franz Marc. Doch Marc, ihr »Blauer Reiter«, fällt wenig später auf den Schlachtfeldern Frankreichs. Ein Briefwechsel in Bildern und ein Briefroman, *Der Malik*, bleiben ihr von dieser Freundschaft. Auch um einen anderen Freund trauert sie, um den Lyriker und »himmlischen Spielgefährten« Georg Trakl, »im Krieg von eigener Hand gefällt«. Ihre ihm zugedachten Verse enden mit dem schlichten Bekenntnis: »Ich hatt ihn lieb.«

Eine Vereinsamte, die gegen Kriegsende in einem Brief nach Zürich die traurige Bilanz zieht: »Ich bin alleine noch von allen Prinzen übrig geblieben.« Seit der Scheidung von Walden besitzt sie keine eigene Wohnung mehr, lebt in billigen Hotelzimmern oder versucht, bei Bekannten unterzukommen. Adresse: postlagernd. 1918 verbringt sie mehrere Monate in Zürich und Locarno, unterstützt von der *Gesellschaft zur Pflege junger Dichtung*.

In Zürich erhofft sie sich auch Hilfe vom deutschen Militärattaché Harry Graf Kessler, aber der entzieht sich mit diplomatischer Gewandtheit näheren Kontakten. In seinen Notizen vermerkt er, Else Lasker-Schüler, »die mit der Schellenkappe *Jussuf, Prinz von Theben* herumläuft und den allgemeinen Frieden stiften will«, habe fünfmal telefoniert.

Auch andere wichtige Persönlichkeiten und Institutionen werden von der hartnäckigen Schweiz-Freundin heimgesucht. Ob ihr idyllisch-paradiesisches Schweizbild ihrer Wahrnehmung entspricht oder ob es die heimatverliebten Schweizer entgegenkommender stimmen soll? Dem Feuilletonredakteur der *Neuen Zürcher Zeitung*, Eduard Korrodi, schwärmt sie in einem langen Brief von Zürichs weitem Bahnhof vor, auf dem sich höflich aller Länder Sprachen begegnen, oder von den breitschultrigen Männern aus Hodlers Gemälden und von den Menschen, die das Steigen zu Fuß noch nicht verlernt haben und jedem Stein, jeder Alpenblume verwandt sind.

So umgetrieben von ihrer Schweizsehnsucht müßte sie doch höheren Ortes auf Verständnis stoßen mit ihrer Bitte um ein längerfristiges Visum... »Vielleicht tun Sie mir den großen Gefallen, den Herrn Bundesrat so im Vorbeigehen zu fragen, ob ich wieder in die Schweiz kommen darf?« bittet sie Korrodi unbefangen und fährt fort: »Die Möven vom Zürchersee schreiben mir so sehnsüchtige Briefe und ich sehne mich nach den weißen Vögeln...« Sie versichert ihm − auf das Ordnungsbedürfnis der Schweizer anspielend −, von unerlaubten Umtrieben könne bei ihr keine Rede sein, sie spuke höchstens mal um Mitternacht in den kleinen Gassen und Winkeln der Stadt umher.

Korrodi weiß sehr wohl, wieviel dichterische Sprachkraft hinter den kindlich extravaganten Attitüden der Lyrikerin steckt, die Peter Hille einmal »schwarzer Schwan Israels« genannt hat, »eine Sappho, der die Welt entzweigegangen«. Ihre eigenwilligen Wortschöpfungen bleiben im Gedächtnis haften: »die Frühblaubelaubten«, »die Enthimmelten«, oder Sätze aus dem frühen Band *Mein Herz*: »Was wissen die Armen, denen nie ein Blau aufging am Ziel ihres Herzens oder am Weg ihres Traums in der Nacht.« Die blaue Blume der Romantik scheint auf, die Farbmystik der Symbolisten, Strömungen, die ganz im Zuge der Zeit liegen. Aber immer ist da noch ein ganz eigener, wunderhafter Lasker-Schüler-Ton. Hinter der Selbstmythisierung stehe, schreibt Benn, der Wille zur Ganzheit und zu jener »großartigen und rücksichtslosen Freiheit, über sich allein zu verfügen, ohne die es ja Kunst nicht gibt«.

Frei von jeder berechnenden Theatralik ist die Beziehung Else Lasker-Schülers zu Paul, ihrem von Kind an kränkelnden, mit Liebe und Hoffnungen überschütteten Sohn. Ihm läßt sie zukommen, was sie sich vom Mund abspart. Teure Privatschulen, Sanatoriumsaufenthalte in Locarno und Davos müssen finanziert, Arztrechnungen bezahlt werden. Freunde versuchen sie nach Möglichkeit zu unterstützen, aber Spendenaufrufe wie der von Karl Kraus in der *Fackel* für die »mit schweren Sorgen kämpfende Dichterin« lassen sich nicht unbeschränkt wiederholen.

Glücklich ist Else Lasker-Schüler, daß sich ihr junger Freund, der Zürcher Maler Max Gubler, ihres fast gleichaltrigen Sohnes annehmen will. Bei aller unkritischen Mutterliebe ahnt sie wohl doch, daß die künstlerische Begabung ihres »Paulchen« nicht an die Gublers heranreicht. Die Fünfzigjährige hat sich in den Zwanzigjährigen verliebt, »ich glaube, wo wir auch sitzen werden, bildet sich Himmel«, schreibt sie ihrem »allerliebsten Hirten«. Sie empfiehlt den Autodidakten dem Berliner Kunsthändler Paul Cassirer, der ihn im Zürcher Hotel Schwert empfängt und ihm ein Stipendium anbietet. Die Verbindung zu Cassirer bringt ihr im Sommer 1919 zwei anonyme Anzeigen wegen kommunistischer Umtriebe bei der Schweizer Bundesanwaltschaft ein. Sie ist dabei in guter Gesellschaft: Auch die Schauspieler Alexander Moissi und Elisabeth Bergner werden verdächtigt, unter dem Deckmantel von Gastspielreisen in der Schweiz kommunistische Verbindungen zu knüpfen.

Daß bei Paul Cassirer in Berlin 1920 eine zehnbändige Gesamtausgabe der Werke Else Lasker-Schülers erscheint, muß das Mißtrauen der Schweizer Behörden verstärkt haben. Für die vom Erfolg nicht verwöhnte Dichterin ist es ein Glücksfall. Um so irritierter wird die stets wachsame Fremdenpolizei eine Broschüre zur Kenntnis genommen haben, die 1925 im Zürcher Lago-Verlag unter dem provozierenden Titel *Ich räume auf* erscheint. Else Lasker-Schüler rechnet darin wutvoll mit

ihren Verlegern ab, von denen sie sich übervorteilt
glaubt: »Man muß die Buchschieber mal unter sich beobachtet haben, die Börse ist ein Kasperletheater dagegen.« Vollmundig verkündet sie: »Ich werde die Händler
aus ihren Tempeln jagen, die wir Dichter ihnen aufge-
richtet haben...«

Einer dieser geschmähten Verleger ist Paul Cassirer. Er
rechtfertigt sich im *Berliner Tageblatt* mit einer genauen
Auflistung der an Lasker-Schüler gezahlten Vorschüsse
und Honorare und versichert, er habe aufgrund der Inflation deren Werke sogar dreifach bezahlt und die Ge-
samteinnahmen der Autorin hätten »ganz gewiß die
Einkommen hoher Staatsbeamter erreicht«. Für den mangelnden Verkaufserfolg der Bücher – 1924 nur 180 Stück
abgesetzt – macht er die Öffentlichkeit verantwortlich,
die vor der Kunst der »größten Dichterin der Jetztzeit«
versage, was auch die rasche Absetzung ihres ersten Dra-
mas *Die Wupper* vom Spielplan des Deutschen Theaters
beweise.

Die zurechtgewiesene Angreiferin kämpft gegen
Windmühlenflügel. Dabei wären sichere Verlagskontakte
für sie lebenswichtig. Sie braucht dringend Geld für
ihren Sohn, der, immer wieder von Schwäche- und Fie-
beranfällen heimgesucht, keine künstlerische Ausbildung
und keine Erwerbstätigkeit durchstehen kann. Sie zieht
mit ihm von Arzt zu Arzt, von Sanatorium zu Sanatorium, selbst der berühmte Professor Sauerbruch wird
hinzugezogen, bis schließlich die Diagnose »Lungen-
tuberkulose« feststeht. Paul kommt im Frühling 1926 ins
Schwabinger Krankenhaus – dritter Klasse – bitter für die
um ihren Sohn kämpfende Mutter. Sie bringt ihn in ein
Tessiner Sanatorium, später nach Davos, und klammert
sich an die Aussagen der Ärzte, in zwei bis drei Jahren
könne er geheilt sein.

Eine trügerische Hoffnung. Sie holt Paul schließlich nach Berlin zurück, wo er im Dezember 1927, im Alter von 28 Jahren, stirbt. Für sie ist er nie erwachsen, nie selbständig geworden, er bleibt, nicht nur in der Todesanzeige, »mein teures Kind, mein geliebter Junge«. – Am Abend, bevor er starb, habe sie ihn wieder zweijährig empfunden, schreibt sie: »Ich hätte ihn tragen können, einsingen können in den Todesschlaf...« – Sie hat ihren Lebensmittelpunkt verloren. Was hält sie noch auf dieser Erde? »Könnte ich einmal Gott sehen, daß ich Kraft zum Weiterleben bekäme«, schreibt sie an Paul Goldscheider in Wien. Immer wieder kümmern sich besorgte Freunde um sie. Gottfried Benn, ihr einstiger stolzer König Giselheer, begleitet sie beim Begräbnis auf dem jüdischen Friedhof Berlin-Weißensee.

Sie versucht, mit hektischer Aktivität, über ihren Schmerz hinwegzukommen. Reist nach Rom, nach Wien, schreibt, zeichnet, stellt ihre Bilder aus, geht ins Kino, liest aus ihren Werken, möchte sich, falls die von Franz Werfel vermittelte Verbindung zum Zsolnay-Verlag klappt, an der Nordsee »ein klein Häuschen bauen auf Pfählen ... mit Treppen sofort ins Meer«.

Seit ihrer polemischen Anklageschrift gegen ihre Verleger ist von ihr kein Buch mehr erschienen. Welcher Verlag möchte sich auf das Risiko einer öffentlichen Beschimpfung einlassen? – Rowohlt wagt es, bringt 1932 gleich zwei ihrer Werke heraus: den Prosaband *Konzert* und die Erzählung *Arthur Aronymus. Die Geschichte meines Vaters*. Eine Bühnenfassung von *Arthur Aronymus* erscheint im Theater-Verlag S. Fischer.

Im selben Jahr wird Else Lasker-Schüler der Kleist-Preis zugesprochen, den sie allerdings mit einem österreichischen Heimatdichter teilen muß. Sie hatte sich in ihrer unverblümten Art selbst um die Auszeichnung beworben: »Ich bin Else Lasker-Schüler – wollte Sie nur fragen, ob ich nicht mal einen Preis irgend woher bekomme zum Beispiel von Ihrer Kleiststiftung, Kleist hätte ihn mir sicher gegeben. Mir geht es miserabel...« – Bald wird es ihr noch miserabler gehen. Der *Völkische Beobachter* bläst, ein Jahr vor der nationalsozialistischen Machtübernahme, zum Sturm gegen die »von Juden dominierte« Kleiststiftung und deren Preisträger. Prinz Jussuf von Theben, das märchenhafte Alter ego der »knabenhaft-dürren Jüdin Else Lasker-Schüler«, sieht sich plötzlich konfrontiert mit der fetten Balkenüberschrift »*Die Tochter eines Beduinenscheichs* erhält den Kleistpreis«.

In Berlins Straßen formieren sich die Nationalsozialisten mit Hakenkreuzfahnen zu immer gewaltigeren Aufmärschen. Nach dem Reichstagsbrand wird im Februar 1933 der Ausnahmezustand über Deutschland verhängt, das bedeutet Aufhebung der demokratischen Rechte und Willkür gegen politische Gegner. Freunde raten der nicht ins Bild der deutschen Frau passenden Dichterin dringend zum Verlassen des Landes. Am 19. April flüchtet sie in die Schweiz, nachdem sie in Berlin vorbeiziehende SA-Männer provoziert hatte und in einem anschließenden Handgemenge mit einer Eisenstange niedergeschlagen und verletzt wurde.

Eine *Verscheuchte*, wie sie sich in einem Gedicht selbst nennt. Dessen Schlußzeilen lauten:

>»Wo soll ich hin, wenn wild der Nordsturm brüllt?
>Die scheuen Tiere in der Landschaft wagen sich
>Und ich – vor deine Tür, ein Bündel Wegerich.
>
>Bald haben Tränen alle Himmel weggespült
>An deren Kelchen – Dichter ihren Durst gestillt,
>Auch du und ich.«

Wo soll ich hin? – die verzweifelte Frage aller Asylsuchenden. Else Lasker-Schüler schlägt sich mehrere Monate ohne polizeiliche Anmeldung in Zürich durch, der Stadt, die sie von zahlreichen Aufenthalten her kennt und in der sie sich alten Freunden verbunden weiß. Die Schilderungen ihrer Nächte, die sie hungernd und frierend auf Parkbänken und unter Büschen am Zürichsee verbracht habe, entsprechen wohl nicht ganz der Wahrheit, passen aber gut zum Bohèmedasein, das sie sich andichtet und das ihr auch entspricht. In Wirklichkeit mietet sie sich gleich nach ihrer Ankunft in dem ihr von früher her bekannten Augustinerhof-Hospiz ein.

Wie sie ihren Lebensunterhalt bestreiten soll, weiß sie allerdings nicht. Eine Erwerbstätigkeit ist ihr, wie allen Immigranten, von der Fremdenpolizei untersagt. Jede Lesung, die sie hält, jedes Gedicht, das sie in einer Zeitschrift veröffentlicht, wird zu einem kriminellen Akt und mit Strafe belegt. Kontrolldetektive überwachen die strikte Einhaltung der zum Schutze einheimischer Arbeitsuchender und zur Abschreckung einströmender Flüchtlinge erlassenen Verbote. Ohne die Unterstützung treuer Zürcher Freunde könnte sie diese schwere Zeit kaum durchstehen. Der jüdische Culturbund kommt für die Miete im Hospiz auf. Es bedrückt sie, immer auf die Hilfe anderer angewiesen zu sein. Sie wirke gedankenflüchtig und verzweifelt, stellt Klaus Mann in seinem Tagebuch fest. An Jakob Job, den Direktor des Zürcher Rundfunks, schreibt sie: »Es ist ja nichts entsetzlicher wie herumbetteln. Ja, wenn man ein richtiger Herumtreiber wäre oder ein Handwerksbursch, da fällt einem alles von oben!«

Wie ein von oben fallendes Wunder empfindet sie die Uraufführung ihres Stückes *Arthur Aronymus und seine Väter* am 19. Dezember 1936 im Zürcher Schauspielhaus.

Sie hat all ihre Hoffnung auf diese Inszenierung gesetzt, hat sich in einer – erst durch den letzten Kofferfund bekanntgewordenen – Vorrede selbst ans Publikum gewandt. Doch trotz glänzender Besetzung – Wolfgang Langhoff, Leonard Steckel, Kurt Horwitz, Traute Carlsen, Regie Leopold Lindtberg – wird das Stück schon nach der zweiten Aufführung wieder abgesetzt. Lag es am Text, der von der Pogromstimmung in einem westfälischen Dorf der Biedermeierzeit handelt und Parallelen zur Gegenwart nahelegt? An prophetischen Sätzen wie »Unsere Töchter wird man verbrennen auf Scheiterhaufen«? An der wenig sensiblen Kritik, die das eigentliche und höchst aktuelle Anliegen der Exilautorin, die Versöhnung von Christen und Juden, nicht verstanden hat? »Die wenigsten ahnten oder wollten zugeben, daß die Traumängste der Dichterin schon im Begriff waren, sich in blutige Wahrheit zu wandeln«, schreibt der an der Aufführung beteiligte Ernst Ginsberg. Und der Verriß des Stückes in der *Neuen Zürcher Zeitung* bestätigt seine Worte: »Das Bekenntnis Else Lasker-Schülers zur konfessionellen Toleranz in Ehren, aber so dick aufgetragen hätte sie es uns denn doch nicht zu demonstrieren brauchen; man kann uns Schweizern keine derartige Schwerhörigkeit nachsagen ...«

Else Lasker-Schüler hadert in diesen Weihnachtstagen 1936 mit ihrem Schicksal und mit Gott, den sie auf einem nächtlichen Gang durch Zürichs Gassen anfleht, doch »die Bürde der Dichtung« von ihr zu nehmen. *Arthur Aronymus* hat ihr weder Geld noch Ruhm noch das so ersehnte Dauervisum gebracht. Die Schweizer Behörden gewähren ihr nur auf wenige Monate befristete Aufenthaltsgenehmigungen, die sie nach kurzen Reisen ins Ausland immer wieder neu beantragen muß. Eine Arbeitserlaubnis erhält sie nicht, so daß sie ständig auf Unterstützung durch Mäzene angewiesen ist. Orientalisch verbrämte Bettelbriefe gehen an den Zürcher Seidenfabrikanten Sylvain Guggenheim, an den Verleger Salman Schocken in Jerusalem, an Thomas Mann, von dem sie sich eine Einladung nach Küsnacht erhofft hatte. Ihm schreibt sie, noch als Jussuf, Prinz von Theben: »Ich bin so traurig, denn immer mußte ich wie ein Tagelöhner herumlaufen. Dann hoffte ich, mein Schauspiel reiße mich heraus und ich saß dann aber wie nach einem Begräbnis lange Wochen ...«

Warten. Nichtstun. Hoffen. Dazwischen die zermürbenden Kontrollen der Fremdenpolizei. Die *Tagebuchzeilen aus Zürich* geben Zeugnis von der Mühsal ihres Emigrantendaseins. Im Juli 1938 wird ihr durch Verfügung des Reichsführers-SS und Chefs der Deutschen Polizei die deutsche Staatsangehörigkeit aberkannt. Begründung: »Sie war typische Vertreterin der in der Nachkriegszeit in Erscheinung getretenen *emanzipierten Frauen*. Durch Vorträge und Schriften versuchte sie, den seelischen und moralischen Wert der deutschen Frau verächtlich zu machen. Nach der Machtergreifung flüchtete sie nach Zürich und brachte dort ihre deutschfeindliche Einstellung durch Verbreitung von Greuelmärchen zum Ausdruck.«

Die Ausgestoßene ist nun staatenlos, »schriftenlos«, wie es in der Schweizer Amtssprache heißt. Damit wird auch ihre bis Ende 1938 gültige Aufenthaltsbewilligung in Frage gestellt – zumal der Kontrolldetektiv der Fremdenpolizei zu Protokoll gibt, sie mache zeitweise den Eindruck einer geisteskranken Person, in deren Zimmer eine jeder Beschreibung spottende Unordnung herrsche. Der Schweizerische Schriftsteller-Verein versucht, die Angeschuldigte in Schutz zu nehmen: Ihre »geistige Absonderlichkeit« sei es gerade, die Frau Lasker-Schüler zu einer eigenartigen und sicherlich bedeutenden Dichterin gemacht habe.

Doch die Schweiz hat keinen Bedarf an eigenartigen Dichterinnen. Else Lasker-Schülers Visum wird trotz Fürsprache einflußreicher Freunde nicht verlängert. So bleibt ihr nichts anderes übrig, als das Land zu verlassen und auf eine spätere Wiedereinreise zu hoffen. Im Frühling 1939 bricht sie, zum dritten Mal, nach Palästina auf. Sie nimmt nur zwei Koffer mit, es soll ja kein endgültiger Abschied von Zürich sein, nach drei oder vier Monaten will sie in die ihr liebgewordene Limmatstadt zurückkehren – trotz aller Behördenschikanen.

Aber die politische Lage verschärft sich von Monat zu Monat, Krieg liegt in der Luft, die Schweizer machen ihre Armee mobil und sichern ihre Grenzen. In dieser Situation sich politisch unberechenbare und mittellose Ausländer ins Land zu holen, ist nicht opportun. Und die Fremdenpolizei ist über die Antragstellerin, die in Zürich keinen festen Wohnsitz hatte, bestens informiert. Der Aktenvermerk, Frau Lasker verfüge über keine eigenen Mittel, sondern sei auf die Wohltätigkeit von Privatpersonen angewiesen, wiegt schwer. Da überrascht der Wortlaut der Visumsverweigerung nicht: »Aus vorsorglich armenpolizeilichen Gründen. – Überfremdung.«

Die Abgewiesene versucht über einen befreundeten Anwalt, die Entscheidung anzufechten, aber der Ausbruch des Zweiten Weltkrieges macht ohnehin jede Hoffnung auf Rückkehr in die Schweiz oder gar nach Deutschland zur Illusion. Die doppelte Emigrantin ist vom »kalten« Jerusalem tief enttäuscht, obwohl auch hier Freunde für ihre Existenzgrundlage sorgen und sie sogar eine Ehrenrente erhält. »Es ist keine Wärme hier«, schreibt sie an ihren Mäzen Salman Schocken, und: »Ich werde hier vor Traurigkeit sterben ...«

Es ist nicht materielle Not, die sie fragen läßt: Was soll ich hier? Es ist die Fremdheit der Sprachen, des Klimas, des orthodoxen Judentums, es ist vor allem die große Kluft zwischen ihrem herbeigeträumten bunten Hebräerland und der grauen Wirklichkeit palästinensischer Städte:

>>Ich kann die Sprache
Dieses kühlen Landes nicht,
Und seinen Schritt nicht gehn<<,

klagt sie im Gedicht *Heimweh.* Sie sucht den Weg zurück >>in die allerallerallererste Heimat ... dorthin wo Gott begann die Welt zu bauen<< und ihr wird bewußt, daß der Ursprung ihrer Zerrissenheit und Trauer in ihr selbst liegt. >>...ich bin keine Zionistin, keine Jüdin, keine Christin; ich glaube aber ein Mensch, ein sehr tieftrauriger Mensch<<, schreibt sie an Martin Buber.

Trotz ihrer Niedergeschlagenheit und Bitterkeit, ihrer Ängste und körperlichen Schwäche behält sie einen Rest Lebensenergie. Sie gründet den *Kraal,* einen anspruchsvollen Gesprächs- und Vortragskreis, der ihre Einsamkeit mit geliehenem Glanz umgibt. Sie schreibt an einem Stück, das *Ichundich* heißen soll, und sie veröffentlicht 1943, als Vermächtnis gedacht, einen letzten Gedichtband: *Mein blaues Klavier,* den sie ihren Freunden widmet und denen, >>die wie ich vertrieben und zerstreut in der Welt<<. Abgeklärte, sich schon ins Jenseits hinübertastende Verse:

>>Mein Herz ruht müde
Auf dem Samt der Nacht
Und Sterne legen sich auf meine Augenlide ...

Ich fließe Silbertöne der Etüde ...
Und bin nicht mehr und doch vertausendfacht
Und breite über unsere Erde: Friede<<

Ihre alte Vitalität flammt noch einmal auf in der Liebe zu einem jungen Professor der Hebräischen Universität und in all den zornigen, beschwörenden Briefen, die sie in die Welt hinausschickt, an Freunde und Feinde, Juden und Christen, deren Versöhnung eines ihrer zentralen Anliegen bleibt. Wenn jemals eine deutsch-jüdische Symbiose stattgefunden habe, dann in dieser vollkommenen Vereinigung biblischer Bilder und deutscher Sprache, schreibt die Biographin Sigrid Bauschinger, wohl wissend, daß sich Else Lasker-Schüler in keinem Staat und in keiner Glaubensgemeinschaft verorten läßt. Sie hat sich ihre eigene Religion geschaffen: orientalisch und abendländisch, buntbebildert und mystisch.

Sechs Jahre lang hat die zeitlebens Unbehauste das mühselige Emigrantendasein in Jerusalem durchgehalten, dieses Leben aus den beiden Koffern, die sie als einzigen Besitz aus Zürich mitgebracht hat. Am 22. Januar 1945 ist sie nach einem schweren Angina-Pectoris-Anfall in einem Jerusalemer Krankenhaus gestorben – mit knapp 76, noch vor dem Ende des Weltkriegs, den sie in seiner ganzen schrecklichen Dimension nie ganz erfaßt hat. Beim Begräbnis auf dem Ölberg liest der Rabbiner, gegen alle jüdische Tradition, eines ihrer Gedichte: *Ich weiß, daß ich bald sterben muß*. Es endet in gläubiger Zuversicht:

> »Mein Odem schwebt über Gottes Fluß –
> Ich setze leise meinen Fuß
> Auf dem Pfad zum ewigen Heime.«

Else Lasker-Schüler hat viel Ablehnung erfahren, aber auch viel Anerkennung, vor allem für ihr lyrisches Schaffen. Es gebe in ihrem Werk Verse, »an denen die Sterne mitgedichtet haben«, schreibt der Zürcher Essayist Max Rychner, sie habe mit ihrem Leben, ihrer Seele, mit der

Sprache alles gewagt und in jedem Augenblick alles aufs Spiel gesetzt. Und Friedrich Dürrenmatt, der tiefgründig Skurriles liebte, bewundert die spielerische Phantasie, mit der die Dichterin auf geheimnisvolle Weise die Wirklichkeit gewann, »nicht jene freilich, die eine Schöpfung der Menschen ist, sondern jene höhere, welche die Schöpfung selbst ist: die Ursprünglichkeit dieses Planeten«.

Kurz nach Else Lasker-Schülers Tod erschien in der Schweizer Emigrantenzeitschrift *Über die Grenzen* ein Nachruf, der die Spannbreite und Widersprüchlichkeit ihres Wesens aufzeigt – und das Verständnis, das die Zürcher Emigranten ihrer Person und ihrem Werk entgegenbrachten: »Es ist noch nicht lange her, da teilte Else Lasker-Schüler unsere Emigration in der Schweiz, bewohnte ein Stübchen im alten *Seehof* am zürcher Limmatquai ... Die Gabe der Dichtung, mit der sie sowohl gesegnet als belastet war, verwirrte auf bunte, sanfte und zugleich wilde Weise ihre Sinne. Immer aber schlug ihre Kunst Brücken zur Wirklichkeit, über die sie – eine genial Träumende – hellsichtig zu uns zurückfand.«

Nach Zürich, zu den ihr so vertrauten »Möven vom Zürchersee«, hätte sie gern, nicht nur im Traum, zurückgefunden.

Hier liegt meine Seele begraben

Die Femme de lettres
Hilde Spiel
1911–1990

Prater und Riesenrad
Eine Filmmontage über acht Jahrzehnte

1916:
Eine auf einem Wagen montierte Filmkamera hält ›laufende Bilder‹ aus dem Prater fest: fröhlich ausgelassene Menschen, die sich ruckartig vorwärtsbewegen.

Sie drängen sich um einen Zauberkünstler, stehen am Waffelstand Schlange. Vom Krieg ist, bis auf ein paar bunte Uniformröcke unter den Schaulustigen, nichts zu spüren. Die Kamera folgt einem kleinen Mädchen, das an der Hand der Eltern durch den Wurstelprater auf das Riesenrad zustrebt. Vorbei an Karussells und Geisterbahnen, am Hippodrom und am Watschenmann, vorbei an Ständen mit wilden Tiermasken und Clownkostümen, von denen das Kind sich kaum losreißen kann. Noch weniger vom ›Wurstel‹ auf der Marionettenbühne, die Mutter muß das Kind gewaltsam wegziehen, der Vater – in schmucker Offiziersuniform – hat schon Karten für das Riesenrad gekauft.

Das Kind, das jetzt in einen der farbigen Wagen klettert, ist fünf und heißt Hilde, Hilde Spiel. Es sieht aufgeregt hinunter auf die immer kleiner werdenden Menschen und Rummelbuden und sucht mit dem schweren Fernglas erfolglos nach der Kaserne, in der Vaters ›Peldhaubitzen-Batterie‹ liegt (das Kind speichert das Wortmonster in seinem Gedächtnis mühelos). Auch das vertraute Dorf Heiligenstadt, Haus und Garten in der Probusgasse, sind nicht zu finden im Gewirr der Häuser und Straßen. Ärgerlich läßt die kleine Hilde Vaters Fernglas sinken, sie gibt eine Sache nicht gern auf, ist ehrgeizig, ungeduldig, wenn ihr etwas nicht gelingt.

Sie mustert nun die anderen Fahrgäste: eine Familie mit keifenden Eltern und lauten, zänkischen Kindern. Da hat sie es mit ihren Eltern besser getroffen: Die Mutter im weitschwingenden Spitzenrock, mit Broschen und Ketten und den schwarzen Stirnfransen unter dem Strohhut. Der Vater mit Goldknöpfen an der Uniform, groß, sonnengebräunt, zwei Narben an der Stirn, die er Mensuren nennt. Er ist Chemiker, jüdischer Herkunft, aber mit dem Wort ›jüdisch‹ kann das Kind nichts anfangen. Es ist katholisch getauft wie die anderen Kinder auch.

Die Luftfahrt und Lustfahrt – ein Wortspiel des Vaters – kommt dem Kind endlos vor. Es zieht die Eltern beim Aussteigen noch einmal zum Wursteltheater. Sie geben nach, sie kennen den beharrlichen Willen der Tochter.

1926:
Eine Horde junger Mädchen erstürmt einen freiwerdenden Waggon des Riesenrads.

Kampf um die Eckplätze, Schubsen, Kreischen. Die Mädchen witzeln über die Geisterbahn, der sie vor zehn Minuten mit schlotternden Knien entstiegen sind und die jetzt klein und harmlos unter ihnen liegt. Sie suchen im Straßengewirr jenseits des Donaukanals nach dem Dianabad, ihrer Wasserball-Trainingsstätte. Und sie suchen nach ihrer ›Schwarzwaldschule‹ in der Wallnerstraße, mitten in der Innenstadt, im selben Häuserblock wie das Literatencafé Herrenhof.

Mitten unter ihnen die fünfzehnjährige Hilde Spiel, seit kurzem vom Realgymnasium übergewechselt an die fort-

schrittlich liberale Frauenoberschule der Eugénie Schwarzwald, die von Töchtern aus jüdischen und christlichen In-
tellektuellen- und Kaufmannsfamilien besucht wird. An
diesem privaten Mädchengymnasium unterrichten un-
konventionelle Köpfe wie Kokoschka, Adolf Loos oder
Arnold Schönberg – ohne offizielle Lehrbefugnis, deshalb
wird die erfolgreiche Schule von den Behörden mißtrauisch beobachtet. Für Hilde Spiel zweifellos die richtige
Lernatmosphäre: anregend und fordernd. Die Schule wird
später von den Nationalsozialisten geschlossen. Eugénie
Schwarzwald, die den anspruchvollsten Salon Wiens geführt hat und als Vorkämpferin für akademische Frauenbildung in die Geschichte eingegangen ist, emigriert 1938
nach Zürich, in die Stadt, in der sie Jahrzehnte zuvor ihr
Philosophiestudium abgeschlossen hat.

Hilde Spiel hat nicht nur schulischen, sondern auch
sportlichen Ehrgeiz. Sie ist eine begeisterte Skiläuferin und
Wasserballerin, gewinnt sogar eine Vereinsmeisterschaft.
Im Schwimmclub trainiert sie mit der Meisterschwimme-
rin Maria Puchberger, durch die sie den Wasserballer
Friedrich Torberg, der damals noch Kantor hieß, kennenlernt. An Verehrern fehlt es ihr nicht – und an animieren-
der Lektüre auch nicht. Gemeinsam mit ihrer Freundin
Stella liest sie mit verteilten Rollen stundenlang Schnitz-
lers *Reigen* – am Telefon. Ihr großer Schwarm ist der
Burgschauspieler Alexander Moissi. Später erinnert sie
sich ungern an das »überhitzte, hysterische Klima«, in dem
sie groß geworden ist, ihren Kindern möchte sie ein sol-
ches Reizklima ersparen, spricht aber doch mit Begeisterung von der »Empfindungskraft, die uns damals erfüllte«.
Dabei denkt sie an ihre ersten literarischen Versuche.

Unten, am Eingang des Riesenrads, stehen ein paar auf
Dandy zurechtgemachte junge Burschen, die zu den nie-
derschwebenden Mädchen hochwinken. Ob Hans Habe

schon dabei ist, den Hilde Spiel später in ihrem ersten Roman *Kati auf der Brücke* als Peter Stuyvesandt verewigt hat? Mit ihm taucht sie als siebzehnjährige Literaturdebütantin im Herrenhof auf, er erinnert sich ihrer in seiner Lebensgeschichte als »reizende, weit über ihre Jahre hinaus feminine und kluge Freundin«. Im Herrenhof lernt sie auch den Dichter Lernet-Holenla kennen und Robert Neumann, der ihr erstes Buch zum Zsolnay-Verlag bringt. Sie träumt von einer Schriftstellerinnenkarriere, aber sie ist klug genug, ein solides Studium zu absolvieren.

1936:
Abschied von Wien. Letzte Fahrt mit dem Riesenrad vor der Emigration nach England.

Gemeinsam mit ihrem künftigen Ehemann Peter de Mendelssohn will Hilde Spiel sich Schauplätze ihres Lebens noch einmal aus der Höhe einprägen. Wer weiß, wann sie ihre Heimatstadt wiedersehen wird? Der Literat de Mendelssohn hat seinen belastenden Namen von einem jüdischen Großvater geerbt und ahnt, daß Wien ihm keine Zukunft bieten kann. Das Gestänge des Riesenrads ächzt altersschwach und wehmütig, seit der Weltausstellung von 1873 tut es treu seinen Dienst. Der Lärm des Rummelplatzes wird in der Höhe schwächer, übertönt Gespräche nicht mehr. Aber beide schweigen.

Hilde Spiel ist mit den Nerven am Ende. Sie, »blasses, hohläugiges Wrack mit einem Doktorat«, hat ihr Studium gerade mit Auszeichnung abgeschlossen: Philosophie bei Moritz Schlick, Psychologie bei Karl Bühler, und hat eine zukunftsweisende Dissertation über *Darstellungstheorie des Films* geschrieben – aber es gibt für sie keine Zukunft, weder an der Universität noch im Verlags- und Pressewesen, so wenig wie für Peter de Mendelssohn, den späteren Thomas-Mann-Biographen. Der Ariernachweis zählt in diesem »Hahnenschwänzlerstaat«, nicht glänzende Diplome. Die heimtückische Ermordung ihres verehrten Lehrers Schlick, von der sie morgens in der Straßenbahn erfährt, gibt den letzten Anstoß zur Emigration. Ihr kommt es vor, »als habe eine schimmlige Fäule sich auf das Land niedergesenkt«.

Sie versucht, sich dessen, was sie verläßt, noch einmal zu vergewissern. Zeichnet ihrem Freund den Verlauf der roten ›Elektrischen‹ in die Luft. Die Nummer 71 Richtung Fasanviertel, vorbei an der Kirche zu Mariae Geburt, in der sie zum letzten Mal vor der Reifeprüfung »mit schwindender Überzeugung beichtete und kommunizierte«. Mit der 71 ist sie jahrelang zur Schule gefahren, zu den Literatencafés, zur Universität. Eine verlogene Institution, sagt sie, zumal in Wien, wo man, um sich nicht unbeliebt zu machen, den Anschein der Oberflächlichkeit erwecken müsse: »Analytisches Talent, die Gabe zu durchdringender Einsicht werden durch argloses Aussehen abgeschirmt, durch mattes Gewitzel... Sobald jemandes Gesicht einen unverhüllten Ausdruck der Ernsthaftigkeit oder gar des angestrengten Nachdenkens annahm, geriet er in Gefahr, als Roter oder gar als Jude abgelehnt zu werden.« Nein, an dieser Universität hält sie nichts, deutlich zeichnet sich bereits der Exodus der Wissenschaftler Richtung Amerika ab. Wie lange wird sich Freud noch halten?

Themawechsel. Blick auf den Stephansdom, in dessen Schatten das Haus der Großeltern lag. Das Heraufholen weit zurückliegender Erlebnisse schmerzt weniger als das Geschehen der Gegenwart. Vom Fenster der großelterlichen Wohnung aus hat sie als Fünfjährige den prächtigen Leichenzug Kaiser Franz Josephs gesehen – k. u. k. Pomp, sie ist für Altösterreich mit seinen skurril liebenswürdigen Traditionen immer anfällig geblieben. Sie wird sich zurücksehnen nach dem Wien ihrer Kindheit, dem »Heiligenstädter Pfarrhof mit seinem Nepomuk und den vier Ahornbäumen«.

Peter de Mendelssohn steht der Sinn nicht nach romantischen Rückblicken. Er sieht in der Ferne die Dächer der vielen Redaktionshäuser – und er sieht schwarz: Bei einer ›Arisierung‹ wird das ganze Zeitungswesen zusammenbrechen. Von 174 Redakteuren in den Wiener Tageszeitungen 123 Juden. Wenn sie verschwinden, verschwindet die Wiener Presse. Was wird dann aus der österreichischen Metropole? Eine Provinzstadt.

Beim Aussteigen aus dem roten Waggon scheint ein Zeitungsverkäufer mit Bauchladen und kräftiger Stimme die düsteren Prognosen zu widerlegen. »Letzte Neuigkeiten!« ruft er über den Platz. »Lesen Sie das *Neue Wiener Journal,* die *Neue Freie Presse,* den Tag, das *Neue Wiener Tagblatt ...*« – Sieht de Mendelssohn Gespenster?

1946:
Erstes Wiedersehen mit Wien aus dem Flugzeug. Blick hinunter auf den vertrauten Wiener Wald, auf eine durch Kriegsnarben verfremdete Stadt, auf die Praterwüste...

»In diesem Augenblick wird mir klar, daß von nun ab jeder meiner Wege von Erinnerungen beschattet sein wird. Unvermeidlich werde ich meine Kindheit verklären – vielleicht die einzige fruchtbare Zwangsvorstellung unserer Zeit«, schreibt Hilde Spiel später in *Rückkehr nach Wien.* Und: »Ich kehre an meinen Ursprung zurück, entfremdet durch langes Fortsein, gestählt durch manchen Verlust und bereit für eine harte, vermutlich schmerzliche Erfahrung.« Die britische Militärmaschine setzt auf dem notdürftig ausgebesserten Rollfeld des Flughafens Schwechat auf.

Hilde Spiel, in englischer Offiziersuniform, passiert als Angehörige der Besatzungsmacht die Militärsperre – Ausländerin mit fremdem Paß in der Heimatstadt. Sie fährt mit einem Autobus Richtung Zentrum, starrt unterwegs ungläubig auf Bombenkrater, östliche ›Panjewagerl‹, russische Wachen in hohen Schaffellmützen, auf eine hölzerne Triumphwand mit grellbunten Lenin- und Stalin-Bildern. Fühlt sich fremd und findet sich erst im Salmschlößl, dem britischen Pressequartier, wieder zurecht. Sie wird für den *New Statesman* aus dieser fremdvertrauten Stadt berichten. An ihren Mann, der ebenfalls als politischer Publizist tätig ist, schreibt sie im ersten Schock nach London: »Ich bin sicher, daß ich um nichts in der Welt eine Wienerin sein möchte.«

Von einem Armeejeep läßt sie sich durch die Straßen der Kindheit fahren, hinaus nach Heiligenstadt, dann zum Prater. Allein und verstört geht sie durch eine Landschaft, die an das Erdbeben von Lissabon erinnert: Schuttberge, verkohlte Balken, verkrümmte Eisenträger. Alles überragt vom traurigen Gerippe des Riesenrades, das verbogen und kahl, ohne Waggons, in die Luft ragt.

Die englische Majorin mit der ›Wiener Seele‹ ist erschüttert. Das haben alliierte Bomben angerichtet. Bombenangriffe hat sie nur von deutscher Seite erlebt, deutsche Bomben haben ihre Londoner Wohnung verwüstet, im Nachbarhaus zwölf Menschen getötet, waren rings um die Klinik gefallen, in der sie mitten im Inferno 1944 ihren Sohn Anthony zur Welt gebracht hat. – Alttestamentarische Kriege mit modernsten Waffen: Auge um Auge, Zahn um Zahn. Mitten im Bombenterror notiert sie in ihrem Taschenkalender: »Mein Land war immer Europa.« Und in Wien im Frühjahr 1946: »Ich werde nach England zurückkehren und neuerlich den Kontinent besuchen. Ich werde immer wieder und wieder erproben müssen, wo ich wahrhaft zu Hause bin.«

1956:

Eine gedankenversponnene Hilde Spiel auf Urlaub in Wien.
Allein im neu herausgeputzten Riesenrad, beflügelt von leisen,
nicht zu verortenden Mozartklängen. Auf dem leeren Polster ihr
gegenüber nimmt eine zweite Frauengestalt langsam Konturen
an: Fanny von Arnstein.

Immer schon hat sie diese vor zwei Jahrhunderten in
Berlin geborene Jüdin fasziniert: Tochter des Hofbankiers
Itzig, die als Sechzehnjährige den Wiener Bankier Arnstein geheiratet und ihr Haus zur Zeit des Wiener Kon-
gresses zum glanzvollen und geistreichen Mittelpunkt des
k. u. k. Kulturlebens gemacht hat. Diese preußische Europäerin, charmant, gebildet, selbstbewußt, sieht Hilde
Spiel als Symbolfigur, in der »für eine kurze Zeitspanne
das ganze biblische Volk eine heitere, glückliche, zuver-
sichtliche Gestalt« angenommen hat. Unbekümmert um
Konventionen des orthodoxen Judentums ließ Fanny von
Arnstein den ersten Christbaum Wiens in ihrem Haus in
der Bräunerstraße aufstellen. Ist diese unbefangene Leich-
tigkeit, diese Toleranz, dieses selbstverständliche Sichhineinfinden in eine fremde Umgebung, eine fremde Stadt,
nicht auch ein Wunschbild Hilde Spiels? Die frühe Wach-
heit, der ausgeprägte Hang zu einem selbstbestimmten Leben verbindet sie mit der Berlinerin.

Fanny von Arnstein oder Die Emanzipation wird sie die
Biographie nennen, die in ihrem Kopf allmählich Gestalt
annimmt. Der Stoff dazu ist längst zusammengetragen. In
den zwei Nachkriegsjahren, die sie als Korrespondentin
und Kritikerin in Berlin verbracht hat, ging sie schon,
mitten im Kalten Krieg, auf Spurensuche nach der Verschollenen, einer in ihren Augen wirklich emanzipierten
Frau, während sie die Bemühungen der heutigen Frauenbewegung als ›etwas verzweifelt Verspätetes‹ sieht. Ihre
Fanny von Arnstein, die ihr noch immer erwartungsvoll

gegenübersitzt, trägt – trotz Emanzipation – keine Männerhosen wie George Sand, sondern ein anmutiges, verspieltes Rokoko-Gewand.

1966:
Prater bei Nacht. Kaum auszumachen, wer sich da alles in den mit bunten Lampions spärlich beleuchteten Waggon des Riesenrads drängt. Hornbrillen. Glatzen. Aktenmappen. Ein breitrandiger Damenhut.
Wer von der Wiener P.E.N.-Runde ist nur auf die Idee mit dem nächtlichen Riesenrad-Trip gekommen? Egal. Dichter können überall diskutieren, und hier gibt's keine Möglichkeit für Gekränkte, auszusteigen. Doch heute nacht werden keine Messer gewetzt. Es steht keine Wahl an, man kann sich auf Literatur konzentrieren.

Auf *Liliom,* das Stück Ödön von Horváths, das die glitzernde, leicht verruchte Praterwelt trefflich einfängt. Auf den neuen Bildband von Hilde Spiel *Verliebt in Döbling.*

Hilde Spiel ist die Dame mit Hut, seit einem Jahr Generalsekretärin des Österreichischen P.E.N., vor drei Jahren endgültig nach Wien zurückgekehrt, im Hauptberuf Kulturberichterstatterin der *Frankfurter Allgemeinen Zeitung,* der Zürcher *Weltwoche* und des *Guardian.* Sie sitzt zwischen Franz Theodor Csokor und Alexander Lernet-Holenia, dem jetzigen und dem künftigen P.E.N.-Präsidenten, und bedauert, daß der widerspenstige Thomas Bernhard, dessen Werk sie sehr schätzt, nicht in dieser Runde ist. Sie will ihm schreiben, ihn nach Döbling einladen, weiß aber schon, daß er nicht kommen wird. Die Autorin Dorothea Zeemann, zweite Frau in der Runde, mischt sich ein: Mehr junge Autoren brauche der P.E.N., mit der Wiener Gruppe, mit Jandl sei man nicht sehr geschickt umgegangen. Auch im P.E.N. werde nun harte

Tagespolitik gemacht, sagt die Spiel, veraltet sei ihre rein humanitäre und völkerverbindende Vorstellung...

Daß im Verband handfeste Politik gemacht wird, bekommt Hilde Spiel einige Jahre später zu spüren. Sie ärgert sich – inzwischen zur Vizepräsidentin des Österreichischen P.E.N. avanciert – über den Präsidenten Lernet-Holenia, beklagt sich bei Robert Neumann, sie müsse im Hintergrund das ›Bummerl‹ spielen: »Unwichtig, natürlich, aber es zeigt die Mentalität dieser Kleintierzüchter aus Küahdreckspatschn.« Sie würde gern den P.E.N.-Vorsitz übernehmen, ist überzeugt, daß sie nach 35jähriger Mitgliedschaft im Internationalen Verband mit ihrer toleranten Grundhaltung geeigneter wäre als die meisten österreichischen Kollegen. Nach dem Rücktritt Lernet-Holenias im Dezember 1972 stellt sie sich zur Wahl, wohl wissend, daß ihr lebenslanger Freund-Feind Friedrich Torberg, der Wasserball-Sportgefährte aus Schultagen, eine Gegenbewegung organisiert hat. Daß er ihr, wie sie an Hermann Kesten schreibt, »ideologisch an die Gurgel will, weil er noch immer nicht begriffen hat, daß ich weder kommunistisch noch neue Linke bin, sondern einfach tolerant ...«.

Sie unterliegt. Legt alle Ämter nieder. Schreibt verbittert an Heinrich Böll: »Wie Sie gelesen haben mögen, ist die Wahl gegen mich ausgefallen. Torberg und seine Gruppe haben den ganzen Vorgang so geschickt manipuliert, daß ich kaum eine Chance hatte ...« – Von diesen kommenden Verbandsmachtkämpfen ahnt die beschwingte Riesenradrunde noch nichts. Das Wiener Lichtermeer im Blick, unterhält sich Hilde Spiel angeregt mit ihrem späteren Widersacher über die deutsche Hierarchisierung des Literaturbetriebs, die Unterteilung in elitär und trivial, in Dichter und Schriftsteller, die in England undenkbar wäre. Und Torberg, der die Exiljahre in Amerika verbracht hat, ist ganz ihrer Meinung.

1976:

Eine elegante ältere Dame, weißschwarzes Kostüm, weiße Handschuhe, und eine eher nachlässig gekleidete jüngere Frau stehen ungeduldig in der Schlange vor dem Riesenrad.

Hilde Spiel und ihre Tochter Christine. Mutter und Tochter haben sich lange nicht gesehen, brauchten ein ruhiges Plätzchen für ihre Gespräche. Ein Spaziergang durch die Prater-Auen? Die Tochter, 1939 in London geboren und dort aufgewachsen, besteht auf dem Riesenrad. Erinnerungen an ein heißgeliebtes Bilderbuch vom Prater, an hölzerne Karussellpferdchen und durch die Luft schwebende Gondeln. Erinnerung auch an den Film *Der dritte Mann* mit Orson Welles.

Die Wirklichkeit hält weder dem Kindertraum noch den Gruselbildern aus dem Schwarzmarktmilieu der Nachkriegstage stand. Sie schweben gemeinsam mit japanischen Touristen in die Höhe. Wenigstens verstehen die ihre Familiengeschichten nicht. Die Tochter sucht, von der Sonne geblendet, nach der Cottagegasse im 19. Bezirk, Hilde Spiels Domizil bis an ihr Lebensende. Und sie sind sich nicht einig, in welcher Richtung Sankt Wolfgang liegt, das Haus am Bach, das Hilde Spiel vor einem Jahrzehnt im Salzkammergut gekauft hat.

Vieles hat sich verändert in den letzten Jahren. Häuser, Städte, menschliche Beziehungen. Hilde Spiel hat sich von Peter de Mendelssohn getrennt und 1971 den sechzehn Jahre älteren verkannten Exilautor Hans Flesch-Brunningen geheiratet. Schwer zu verstehen für die Tochter, die an ihrem Vater hängt. Sie hatte im letzten Jahr einen schlimmen Motorradunfall, die Mutter ist sofort nach London geflogen, um sich ihrer anzunehmen. Viel Zeit hat Hilde Spiel für ihre Kinder nie gehabt, aber wenn es Schwierigkeiten gab, hat sie sich für sie eingesetzt. Für Sohn Anthony, der 1971 als Journalist nach Belfast ging, in den Bürgerkriegsunruhen verhaftet wurde und wochenlang in Untersuchungshaft saß. Sie hat gemeinsam mit Peter de Mendelssohn Verbindung zu Amnesty International aufgenommen, zum P.E.N.-Komitee für Schriftsteller in Haft. An Ingeborg Drewitz schreibt sie am 3. Mai 1971;: »Er kann jahrelangen Kerker bekommen. Ich glaube, daß er unschuldig ist, aber es herrscht in Belfast Rechtsunfreiheit, alles geht durcheinander ...« Zwei Monate später erleichtert an Robert Neumann: »Anthony wurde in Belfast freigesprochen. Es war mirakulös, daß dies gelang, denn unter den gegenwärtigen Bürgerkriegsverhältnissen ist jeder, der sich auch nur im entferntesten mit Leuten einläßt, die Brandbomben schmeißen, jeder Jury verhaßt. Wir hatten viel viel Glück und einen ausgezeichneten Verteidiger.«

Sohn und Tochter machen ihr im Augenblick weniger Sorgen als Ehemann Flesch-Brunningen. Unermüdlich hat sie sich für seine literarische Anerkennung eingesetzt, hat zu seinem 80. Geburtstag Hermann Kesten um eine Würdigung gebeten und angefügt: »Ich werde sowohl Goldschmidt oder Kaiser wie auch den strengen Reich-Ranicki bitten, doch irgendetwas über Hans zu bringen.« – ›Der Flesch‹ lohnt es ihr mit Untreue. Verliebt sich in eine fünfzig Jahre jüngere Frau und erspart ihr, wie sie schreibt, keine Kränkung.

Die Japaner halten die Wien-Silhouette mit Stephansdom, den Wiener Wald am Horizont und ganz diskret auch die Wiener Lady mit dem makellosen Make-up auf ihrem Videofilm fest. Hilde Spiel lächelt liebenswürdig – ›Wiener Charme‹ wird der Kommentar in Japan heißen. Daß hinter Lidschatten, nachgezogenen Augenbrauen und weggepuderten Stirnfalten nicht nur Charme, sondern auch Vitalität, Energie und hie und da alttestamentarische

Härte stecken – japanische Samurai-Tradition wird der
Film nicht aufzeigen können.

1986:

Hoch über Wien mit Marcel Reich-Ranicki

Es hat Hilde Spiels ganzer Überredungskunst bedurft,
den stets eiligen Großkritiker in einen der schwankenden
Riesenradkästen zu sperren. Er mag keine Rummelplätze,
und er mag es schon gar nicht, wenn über ihn verfügt
wird. Sie ist seit langem mit ihm befreundet, weiß, wie sie
mit seiner Gereiztheit umzugehen hat. Schon damals,
nach den Torberg-Querelen, hat sie ihm halb tadelnd,
halb schmeichelnd geschrieben: »Und wieder sehe ich,
daß man sich wünschen muß, von Ihnen literarisch befeh-
det zu werden – Sie tun es so reizend, mit Boxhandschu-
hen aus rosa Glacéleder.«

Sie soll den Ernst-Robert-Curtius-Preis für Essayistik
bekommen, und Reich-Ranicki ist der Laudator. Sie
weiß, daß er ihre Essays schätzt, auch wenn er ihren Namen in einer früheren Auflistung deutscher Essayisten –
sie wird es ihm nie verzeihen – nicht genannt hat. Doch
sie möchte nicht nur für ihre Essays und Kritiken, für die
›kleine Form‹, gelobt werden, sondern auch für ihre Romane – und da spielt Reich-Ranicki nicht mit. Nur die
Biographie Fanny von Arnsteins läßt er gelten. Hier weise
sich die Autorin als Wissenschaftlerin und Künstlerin, als
Historikerin und Erzählerin aus, befindet er.

Er wird in der Laudatio Hilde Spiels Souveränität und
Engagiertheit, ihre Liebe zum Rationalen und ihre Abneigung gegen alles Weihevolle herausheben. Er wird sagen:
»Sie deutet, indem sie verdeutlicht, sie entscheidet, indem
sie unterscheidet, sie richtet, indem sie berichtet.« Und er
wird auf die Preisträgerin beziehen, was diese einst über
Hofmannsthal gesagt hat: Ihre Sprache vereine die Melo-

dik des Italienischen mit der Klarheit des Französischen, die Symbolkraft des Englischen mit der Grazie der lateinischen Diktion. – Mehr Lob kann sie eigentlich nicht erwarten.

Aber sie bleibt mißtrauisch. Zu viele Kränkungen, Enttäuschungen hat sie im Laufe ihres Lebens erfahren, von Freunden, von Kollegen, von Verlagen und Redaktionen. Schon vor Jahren hat sie sich bei Heinz Politzer beklagt, daß ihr ›impact‹ auf die deutschsprachige Literatur dem einer Flaumenfeder auf Granit gleiche: »All die Mühe, der Aufwand an Bildung, Wissen, Einsicht, ja, auch Geist, und nichts erreicht im Grunde, ein paar ephemere Hervorbringungen, einen Tag, bestenfalls zwei Jahre nachdem sie geschrieben werden, schon vergessen.«

Sie solle sich nicht in elegischer Stimmung über ihr Schicksal beschweren, mahnt Reich-Ranicki, während sie abwärts schweben und er nicht einen Blick auf die blühende Praterlandschaft wirft. Ob denn die Preise und Ehrungen in Österreich und Deutschland nichts zählten, fragt er, das Bundesverdienstkreuz und das Österreichische Ehrenkreuz Erster Klasse, der Professorentitel, das Goldene Ehrenzeichen für Verdienste um das Land Wien, der Preis der Stadt Wien für Publizistik... – Er weiß so gut wie sie, daß der Große Österreichische Staatspreis nicht dabei ist – eine ihrer Wunden.

Ihre angeschlagene Gesundheit, ihre nachlassenden Kräfte machen sie noch verletzlicher, als sie es früher schon war. Freund Marcel führt sie galant die ausgetretenen Stufen der Riesenradtreppe hinunter. Er wird auch in der Zeit ihres immer aussichtsloseren Kampfes gegen den Krebs mit ihr in Verbindung bleiben. Mit fast übermenschlicher Willenskraft schreibt sie ihre Memoiren zu Ende – das Fazit ihres Lebens von 1911 bis 1889. 1989 erscheint der Band *Die hellen und die finsteren Zeiten*, 1990 *Welche Welt ist meine*

Welt? – eine Frage, die sie sich seit ihrer Emigration und der späteren Rückkehr nach Wien gestellt hat.

1990 kann sie als letzte Ehrung in München die Goethe-Medaille entgegennehmen. Aber der Anstrengung ist sie nicht mehr gewachsen. In einem Dankesbrief an Peter Wapnewski schreibt sie am 1. Mai 1990: »Nach der Rückkehr bin ich denn auch leider ganz zusammengebrochen und versuche nun mühsam, mich noch einmal hochzurappeln ...« Es gelingt ihr nicht mehr. Am 30. November 1990 stirbt sie in Wien im Alter von 79 Jahren.

Die Zeitungen widmen ihr die Aufmerksamkeit, die sie zu Lebzeiten oft vermißt hat. Ulrich Weinzierl würdigt in einem großen Nachruf die Bedeutung dieser ›femme de lettres par excellence‹. Ihr, und nur ihr, sei es gelungen, das Erbe mitteleuropäischer, kakanischer Geistigkeit mit angelsächsischem Denken und Fühlen zu verschmelzen. »Die unüberhörbare wienerische Musikalität ihrer Sätze und eine beinahe schwerelose Präsentation des Gewichtigen verbanden sich mit der unverschnörkelten Nüchternheit der bedeutenden englischen Prosaistin«, schreibt Weinzierl und schließt: »Was man von ihr lernen konnte – denn das ist keine Frage des Talents –, waren Unerschrockenheit, Anstand und Würde.«

Das Österreichische Literaturarchiv hat der Essayistin, Erzählerin, Kritikerin und Übersetzerin eine umfangreiche Ausstellung in der Nationalbibliothek am Heldenplatz gewidmet: *Hilde Spiel – Briefwechsel.* Hans A. Neunzig hat aus der Fülle von 4000 Briefen von und an Hilde Spiel eine Auswahl aus den Jahren 1941–1990 im Band *Briefwechsel* zusammengestellt, der einen Einblick in ihre spannungsgeladenen Freundschaften und Feindschaften vermittelt.

Hilde Spiel wurde im Kreis der Familie und Freunde nach katholischem Ritus in Bad Ischl bestattet. Ihre Seele, aber ruht woanders, auf dem Heiligenstädter Pfarrplatz, »wo meine Wurzeln tief in die Erde reichen wie nirgends sonst«, schreibt sie in *Rückkehr nach Wien*. Wann immer sie in der Fremde Heimweh empfand, war es nach diesem Ort: »Wann immer ich gewisse Stellen von Beethoven oder Schubert hörte, erschien er vor meinem Blick. Ein kleiner Dorfplatz: links steht ein Bauernhaus, in dem die Eroica geschrieben wurde; ein anderes zur Rechten; und in der Mitte die kleine Kirche zu St. Jakob.« Und im dunkelnden Licht auf dem Pfarrplatz weiß sie: »Hier liegt meine Seele begraben.«

Kapitel 7

Ich stelle mein Licht nicht unter den Scheffel

Frauen und ihre Söhne

Ich stelle mein Licht nicht unter den Scheffel

Katharina Elisabeth Goethe
1731–1808
Frau Rat Goethe

> So entfernt du von ihr warst,
> so lange Zeit auch: du warst
> nie besser verstanden als von
> ihr …
>
> BETTINE BRENTANO
> an GOETHE

Wie wir uns Frau Rat Goethe vorzustellen haben, wissen wir: humorvoll, häuslich, immer frohen Sinns. Eine rundum positive, Harmonie verbreitende Person – so wünscht es ihr Sohn, und so beschreibt er sie in *Dichtung und Wahrheit:* »Meine Mutter, stets heiter und froh, und andern das gleiche gönnend« oder: »Wenn meine Mutter, in jüngern Jahren, sich in reinlicher Kleidung bei einer zierlichen weiblichen Arbeit oder im Lesen eines Buches gefiel …«

Ein Idealbild, hochstilisiert, langweilig. Aber so langweilig kann die Frau Rat nicht gewesen sein. Zeugnisse von Zeitgenossen und ihre Briefe sprechen dagegen. Doch Goethe, der zu seiner Schwester Cornelia eine viel engere Beziehung hatte als zur Mutter, stützt sich in seinem weitgehend autobiographischen Alterswerk nur zu gern auf das gefällige Bild, das Bettine Brentano, die jugendliche Vertraute seiner Mutter, ihm übermittelt hat.

Mit den Augen der »kleinen Brentano«

Bettine, spätere von Arnim, besucht Goethes Mutter häufig und nicht ganz uneigennützig. Sie hofft, über die Frau Rat den Kontakt zu ihrem Idol Goethe enger knüpfen zu können. Regelmäßig berichtet sie dem Sohn nach Weimar, was sich in der Frankfurter Nobelgesellschaft und im Hause des Kaiserlichen Rats Johann Caspar Goethe am Großen Hirschgraben ereignet. Die junge Briefschreiberin, ausgestattet mit einem einfühlsamen Wesen und blühender Phantasie, schildert in ihren Briefen die Mutter so, wie es dem Göttersohn behagt, »immer gar zu vergnügt und freundlich«.

Sie malt ihm Begegnungen und Gespräche aus, auch das Zusammentreffen der Frau Rat mit der angesehenen und gefürchteten Madame de Staël im Hause des Bankiers Bethmann. Im Spitzenkleid, mit Glacéhandschuhen, Federschmuck und Goldgeschmeide habe die Mutter ihren großen Auftritt gehabt: »Ich bemerkte das Erstaunen der Staël über den wunderbaren Putz und das Ansehen Deiner Mutter, bei der sich ein mächtiger Stolz entwickelte. Sie breitete mit der linken Hand ihr Gewand aus, mit der rechten salutierte sie, mit dem Fächer spielend, und indem sie das Haupt mehrmals sehr herablassend neigte, sagte sie mit erhabener Stimme, daß man es durchs ganze Zimmer hören konnte: ›Je suis la mère de Goethe!‹ … ich glaube«, fährt Bettine fort, »die Audienz war vollkommen und gab einen schönen Beweis von der deutschen Grandezza.«

Eine Frau von Welt. Diese Vorstellung müsste dem auf Etikette und Ansehen bedachten Sohn gefallen haben – wenn er denn der phantasiesprühenden Bettine Glauben schenkte. Mit dieser Mutter ließe sich Staat machen. Seltsam nur, daß Goethe sie in all den Jahren seiner Amtszeit als Legationsrat und Staatsminister nicht ein einziges Mal nach Weimar eingeladen hat. Befremdlich auch, daß der von der Mutter innig geliebte »Hätschelhans« nur in Frankfurt auftaucht, wenn er auf der Durchreise ist oder Geschäfte zu erledigen hat. Im letzten Jahrzehnt ihres Lebens wird sie ihn überhaupt nicht mehr zu Gesicht bekommen, selbst ihrer Beerdigung bleibt er fern.

Weiß er nicht, wie die Mutter jeder Nachricht von ihm entgegenfiebert? Wie sie sich Sorgen macht um seine Gesundheit, seinen Lebenswandel, seine plötzliche Flucht nach Italien? Er muß es wissen, sie hat ihm im Laufe der Zeit unzählige Briefe geschrieben. Die meisten davon, an die 200 sollen es gewesen sein, hat der Sohn vernichtet, nur die Altersbriefe der über Sechzigjährigen blieben erhalten.

Verbrannt all die lästigen Dokumente eines wohl doch nicht ganz stimmigen Familienlebens. Verbrannt die Zeugnisse einer Mutter-Sohn-Beziehung, die der Sohn nicht der Nachwelt überliefert wissen möchte, zumal die Orthographie der Frau Rat eine höchst eigenwillige war.

Ein nicht glattgeschriebenes Leben

Verbrannte Briefe löschen ein Leben nicht aus, sie erschweren nur den Zugang. An den Lebensdaten der 1731 geborenen Katharina Elisabeth Textor läßt sich ablesen, daß ihr Weg kein unbeschwert sonniger gewesen sein kann. An ihre Jugend allerdings denkt die Tochter des angesehenen Frankfurter Schultheißen gerne zurück. Sie ist den Eltern dankbar, »daß meine Seele von Jugend auf keine Schnürbrust angekriegt hat«.

Mit 17 wird sie mit dem mehr als zwei Jahrzehnte älteren Kaiserlichen Rat Johann Caspar Goethe verheiratet. Ein wohlhabender Mann, eine gute Partie. Sie steht nun, fast noch Kind, einem großen Haushalt mit Dienstboten vor. Die Geburt des Sohnes Johann Wolfgang am 28. August 1749 mittags »mit dem Glockenschlage zwölf« erfolgt unter dramatischen Umständen: »durch Ungeschicklichkeit der Hebamme kam ich für tot auf die Welt«, schreibt Goethe in *Dichtung und Wahrheit*. Bezeichnenderweise ist dabei mit keinem Wort von den Ängsten der Mutter die Rede, sondern nur von der großen Not »der Meinigen«.

Die Mutter, die alles tut für ihren Hätschelhans, nimmt in Goethes Aufzeichnungen kaum mehr als eine Statistenrolle ein. In den Schilderungen über seine lebensbedrohende Pockenerkrankung etwa, die ihn für Tage erblinden ließ, kommt die Mutter nicht vor, ebenso wenig in der Beschreibung des Verlustes der nicht lebensfähigen fünf jüngeren Geschwister: des kleinen Bruders, der an Pocken starb, oder der »sehr schönen und angenehmen« Schwester, »die aber auch bald verschwand«. Wie hat die Mutter all diese Heimsuchungen verkraftet? Und wie ist sie damit fertiggeworden, daß die beiden übrig gebliebenen Geschwister sich »nur um so inniger und liebevoller verbanden«?

Eine Verbindung, die von Goetheforschern als inzestuös gedeutet wird und die Goethe verklausuliert umschreibt: »Jenes Interesse der Jugend, jenes Erstaunen beim Erwachen sinnlicher Triebe, die sich in geistige Formen, geistige Bedürfnisse, die sich in sinnliche Gestalten einkleiden ... manche Irrungen und Verirrungen, die daraus entspringen, teilten und bestanden die Geschwister Hand in Hand ...« Hätte die Mutter eingreifen müssen, eingreifen können? Diese Mutter, die Goethe wahrnimmt als »fast noch Kind, welche erst mit und in ihren beiden Ältesten zum Bewußtsein heranwuchs«.

Die Mutter wird nicht als eigenständiges Wesen, sondern als Objekt väterlicher Belehrung gesehen. Goethe schreibt über seine Beobachtungen im Elternhaus und über den Vater, der viel Zeit in die Erziehung seiner beiden Kinder und auch seiner jungen Ehefrau investiert: »So hatte er meine Mutter in den ersten Jahren ihrer Verheiratung zum fleißigen Schreiben angehalten, wie zum Klavierspielen und Singen; wobei sie sich genötigt sah, auch in der italienischen Sprache einige Kenntnis und notdürftige Fertigkeit zu erwerben.« Der Hinweis, daß sie sich genötigt sah, deutet nicht auf beflissene Lernlust der Ehefrau hin.

Vom Vater, dem lehrhaften und streng pedantischen, ist in Goethes Aufzeichnungen viel häufiger die Rede als von der Mutter. Auch von den Großeltern und natürlich von der Schwester Cornelia, der innig vertrauten und von ihm dominierten, der er nie verzeiht, daß sie, wenn auch nicht aus glühender Liebe, den elf Jahre älteren Juristen Johann Georg Schlosser heiratet. Die Schwester ist in dieser Ehe unglücklich, innerlich zerrissen, ohne Lebenswillen. Sie stirbt mit 27 in schwerer Depression nach der Geburt ihrer zweiten Tochter.

Ein harter Schicksalsschlag für die Familie. Auch für die Mutter, obwohl ihr der Sohn, der mit 16 Jahren das Elternhaus ohne Wehmut verlassen hat, stets näher stand als die verschlossene Tochter Cornelia.

Wo kann sie Trost finden? Nicht bei ihrem kränkelnden, engstirnig gewordenen Ehemann. Nicht bei ihrem Sohn, dem fernen, vielbeschäftigten. Sie verarbeitet ihre Trauer, indem sie Briefe schreibt. Einer der Briefpartner ist der Prediger und Physiognom Johann Kaspar Lavater in Zürich. Von ihm erhofft sie auch Beistand im Glauben, nachdem sie ihre ganz aus pietistischer Gesinnung lebende Jugendfreundin Susanne von Klettenberg verloren hat.

»daß ich dem Schmertz nicht erlag«

Am 23. Juni 1777 schreibt Frau Aja, wie sie von Freunden genannt wird, an Lavater: »O lieber Lavater! die arme Mutter hatte viel viel zu tragen, mein Mann war den gantzen Winter kranck, das harte zuschlagen einer Stubenthüre erschröckte ihn, und dem Mann muste ich der Todesbote seyn von seiner Tochter die er über alles liebte – mein Hertz war wie zermahlt«, und sie schildert ihm, wie sie Tröstung sucht in dem Gedanken, »daß über den Gräbern unsterblichkeit wohnet, und daß unser spannenlanges Leben auch gar bald am Ziel seyn kan«. Der lange Brief mündet in das traurige, aber nicht verbitterte Bekenntnis: »wißt es ist jetzt eins meiner liebsten Beschäftigungen an die Freunde so meinen Hertzen nahe sind die Schmertz u Vergnügen mit mir theilen Briefe zu schreiben, ich lebe in dieser großen Stadt wie in einer Wüste.«

Sie fühlt sich einsam in Frankfurt. Nicht die gesellschaftlichen Kontakte fehlen ihr, sie verkehrt in den besten Häusern, geht bei Bankier Bethmann zum Tee, besucht die ›Montags Gesellschaft‹ und die ›Mittwochs Concerte‹, versäumt keine Theaterpremiere. Was sie vermißt, sind die geistigen Anregungen, die tiefer gehenden Gespräche. An Lavater schreibt sie: »Es mögen wohl noch gute Menschen in Franckfurth seyn, villeicht verwundre ich mich einmahl in der Ewigkeit daß ich sie hir verkandt habe – aber vor der Hand, geht doch Frau Aja ihren pfad allein fort ...«

Auf diesem Pfad fühlt sie sich zwar geborgen in der Hand Gottes, aber nicht in den Mauern der Kirche und nicht bei den Gemeindepastoren, deren »Gemeinplätze und Wiedergeburten« ihr das warme Bett sonntags früh nicht ersetzen können: »Manchmal ging ich denn auch in die Kirch den Nachbarsleut zu Gefallen – aber weil ich den Herrn Prediger auswendig konnt, so hielt ich am hei-

ligen Ruhetag während der Predigt immer mein Ruhe-
stündchen.« Doch geruht hat sie nicht, sondern überlegt,
was zu Hause noch alles zu tun sei, um »durch dem Prediger seine unendliche Lüneburger Heide zu kommen«.
Die silbernen Leuchter wird sie mit Kreide und Branntwein blank putzen, ein Bügeleisen ins Feuer legen, um
die Manschetten aufzubügeln, den Dachboden wird sie
untersuchen, ob die Mäuse neue Löcher gebohrt haben,
und in der Bodenkammer muß sie die schönen Borsdorfer
Äpfel auf dem Stroh umlegen und im Keller die Wein-
bouteillen ... »Nun, dann war auch der Herr Pfarrer ge-
wöhnlich fertig mit seiner Red, die nicht weniger unbedeutend war von dem studierten Mann als was ich der-
bei überlegt hatte ...«

Sie ist eine praktisch veranlagte Frau und gute Haus-
mutter, aber kein Hausmütterchen, das nicht über den
Herdrand hinaussieht. Auch wenn sie zeitlebens keine
größeren Reisen gemacht hat, so nimmt sie doch Anteil an
allem, was um sie herum und in der Welt geschieht, und
sagt sich in ihrer pragmatischen Art: »Das Schicksal hat von
jeher vor gut gefunden, mich etwas kurtz, und die Flügel
unter der Schere zu halten, mag auch bey dem allem so gar
unrecht nicht haben.« Sie freut sich über die Freude anderer, begleitet in Gedanken ihren Hätschelhans auf den
Reisen nach Italien und in die Schweiz, und wenn der
Sohn sie nur äußerst spärlich mit Nachrichten versorgt, so
malt sie sich »alle die herrlichen Gegenden« aus, klettert
mit auf die Felsen und freut sich »von ganzer Seele über
der Reissenden Glückseligkeit und Wohlbefinden«. Und
sie schreibt dem Sohn voller Bewunderung: »Einen Menschen wie du bist, mit deinen Kentnüßen, mit dem reinen
großen Blick vor alles was gut, groß und schön ist, der so
ein Adlerauge hat, muß so eine Reiße auf sein gantzes
übriges Leben vergnügt und glücklich machen ...«

Ein Leben in Briefen

Frau Aja war eine leidenschaftliche, wort- und bildmächtige Briefeschreiberin. Ungefähr 400 ihrer Briefe sind erhalten geblieben: die späten an den Sohn, an dessen Freunde, an ihre Enkelkinder und an berühmte Zeitgenossen, Lavater oder den königlichen Leibarzt Johann Georg Zimmermann, mit denen sie ohne jede Befangenheit korrespondierte. Vor allem aber Briefe an ihre jugendliche Freundin Bettine Brentano und an die von ihr hoch verehrte Herzogin Anna Amalia von Sachsen-Weimar.

Man kann sich die eifrige Schreiberin gut vorstellen an ihrem Sekretär oder am Tisch im Salon der Beletage mit Blick auf das geschäftige Treiben am Großen Hirschgraben. Ihr Mann hat das alte Doppelhaus großzügig im Stil des Rokoko umbauen lassen, doch von der früheren Ausstattung ist kaum etwas erhalten geblieben. Im Zimmer der Frau Rat stammen nur ein Intarsien-Nähkästchen, das Sonntagsgeschirr in der Vitrine und ihr berühmtes Porträt mit dem Spitzenhäubchen aus den Originalbeständen. Im Zweiten Weltkrieg wurde das Haus völlig zerstört.

Heute drängen sich tagtäglich Scharen von Besuchern durch die originalgetreu nachgebildeten Räume. Alle wollen dem Genius Goethe ihre Referenz erweisen, sind bildungsbeflissen oder einfach neugierig, wie es bei Goethens so zuging. Frau Rat Goethe wäre dieser Andrang gewiss nicht unlieb gewesen, sie genoß es, im Glanz des großen Sohnes auch ein bißchen illuminiert zu werden. Im Oktober 1807, nach der Frankfurter Messe, schreibt sie ihm selbstbewußt von all den Professoren, die bei ihr eingekehrt waren: »Da nun ein großer theil deines Ruhmes und Rufens auf mich zurück fält, und die Menschen sich einbilden ich hätte was zu dem großen Talendt beygetragen; so kommen sie denn um mich zu beschauen –

da stelle ich denn mein Licht nicht unter den Scheffel sondern auf den Leuchter versichre zwar die Menschen daß ich zu dem was dich zum großen Mann und Tichter gemacht hat nicht das aller mindeßte beygetragen hätte«, und sie schließt kokett bescheiden: »Denn das Lob das mir nicht gebühret nehme ich nie an …«

Bei aller Bescheidenheit weiß sie um ihr Erzähltalent. Die Gabe, die ihr Gott gegeben habe, sei eine lebendige Darstellung aller Dinge, schreibt sie: »So wie ich in einen Circul komme wird alles heiter und froh weil ich erzähle. Also erzählte ich den Profeßoren und sie gingen und gehen vergnügt weg – das ist das gantze Kunstück …«

Sie hat nicht den Drang, die Welt zu bereisen, sie holt sich die Welt in ihre Kammer. Das Brunnenhöfchen neben dem Haus ist ihr Schloßgarten. Im Giebelzimmer unter dem Dach hat ihr Hätschelhans an seinem *Götz von Berlichingen* und den *Leiden des jungen Werther* geschrieben, jeder Winkel birgt Erinnerung, freudige und traurige.

An diesen Erinnerungen läßt sie in langen Briefen die Herzogin Anna Amalia teilhaben, die Mutter Carl Augusts, in dessen Gunst und Anstellung ihr Sohn in Weimar steht. Die Herzogin hat sie im Herbst 1778 mit einem ganz besonderen Geschenk überrascht: einem Bildnis ihres Hätschelhanses. So kann die Mutter ihn wenigstens im Goldrahmen betrachten, wenn sie ihn leibhaftig kaum zu Gesicht bekommt. Seit mehr als drei Jahren hat er sich in Frankfurt nicht mehr blicken lassen. Frau Aja nimmt es dem Vielbeschäftigten nicht übel – oder sie tarnt ihr Verletztsein hinter Mutterstolz über das gefällige Bild, das ihn im Frack zeigt, »worin ich ihn immer am liebsten um mich herum hatte«.

Nie ein Vorwurf an den Sohn, den säumigen, nur ab und zu eine leise Bitte, die auch gleich wieder zurückgenommen wird: »Freylich wäre es hübsch wenn du auf

die Herbstmeße kommen könstes ... doch auch das über-
laß ich dir.« Und der Sohn liest nicht die Not hinter den
Zeilen, wenn sie ihm vom Vater berichtet: »Ein armer
Mann Cörpperliche Kräffte noch so zimmlich – aber am
Geiste sehr schwach.«

Im Mai 1782 stirbt der seit langem bettlägrige Mann –
eine Erleichterung für Katharina Elisabeth Goethe und
eine Befreiung von ständiger fürsorglicher Kontrolle.
Doch auch das ungewohnte Alleinsein bedrückt die Witwe, sie flieht aus dem leeren Haus, so oft es geht: »Den da
ists so still und öde, wie auf dem Kirchhoff.« Aber Resignation ist ihre Sache nicht.

Sie schreibt gegen die Einsamkeit an. Schreibt an ihre
Enkel, die Kinder der früh verstorbenen Cornelia: »Wenn
ich bei euch wäre, lernte ich euch allerlei Spiele, als Vögel
verkaufen – Tuchdiebes – Potz schimper potz schemper
und noch viele andre ... ihr wißt ja daß die Großmutter
gern lustig ist und gerne lustig macht.« Immer wieder
stellt sie, auch vor sich selbst, ihren Frohmut heraus und
verdrängt oder überlistet so die depressiven Stimmungen,
die sie heimsuchen.

»Sind die Thüren niedrig so bücke
ich mich«

Der Ausspruch ist bezeichnend für die praktische und kluge Lebenseinstellung Katharina Elisabeth Goethes. Nach
dem Tod ihres Mannes hat sie an die Herzogin Anna Amalia geschrieben: »Nur das gegenwärtige gut gebraucht und
gar nicht dran gedacht das es anders seyn könte; so komt
mann am besten durch die Welt – und das durchkommen
ist doch /: alles wohl überlegt :/ die Hauptsache.«

Im November 1786 geht ein Brief an ihren Sohn nach
Rom. Sich selbst und ihn beschwichtigend schreibt sie:

»Mein Leben fließt still dahin wie ein klahrer Bach – Unruhe und Getümmel war von jeher meine sache nicht, und ich dancke der Vorsehung vor meine Lage – Tausend würde so ein Leben zu einförmig vorkommen mir nicht, so ruhig mein Cörpper ist; so thätig ist das was in mir denckt – da kan ich so einen gantzen geschlagenen Tag gantz alleine zubringen, erstaune daß es Abend ist, und bin vergnügt wie eine Göttin – und mehr als vergnügt und zufrieden seyn, braucht mann doch wohl in dieser Welt nicht …«

Doch Frau Rat bringt ihre Tage durchaus nicht nur im stillen Kämmerlein zu. Die Theaterbegeisterte läßt sich keine Premiere entgehen, und Schauspieldirektor Großmann muß sich manch harsche Kritik aus ihrem Munde anhören.

Das Frankfurter Publikum freilich behagt der Frau Rat auch nicht: »etliche wenige ausgenommen resoniren sie wie die Pferde«, urteilt sie. Sie berichtet Großmann von einer Dame »der so genandten großen Welt«, die Hamlet für eine Farce hält, und sie empört sich: »Gevatter! Hamlet eine Farse!!! Ich dachte ich kriegte auf der stelle eine Ohnmacht – Ein anderer behaubtete … Daß ihn der Teufel holen solte, wo er nicht eben so ein Ding voll unsinn schreiben kön, und das war ein Dicker vierschröderischer Weinhändler.«

Über eine bevorstehende Aufführung von Goethes *Clavigo* schreibt sie der Herzogin Anna Amalia aufgeregt und voller Stolz – diesmal kommt das Frankfurter Publikum nicht mehr so schlecht weg –: »da geht gantz Frankfurth hinein, alle Logen sind schon bestelt – Das ist vor so eine Reichsstadt, allemahl ein großer spaß.«

Späte Leidenschaft

»Mir ist nur immer vor dem Verrosten bange« – eine beinahe kokette Äußerung der Frau Rat. Von Rost keine Spur. Mit zunehmendem Alter scheint ihre Vitalität sich eher zu steigern oder sie läßt ihren Emotionen unbedenklicher freien Lauf. Sie ist Mitte fünfzig, als sie sich in den zwanzig Jahre jüngeren Schauspieler Unzelmann verliebt, der zur Großmannschen Truppe gehört. Sie weiß selbst nicht, wie ihr geschieht, als glücklichste Zeit ihres Lebens sieht sie rückblickend die drei Jahre, in denen sie Unzelmann mit leidenschaftlichen Briefen überschüttet hat. Ihren ganzen Einfluß hat sie daran gesetzt, ihn in Frankfurt zu halten, sie hat dem Labilen Geld geborgt, wenn die Gläubiger vor der Tür standen. Unzelmann lohnt es ihr nicht. Er verschwindet heimlich, ohne sich von ihr zu verabschieden, aus der Stadt und nimmt ein Engagement in Berlin an.

Ihre Welt bricht zusammen, sie ist fassungslos vor Schmerz und Enttäuschung. In ihren Briefen klingt Bitterkeit an, verletzter Stolz, Rachegefühl – Abgründiges in ihrem sonst so ausgeglichenen Wesen. »Die Quall die ich jetzt leide ist unaussprechlich«, schreibt sie dem Treulosen im März 1788. Und: »Ich weiß warrlich nicht, ob ich nach so vielem vorhergegangenen Täuschungen, fehlgeschlagenen Erwartungen, mein Hertz der Hoffnung die mich so offte, so unendlich offte hintergangen hat, ob ich dieser Betrügerin es je wieder öffnen soll ...« Unzelmann hat, nach fehlendem Erfolg in Berlin, die Absicht, nach Frankfurt zurückzukehren, möglichst als Theaterdirektor, und sie schreibt ihm, in Panik ob dieser Vorstellung: »Vor Ihrem Herkommen fürchte ich mich – Sie können leicht begreifen warum!!!« Gleichzeitig aber bewahrt sie ihren kühlen Kopf, der auf Rache sinnt, und droht dem Lieder-

lichen: »Morgen laße ich Brandbriefe an all meine saum-
seelige Schuldner ergehen – und dann wird Ihrer ge-
dencken Ihre Elisabeth.«

Da die Drohung Unzelmann offenbar nicht von seinen
Plänen abbringt, legt Frau Aja nach, schildert ihm die
miesen Theaterperspektiven in Frankfurt und den Zorn,
den seine betrogenen Kollegen noch immer gegen ihn
hegen: »Ich weiß von sicherer Hand daß Sie mögten wieder kommen über lang oder kurtz Ihnen die Strafe noch
bevor steht.«

»Bomppen – Kuglen – Pulver Wägen«

Der 1792 ausgebrochene Krieg mit Frankreich reißt Frau
Aja aus ihrem Liebeskummer und ihren schmerzbetören-
den Beschäftigungen, dem Spitzenklöppeln, Klavierspielen
und den Schachpartien mit der Gräfin von Isenburg. Sie
schwebten, so lange Mainz nicht wieder in deutscher
Hand sei, in ständiger Furcht und Unruhe, schreibt sie
ihrem Sohn am 14. Dezember. Im Juni des folgenden Jahres hat sich die Lage noch immer nicht entspannt: »Wir sehen und hören aber Tag-täglich nichts als Bomppen –
Kuglen – Pulver Wägen – Blesirte – Krancke – Gefangne
u.d.g. Tag und besonders Nachts gehts Canoniren beynahe
an einem fort.«

Dies schreibt Katharina Elisabeth Goethe an Christiane Vulpius nach Weimar. Es ist ihr erster Brief an Christiane. Goethe hat der Mutter bei seinem Frankfurter
Aufenthalt im August 1792 seine »Gewissensehe« mit der
jungen Geliebten und die Existenz seines schon drei-
jährigen Sohnes August gestanden. Warum erst so spät?
Er mußte doch wissen, daß er bei seiner Mutter auf Verständnis und Toleranz hoffen kann. Frau Aja hegt, im
Gegensatz zur Weimarer Gesellschaft, keine Vorurteile

gegen die naturwüchsige Schwiegertochter, die Goethe erst mehr als ein Jahrzehnt später unter dem Druck seines Mäzens Carl August heiratet.

Der Krieg zieht sich hin. Viele Frankfurter verlassen die Stadt. Frau Rat, furchtlos und nervenstark auch in bedrohlichen Situationen, denkt nicht ans Weggehen, auch wenn ihr die ständigen Einquartierungen lästig sind, der preußische Oberst mit seinen vier Leuten zum Beispiel: »Die glauben nun wenigstens im Paradieß zu seyn – Aber was die auch freßen!! die waren so ausgehungert daß es ein jammer war!«

Der Sohn rät ihr, das große, mühsam zu bewirtschaftende Haus zu verkaufen und sich nach etwas Bequemerem umzusehen. Sie wird schnell fündig, eine Wohnung am Roßmarkt im Goldenen Brunnen entspricht genau ihren Vorstellungen: »Nein eine solche Aussicht – eine solche Lage ist in der gantzen Stadt nicht mehr anzutrefen – die Küche ist hell und schön – eine große Speißekammer – großer Holtzplatz Summa Summarum mein gantzes Ideal.«

Das Haus am Großen Hirschgraben muß geräumt werden, und sie geht zupackend und ohne Sentimentalität ans Werk: die Bouteillen im Weinkeller werden verkauft, die Bücher katalogisiert, die Möbel geschätzt. 15 Carolin bringt die gute rote Stube ohne Lüster und Wandleuchter. »Meine 3 Zimmer im Neuen Hauß Möblire ich hübsch und ordendtlich aber aller kling klang wird verkauft«, schreibt sie dem Sohn. Zum kling klang gehört auch dessen berühmtes Puppenspiel und ein »Fammilien Portrait wovon wenigstens die Rahme – und das Bret zum übermahlen noch tauglich sind …« Ob diese praktischen, aber nicht sehr pietätvollen Überlegungen im Sinne ihres Hätschelhanses sind, auf dessen Wünsche sie sonst so bereitwillig eingeht?

»Im fünften Akt soll applaudirt und nicht gepfiffen werden«

Katharina Elisabeth Goethe kann – alles in allem genommen – mit Genugtuung auf ihr Leben zurückblicken. Sie hat viel geschafft, vieles mit ihrer unkomplizierten Art und mit Humor gemeistert, was andere umgeworfen hätte. Im März 1801 schreibt sie – nach der Genesung ihres Sohnes von schwerer Krankheit – an Christiane: »Wäre ich eine Regirende Fürstin, so machte ich es wie Julius Cäsar lauter fröliche Gesichter müßten an meinem Hof zu sehen seyn denn das sind der Regel nach gute Menschen«, und sie ermuntert ihre Schwiegertochter: »Tantzen Sie immer liebes Weibgen Tantzen Sie – frölige Menschen die mag ich gar zu gern – und wenn sie zu meiner Familie gehören habe ich sie doppelt und dreyfach lieb.« Frau Aja – doch die sprichwörtliche Frohnatur?

Ihren Humor und ihr im Theater geschliffener Sinn für Tragikomik behält sie bis an ihr Lebensende. Noch in ihrer Todesstunde soll sie einen Boten, der ihr eine Einladung überbringen wollte, mit den Worten abgewiesen haben: »Die Frau Rat hat jetzt kei' Zeit, sie muß sterbe.«

Der Tod kommt sanft und erwartet. Am 13. September 1808 schlummert sie ins Jenseits hinüber, das ihr christliche Gewißheit und Hoffnung ist.

Ihr Grab auf dem Petersfriedhof wurde zum Goethejahr würdig wieder hergerichtet. Aber mehr als in diesen wuchtigen Steinquadern wird sie in ihren Briefen weiterleben. Nicht – nicht nur – als Mutter eines großen Sohnes, sondern als ganz eigenständige Persönlichkeit, die mit Überzeugung sagen konnte: »Originaliter zu seyn, das ist erst wirklich seyn.«

Wenn mei Söhn nit wolle, gibt's kein Kriech!

Gudula Rothschild
1753–1849
Stammutter einer Bankdynastie

> Wer weiß, daß er gebraucht wird, hält aus.
> ELISABETH BORCHERS

Es war einmal ein kleiner Händler, der brachte es durch
Fleiß und Pfiffigkeit zu Wohlstand, so daß er um die Hand
einer reichen Kaufmannstochter anhalten konnte. Mit seiner jungen Frau bewohnte er ein schlichtes Haus in einer
engen, lichtlosen Gasse. Die Frau aber war zufrieden und
gebar ihm Jahr um Jahr ein Kind. Einige der Kinder waren
zu schwach zum Leben, andere jedoch entwickelten sich
prächtig und waren der Stolz der Eltern. Die Mutter erzog
sie zu Ordnung und Sparsamkeit. Die fünf Söhne wurden
früh in die Welt hinausgeschickt, damit sie sich dort um-
sähen und Neues lernten, was ihnen im Leben nützlich
sein konnte. Jeder kam in einem anderen Land zu Reichtum und Ruhm und alle standen sich gegenseitig bei. Die
Mutter ermahnte sie, gottesfürchtig und bescheiden zu
bleiben und die Armen nicht zu vergessen. Die Söhne be-
herzigten ihren Rat, taten Gutes und mehrten ihren
Reichtum. Sie wohnten in Palästen, die Mutter aber blieb
in ihrem bescheidenen Häuschen bis an ihr Lebensende.
Sie freute sich über die wohlgeratenen Söhne, die Geschick und Geschäftssinn vom Vater geerbt hatten. Sie trugen den Familiennamen in alle Welt und gaben ihn an ihre
Kinder und Kindeskinder weiter. Auch wenn sie mit Für-

sten und Königen verkehrten, vergaßen sie doch ihre alte Mutter nie, die ihr Leben lang hart gearbeitet hatte und der sie so viel verdankten. Als die Mutter in biblischem Alter starb, trauerte eine große Nachkommenschaft um die genügsame und doch mächtige Frau.

Ein Grimmsches Märchen?

Nein, eine wahre Geschichte. Die Familiengeschichte der Rothschilds, einer der einflußreichsten Bankdynastien in Europa. Eine Geschichte, die von Generation zu Generation weitererzählt wurde und die beweisen sollte, daß es möglich ist, sich mit Fleiß und Tüchtigkeit aus kleinsten Verhältnissen zu Macht und Reichtum hochzuarbeiten. Der Traum vom Tellerwäscher, der es in Amerika zum Millionär bringt, oder das Lesebuchlehrstück vom Tüchtigen, der seines Glückes Schmied ist. Der Mythos von der Macht des Geldes, weiter gesponnen bis auf den heutigen Tag von Dichtern und Revolutionären, von Verfechtern und Verächtern einer Weltordnung, die das Kapital als Machtfaktor einsetzt. Sowohl in der protestantischen Ethik als auch im Judentum gilt Mehrung des Besitzes durch eigene Leistung als gottgefällig, wenn dieses Besitzstreben mit Verantwortung für das Allgemeinwohl gekoppelt ist. Eine Maxime, die in den Anfängen des Rothschildschen Imperiums stets beherzigt wurde und sich später in zahlreichen gemeinnützigen, sozialen und kulturellen Stiftungen der Familiendynastie niederschlug.

Legende und Wirklichkeit

Rothschild: Schon mit dem Namen verbinden sich Legenden. Historisch verbürgt ist dessen Ursprung. Die Häuser im Judenghetto, das 1462 außerhalb der Frankfurter Stadtmauern errichtet wurde und nur aus einer einzigen Gasse bestand, trugen zur Kennzeichnung farbige Schilder. Ein Vorfahr der Rothschilds wohnte im Haus Zum Roten Schild und behielt diese Ortsbezeichnung als Familiennamen bei, als er innerhalb der Judengasse in ein anderes Haus umzog.

1743 oder 1744 wurde im Haus Zur Hinterpfann Meyer Amschel Rothschild geboren, der als eigentlicher Stammvater des Rothschildschen Bankimperiums gilt. Während der ein halbes Jahrzehnt später geborene Goethe als privilegierter Großbürgersohn in einem stattlichen Haus am Großen Hirschgraben aufwuchs, mußte der junge Münzhändler Meyer Amschel seine Wechselgeschäfte in der Enge des übervölkerten Ghettos abwickeln, eingeschränkt durch tausend Vorschriften und Verbote.

Goethe erinnert sich in *Dichtung und Wahrheit* an die so fremdartige, ihn faszinierende und zugleich abstoßende Ghettowelt seiner Jugendtage: »Die Enge, der Schmutz, das Gewimmel, der Akzent einer unerfreulichen Sprache, alles zusammen machte den unangenehmsten Eindruck, wenn man auch nur am Tore vorbeigehend hineinsah. Es dauerte lange, bis ich allein mich hineinwagte, und ich kehrte nicht leicht wieder dahin zurück, wenn ich einmal den Zudringlichkeiten so vieler, etwas zu schachern unermüdet fordernder oder anbietender Menschen entgangen war.«

Ein Blick, vorgeprägt durch Mißtrauen und Ängste der Frankfurter Bürger, denen das vitale, ständig wachsende Judenghetto vor ihren Toren nicht geheuer war. Dazu kamen religiöse Vorurteile, denen sich auch der junge Goethe nicht entziehen konnte. Er schreibt rückblickend: »Dabei schwebten die alten Märchen von Grausamkeiten der Juden gegen die Christenkinder, die wir in Gottfrieds ›Chronik‹ gräßlich abgebildet gesehen, düster vor dem jungen Gemüt.« – Doch er bemüht sich sichtlich um Objektivität, wenn er fortfährt:»Indessen blieben sie doch das auserwählte Volk Gottes, und gingen wie es nun mochte gekommen sein, zum Andenken der ältesten Zeiten umher. Außerdem waren sie ja auch Menschen, tätig, gefällig, und selbst dem Eigensinn, womit sie an ihren Gebräuchen hingen, konnte man seine Achtung nicht versagen.«

Dann typisch Goethe: »Überdies waren die Mädchen hübsch, und mochten es wohl leiden, wenn ein Christenknabe, ihnen am Sabbat auf dem Fischerfelde begegnend, sich freundlich und aufmerksam bewies.« – Es folgen, bezeichnend für das Bemühen des jungen Goethe, allen Dingen auf den Grund zu gehen, die Sätze:»Äußerst neugierig war ich daher, ihre Zeremonien kennen zu lernen. Ich ließ nicht ab, bis ich ihre Schule öfters besucht, einer Beschneidung, einer Hochzeit beigewohnt und von dem Lauberhüttenfest mir ein Bild gemacht hatte. Überall war ich wohl aufgenommen, gut bewirtet und zur Wiederkehr eingeladen ...«

In dieser Welt also lebt der junge Meyer Amschel Rothschild, und er kommt darin gut zurecht. Seine Geschäfte florieren, obwohl Juden im 18. Jahrhundert nur Kleinhandel, Geld- und Pfandleihgeschäfte betreiben dürfen. Er versteht es, den engen Spielraum voll zu nutzen und sein Vermögen zu mehren. Da er dem Erbprinzen Wilhelm von Hessen seltene Münzen und Medaillen beschaffen konnte, wird er 1769 zum Fürstlich Hanauischen Hoffaktor ernannt. Mit gestärktem Selbstbewußtsein hält nun der 25jährige bei einem wohlhabenden Kaufmann aus der Nachbarschaft um die Hand der 17jährigen Tochter Gutle an. Der Vater, Salomon Schnapper, ist einverstanden, im Jahr darauf findet die Hochzeit statt. Töchter wurden damals von den Eltern möglichst ›gut‹ verheiratet,

Gefühle und Sympathie spielten kaum eine Rolle. Doch im Falle Gutle und Meyer Amschel scheint die Chemie zu stimmen.

Frauenleben im Ghetto

Gutle, die junge Ehefrau, zieht zu ihrem Mann in das Haus Zur Hinterpfann, in weitaus beengtere Räume als die ihres Elternhauses. Aber auch sie ist im Ghetto aufgewachsen, sie hat von Kind an gelernt, mit Einschränkungen zu leben. Das Ghetto hatte man im 15. Jahrhundert vor den Stadtmauern für 500 Bewohner gebaut, nun haust die sechsfache Zahl in der Judengasse, in schmalen, hohen Häusern, die immer wieder aufgestockt wurden, weil keine weitere Grundfläche zur Verfügung stand. Die Frankfurter Judenstadt ist im 18. Jahrhundert die größte jüdische Ansiedlung im deutschen Bereich. Arme Familien wohnen Tür an Tür mit wohlhabenden, die durch geschicktes Handeln zu Reichtum gekommen sind. Reich an Kindern sind sie alle.

Gutle Rothschild hat im Laufe ihrer Ehe 19 oder 20 Kinder geboren, nicht alle waren lebensfähig, aber zehn erreichen das Erwachsenenalter und werden tüchtige Stützen der Großfamilie. Zwanzig Geburten in gut zwei Jahrzehnten – das bedeutet jedes Jahr eine Schwangerschaft – heute kaum mehr vorstellbar.

Kinderreichtum gab es in allen Schichten, auch im Adel, man denke an Kaiserin Maria Theresia mit ihren 16 Söhnen und Töchtern. Nur standen der Monarchin Gouvernanten und Dienstboten zur Verfügung, während Gudula Rothschild sehen muß, wie sie allein mit dem Nachwuchs zurechtkommt. Und das in einer Küche, die gleichzeitig Flur ist, vier Meter lang und eineinhalb Meter breit, mit nur einer einzigen Feuerstelle für die zwölfköpfige Familie. Die Kinder schlafen gemeinsam in einer winzigen Kammer zusammengepfercht. Die Bankgeschäfte werden in einem Hinterzimmer von nicht einmal zehn Quadratmetern abgewickelt – der Keimzelle des Rothschildschen Finanzimperiums.

Auch nachdem die Familie in das geräumigere Haus Zum Grünen Schild umgezogen ist, bleibt der Platz äußerst beschränkt und die Hausarbeit beschwerlich. Doch Gutle, wie Frau Gudula von der Familie liebevoll genannt wird, hat alles im Griff, den Haushalt, die Erziehung der Kinder, den Umgang mit Klienten ihres Mannes und mit Behörden. Paragraphen beeindrucken sie nicht, sie kuscht auch nicht vor der Polizei, die sie zu Geschäften ihres Mannes verhört. – Höchst ungewöhnlich für eine rechtlose Frau.

Sie ist doppelt rechtlos: als Ghettojüdin und als Frau. Nach Einbruch der Dunkelheit und auch an Sonn- und Feiertagen darf sie die Judengasse nicht verlassen. Selbst in der übrigen Zeit ist ihr der Besuch bestimmter Stadtteile und Grünanlagen verboten. In den Straßen außerhalb des Ghettos muß sie damit rechnen, von Jugendlichen angepöbelt oder gar mit Steinen beworfen zu werden. Juden sind Bürger zweiten Ranges, jüdische Frauen wehrlose Opfer. Das empört Gutle Rothschild, aber sie rebelliert nicht öffentlich – was würde es nützen? Es würde ihrem Mann nur Scherereien einbringen, und Scherereien hat er schon genug: Meyer Amschel muß nicht nur eine hohe Kopfsteuer bezahlen, den ›Judenzoll‹, es werden ihm auch ›Schutzgelder‹ abgeknöpft – heutige Mafiamethoden.

Wen wundert's, daß sich die jüdischen Händler immer trickreicher den Schikanen zu entziehen versuchen? Sie dürfen kein Land bebauen und kein Handwerk ausüben – also treiben sie Geldgeschäfte. Handel mit Grundstücken, mit Früchten, mit Seide, auch mit Waffen ist ihnen verboten – also spezialisieren sie sich auf Tabak und Felle, auf Gold und Juwelen. Das verdiente Geld darf nicht in Grundbesitz angelegt werden – also verleihen sie es zu möglichst hohen Zinsen. Im Laufe der Zeit haben sie gelernt, auch aus widrigen Umständen Kapital zu schlagen, das bringt ihnen Mißgunst und immer neue amtlich verordnete Beschränkungen ein.

Gudula Rothschild weiß damit umzugehen. Sie ist findig und lebt ihren Kindern vor, wie man aus jeder Situation das Bestmögliche macht, wie man improvisiert, sich anpaßt oder nach Schlupflöchern sucht. Und sie bringt ihren Kindern bei, nicht nur an sich zu denken, sondern auch an all jene, die Not leiden oder sich nicht zu wehren wissen. Sie ist eine gottesfürchtige Frau, ausgestattet mit einem Urvertrauen, das sich auf die Kinder überträgt. Dazu kommen Energie, Zähigkeit und Optimismus: Was auch geschieht, sie wird es schaffen. Für Vergnügungen hat sie keinen Sinn und noch weniger Zeit, sie verläßt ihr Haus nur zum Besuch der Synagoge.

Auf die Erziehung der Kinder legt sie besonderen Wert. Den Söhnen soll eine gute Schulbildung zukommen, für die Töchter hält sie, der Zeit entsprechend, eine Vorbereitung auf ihre spätere Aufgabe als Hausfrau und Mutter für ausreichend.

Fünf Söhne – das Familienkapital

Während es bei den Töchtern darum geht, ihnen tüchtige Ehemänner zu besorgen, werden die Söhne früh in die väterlichen Geschäfte eingeweiht und mit Aufgaben betraut. Meyer Amschel gilt zwar als traditionsbewußter, die Bräuche der Väter praktizierender Jude, aber es fehlt ihm dabei nicht an Weltoffenheit und einem Gespür für die neue Zeit. Seine Söhne lesen nicht nur den Talmud, sondern auch väterliche Bilanzen.

Durch Umsicht und die Gunst der Zeit gelingt es Meyer Amschel, seine Handelsbeziehungen Jahr um Jahr auszuweiten. Neben den Geldgeschäften betreibt er – anders als seine Konkurrenten Bethmann – nach wie vor Warenhandel, fährt also mehrgleisig und nicht schlecht. Ludwig Börne, der ebenfalls in der Frankfurter Judengasse aufgewachsen ist, charakterisiert Meyer Amschel wohl treffend, wenn er schreibt: »Er war ein mildtätiges Gesicht mit einem spitzen Bärtchen, auf dem Kopf ein dreieckig gehörnter Hut und die Kleidung mehr als bescheiden, fast ärmlich. So ging er in Frankfurt herum, und ständig umgab ihn wie ein Hofstaat ein Haufen armer Leute, denen er Almosen verteilte oder mit gutem Rat zusprach.«

Börnes Beschreibung der Ehefrau Gutle fällt leider weniger präzise aus. Er verklärt das Familienleben im Haus Zum Grünen Schild zur Idylle und die Mutter zur guten Fee, die mit ihrer Kinderschar ein liebliches Chanukkafest feiert.

Die Zeit des Aufbruchs in Europa – Judenemanzipation, Industrialisierung, Gewerbefreiheit, Beseitigung des Frankfurter Ghettos – weiß Meyer Amschel für seine immer ausgedehnteren Geschäfte zu nutzen. Die Söhne hat er mit sicherem Instinkt früh ins Ausland geschickt, sie lassen das Ghetto hinter sich, während er selbst mit seiner Frau, auch nach dessen Öffnung und nach seinem Aufstieg in die jüdische Oberschicht, in der Judengasse wohnen bleibt.

Die Söhne, strategisch ausgezeichnet verteilt, bauen nach und nach an wichtigen Finanzplätzen Zweigstellen des väterlichen Bankgeschäftes auf: Salomon in Wien, Nathan in London, Carl in Neapel, James in Paris. Der älteste Sohn Amschel Mayer (die Söhne schreiben sich mit ay) koordiniert das Familienunternehmen und die komplizierten internationalen Finanzaktionen vom Frankfurter Stammhaus aus. Der Vater hat mit den drei volljährigen Söhnen Amschel, Salomon und Carl 1810 einen Gesellschaftsvertrag abgeschlossen, in den Nathan und James später einbezogen werden. Dieser Vertrag mit einem aufgeführten Vermögen von 800 000 Gulden sichert das Weiterbestehen des Familienimperiums über den Tod Meyer Amschels hinaus. Das Bankhaus heißt nun *M. A. Rothschild & Söhne*. Die Ehefrau und die Töchter Jeanette, Isabella, Babette und Julie sind von der Teilhabe ausgeschlossen. Selbst die Tochter Henriette, die als Kassiererin der Frankfurter Bank eine wichtige Funktion hat, wird nicht berücksichtigt. Auch wenn Meyer Amschel seiner Frau und seinen Töchtern volles Vertrauen entgegenbringt und ihre Tüchtigkeit zu schätzen weiß, hält er doch Geldgeschäfte ganz selbstverständlich für Männersache. Töchter und Schwiegertöchter, die im Kontor mitarbeiten, bleiben Hilfskräfte.

Im Testament des 1812 als freier Frankfurter Bürger Verstorbenen ist sein letzter Wille eindeutig niedergelegt: Der Name Rothschild soll unter allen Umständen erhalten bleiben, deshalb dürfen seine fünf Töchter, seine Schwiegersöhne und auch deren Erben an der Firma niemals beteiligt werden – ein wohlbedachter Schachzug, der die Dynastie sichert. Ob die Töchter ihn als ungerecht empfunden haben, ist nicht bekannt, auch nicht, ob die Nichteinmischung Gudula Rothschilds ins Bankgeschäft nach dem Tod des Mannes ihrem Willen entsprach.

Sie hätte sich auf einen Präzedenzfall berufen können: Als im Jahre 1763 der Inhaber eines angesehenen Bankgeschäftes am Roßmarkt starb, führte seine Witwe Johanna Rebekka von Olenschlager das Bankhaus eigenständig und erfolgreich weiter – ein so außergewöhnlicher Fall, daß er in die Frankfurter Geschichte eingegangen ist.

Vielleicht sieht die als tatkräftig bekannte Witwe Rothschild keine Veranlassung, in die Unternehmungen der Söhne einzugreifen, weil sie deren Aktivitäten bejaht und bewundert. Vielleicht respektiert sie einfach den Willen ihres verstorbenen Mannes, dessen Testament die Bitte enthält, nicht »meine Söhne in dem ruhigen Besitz ihrer Handlung zu stören«.

Sohn Nathan hat in London Hannah Cohen, die Tochter des ›reichsten Juden‹ Englands geheiratet und residiert im Palais Picadilly. Den Reichtum hat er jedoch weniger der Mitgift seiner Frau als seinen Geschäften nach der Niederlage Napoleons bei Waterloo zu verdanken.

Amschel und Salomon mehren ihr Vermögen durch günstigen Geldtransfer nach Wien. James und Carl haben einen erfolgreichen Kurierdienst zwischen Frankfurt, Paris und London aufgebaut und Goldgeschäfte für Wellington getätigt, so daß sich James in Paris neben den berühmtesten Bankhäusern Frankreichs niederlassen kann.

Die Ausgrenzung der Frauen aus allen Geschäften ist zu Beginn des 19. Jahrhunderts noch die Regel, doch schon Meyer Amschels Söhnen scheint dies nicht mehr zeitgemäß zu sein. Der Londoner Sohn Nathan hält in seinem Testament fest: »Meine geliebte Frau Hannah ... soll in allen wichtigen Angelegenheiten mit meinen Söhnen zusammenarbeiten, und sie soll eine Stimme haben in allen Beratungen. Es ist mein ausdrücklicher Wunsch, daß sie sich auf kein bedeutendes Geschäft einlassen sollen, ohne zuvor ihren mütterlichen Rat eingeholt zu haben ...«

Versorgt, umsorgt und zufrieden

Meyer Amschel Rothschild hat nie daran gedacht, seine Frau an den Bankgeschäften zu beteiligen, doch gut versorgt sollte sie sein. In seinem Testament hat er ihr eine ansehnliche lebenslange Rente zugesprochen. Sie hätte damit, wie es für die reicheren Frankfurter Juden nach der Aufhebung des Ghettos selbstverständlich ist, ins vornehme Frankfurter Westend ziehen oder zumindest ihr baufälliges Haus Zum Grünen Schild gründlich sanieren können. Doch sie denkt nicht daran, an den Räumen, in denen sie früher so beengt gewohnt hat, nun, da ihr der Platz allein zur Verfügung steht, etwas zu verändern. Sie ist in der lichtlosen Judengasse groß geworden, sie will hier auch ihr Leben in den düster vertrauten Kammern beschließen.

Ob es die Kinder und Enkel, die sie aus aller Welt regelmäßig besuchen, nicht beschämt, die Mutter und Großmutter in so dürftigen Verhältnissen anzutreffen, während sie selbst in feudalen Palästen wohnen? Staatshaushalte und Fürstenhöfe werden von den Rothschilds finanziert, der Kaiser hat sie, in Anerkennung ihrer Verdienste, geadelt, sie führen ein glanzvolles Leben, aber immer, wenn sie das Elternhaus in der Judengasse besuchen, werden sie an ihre bescheidenen Anfänge erinnert. – Weise Absicht der Mutter?

Immer steht den Nachkommen auch die in der jüdischen Tradition verwurzelte Wohltätigkeit der Rothschildschen Stammeltern vor Augen. Diese haben nicht nur Bedürftige unterstützt, sondern auch die Einrichtung einer jüdischen Reformschule, des Philanthropins, gefördert, wohl wissend, daß eine gute Bildung spätere Lebenschancen erhöht. Zahlreiche Stiftungen der Rothschilds zeigen, daß die Ermahnungen Gudulas und Meyer Amschels auf fruchtbaren Boden gefallen sind.

Als Gutle Rothschild, die ihr ganzes Leben hart gearbeitet und sich nie über Beschwerden beklagt hat, mit 95 Jahren ernstlich erkrankt und ein Arzt gerufen werden muß, zeigt die Patientin unmißverständlich, wie wenig sie von dessen Künsten hält. Was soll ein Arzt an ihrem Krankenbett, der bedauert, daß er sie nicht jünger machen kann? Sie weist seine Floskeln – noch immer resolut und temperamentvoll – mit den Worten zurück: »Ich habe nicht darum gebeten, jünger gemacht zu werden, alles, was ich möchte, ist, noch älter zu werden.«

Ein Jahr noch ist ihr vergönnt. Ein Jahr, das sie in ihrer von Erinnerung erfüllten Kammer verbringt, umgeben von Gegenständen, die ihr teuer sind. Unter einer Glasglocke hat sie ihren Brautkranz aufbewahrt als Andenken an den Lebensbund mit Meyer Amschel, den sie trotz aller Rechtlosigkeit wohl nicht als bedrückend empfunden hat. Emanzipation ist kein Wort für sie, auch nicht für viele ihrer Nachfahrinnen, die sich im Schatten ihrer erfolgreichen Männer nicht unwohl fühlen. In Conte Cortis großer Rothschild-Geschichte werden die Frauen in knapp 140 Zeilen abgehandelt – marginale Erscheinungen in einer Männergesellschaft.

Gudula Rothschild stirbt am 7. Mai 1849 in ihrem Haus Zum Grünen Schild im Alter von 96 Jahren. Sie hat ihren Mann um 37 Jahre überlebt.

Sohn Amschel bestimmte in seinem Testament, daß das Elternhaus nach dem Tod der Mutter zum Andenken an sie und ihren Mann Meyer Amschel wohltätigen Zwecken dienen sollte. Es wurde der Armenstiftung und einigen anderen jüdischen Organisationen zur Verfügung gestellt und so als einziges Gebäude vor dem Abriß bewahrt, als die historische Judengasse 1885 Geschäftshäusern weichen mußte. In den von Stiftungsgeldern restaurierten und als Museum hergerichteten Räumen konnte man nachvollziehen, in welch unglaublicher Enge Gudula Rothschild mit ihrem Mann und ihren zehn Kindern gelebt hat. Erst im Zweiten Weltkrieg wurde das Stammhaus der Rothschilds zerstört – und mit ihm eine der letzten Erinnerungen an den sagenhaften Aufstieg einer Frankfurter Familie aus dem Judenghetto.

Der Mythos bleibt

Auch wenn die Rothschildsche Bank in Frankfurt längst nicht mehr existiert, auch wenn die Nationalsozialisten bis auf eine Universitätsklinik alle Stiftungen der Familie aufgelöst und deren Spuren getilgt haben, auch wenn man die Geschichte der Rothschilds, die auch Frankfurter Geschichte ist, nur noch aus dem 1988 neu gegründeten Jüdischen Museum erfährt, so lebt doch der Mythos Rothschild weiter, genährt von literarischen Beschreibungen, Anekdoten und Legenden.

Heine schildert in einer Denkschrift den Rothschild-Clan mit einer Mischung aus ironischer Distanz und Bewunderung: »diese Rothschilde, die Banquiers der Könige, diese fürstlichen Seckelmeister, deren Existenz durch einen Umsturz des europäischen Staatensystems in die ernsthaftesten Gefahren geraten dürfte, sie tragen dennoch im Gemüthe das Bewußtseyn ihrer revoluzionären Sendung.«

James Rothschild vor allem, in dessen Pariser Haus Heine verkehrt, gehört für ihn zu den Revolutionären, da er »die Oberherrschaft des Bodens« zerstörte und »das Staatspapierensystem zur höchsten Macht emporhob«, das heißt »eine neue Aristokrazie« des Geldes, die Heine aber für weniger verderblich hält als die alte, weil sie nicht auf Dauer gestellt ist. – Mythos Geld, immer verbunden mit dem Namen Rothschild.

Auch in Filmen wird dieser Mythos beschworen. Während im amerikanischen Streifen *The House of Rothschild* die Frankfurter Bankiers als Vorläufer des Selfmademans und des american way of life mit Sympathie gesehen werden, setzen die Nationalsozialisten in tieferen, archaischen Schichten an. Im Film *Aktien auf Waterloo* nutzen sie raffiniert die unterschwellige Abneigung der Christen gegen die Händler im Tempel und den Verräter Judas, um antisemitische Stimmung zu schüren.

Harmlos und witzig dagegen die Komödie *Die fünf Frankfurter* von Karl Rößler, der die Mutter der Rothschildsöhne verdientermaßen in den Mittelpunkt des Geschehens stellt. In einer Aufführung des Frankfurter Volkstheaters verkörperte Liesel Christ diese beherzte und lebenskluge Frau und setzte ihr damit ein Denkmal, das sich nachhaltiger einprägt als eines, das unbewegt und majestätisch auf einem Marmorsockel steht.

Kapitel 8

Ich will wirken in dieser Zeit

Frauen und der Widerstand

Bertha von Suttner

Rebellinnen in einer Klassengesellschaft

Die Friedenskämpferin
Bertha von Suttner
1843–1914

Die Arbeiterin und Agitatorin
Adelheid Popp
1869–1939

Szene aus einem Agitationsstück in Brechtscher Manier, das 1905 spielt und den Titel tragen könnte »Proletarierinnen, kämpft mit euern Waffen!‹, – in Anspielung an den Erfolgsroman Die Waffen nieder!.

Massenaufgebot von Statistinnen im Wiener Volkstheater. Lauter verhärmte Frauen, Arbeiterinnen mit Kopftuch, die sich im Halbrund um ein Podest drängen. Die einzigen Männer, drei Gendarmen mit frischpoliertem Helm und Bajonett, stehen als Verkörperung der Staatsmacht an der Bühnenrampe. Die Frauen lassen sich von ihrem Drohgehabe nicht beeindrucken, ihr Blick ist auf die junge Rednerin gerichtet, die von der Höhe des Podests aus mit flammenden Worten Ausbeutung und Unterdrückung in der Fabrik anprangert und zum Streik aufruft: »Nur vereint seid ihr stark …« Die selbstbewußte Agitatorin hat ihre Zuhörerinnen im Blick und im Griff. Doch plötzlich stutzt sie, fixiert eine Dame mit elegantem Hut, die sich unter die Proletarierinnen gemischt hat, und fährt dann, noch beschwörender, in ihrer Rede fort: »Genossinnen, eure Waffe ist der Streik …«

Kenner der Wiener Verhältnisse kurz nach der Jahrhundertwende wissen Bescheid: Bei der Dame mit modischem Federhut, die sich unter den graugesichtigen Ar-

Adelheid Popp

beiterinnen wie ein Paradiesvogel ausnimmt, handelt es sich um Baronin Bertha von Suttner, die gerade – als erste Frau – mit dem Friedensnobelpreis ausgezeichnet wurde. Durch ihren Roman *Die Waffen nieder!* ist sie nicht nur zur bekanntesten Frau Wiens geworden, bei einer Umfrage des Berliner Tageblatts kommt die »Friedensbertha« auf Platz eins der europäischen Frauen – vor der Duse und Sarah Bernhardt.

Mit missionarischem Eifer sucht Bertha von Suttner ihre Friedensgedanken in allen Bevölkerungsschichten zu verbreiten – und stößt auf den Widerstand ausgerechnet einer Gruppe, an der ihr viel liegt: der Arbeiterinnen. Wortführerin dieser Arbeiterinnen, für die sich die proletarische Frauenbewegung einsetzt, ist die junge Agitatorin Adelheid Popp. Sie stammt selbst aus dem Arbeitermilieu, spricht die Sprache der Hinterhöfe, kennt die Nöte der Proletarierinnen und weiß, daß deren Gedanken um den Arbeitsplatz und das tägliche Brot kreisen, daß »Weltfrieden« eine hohle Vokabel bleibt, wenn es ums Überleben nicht im Krieg, sondern im Alltag geht.

Diese realistische Lageeinschätzung hindert Adelheid Popp daran, auf Kooperationsangebote Bertha von Suttners und ihrer Mitarbeiterinnen einzugehen und das Amt einer Vorsitzenden in einem geplanten Frauen-Friedensbüro zu übernehmen. Ein weiterer Grund mag ausschlaggebend gewesen sein, nicht enger mit den »bürgerlichen« Frauen zusammenzuarbeiten: Sie haben den falschen Stallgeruch. Das schmerzt Bertha von Suttner besonders. Sie ist zwar Baronin, sogar geborene Gräfin, fühlt sich dem Sozialismus aber stärker verbunden als dem Adel und den bürgerlichen Parteien.

Die beiden Frauen kommen nicht zusammen, obwohl Bertha von Suttner immer wieder Annäherungsversuche macht. Noch 1911 zitiert sie in der *Friedenswarte* Adelheid

Popp, die sich auf einer Demonstration für das Frauen-
wahlrecht auch zur Friedensfrage geäußert hat, mit den
Worten: »Wir wollen, daß die Mordrüstungen ihr Ende
nehmen und diese Millionen verwendet werden für die
Bedürfnisse des Volkes.« Die Bedürfnisse des Volkes sind
für Adelheid Popp die Bedürfnisse der Arbeiterklasse, und
sie bezweifelt, daß eine Baronin diese verstehen und unterstützen kann. Zu groß ist die Kluft, die Adel und Proletariat trennt.

Dabei gibt es vieles, was beide Frauen verbinden und zu
gemeinsamer Arbeit motivieren könnte: Temperament
und Durchsetzungswillen, Charisma und Überzeugungskraft, mit der sie ihre Sache, ihre Botschaft vertreten. Bei
Bertha von Suttner heißt sie Weltfrieden, bei Adelheid
Popp Stärkung des Sozialismus und bessere Lebensbedingungen für Arbeiterinnen. Beide gehören sie nicht zu den
radikalen Frauenrechtlerinnen, die Männerherrschaft durch
Frauenherrschaft ersetzen wollen. Beiden liegt viel an Zusammenarbeit mit aufgeschlossenen, weitsichtigen Männern, mögen sie August Bebel oder Alfred Nobel heißen.

Und noch eine Gemeinsamkeit: Beide Frauen haben
schon ein hartes Leben hinter sich. Ein Leben, das sie
nicht bejammern, sondern als Herausforderung genommen haben. Beide sind sie nicht auf dem durch Herkunft
vorgezeichneten Weg geblieben, haben Grenzen ins Ungewisse überschritten. Ihre Erlebnisse und Erfahrungen
haben sie niedergeschrieben, Bertha von Suttner in ihren
Memoiren, Adelheid Popp in der *Jugendgeschichte einer Arbeiterin.* Beide Werke erscheinen im Jahre 1909 und geben
Einblick in die Gesellschaftsstrukturen des ausgehenden
19. Jahrhunderts, die in Wien, dem Zentrum der k. u. k.
Monarchie, noch stark klassengeprägt sind.

Bertha von Suttner, geborene Gräfin Kinsky, ist am
9. Juni 1843 in einem Prager Palais zur Welt gekommen,

Adelheid Popp ein gutes Vierteljahrhundert später, am 11. Februar 1869, in einer Inzersdorfer Proletarierwohnung. Der Start ins Leben ist bei beiden beschwerlich. Bertha ist zwar die Tochter eines Grafen und hohen k. u. k. Militärs, aber ihre Mutter stammt nur aus niederem Adel und ist für Hofkreise keine standesgemäße Verbindung. Auch die Tochter ist daher nicht »hoffähig«, und die nicht besonders tugendsame, aber ehrgeizige Mutter sieht nur eine Möglichkeit, diesen Makel aus der Welt zu schaffen: eine baldige Heirat der hübschen und intelligenten Tochter mit einem reichen Sproß aus dem Hochadel, um so Eingang in Wiener Hofburgkreise zu finden.

Das junge Mädchen erhält den üblichen Schliff höherer Töchter, Musik, Sprachen, Geistesbildung, soweit diese für Konversationen in gehobener Gesellschaft dienlich ist. Bertha meistert das Lernpensum spielend, liest daneben Kant und Schiller und befaßt sich, ohne dies als Widerspruch zu empfinden, ausgiebig mit Schönheits- und Modefragen. Um so herber die Enttäuschung der ersten Ballnacht: Niemand beachtet sie, niemand tanzt mit ihr. Sie gehört nicht, das wird ihr schlagartig deutlich, zur ersten Wiener Gesellschaft.

Sei's Trotz, sei's Resignation – die Achtzehnjährige nimmt den Heiratsantrag eines um 34 Jahre älteren Zeitungsverlegers an, der zwar nicht zum Hochadel, aber zur Wiener Geldaristokratie gehört: Baron Gustav von Heine-Geldern, Bruder des Dichters Heinrich Heine. Doch beim Verlobungskuß ergreift sie Panik, sie reißt aus – ihre erste selbständige Handlung. In Paris gerät sie in die Fänge eines englischen Heiratsschwindlers, doch schließlich scheint sich der Traum von Mutter und Tochter, Einheirat in den Hochadel, zu erfüllen: Adolph Prinz Sayn-Wittgenstein-Hohenstein hält um Berthas Hand an. Der von der eigenen Familie nicht für voll genommene Bonvivant will gemeinsam mit ihr in Amerika ein neues Leben aufbauen, Karriere als Sänger machen – doch bei der Überfahrt stirbt er unerwartet, und die Braut, die sich schon als gefeierte Sängerin sah, steht wieder vor dem Nichts. Sie geht nun auf die dreißig zu, der Schmelz der Jugend ist dahin, das Familienvermögen ebenfalls, die Mutter hat es in den mondänen Badeorten Italiens und in deutschen Spielcasinos durchgebracht.

Erstmals sieht sich die Dreißigjährige gezwungen, ihren Lebensunterhalt selbst zu verdienen. Gouvernante oder Lehrerin sind die einzigen Berufsmöglichkeiten, die sich einer Frau ihres Standes bieten. Dienen hat sie nie gelernt, aber ihre Sprach- und Musikkenntnisse, ihre gewandten Umgangsformen kommen ihr nun zugute. Im Hause des Freiherrn von Suttner findet sie eine Anstellung als Erzieherin der vier Töchter. – Ausgeträumt der Traum vom großen Leben, aber Beginn des, wie sie es später empfindet, »richtigen« Lebens.

Wie anders sehen die ersten dreißig Lebensjahre einer Frau aus dem Proletariat aus. Begleitet von Existenzsorgen, unmenschlichen Wohnverhältnissen, Ausbeutung am Arbeitsplatz, ohne Bildungs- und Entfaltungschancen. Mit dreißig ist das Leben schon fast gelaufen. Und doch gelingt es auch hier einzelnen, auszubrechen aus dem Kreislauf von Fronarbeit und Unterdrückung, von Anpassung und Fatalismus. Das Schicksal Adelheid Popps steht für viele Frauen ihres Standes und ihrer Zeit.

Sie ist das 15. und jüngste Kind eines trunksüchtigen Webers, der im Jähzorn auf seine wehrlose Frau einschlägt. »Was ich von meiner Kindheit weiß, ist so düster und hart und so fest in mein Bewußtsein eingewurzelt, daß es mir nie entschwinden wird«, schreibt Adelheid Popp in ihren Aufzeichnungen. Sie erinnert sich an einen Weihnachtsabend, an dem der betrunkene Vater vor den

Augen der Kinder den geschmückten Weihnachtsbaum zerhackt. Oder an die Gendarmen, die ihre Mutter zum Arrest abführen, weil sie die Tochter nicht regelmäßig zur Schule schickt. Wie sollte die Analphabetin Entschuldigungen schreiben? Wie den Lehrern klarmachen, daß an kalten Wintertagen Kleider und Schuhe fehlten für den Schulbesuch? –

Adelheid wird schon mit sechs Jahren bei fremden Leuten in Dienst gegeben, und ihre ganze Ausbildung besteht aus drei Jahren Volksschule. Nach dem Tod des Vaters zieht die Mutter mit den Kindern nach Wien, und die Zehnjährige arbeitet zwölf Stunden täglich als Schafwollhäklerin und Näherin. Bei den Dienstherren gibt sie ein höheres Alter an; da sie in Wien polizeilich nicht gemeldet ist, entdeckt niemand ihr Fehlen in der Schule. Sie schuftet im Akkord, reiht in einem Konfektionsbetrieb Perlen auf Seidenschnüre und muß für die Nacht noch Arbeit mit nach Hause nehmen, wenn sie das Tagespensum nicht schafft. Dieses Zuhause ist eine fensterlose Kammer, in der vier Personen schlafen, dazu noch ein sogenannter »Bettgeher«, dem ein Schlafplatz vermietet wurde, und der sich eines Nachts über das junge Mädchen hermacht.

Ein Leben voller Angst und Entbehrung, das eigentlich kein Leben ist, nur ein Vegetieren. Bei Lötarbeiten in einer Bronzefabrik bricht Adelheid eines Tages ohnmächtig zusammen. Im Krankenhaus stellt man eine Nervenkrankheit fest, dazu Unterernährung und Blutarmut. Frische Luft und nahrhafte Kost verordnen ihr die Ärzte – eine Therapie, die das arbeitslose Mädchen als Hohn empfinden muß. Die Vierzehnjährige kann sich keine Ruhepause leisten, die Familie ist auf ihren Verdienst angewiesen. Also wieder mörderische Fabrikarbeit, wieder schwere Schwindelanfälle. Da die Krankenhausärzte das Leiden für unheilbar halten oder halten wollen, wird sie in ein Armenhaus für alte, gebrechliche Frauen abgeschoben. Sie ist zu schwach, sich zu wehren, erst viel später notiert sie voller Empörung: »Ich begann auch über das Verbrecherische der bureaukratischen Schablone nachzudenken, die mich, ein Kind, ein von frühester Kindheit an durch Arbeit und Hunger um alle Kinderfreuden gebrachtes Geschöpf, in ein Haus für Greise und Sieche steckte ...«

Die Grausamkeit des Alltags erträgt die junge Arbeiterin nur, weil sie sich lesend, nachts bei schlechtem Licht, in Traumwelten versetzt, die sie Räuber- oder Liebesromanen entnimmt und mit deren Heldinnen sie sich identifiziert. Wie Bertha von Suttner wartet sie auf den Prinzen, der sie eines Tages erlösen wird. Sie liest, was ihr in die Hände kommt, auch die sozialdemokratischen Parteiblätter und die Geschichte der Arbeiterbewegung, die ihr die Augen öffnet. »Ich lernte einsehen, daß alles, was ich erduldet hatte, keine göttliche Fügung, sondern von den ungerechten Gesellschaftseinrichtungen bedingt war«, schreibt sie. Sie beschäftigt sich nicht wie Bertha von Suttner mit Kant und Descartes, sie holt sich ihre Bildung bei Engels und Karl Liebknecht.

Mit siebzehn tritt sie in die noch ganz männergeprägte sozialdemokratische Partei ein. Den Arbeiterinnen in der Fabrik erzählt sie von den Segnungen des Sozialismus und ärgert sich mit ihnen über die Heuchelei oder Gedankenlosigkeit saturierter Wiener Bürger, die an Wohltätigkeitsfesten großzügig Almosen spenden für fleißige, arme Arbeiterinnen. Für die an Jahrmarktsständen zur Schau gestellten Spitzenklöpplerinnen beispielsweise, die sechzehn Stunden täglich für dreißig Kreuzer am Klöppelkissen sitzen. Diese als Selbstverständlichkeit empfundene Ausbeutung der schwer arbeitenden Frauen empört sie so, daß sie sich auf einer Arbeiterversammlung als einziges weibliches Wesen im Saal zu Wort meldet. Aber der Notstand der Arbeiterinnen ist offenbar nicht einmal den eigenen mit ihrem Los hadernden Klassengenossen bewußt: »Es schien alles nur Männerleid und Männerelend zu sein. Ich empfand es schmerzlich, daß man über die Arbeiterinnen nicht sprach.«

Sie spricht darüber. Hält ihre erste öffentliche Rede vor dreihundert Männern und neun Frauen und schämt sich für die Gleichgültigkeit ihrer Geschlechtsgenossinnen. Sie erhält großen Beifall und das Angebot, ihre Rede für ein Parteiblatt niederzuschreiben. Das bringt sie in arge Bedrängnis: »Ich hatte ja nur drei Jahre die Schule besucht, von Orthographie und Grammatik hatte ich keine Ahnung und meine Schrift war die eines Kindes, da ich ja nie Gelegenheit gehabt hatte, sie zu üben.« Aber sie schreibt den Artikel und kommt sich vor, als hätte sie die Welt erobert.

Sie tritt nun immer häufiger bei Parteiversammlungen auf – nach ihrer elfstündigen Arbeitszeit und trotz ihrer ständigen Schwindelanfälle. Ihre Agitationsreden wecken höheren Ortes Mißtrauen, die Staatsanwaltschaft behält sie im Auge, Beauftragte der Geheimpolizei verhören sie in ihrer Wohnung. Sie läßt sich nicht einschüchtern, sie vertraut der Rückendeckung durch die Partei. Nicht nur die Geheimpolizei, auch Männer, die sie seit langem verehrt, August Bebel und Friedrich Engels, besuchen sie in ihrer bescheidenen Behausung. Der Grund ist ihr klar: Da kaum Frauen in der Partei mitarbeiten, Engels die politisch nicht aktiven Arbeiterinnen aber stärker einbeziehen möchte, sieht er in Adelheid Popp eine wichtige Schlüsselfigur. Sie fühlt sich geehrt: »Er war von gewinnender Freundlichkeit, so daß man gar nicht das Gefühl hatte, einem ›ganz Großen‹ der Internationale gegenüber zu stehen.«

Ihre Mutter freilich vermag er nicht von der Wichtigkeit der Agitationsarbeit zu überzeugen, sie hofft auf eine ganz andere Chance für ihre Tochter: auf einen Mann, der eine Familie ernähren kann. Es muß kein Graf sein, wie ihn sich Bertha von Suttners Mutter erträumt, ein solider Werkmeister würde genügen. Die Wunschvorstellung der Tochter sieht anders aus: »Wenn ich an die Ehe dachte, so träumte ich von einem Manne, der meine Ideale teilen würde. Von ihm erwartete ich nicht nur das Glück, das gleichdenkenden, für ein gleiches Ziel strebenden Menschen beschieden sein kann, sondern auch Förderung meiner eigenen Entwicklung.«

Sie findet diesen Mann. Es ist der zwanzig Jahre ältere Wiener Redakteur Julius Popp, der sich wie sie der sozialdemokratischen Parteiarbeit verschrieben hat. Die Mutter sträubt sich gegen die Bindung ihrer Tochter an diesen kränklichen, blassen Schreibtischarbeiter, der ihr Vater sein könnte. Das äußerlich so verschiedene, in den Lebenszielen aber gleichgestimmte Paar läßt sich nicht beirren, 1893 wird die Verbindung standesamtlich besiegelt.

Adelheid Popp hat nun bei ihrer publizistischen Arbeit die Unterstützung ihres Mannes, der ihr nicht nur Grammatik beibringt, sondern auch – höchst ungewöhnlich für einen Mann seiner Generation – im Haushalt mit zupackt. Sie hat die Redaktion der neugegründeten Arbeiterinnenzeitung übernommen – eine Selbstherausforderung für die Autodidaktin. Doch die Mehrfachbelastung durch Haushalt, Redaktionsarbeit und Vortragsreisen setzt ihr stärker zu, als sie es sich anmerken läßt. Dazu kommt die Erziehung der beiden Söhne, die sie, in Erinnerung an ihre eigene düstere Kindheit, nicht vernachlässigen möchte.

Dazu kommt auch die Sorge um ihren Mann, dessen Krankheit sich ständig verschlimmert und dessen Tod nach neunjähriger Ehe eine schmerzliche Erlösung ist.

Etwas über Dreißig ist die junge Witwe erst und hat schon ein kräftezehrendes Arbeitsleben hinter sich.

Für Bertha von Suttner fängt das Berufsleben mit Dreißig erst an. Die Arbeit als Erzieherin im Hause Baron von Suttners geht ihr leicht von der Hand, sie hat die nötige Bildung und pädagogisches Geschick. Ist es ihr Glück oder ihr Unglück, daß sie sich in den jüngsten Sohn des Hauses verliebt? Der erst 23jährige Arthur Gundaccar erwidert ihre Liebe, ein Familiendrama bahnt sich an. Baron von Suttner entläßt die Erzieherin seiner Töchter und setzt alles daran, seinen Sohn vor deren Einfluß zu bewahren. Vergeblich, wie sich herausstellen wird.

Bertha, auf der Suche nach einer neuen Stelle, meldet sich auf eine Zeitungsannonce aus Paris, in der eine sprachenkundige Sekretärin gesucht wird. Der Fortgang der Geschichte hört sich an wie eine Romanze aus einem Roman der *Gartenlaube:* Beim Vorstellungsgespräch in Paris verliebt sich der zukünftige Arbeitgeber, ein älterer, hochgebildeter Gentleman, in die adrette Wienerin. Ein Traum könnte sich erfüllen, denn der ältere, unverheiratete Herr ist der zu sagenhaftem Reichtum gekommene Dynamitfabrikant Alfred Nobel. Doch die Umworbene zieht ihren jugendlichen Liebhaber Arthur von Suttner vor, heiratet ihn heimlich und flüchtet mit ihm aus dem Bannkreis von dessen erzürnten Eltern in den Kaukasus.

Ein abenteuerliches Leben zwischen Armut und zaristischer Prachtentfaltung, zwischen bohèmehaftem Nichtstun und harter Fronarbeit beginnt. Am Hof der Fürstin von Mingrellen, einer mütterlichen Freundin aus verflossenen Tagen, die das Paar nach Georgien eingeladen hat, fühlen sie sich wohl in der Rolle geheimnisumwitterter aristokratischer Emigranten. Daneben leben sie zurückgezogen und wenig standesgemäß in einer kleinen Holzdatscha auf dem Lande und schlagen sich – ungewohnt in

Adelskreisen – mit eigener Arbeit durch, Arthur als Sekretär eines Fabrikanten, Bertha mit Musik– und Sprachunterricht. Derart auf sich gestellt, durch den Russisch-Türkischen Krieg abgeschnitten vom Kulturgeschehen in den europäischen Metropolen, entdecken sie eine neue Möglichkeit des Überlebens und der Entfaltung: das Schreiben.

Arthur verfaßt journalistische Berichte über das Kriegsgeschehen und die Verhältnisse im Kaukasus, Bertha denkt sich gefällige Geschichten aus der Welt des Adels aus, in denen nichts von ihren schwierigen Lebensbedingungen durchscheint. Sie schickt die Texte an Wiener Redaktionen und erhält umgehend ihr erstes Honorar, zwanzig Gulden, und die Aufforderung, weiteren Lesestoff zu liefern. Sie versorgt nun die Wiener Presse und auch das vielgelesene Blatt *Gartenlaube* mit Fortsetzungsromanen wie *Blätter aus dem Tagebuch der Gräfin X,* die sie in breiten Kreisen bekannt machen und ihr gutes Geld einbringen. Sie erreicht damit einen Status, der in ihren Gesellschaftskreisen für eine Frau völlig unüblich ist: wirtschaftliche Unabhängigkeit.

Aber ihr spät erwachter Ehrgeiz gibt sich damit nicht zufrieden. Aus den philosophischen, historischen und auch naturwissenschaftlichen Büchern, die sie sich in ihre Einsamkeit schicken läßt, holt sie Anregung für ihre immer anspruchsvolleren Texte. Während nachts die Schakale um die abgelegene Behausung heulen, befaßt sie sich mit den neuesten Evolutionstheorien Charles Darwins, der Weiter- und Höherentwicklung des Menschen, die durch Kriege nicht gefährdet werden darf. Ihre Reflexionen über Menschheitsentwicklung, sinnerfülltes Leben, Krieg und Frieden legt sie in der weltanschaulichen Bekenntnisschrift *Inventarium einer Seele* nieder. Sie läßt darin auch Gedanken des ihr nach wie vor in Freundschaft verbundenen Verehrers Alfred Nobel einfließen. Der Dynamitfabrikant Nobel, ein genialer Denker und Erfinder, will den Krieg durch »seine eigene höllische Entfaltung«, durch Perfektionierung der Waffentechnik ad absurdum führen – Frieden durch Abschreckung.

Im Frühjahr 1885, nach neun Jahren selbstgewählter Abschottung, kehrt das Ehepaar von Suttner nach Wien zurück, nun, angesichts des literarischen Erfolges, auch von der Familie akzeptiert. Bertha von Suttner, umgetrieben vom Friedensgedanken, sieht, daß sie als Einzelkämpferin, als Frau zumal, keine Möglichkeit hat, das Bewußtsein einer Öffentlichkeit zu verändern, die Krieg nie in Frage gestellt, sondern fatalistisch als Schicksal hingenommen oder als einen Bewährungskampf für Mannesmut und Vasallentreue verherrlicht hat.

Sie sucht Verbündete. Hört von der Londoner *International Arbitration and Peace Association,* die ein internationales Schiedsgericht zur friedlichen Lösung von Konflikten fordert. Fährt im Winter 1886 nach Paris, um Alfred Nobel von ihrer neuen Sicht der Kriegsverhinderung zu überzeugen. Im Ziel sind sich die beiden einig, im Weg dorthin nicht, Nobel setzt weiter auf Abschreckung, Bertha von Suttner auf Verhandlung. Diese gegensätzliche Chancenbeurteilung hindert Nobel nicht daran, die Aktivitäten der »Friedensbertha« in Österreich und auch im Ausland großzügig zu unterstützen und ihr die Herausgabe einer pazifistischen Zeitschrift zu ermöglichen.

1891 gründet Bertha von Suttner die Österreichische Gesellschaft der Friedensfreunde, ähnliche Gründungen in Deutschland und Ungarn folgen. In Bern nimmt sie am IV. Weltfriedenskongreß teil und überzeugt in einem anschließenden Gespräch in Zürich ihren Gönner Nobel von der Wirkung, die ein von ihm gestifteter Friedenspreis haben könnte. Daß sie bald zur zentralen Figur der europäischen Friedensbewegung wird, hängt nicht nur mit ihrem Redetalent und ihrer Überzeugungsgabe zusammen, sondern in erster Linie mit dem weltweiten Erfolg ihres 1889 erschienenen Romans mit dem zugkräftigen Titel *Die Waffen nieder!*. Das Buch trifft in seiner Mischung aus Antikriegs- und Liebesgeschichte den Nerv der Zeit. Die Autorin nutzt geschickt und in pädagogischer Absicht die Form des Unterhaltungsromans, um ihre Friedensideen unters Volk zu bringen und Pazifismus zu einem Gesellschaftsthema zu machen.

Eine ganze Frauengeneration kann sich mit der Hauptfigur Martha Althaus identifizieren. Diese Martha hat vier Kriege durchgemacht, zwei Männer verloren und beginnt – anders als Brechts Mutter Courage – über die sinnlose Grausamkeit des Krieges nachzudenken. Den ruhmreichen Heldenbildern, die den Krieg als den »Vater aller Dinge« verherrlichen, wird hier das realistische Bild von Not, Schrecken und Verrohung gegenübergestellt. Daß dieser erste erfolgreiche Antikriegsroman von einer Frau stammt, ist sicher kein Zufall. Frauen können sich in Schlachten keine Tapferkeitsorden verdienen, sie sind immer Verlierer, Opfer. In der Gestalt der geläuterten Martha hat sich Bertha von Suttner eine mit autobiographischen Zügen ausgestattete Wunschfigur geschaffen. Die Fragen der Romanheldin nach Ursachen und Triebkräften von Kriegen sind ihre Fragen, die Sehnsucht nach Weltfrieden und sinnerfülltem Leben ist ihre Sehnsucht.

Der Roman zieht Kreise weit über Wien und Österreich hinaus. Leo Tolstoj wünscht der Autorin den Erfolg, den eine andere schreibende Frau hatte: Harriet Beecher-Stowes mit dem Buch *Onkel Toms Hütte,* das zur Abschaffung der Sklaverei in Nordamerika beitrug. Der Dichter Peter Rosegger urteilt über den Suttner-Roman mit ironischer Weitsicht: »Es gibt Gesellschaften zur Verbreitung der Bibel, möge sich auch eine Gesellschaft bilden zur Verbreitung dieses merkwürdigen Buches, welches ich geneigt bin, ein epochemachendes Werk zu nennen.«

Nicht viele Männer in Deutschland reagieren wie Tolstoj oder Rosegger, sie halten es eher mit dem Schriftsteller Felix Dahn, der auf Bertha von Suttners provozierenden Romantitel provozierend antwortet:

Die Waffen hoch!
Das Schwert ist Mannes eigen.
Wo Männer fechten,
hat das Weib zu schweigen.

Oder mit dem jungen Rilke, der den edlen Kämpfern vergangener Zeiten nachtrauert:

Doch heute sind verhallt die Kampfeslieder,
Herein bricht eine neue feige Zeit,
Erbärmlich murmeln sie ›Die Waffen nieder‹,
Genug, genug, wir wollen keinen Streit.

Auch wenn Bertha von Suttner die männliche Kriegsverherrlichung verabscheut, ist sie doch nicht der Meinung radikaler Pazifistinnen wie Lyda Gustava Heymann, Frauen seien an sich die friedfertigeren Menschen – eine These, die auch in Christa Wolfs *Kassandra* anklingt. Die Geschichte zeigt, daß Frauen zwar weniger der Faszination logistisch durchgeplanter Einsätze und perfekter Waffen erliegen, daß sie aber als leicht verführbare Masse Gladiatoren und Feldherren aller Zeiten zugejubelt haben.

Daß der Roman *Die Waffen nieder!* der pazifistischen Bewegung weit mehr Auftrieb gibt als Traktate und Flugschriften, ahnen die führenden Sozialisten eher als die stark in militärischen Traditionen der k. u. k. Monarchie verwurzelten Bürgerlichen. August Bebel rezensiert das Buch, Karl Liebknecht bietet der Autorin einen Nachdruck im *Vorwärts* an. Damit sind die Brücken der adeligen Rebellin zur Arbeiterbewegung, zur Basis, geschlagen – ein alter Wunschtraum Bertha von Suttners: Friedensarbeit, die Klassenschranken überwindet.

Um so schmerzlicher trifft sie die Weigerung der proletarischen Frauen zur Zusammenarbeit. Die führende Vertreterin der Arbeiterinnen, Adelheid Popp, treiben naheliegendere Fragen mehr um als Weltfriedensappelle: Abschaffung des Elfstundentages für Frauen, Verbot von Kinderarbeit, Gesundheitsfürsorge, bessere Wohnbedingungen. Nicht, daß sie für Friedensgedanken kein offenes Ohr hätte, aber sie mißtraut der Richtung, aus der sie kommen, wittert eine Verflechtung von Bourgeoisie und Rüstungsindustrie.

Daß Bertha von Suttner 1905 der Friedensnobelpreis zugesprochen wird und sie damit weltweit Beachtung und Achtung findet, muß das Mißtrauen im Proletariat noch schüren: Ist die Preisträgerin nicht dem Stifter des Preises, Alfred Nobel, freundschaftlich verbunden gewesen? Und wie kommt ein Dynamitfabrikant dazu, ausgerechnet einen Friedenspreis zu stiften? Verschleierungstaktik? Schlechtes Gewissen?

Als die »Friedensbertha« den Preis entgegennimmt, ist der menschenscheue und arbeitsbesessene Stifter, der auf Frieden durch Abschreckung setzte, lange bevor die Formel vom »Gleichgewicht des Schreckens« in die Politik eingeführt wird, seit neun Jahren tot. Von seinem Dynamitimperium vermachte er den verärgerten Erben nur zwei Millionen Kronen, 31 Millionen gingen an die Nobel-Stiftung, die hochdotierte Preise für Physik, Chemie, Medizin, Literatur und – auf Anregung Bertha von Suttners – für den Frieden vergibt. Daß die Verleihung des Preises an sie damals im Nobel-Komitee umstrittener war als die Auszeichnung ihrer Vorgänger Frédéric Passy und

Henri Dunant, den Gründer des Roten Kreuzes, belegen Briefe des norwegischen Dichters Björnson, der zur Jury gehörte.

Bertha von Suttner steht mit dieser Ehrung auf der Höhe ihres Ansehens als Friedenskämpferin. Weltweiter Ruhm – aber im engen Kreis der Wiener Friedensbewegung Anfechtungen von allen Seiten: Den Nationalgesinnten ist sie zu kosmopolitisch, den Kirchentreuen zu freidenkerisch, den Sozialisten zu blaublütig. Antisemiten mißfällt ihr enger jüdischer Mitstreiter Alfred Hermann Fried, Männer tun sich schwer, eine Frau an der Spitze der Bewegung zu akzeptieren – Frauen ebenfalls. Vor allem die Basis wahrt Distanz, während führende österreichische Frauenrechtlerinnen wie Marianne Hainisch und Auguste Fickert die Friedensbestrebungen unterstützen. Dies tut in ihrer zurückhaltenden Art auch die Dichterin Marie von Ebner-Eschenbach, die erste Ehrendoktorin der Universität Wien.

Die *Wiener Arbeiterzeitung* indes hat nichts übrig für die »sanften Töne der Friedensschalmei« und für die Menschen, »die für den ewigen Weltfrieden schwärmen und für den täglichen Kampf von Millionen weder Verständnis noch Empfinden haben«. Die Suttner läßt sich trotz solcher gehässiger Äußerungen nicht von ihrer Sympathie für das Proletariat und die von ihr verehrte Rosa Luxemburg abbringen. Sie verfolgt aufmerksam das Wirken Adelheid Popps, die sich von der ungeübten Spontanrednerin zur professionellen und wortgewandten Vertreterin der Arbeiterinnen fortentwickelt hat. Nach dem Tod ihres Mannes und Kampfgefährten gründet Adelheid Popp den »Verein sozialdemokratischer Frauen und Mädchen«, der den Genossinnen Bildung und das für öffentliches Auftreten notwendige Selbstbewußtsein vermitteln soll. Nicht vergessen hat sie ihre eigene Jugend, die mühsame Aneignung dessen, was Privilegiertere im Elternhaus oder in der Schule ohne Anstrengung mitbekommen. In der von ihr redigierten Arbeiterinnenzeitung setzt sie sich immer wieder für bessere Mädchenbildung und weibliche Entfaltungsmöglichkeiten in der Familie und am Arbeitsplatz ein.

Ihre provokant vorgetragenen Forderungen auf Arbeiterinnenversammlungen bringen ihr wiederholt Verhaftung und Arrest ein, doch sie läßt nicht von ihren »Hetzreden« ab. Mit der Aufzeichnung ihres eigenen Schicksals, das sie als eines unter unzähligen sieht, möchte sie ihren Geschlechtsgenossinnen Mut machen, aus dumpfem Fatalismus oder unwürdiger Abhängigkeit auszubrechen, das Leben selbst in die Hand zu nehmen. Viele Forderungen der heutigen Frauenbewegung hat sie dabei vorweggenommen, in einer Zeit, die Bekennermut nicht ungestraft ließ. Wie Bertha von Suttner für die Friedensbewegung, reibt sie sich für die Sache der Arbeiterinnen auf. − Zwei Missionarinnen ohne christliche Bindung, aber mit durchaus christlichen Motiven.

Obwohl Bertha von Suttner − die Grausamkeiten des Russisch-Japanischen Krieges und der Revolution von 1905 im zaristischen Rußland vor Augen − den Glauben verloren hat, mit Schiedsgerichten und einem internationalen Gerichtshof ließen sich Kriege dauerhaft verhindern, setzt sie ihre Friedensarbeit bis zum Jahre 1914 fort. Sie leitet die Friedenskommission des Bundes Österreichischer Frauenvereine und reist noch als Siebzigjährige durch Europa und Nordamerika, um vor der Gefahr eines Weltkrieges zu warnen. Weder durch Drohungen noch durch Redeverbot läßt sie sich einschüchtern, auch nicht durch den markigen Satz Wilhelms II.: »Der Friede wird nie besser gewährleistet sein als durch ein schlagfestes, kampfbereites Heer.« In den Witzblättern wird aus der

Friedensbertha eine Friedensfurie. Aber ihr ist nicht nach Witzen zumute. Am 23. Februar 1914 schreibt sie ins Tagebuch: »Ausgleich gescheitert, Kriegsspiel angesagt ... wir kämpfen gegen eine riesige Übermacht.« – Wie bald wird aus dem Kriegsspiel blutiger Ernst werden.

Auch Adelheid Popp muß Enttäuschungen wegstecken. Dabei schmerzt sie die mangelnde Solidarität der Genossinnen besonders: »Wollen aber die Frauen zu einer schöneren Zukunft emporsteigen, dann müssen sie vor allem lernen, gerecht und billig gegen ihre Mitschwestern zu sein.« Alle Bemühungen der modernen Frauenbewegung hätten hier noch keine große Änderung herbeigeführt, bemerkt sie in ihren 1915 erschienenen *Erinnerungen* bitter. Doch auch sie gibt nicht klein bei. *Der Weg zur Höhe* heißt ihre 1929 herausgebrachte Geschichte der sozialdemokratischen Frauenbewegung Österreichs. Der Titel ist auch für ihr Leben programmatisch: Nachdem 1918 den Österreicherinnen das Wahlrecht zugebilligt wird, zieht sie erst in den Parteivorstand, dann in den Gemeinderat und schließlich als Abgeordnete ins Österreichische Parlament ein. Später wird sie, als Nachfolgerin Clara Zetkins, Erste Vorsitzende des Internationalen Frauenkomitees – ihr Debüt auf internationaler Bühne.

Während Bertha von Suttner für eine solche Rolle von Anfang an prädestiniert scheint, arbeitet sich Adelheid Popp unter ungleich schwierigeren Startbedingungen nach oben. Beide sind sie temperamentvolle Kämpferinnen und leiden darunter, daß die Masse der Frauen sich nicht stärker aktivieren läßt. Zu mehr Eigenständigkeit ruft Adelheid Popp die Geschlechtsgenossinnen auf, und ihr Appell richtet sich nicht nur an die Arbeiterinnen: »Selbst unter der glänzendsten Außenhülle verbirgt sich nur allzu oft ein Geschöpf, das nicht wagt, einen eigenen Willen zu äußern, das oft gar nicht empfindet, daß dies möglich sei. Die Frau ist als Arbeiterin unterwürfiger als der Arbeiter... auch in der Familie ist die Frau die Fügsamere; sie ist leichter geneigt, das eigene Wohl, die eigene Persönlichkeit preiszugeben, auch wenn keine zwingenden Gründe dafür sprechen. Als Mutter ist die Frau bis zur Schrankenlosigkeit aufopferungsfähig. «

Dieser letzte Satz könnte – bei aller Emanzipiertheit – auch für Adelheid Popps Leben gelten: Sie hat ihren schwerkranken Mann bis zum Tode gepflegt, später die nicht mehr arbeitsfähige Mutter. Sie hat den Tod ihrer beiden Söhne zu verkraften, von denen einer während des Studiums starb, der andere als Kriegsfreiwilliger auf dem Schlachtfeld blieb. Früh verwitwet wie Bertha von Suttner, schöpft sie ihre Kraft aus der sozialistischen Bewegung, die auf Veränderung der Gesellschaft drängt: »Man kann nicht mit den gedrückten, unterernährten, kleinmütigen, vom Kindes- bis zum Greisenalter zur Unterwürfigkeit verurteilten Menschen eine sozialistische Gesellschaft aufrichten«, schreibt sie in ihrem Aufsatz *Die neue Frau*. Doch immer wieder sieht sie, gemessen an vergangenen Zeiten, auch den Fortschritt: »Vergegenwärtigen wir uns die Frau von damals in ihrer geistigen und körperlichen Erniedrigung! Und daneben die Frau von heute, die Frau mit dem Stimmzettel, die Frau als Abgeordnete, Ärztin und Rechtsanwalt... Mit Riesenschritten holt sie nach, was sie ohne ihre Schuld versäumt hat.«

Der Zusammenbruch der Arbeiterbewegung in Österreich im Jahre 1934 ist gleichzeitig der Zusammenbruch ihres Lebenswerkes. Aber noch keimt schwache Hoffnung in ihr. Der Tod bewahrt sie vor weiteren Enttäuschungen. Sie stirbt am 9. März 1939 an den Folgen eines Schlaganfalles. Keine Zeitung widmet ihr einen Nachruf. Trotzdem wirken ihre Gedanken weiter. Erst vor kurzem wurde der Roman einer Wiener Arbeiterdichterin wiederentdeckt, der 1924 als Fortsetzungsdruck in der *Wiener Arbeiterzeitung*, dem Wirkungsbereich Adelheid Popps, erschien. Die jüdische Autorin Else Feldmann wurde 1942 ins Vernichtungslager Sobibor deportiert, wo sich ihre Spur, wie die so vieler, verliert. Hätte sie Adelheid Popps Lebenswerk weiterführen können?

Noch ein anderes Schicksal zeugt vom damaligen Aufbruch der Wiener Arbeiterinnen: Rosa Jochmann, im Januar 1994 mit 92 verstorben, hat als ehemalige Fabrikarbeiterin und spätere Nationalratsabgeordnete die Ziele Adelheid Popps in der Politik mit mühsamen kleinen Schritten umsetzen helfen. Auch sie wurde von der Gestapo 1939 verhaftet und verschleppt. Sie hat das Konzentrationslager Ravensbrück, wo sie vielen Frauen zur Leitfigur wurde, wie durch ein Wunder überlebt.

Vergessene Zeitzeuginnen unseres wirren Jahrhunderts? Auch Adelheid Popp gehört zu ihnen, selbst wenn sie in der österreichischen Frauenbewegung und, durch August Bebel und Friedrich Engels, in der Geschichte der Arbeiterbewegung weiterlebt. Und Bertha von Suttner? Was wird von ihr bleiben außer dem griffigen Schlagwort »Die Waffen nieder«? Wer hat ihr Buch wirklich gelesen? Und wer kennt die Namen und Taten der späteren Trägerinnen des Friedensnobelpreises? Wie lange werden Mutter Teresa, Alva Myrdal und Rigoberta Menchú Tum im Gedächtnis der Weltöffentlichkeit bleiben?

Bertha von Suttner hat nicht mehr miterleben müssen, wie ihr Friedenswerk mit Füßen, mit Soldatenstiefeln, zertreten wurde. Sie starb am 21. Juni 1914, kurz bevor mit den Schüssen von Sarajewo der Erste Weltkrieg ausgelöst wurde. Und Adelheid Popps Tod noch vor Ausbruch des Zweiten Weltkrieges hat ihr erspart, den Traum von einer besseren sozialistischen Zukunft in Jahrzehnten langsam zerbröseln zu sehen.

Zwei Illusionistinnen? Ja. Aber wie nackt und kalt wäre die Welt ohne Illusionen. Wer die Vermächtnisse dieser beiden Rebellinnen liest, spürt, wie viele wichtige Impulse von ihnen ausgegangen sind. Bertha von Suttner, deren Nachlaß in der Bibliothek der Vereinten Nationen in Genf aufbewahrt wird, in einem letzten Appell an den Österreichischen Frauenkongreß in Wien im Mai 1914, an dem sie nicht mehr teilnehmen konnte: »Die Zeit rückt immer näher, da die Frauen im Rat der Völker, in der Lenkung politischer Dinge Sitz und Stimme besitzen werden, es wird ihnen daher möglich sein, gegen das, was sie als Kulturschäden erkannt haben, nicht lediglich zu protestieren, sondern an der Umwandlung der Zustände tätig und praktisch mitzuwirken.« Und Adelheid Popp, die am Widerstand und der Gleichgültigkeit männlicher und weiblicher Parteigenossen so oft gescheitert ist, wünscht sich für die Zukunft eine neue Frauengeneration, die »voll Würde und Selbstbewußtsein dem Mann gleichwertig zur Seite steht«.

Noch ist diese Zukunft nicht überall angebrochen. Noch scheint auch Bertha von Suttners Friedensgewißheit utopisch. In einem Brief an ihren Mann schreibt sie: »Das 20. Jahrhundert wird nicht zu Ende gehen, ohne daß die menschliche Gesellschaft die größte Geißel, den Krieg, als legale Institution abgeschafft haben wird.« – Nehmen wir ihre Zuversicht mit ins 21. Jahrhundert.

»Ich will wirken in dieser Zeit ...«

Käthe Kollwitz
1867–1945

Im Berliner Käthe-Kollwitz-Museum, einem liebevoll restaurierten spätklassizistischen Bürgerpalais in der Fasanenstraße, wird der Besucher mit rund 200 Werken der Künstlerin konfrontiert, einer geballten sozialen Anklage, die das großbürgerliche Ambiente des Hauses noch verstärkt. Die Ausstellung zeigt, verteilt auf zahlreiche kleinere Räume, um welche Themen Leben und Werk der Kollwitz kreisen: Krieg, Mitleid und Empörung, Mütterlichkeit, Arbeiterelend, Alter und Tod. Am eindrücklichsten wohl der Raum mit den Selbstporträts, zwanzig unerbittlich ehrlichen Darstellungen aus fünf Jahrzehnten. »Selbstbilder« nennt sie Käthe Kollwitz. Harte Schwarz-weiß-Töne und düsteres Grau überwiegen, nur auf einem der Bildnisse, dem ersten von 1888/89, ein lachendes, gelöstes Gesicht, sonst Nachdenklichkeit, verhaltene Trauer, Verschlossenheit.

Eine Leidensspur zieht sich durch das ganze Leben dieser Frau, die eingerahmten Selbstbefragungen an den Wänden und die Tagebücher, zehn dicke Wachstuchhefte, die sie in 35 Jahren vollgeschrieben hat, dokumentieren dies. Sie schlüsseln uns viele ihrer Werke auf.

Als Markstein in ihrer Arbeit bezeichnet sie sechs frühe Radierungen zum Weberaufstand von 1844. Sie entstanden unter dem Eindruck von Gerhart Hauptmanns Drama *Die Weber*, dessen Uraufführung sie in Berlin miterlebte. In ihrem Zyklus »Der Weberaufstand« setzt sie das Bühnengeschehen in Bilder von beklem-

mender Eindringlichkeit um. Verzweifelte Gestalten mit
hohlen Augen und geballten Fäusten. Eine hilflose Mutter vor der kümmerlichen Leiche ihres Kindes. Der Zug
der schlesischen Weber zum Portal des Herrenhauses.
Haß, Gewalt, Ohnmacht. Im letzten Bild werden die
Toten in die Hütte getragen, neben den alles überragen-
den Webstuhl gelegt. Der Aufstand ist gescheitert, nichts
hat sich verändert.

Die Darstellung der markanten Arbeitergesichter, der
gichtgebückten, verhuschten Frauengestalten war für die
junge Käthe Kollwitz am Anfang mehr eine künstlerische
Herausforderung als ein moralischer Appell: »Was küm-
merten mich aber die Schönheitsgesetze, wie zum Beispiel der Griechen, die nicht meine eigenen waren, von
mir empfunden und nachgefühlt? Das Proletariat war für
mich eben schön. Der Proletarier in seiner typischen Erscheinung reizte mich zur Nachbildung. Erst später, als
ich Not und Elend der Arbeiter durch nahe Berührung
kennenlernte, verband sich damit zugleich ein Verpflich-
tungsgefühl, ihnen mit meiner Kunst zu dienen.«

1891, mit 24 Jahren, heiratet sie den sozial stark engagierten Kassenarzt Dr. Karl Kollwitz und läßt sich mit
ihm im Berliner Norden nieder. In der Weißenburger
Straße 25 mieten sie ein paar schlichte Räume, Praxis,
dahinter ein kleines Atelier für sie, im oberen Stockwerk
einige Zimmer zum Wohnen. Über fünfzig Jahre lang
genügte dieses Domizil den Ansprüchen des Ehepaars.
Die Patienten waren Arbeiter oder Arbeitslose – für
Käthe nicht nur Studienobjekte, sondern Menschen.

Mit dem »Weberaufstand« gelingt der jungen Königs-
bergerin, Tochter des Baumeisters Carl Schmidt, die in
München und bei Stauffer-Bern an der Berliner Künstlerinnenschule ausgebildet wurde, der künstlerische
Durchbruch. Der Zyklus hängt 1898 in der Großen Ber-

liner Kunstausstellung, und das Jurymitghed Adolph Menzel schlägt sie für eine Ehrung vor. Kaiser Wilhelm II. winkt ab, für solche »Rinnsteinkunst« hat er nichts übrig, er bevorzugt Lieblicheres und Pathetischeres.

38 Jahre später, im November 1936, ein ähnliches Erlebnis. An der Jubiläumsausstellung der Berliner Bildhauer ist Käthe Kollwitz mit zwei Arbeiten vertreten. Doch noch vor der Eröffnung werden ihre beiden Werke, eines heißt »Mutter«, auf Anordnung des Reichsministers Rust entfernt: eine deutsche Mutter hat positiver und optimistischer auszusehen. Auch Barlach, den sie sehr verehrt, gehört zu den verfemten Künstlern. Sie versteht das alles nicht, leidet unter der zunehmenden Isolierung. Im Tagebuch vermerkt sie: »Auch diese merkwürdige Stille bei Gelegenheit der Heraussetzung meiner Arbeit aus der Akademieausstellung und anschließend dem Kronprinzenpalais. Es hat mir fast niemand etwas dazu zu sagen. Ich dachte, die Leute würden kommen, mindestens schreiben – nein. So etwas von Stille um mich.«

1898 lagen die Dinge doch anders. Da hat es ihr in der Öffentlichkeit nicht geschadet, »Rinnsteinkunst« zu produzieren, im Gegenteil, es brachte ihr eine Berufung an die Berliner Künstlerinnenschule ein. Grafik und Zeichnen unterrichtete sie nun, und daneben hatte sie ihren Haushalt und die beiden kleinen Söhne Hans und Peter zu versorgen. Ihr Mann ging ganz in der Praxis auf und konnte sie deshalb auch nicht nach Florenz begleiten, wo ihr der Villa-Romana-Preis einen längeren Studienaufenthalt ermöglichte. Sie vollendet in dieser Zeit den Zyklus »Bauernkrieg«, sieben Radierungen, wieder mit dem Thema Unterdrückung, Not der Rechtlosen, das sie fortan nicht mehr losläßt. Eine Folge von Zeichnungen, »Bilder vom Elend« nennt sie sie, wird im *Simplicissimus* veröffentlicht. Plakatentwürfe entstehen. Einer zeigt – heute nicht weniger aktuell – zwei Kinder vor einem Schild »Spielen auf dem Hof verboten«. Aber damals gab es in den Arbeitervierteln Berlins weder Spielplätze noch Kinderzimmer. Fünf Personen lebten durchschnittlich in einem Raum. Da kam sich die Kollwitz-Familie schon privilegiert vor. Doch das ganze Leben ändert sich jäh mit dem Ausbruch des Ersten Weltkrieges. Der ältere Sohn Hans wird eingezogen, der jüngere, Peter, an dem die Mutter besonders hängt, meldet sich als Freiwilliger.

Die folgenden Monate lassen sich anhand ihres Tagebuchs erschütternd nachvollziehen:

Dienstag, den 1. September 1914
Berlin steht ganz unter dem Sedanzeichen. Die ganze Stadt ist beflaggt. Menschenmassen unter den Linden, alles in Jubel und Siegesstimmung, als ob der Krieg beendet wäre. Diese etwas oberflächliche Jubelstimmung, die so schlecht paßt zu den grausamen Schlachten an beiden Grenzen, zu all dem Scheußlichen und Barbarischen, das man aus Ostpreußen und Belgien hört, zieht sich über Tage hin.

1. Oktober 1914
Abschiedsbrief an Peter. Als ob das Kind einem noch einmal vom Nabel abgeschnitten wird. Das erstemal zum Leben, jetzt zum Tode.

Montag, den 12. Oktober 1914
Ich fahre heraus und sehe ihn noch einmal. Auf dem Bahnhof erwartet er mich. Dann ist Appell ... In dem Unteroffizierscasino nähe ich ihm ein paar Knöpfe an. Am Klavier sitzt ein Soldat und singt: »Macht euch bereit...«

24. Oktober 1914
Die erste Nachricht von Peter. Er schreibt, sie hören schon Kanonendonner.

Freitag, den 30. Oktober 1914
»Ihr Sohn ist gefallen.«

Achtzehn ist er gerade und seit zwei Tagen an der Front. Er fiel als erster seines Regiments in der Nacht vom 22. zum 23. Oktober bei Dixmuiden in Belgien. Seine Kameraden haben ihn hier begraben.

Die Mutter ist vom Schmerz völlig gelähmt. Aber allmählich löst sich die Starre, die Trauer setzt sich um in Gestaltungsdrang. In ihr reift der Plan zu einem Denkmal für Peter. Auf den Höhen von Schildhorn müßte es stehen, mit dem Blick über die Havel. Auch andere Plätze zieht sie in Betracht, am zweiten Weihnachtsfeiertag notiert sie: »In den verschneiten Grunewald gegangen und den Platz für Peters Denkmal gesucht.« Das Denkmal in ihrem Kopf wandelt sich immer wieder und beschäftigt sie über Jahre: Entwürfe, begonnene Arbeiten, Unterbrechungen, Scheitern. Erst 1932 wird es vollendet und findet seinen Platz; nicht in Berlin, sondern auf dem belgischen Soldatenfriedhof in Roggevelde bei Dixmuiden. Ein eindringliches Mahnmal am Weg zu den Gräbern, zwei einzelne kniende Gestalten, »Die Eltern«, in ihrer stummen Anklage gegen den Krieg. Bei der Einweihung ahnt Käthe Kollwitz noch nicht, daß sie zehn Jahre später wieder trauern wird. Um den Enkel diesmal, der den Namen des gefallenen Sohnes, Peter, trägt. Am 22. September 1942 fällt er in Rußland.

Die Zeit nach dem Tod des Sohnes Peter und nach dem Ersten Weltkrieg war für Käthe Kollwitz die künstlerisch fruchtbarste. Ihre Plastik »Das Liebespaar« wird in

Berlin ausgestellt. 1917, zu ihrem 50. Geburtstag, veranstalten die Berliner Sezession und Paul Cassirer Jubiläumsausstellungen für sie. Sie engagiert sich nun immer stärker in Wort und Werk gegen den Krieg, die Menschenopfer und beruft sich dabei auf einen Ausspruch Goethes: »Saatfrüchte sollen nicht vermahlen werden.« 1919 erscheinen, unter dem Eindruck Barlachs, ihre ersten Holzschnitte. Sie wird in die Akademie der Künste aufgenommen, erhält den Professorentitel und – für sie wichtiger – ein Meisteratelier in der Akademie. Auch der Orden Pour le mérite wird ihr verliehen.

Ihre Themen ändern sich nicht: 1922/23 erscheinen die Holzschnittfolgen »Krieg« und »Proletariat«, Flugblätter, Plakate gegen Gewalt und Krieg folgen. Sie nimmt Partei, ohne daß sie einer Partei angehört. Ihre Kunst sei keine Propaganda-, sondern Bekenntniskunst, schreibt Gerhart Hauptmann: »nach Form und Inhalt nicht gesucht, sondern geworden, rein aus dem Inneren hervorgegangen«. 1928 übernimmt sie die Leitung des »Meisterateliers für Graphik« an der Berliner Akademie. Fünf Jahre später, nach der Machtergreifung durch die Nationalsozialisten, wird sie dieses Amtes wieder enthoben, und man legt ihr, gemeinsam mit Heinrich Mann, nahe, die Akademie zu verlassen. Damit verliert sie auch ihr schönes Atelier und muß sich im Atelierhaus an der Klosterstraße neu einrichten.

Diese sie zermürbende und demütigende Zeit findet ihren Niederschlag im Tagebuch. Sie berichtet von Verhaftungen und Hausdurchsuchungen bei Freunden, von Judenboykott und Bücherverbrennung, von der Auflösung der Parteien und der Gleichschaltung. Ihr Mann verliert vorübergehend die Kassenzulassung. Im Juli 1936 dann eine Eintragung, die Ohnmacht und Angst dokumentiert, eine Haltung, die den meisten Menschen viel näher liegt als heroischer Widerstand. Sie hatte einem Reporter der russischen Zeitung *Iswestija* von ihren Arbeitsschwierigkeiten und ihrem inoffiziellen Ausstellungsverbot berichtet.

»Am 13. Juli erscheinen zwei Beamte der Gestapo und verhören mich über den Artikel in der *Iswestija*. Erklären mir, daß auf mein Verhalten Konzentrationslager stünde. Davor schütze mich kein Alter und nichts. Am Tage darauf kommt der eine Beamte ins Atelier in der Klosterstraße, sieht meine Arbeiten an, redet lang und breit (nicht übelwollend), sagt dann, er verlange von mir eine Erklärung für die Zeitungen, in denen ich die Behauptungen der *Iswestija* für unwahr erkläre ... Die nächsten Tage vergehen in erregter und gedrückter Stimmung. Es quält mich die Vorstellung, daß sie meine Erklärung ungenügend finden werden, daß ich in die Enge getrieben werde und es schließlich doch zu einer Verhaftung kommt. Wir fassen den Entschluß, dem Konzentrationslager, wenn es unvermeidlich scheint, durch Selbstmord uns zu entziehen. Freilich diesen Entschluß vorher die Gestapo wissen zu lassen, Vorstellung, daß sie dann vom Konzentrationslager absehen werden.« – Die Würde des Menschen ist unantastbar. Nicht von ungefähr steht dieser Satz in Artikel I unseres heutigen Grundgesetzes.

Der alternden Käthe Kollwitz wird in diesen Jahren der Umgang mit dem Tod noch vertrauter, als er ihr immer schon war. Sie sieht Verwandte, Freunde, Kinder sterben und nimmt deren Tod in ihr Werk hinein. 1940 verliert sie ihren Mann, den ruhigen, kraftspendenden Gefährten. Sie ist nun auch lebensmüde, die Arbeit im kalten Atelier fällt ihr schwer, Gebrechen machen sich bemerkbar, die Nächte im Luftschutzkeller hinterlassen ihre Spuren. Aber sie klagt nicht. »Es ist in der Ordnung, daß der Mensch auf seine Höhe kommt und daß er wieder absteigt. Da ist nichts zu murren.«

1943 holt die junge Bildhauerin Margarete Böning sie nach Nordhausen im Harz, im selben Jahr wird ihre Berliner Wohnung durch Bomben völlig zerstört. Sie lebt nun nur noch zum Tode hin und in der Rückwendung zu Vergangenem. Der Journalistin Lenka von Koerber schreibt sie: »Ich denke so viel an das, was ich in der Weißenburger Straße verloren habe, eine mehr als fünfzigjährige Heimat.« – Heimat Berlin. Die Weißenburger Straße in Ostberlin heißt heute Käthe-Kollwitz-Straße, auch der Wörther Platz wurde nach ihr umbenannt. Hier treffen wir auf Käthe Kollwitz, überlebensgroß, ein Bronzedenkmal von Gustav Seitz. Einen zweiten Guß dieser Bronze finden wir im Westberliner Museum in der Fasanenstraße wieder. Ob die am 22. April 1945 in Moritzburg bei Dresden Verstorbene dieser Überhöhung zugestimmt hätte? Ihr Grabrelief auf dem Zentralfriedhof Friedrichsfelde in Ostberlin, das sie selbst entworfen hat, nimmt sich viel bescheidener aus. Ein Frauenkopf, beschützt von einem mächtigen Händepaar: »... ruht im Frieden seiner Hände«, ein Goethewort aus dem West-Östlichen Divan.

Käthe Kollwitz war sich, bei aller Bescheidenheit, ihrer selbst und ihrer Aufgabe bewußt. Sie reiht sich nicht bei den ganz großen, aber bei den »guten« Künstlern ein: »Das Genie kann wohl vorauslaufen und neue Wege suchen, die guten Künstler aber – und zu diesen rechne ich mich – haben den verlorengegangenen Konnex wieder zu schaffen.« Und im November 1922 schreibt sie in ihr Tagebuch: »Freilich reine Kunst in dem Sinne wie zum Beispiel Schmidt-Rottluffsche ist meine nicht. Aber Kunst doch. Jeder arbeitet wie er kann. Ich bin einverstanden damit, daß meine Kunst *Zwecke* hat. Ich will *wirken in dieser Zeit,* in der die Menschen so ratlos und hilfebedürftig sind.«

Grete Weil

Antigone im Dritten Reich

Grete Weil
* 1906

Sophie Scholl
1921—1943

Universität München, Donnerstag, 18. Februar 1943

Morgens kurz vor Vorlesungsbeginn verteilen die Geschwister Hans und Sophie Scholl hastig Flugblätter in den Gängen der Universität und vor den Türen der Hörsäle. Flugblätter der studentischen Widerstandsgruppe »Die Weiße Rose«. Die Zeit drängt, schon kommen ihnen die ersten Studenten entgegen. Da kippen sie den restlichen Inhalt ihres Koffers über die Brüstung im zweiten Stockwerk. Die Flugblätter flattern hinunter in die Halle. Der aufgeschreckte Hausmeister läßt alle Eingänge abriegeln und alarmiert die Gestapo. Unter den Studenten herrscht große Unruhe; jeder weiß, daß auf solch einer wagemutigen Widerstandshandlung die Todesstrafe steht. Auch die Gestapo ist beunruhigt und nervös. Die hektisch eingesammelten Flugblätter mit der Überschrift »Kommilitoninnen! Kommilitonen!« sind nicht die ersten, die ihr in die Hände fallen. Die Blätter der Weißen Rose tauchen überall in der Stadt auf, stecken in Briefkästen und an Gartentoren, Hausfassaden werden über Nacht mit Parolen bemalt, allein in der Ludwigstraße lesen die Münchner auf dem Weg zur Arbeit siebzigmal »Nieder mit Hitler!«, und an der Universität prangt in Ölfarbe unübersehbar das Wort »Freiheit«.

Sophie Scholl

Hans und Sophie Scholl werden nach ihrer Verhaftung in das berüchtigte Gefängnis im Wittelsbacherpalais gebracht. Daß der Vorsitzende des Volksgerichtshofs, Roland Freisler, überstürzt aus Berlin anreist, um das Schnellverfahren gegen die Geschwister und ihren ebenfalls an der Aktion beteiligten Freund Christoph Probst zu leiten, zeigt die Angst und Verunsicherung des Regimes. Schon am 22. Februar verkündet Freisler im Schwurgerichtssaal des Justizpalastes mit hysterisch sich überschlagender Stimme das Urteil gegen die drei Studenten: Todesstrafe wegen Vorbereitung zum Hochverrat und Feindbegünstigung.

Die Angeklagten sind der Tat überführt, sie zeigen keine Reue und Demutshaltung, versuchen nur, die anderen nicht zu belasten.

Mit leiser, aber sicherer Stimme entgegnet Sophie dem tobenden Freisler: »Was wir sagten und schrieben, denken ja so viele. Nur wagen sie nicht, es auszusprechen.« Die drei bekennen sich zu den Texten der selbstverfaßten und vervielfältigten Flugblätter, zu Texten wie dem folgenden:

»In einem Staat rücksichtsloser Knebelung jeder freien Meinungsäußerung sind wir aufgewachsen. HJ, SA und SS haben uns in den fruchtbarsten Bildungsjahren zu uniformieren, zu revolutionieren, zu narkotisieren versucht ... Es gibt für uns nur eine Parole: Kampf gegen die Partei! ... Heraus aus den Hörsälen der SS-Unter- und Oberführer und Parteikriecher!«

Das Flugblatt, das wie die vorangegangenen Blätter der Weißen Rose von der Partei zu Recht als höchst brisanter Zündstoff angesehen wird, endet mit dem optimistischen Satz: »Unser Volk steht im Aufbruch gegen die Verknechtung Europas durch den Nationalsozialismus, im neuen gläubigen Durchbruch von Freiheit und Ehre.«

Wie viele Studenten und Professoren haben den ketzerischen Aufruf gelesen? Vor allem: Wie viele haben sich davon infizieren lassen? Die Universität als Keimzelle eines Bazillus, der sich schnell und lautlos in der Stadt verbreitet, der, wie weitere Festnahmen zeigen, Wirkung weit über München hinaus hat ... Ein mächtiges, durchorganisiertes System, das scheinbar alles im Griff hat, gerät durch die Widerstandsaktionen einiger Studenten so aus der Fassung, daß man die Gefahr nur durch eine sofortige Hinrichtung der Beteiligten zu bannen glaubt.

Der Tod schreckt die Angeklagten nicht. Dem Pflichtverteidiger, einer Parteimarionette, erklärt Sophie ruhig: »Wenn mein Bruder zu Tode verurteilt wird, so darf ich keine mildere Strafe bekommen, denn ich bin genauso schuldig wie er.« Überraschend gelingt es den Eltern, die Kinder kurz vor der Hinrichtung noch einmal zu sehen. Die Mutter erinnert sich: »Sophie ging aufrecht und gelassen ... Es war eine ungewöhnliche Lebensbejahung bis zum Schluß.« Sophie hatte sich Sorgen gemacht, wie die Mutter den Tod gleich zweier ihrer Kinder verkraften würde, und sie ist sehr beruhigt, als sie die Eltern so gefaßt sieht.

Die drei Angeklagten werden sofort nach der Urteilsverkündung ins Vollstreckungsgefängnis Stadelheim überführt und noch am selben Tag durch das Beil hingerichtet. Ein Gefängniswärter berichtet später, wie Sophie als erste abgeführt wird. »Sie ging, ohne mit der Wimper zu zucken. Wir konnten alle nicht begreifen, daß so etwas möglich war. Der Scharfrichter sagte, so habe er noch niemanden sterben sehen.« Zurück in der Zelle bleibt die Anklageschrift. Auf die hintere Seite hat Sophie ihre letzte Botschaft geschrieben: »Freiheit«. Hans hat auf der weißen Zellenwand eine Gedichtzeile Goethes hinterlas-

sen, die ein Familienmotto der Scholls war: »Allen Ge-
walten/zum Trutz sich erhalten«.

Die Beerdigung auf dem Perlacher Friedhof geht
rasch und in aller Stille vor sich. Mit dreißig Zeilen im
Völkischen Beobachter unter dem Titel *Gerechte Strafe gegen
Verräter an der kämpfenden Nation* glauben die Machthaber, die Aktion Weiße Rose endgültig zu den Akten
legen zu können. Als Warnung für subversive Kreise,
vielleicht auch als Beruhigung für die verunsicherte Bevölkerung werden brandrote Plakate an Litfaßsäulen angeschlagen:

> »Wegen Hochverrats wurden zum Tode verurteilt:
> der 24jährige Christoph Probst
> der 25jährige Hans Scholl
> die 22jährige Sophie Scholl.
> Das Urteil wurde bereits vollstreckt.«

Prozesse gegen weitere Universitätsangehörige und auch
gegen Oberschüler folgen. Der Mentor des Kreises, der
Philosophieprofessor Kurt Huber, und die beiden Freunde Willi Graf und Alexander Schmorell werden ebenfalls
hingerichtet, die anderen Angeklagten verschwinden im
Zuchthaus. Damit, so hoffen die Nationalsozialisten,
werde in München wieder Ruhe einkehren. Aber die
Nachricht von den Widerstandsaktionen der Weißen
Rose verbreitet sich wie ein Lauffeuer in den Gefängnis-
sen und Konzentrationslagern, bei den Emigranten im
Ausland. Sie gibt den Verzagten neue Hoffnung und
neuen Mut.

In ihrem holländischen Versteck hört die deutsche
Emigrantin Grete Weil eines Tages über BBC und Radio Oranje vom Widerstand der Geschwister Scholl. Sie
weint vor Erregung. Nun hat sie die Gewißheit: Es gibt
doch ein anderes Deutschland. Nicht das ganze deutsche

Volk gehört zu den Jubelrufern. – In den Amsterdamer Exiljahren hat sie sich immer wieder mit der Gestalt der Antigone befaßt, die sie liebt und wegen ihres Mutes zum Neinsagen und zum Widerstand bewundert. Daß sich heute, gegen diesen Feind mit seinem alles durchdringenden Machtapparat eine Antigone erheben könnte, hielt sie für ausgeschlossen. Nun, nach dieser Radiomeldung begreift sie plötzlich: »Sophie Scholl, das war sie, die Neinsagerin, die Antigone unserer Tage«, und sie wünscht sich, daß ihr Name weiterstrahlen möge bis in ferne Zeiten.

Universität München, Montag 21. November 1988

Grete Weils Wunsch, die »Antigone unserer Tage« möge nicht vergessen werden, hat sich erfüllt. 45 Jahre nach Sophie Scholls Hinrichtung nimmt die aus dem Exil nach Deutschland zurückgekehrte Schriftstellerin Grete Weil in der Großen Aula der Münchner Universität den Geschwister-Scholl-Preis entgegen, in der Universität, in der die Scholls beim Verteilen der subversiven Flugblätter festgenommen wurden. Dieser Preis sei der einzige, den zu bekommen sie sich gewünscht habe, sagt sie bei der Verleihung, er gelte ja nicht nur der Literatur, sondern vor allem der Gesinnung, und da glaube sie ihn im Sinne von Hans und Sophie Scholl mit Recht annehmen zu dürfen.

Eine geeignetere Preisträgerin hätte nicht gefunden werden können. Grete Weil, als Jüdin selbst Opfer des nationalsozialistischen Rassenwahns, stand immer auf der Seite der Verfolgten. 1932 hat sie den jüdischen Dramaturgen Dr. Edgar Weil geheiratet, der an den Münchner Kammerspielen wirkte. Schon früh wird ihr klar, daß in diesem Staate – und was sie noch schmerzlicher trifft: in ihrer Heimatstadt München – für ihresgleichen kein Platz mehr ist, aber sie zögert den Weggang so lange wie möglich hinaus. Erst als am 8. Oktober 1936 der Name ihres Mannes auf der Haftliste im *Völkischen Beobachter* steht, mit dem Zusatz: »Die Gründe können nicht öffentlich bekanntgegeben werden«, fliehen die beiden nach Holland, um dort das baldige Ende des NS-Regimes abzuwarten. Sie haben sich verrechnet.

Die Nationalsozialisten sind keine flüchtigen Wegelagerer, sie bauen ihre Macht selbst- und siegessicher immer weiter aus. 1940 erreichen die Krakenarme des Systems die Niederlande. Deutsche Besatzungstruppen beherrschen das Straßenbild in Amsterdam, es gibt überall Denunzianten und Kollaborateure. Im Sommer 1941 wird Edgar Weil bei einer Straßenrazzia verhaftet und ins Konzentrationslager Mauthausen nach Oberösterreich verschleppt. Grete Weil erfährt erst nichts über den Verbleib und das Schicksal ihres Mannes, bis ihr zwei verschlüsselte Briefe die hoffnungslose Lage klarmachen. In Mauthausen wird er zu Tode gequält, und sie kann ihm nicht helfen. Sie schreibt über diese Wochen, die wie ein Alptraum auf ihr liegen: »Die Gestapo Amsterdams gab damals, im Juni 1941, noch Todesberichte aus. In der ersten Woche waren es sechs, in der zweiten fünfzehn, in der dritten fünfundzwanzig und so fort, bis im Oktober keiner der fast tausend jungen Männer, die man von Holland aus nach Mauthausen verschleppt hatte, mehr am Leben war. Edgars Name stand auf der letzten Liste. Als sein Todestag war der 17. September angegeben, ein Datum, an dem ich angesichts der deutschen Bürokratie nie gezweifelt habe.«

Grete Weil arbeitet nun beim jüdischen Rat in Amsterdam, versucht, Deportierten, soweit es in ihrer Macht steht, zu helfen. Aber sie hat wenig Macht, sie kann kaum etwas bewirken. Das bedrängt ihr Gewissen. Noch nach Jahrzehnten trägt sie Schuldgefühle mit sich herum. Hätte sie nicht wie ihr großes Vorbild Antigone oder wie Sophie Scholl handeln müssen, ohne Rücksicht und ohne Bedenken? Bis in den Traum hinein verfolgen sie die Gedanken: Sie träumt, Antigone habe den Hauptsturmführer an der Bahnhofsrampe erschossen, sie selber aber leiste, um ihre Mutter zu retten, keinen Widerstand.

Von »selbstquälerischen Altersgedanken einer Davongekommenen« spricht Armin Eichholz in der Laudatio zur Verleihung des Geschwister-Scholl-Preises, und er zitiert Grete Weil: »Ich, die Spätgeborene, muß mit dem Wissen um Auschwitz mein Leben zu Ende bringen, es wird mich quälen bis zum letzten Atemzug.« Auschwitz und Grete Weil, Sophie Scholl und das NS-Regime vor Augen, sieht Armin Eichholz einen »Zusammenprall von deutscher Geschichte, wie wir ihn so nicht mehr oft erleben werden«.

Grete Weil bedankt sich für den Preis auf sehr persönliche Weise, indem sie Erfahrungen und Erlebnisse aus ihrem Leben preisgibt, die Zuhörer an ihren Ängsten, Zweifeln und Hoffnungen teilhaben läßt – auch an ihrer Freude darüber, daß sie den Preis gerade an dieser Universität entgegennehmen darf, an der Edgar Weil promovierte und sie selbst einige Semester ihres Germanistikstudiums absolvierte. Sie erinnert sich angesichts der heute übervollen Parkplätze, wie ihr kleiner blauweißer Dixi damals oft als einziges Auto im Rund vor dem Eingang der Universität stand, besprüht vom Wasser des Römischen Brunnens. Ihr Dissertationsthema stand schon fest, sie wollte über das in der Goethezeit beliebte *Journal des Luxus und der Moden* schreiben, aber im Wintersemester 1932/33, ihrem letzten in München, zeichnet sich schon ab, daß ihr Leben sich in Zukunft nicht mehr in den schöngeistigen Freiräumen des Bildungsbürgertums abspielen wird.

Die am 18. Juli 1906 als Tochter eines Rechtsanwalts in Rottach-Egern Geborene gerät in den Strudel der Politik, in die Entbehrungen und Gefährdungen der Emigration, die sie schreibend durchsteht. 1943 taucht sie in Amsterdamer Verstecken unter wie unzählige deutsche Juden, wie Anne Frank und ihre Familie. Sie hat nicht nur für sich, sondern auch für ihre siebzigjährige Mutter zu sorgen, die ohne ihre Hilfe im Amsterdamer Verlies nicht zurechtkäme. Die Schicksalsgemeinschaft mit den anderen jüdischen Emigranten gibt ihr Kraft, ohne daß sie die religiöse Verwurzelung im Judentum teilen kann. Die meisten ihrer späteren Romane handeln von dieser spannungsgeladenen Zeit.

Nach ihrer Rückkehr ins zerbombte Deutschland im Jahre 1947 und der Heirat mit dem Opernregisseur Walter Jokisch arbeitete sie zunächst an ganz anderen Themen. Sie übersetzt englische Literatur und schreibt Opernlibretti für Hans Werner Henze und Wolfgang Fortner. Im Zentrum ihres Denkens bleibt jedoch der Antigone-Stoff. 1980 erscheint ihr Roman *Meine Schwester Antigone*. Sie holt darin Antigone, die den Leichnam ihres Bruders Polyneikes verbotenerweise zu bestatten versucht, in die Gegenwart und stellt ihr die Studentin Sophie Scholl zur Seite, die mit ihrem Bruder – auch hier ein innig verbundenes Geschwisterpaar – die Tyrannei eines perfekten Systems, wenn auch nur für eine kurze Zeitspanne, ins Wanken bringt und Menschen Hoffnung gibt. Hoffnung, die so stark ist, daß sie Grete Weil mit dazu bewegt, wieder nach Deutschland zurückzukehren, nach München, in die Stadt Sophie Scholls und der Weißen Rose.

»Ich war eine diese Stadt innig liebende Münchnerin und bin es bis heute geblieben«, sagt sie am Schluß ihrer Dankrede, in der sie die Zuhörer zu Antigone und zu Sophie Scholl geführt und den Bogen vom antiken Despoten Kreon zu Hitler gespannt hat. Sophokles legt Antigone die Worte in den Mund: »Mitlieben, nicht mithassen ist mein Teil« – Worte, die, weniger klassisch ausgedrückt, auch von Sophie Scholl stammen könnten.

Sophie Scholl – eine moderne Antigone?

Zunächst weist wenig in der Biographie des Mädchens, das am 9. Mai 1921 im württembergischen Forchtenberg als Bürgermeisterstochter zur Welt kommt, auf die spätere mutige Rolle im Widerstand hin. Sophie hat allerdings das Glück, in eine intakte Familie hineinzuwachsen, im Kreis der vier Geschwister früh Anpassung, aber auch Widerstand zu lernen, Ich-Stärke und Kritikfähigkeit zu entwickeln. Der ältere Bruder Hans, zu dem Sophie eine besonders enge Bindung hat, ist begeisterter Fähnleinführer beim Jungvolk. Sie spürt wohl, wie das den Vater, einen entschiedenen Nazigegner, der Hitler als Rattenfänger von Hameln bezeichnet, betrübt. Aber sie spürt auch das Vertrauen des Vaters, das dieser all seinen Kindern entgegenbringt, auch wenn sie nicht seinen Weg gehen.

Auf dem Ulmer Mädchengymnasium unterscheidet sich Sophie weder in ihren Neigungen noch in ihren Schwärmereien von den Mitschülerinnen – höchstens vielleicht in ihrem Hang zu grundsätzlichen Fragestellungen und in der Beharrlichkeit, mit der sie alles zu Ende führt, was sie begonnen hat. Sie treibt viel Sport, am liebsten draußen in der Natur, unternimmt mit ihren Geschwistern oder einem Freundeskreis aus der Bündischen Jugend Radwanderungen und Skitouren, begeistert sich an Naturstimmungen und Kunstschätzen, spielt leidlich Klavier und zeichnet mit Hingabe.

Mit ihrem um vier Jahre älteren Freund Fritz Hartnagel geht sie auf Fahrt an die Nord- und Ostsee. Sie ist von der norddeutschen Landschaft und den Bildern Paula Modersohns tief beeindruckt und malt tagelang im Freien. »Ein Gefühl der Berufung oder so etwas ähnliches habe ich nicht«, schreibt sie und knüpft gleich grundsätzlichere Überlegungen an: »Aber wenn man Künstler werden will, muß man wohl vor allen Dingen zuerst Mensch werden. Durch das Tiefste empor. Ich will versuchen, an mir zu arbeiten. Es ist sehr schwer.«

In der Obersekunda kommt sie zum ersten Mal mit der Gestapo in Berührung. Bruder Hans, der sich inzwischen von der Hitlerjugend abgewandt und einen eigenen, an der verbotenen Bündischen Jugend orientierten Freundeskreis um sich gesammelt hat, werden »illegale bündische Umtriebe« vorgeworfen. Nun rückt die Familie enger zusammen, wird, wie die ältere Schwester Inge es später beschreibt, »zu einer kleinen, festen Insel in dem unverständlichen und immer fremder werdenden Getriebe«.

Als der Krieg beginnt, steht Sophie kurz vor dem Abitur. Ihr Freund leistet seinen Dienst in einer Nachrichteneinheit in Calw ab. Ihm schreibt sie am 5.9.1939: »Ich kann es nicht begreifen, daß nun dauernd Menschen in Lebensgefahr gebracht werden von anderen Menschen. Ich kann es nie begreifen und finde es entsetzlich. Sag nicht, es ist für's Vaterland.«

Noch ist Krieg für die meisten eine abstrakte Vokabel, noch greift das Kriegsgeschehen nicht in den Alltag ein. Sophie denkt – und das ist für eine 18jährige nicht die Regel – der Zeit voraus.

Im übrigen ändert sich wenig an ihrem Tagesablauf. Sie illustriert die Geschichte von Peter Pan für ein Bändchen, das ein Freund der Familie herausbringen will; sie beschäftigt sich mit Carossas Buch *Führung und Geleit;* sie spielt Klavier und Orgel. »Ich sehe nicht ein, warum man im Krieg nur die grausig ernstesten Dinge tun darf«, schreibt sie ihrem Freund Fritz Hartnagel. An ein rasches Ende des Krieges glaubt sie nicht, sie läßt sich, bestärkt durch Gespräche am Familientisch und unter Freunden, von keinen Parteiparolen einlullen.

Sie sehnt sich nach ihrem Freund, schreibt ihm aber gleichzeitig: »Du weißt es wohl auch, es gibt Stunden des Alleinseins, die wiegen alle Tage auf, in denen man sich gesehnt hat nach einem Menschen. Dann erscheint das Rücksichtslose (versteh das Wort nicht falsch) als das Wahre und Mitleid als Schwäche.« Sie braucht die Bindung, aber sie braucht auch die Distanz zu Dingen und Menschen. Im gleichen Brief vom 9.11.1939 schreibt sie: »Es ist schön, wenn zwei miteinander gehen, ohne sich zu versprechen, wir treffen uns da und da wieder, oder wir wollen immer beieinander bleiben.«

Im Frühling 1940 legt sie in Ulm die Reifeprüfung ab. Sie möchte so rasch wie möglich in München mit einem Studium der Biologie und Philosophie beginnen – eine Fächerkombination, die sie besonders reizt. Aber ohne Ableistung eines halben Jahres Reichsarbeitsdienst ist eine Immatrikulation ausgeschlossen. So meldet sie sich für eine Ausbildung als Kindergärtnerin am Fröbel-Seminar in Ulm an.

Sie macht sich Sorgen um ihren älteren Bruder und ihren Freund an der Front. Deutsche Truppen sind inzwischen nicht nur in Dänemark und Norwegen, sondern auch in Holland, Belgien und Frankreich einmarschiert. Sie schreibt an Fritz Hartnagel: »Ich denke oft an Euch, die Ihr im Felde seid. Dann habe ich besonders um Hans immer Angst. Er ist so empfindlich. Aber ich glaube kaum, daß ihm der Krieg etwas anhaben kann.« Obwohl sie zu allen Geschwistern ein gutes Verhältnis hat, fühlt sie sich Hans in besonderer Weise verbunden. Sie schreibt ihm ausführliche Briefe und läßt ihn an ihrem Leben und ihren Unternehmungen teilhaben. Trotz aller Sorgen bricht dabei immer wieder ihr Humor, ihre Zuversicht durch, etwa, wenn sie von einer Radtour mit Schwester Inge in den Illerwald berichtet: »Wir kamen uns vor wie höhere Beamte des lieben Gottes, die ausgeschickt waren, um zu prüfen, ob die Erde noch gut sei. Und wir fanden sie sehr gut.«

Die ungewohnte Beschäftigung mit einer Schar von Kindern im Praktikum und dann in einem Kindersanatorium in Bad Dürrheim beglückt sie zwar, aber reibt sie auch auf. Sie könnte diesen Beruf kaum auf die Dauer aushalten, schreibt sie in nüchterner Selbsteinschätzung. Sie ist nicht nur die Selbstlose, die sich für andere aufopfert, und zu der sie oft stilisiert wird, sie hat — wie Antigone — auch ihre durchaus von der eigenen Person ausgehenden Bedürfnisse. So äußert sie sich ihrem Freund gegenüber zur Rolle, die man einem Mädchen in der Gesellschaft zugesteht: »Sie soll ihre weiblichen Gefühle bestimmen lassen über ihr Denken. Vor allem das Mitleid. Ich aber finde, daß zuerst das Denken kommt, und daß Gefühle oft irreleiten, weil man über dem Kleinen, das einen vielleicht unmittelbar betrifft, vielleicht am eigenen Leib, das Große kaum mehr sieht.« Der Satz des französischen Schriftstellers Jacques Maritain »Il faut avoir un esprit dûr et le cœur tendre« (Man muß einen harten Geist und ein weiches Herz haben) findet sich mehr als einmal in ihren Aufzeichnungen.

Mit zwanzig Jahren, im Frühjahr 1941, ist Sophie Scholl ausgebildete Kindergärtnerin. Den Reichsarbeitsdienst muß sie trotzdem ableisten, im Lager Krauchenwies bei Sigmaringen. Mit dem Lagerbetrieb in der nicht freiwillig zusammenlebenden Gruppe kann sie sich nur schwer abfinden. Sie schreibt ihrer Freundin Lisa Remppis, sie sei entsetzt, unter den achtzig Mädchen nicht eines zu finden, das etwas Kultur habe: »Es sind wohl Abiturientinnen darunter, die den Faust aus Pietät dabeihaben ... aber alles ist so sehr durchsichtig, so etwas wie ihre Frisur, ihrer eigenen Person zum Schmuck.«

Sie liest Thomas Mann, Stellen im *Zauberberg*. Sie sehnt sich – am Karfreitag – nach religiöser Rückbindung, nach einem Gang in die Kirche, »nicht in die evangelische, wo ich kritisch den Worten des Pfarrers zuhöre. Sondern in die andere, wo ich alles erleide, nur offen sein muß und hinnehmen«. Sie geht mit einem der Arbeitsdienstmädchen verstohlen zum Orgelspiel in die Kirche. Vierhändig versuchen sie sich an Händel und Bach.

Ihr religiöses Bedürfnis, ja, ihre Sehnsucht nach einem Leben im Glauben steigert sich noch während ihrer Tätigkeit in einem NSV-Kindergarten in Blumberg, einem kleinen Dorf nahe der Schweizer Grenze. Erst jetzt eigentlich versucht sie, konsequent an sich zu arbeiten, erst jetzt nähert sie sich dem Bilde, das sich die Nachwelt von ihr macht. In ihrem Tagebuch überwiegen nun geistliche Meditationen, sie liest Augustinus und Pascal und nimmt deren Gedanken in ihren Alltag hinein. An Lisa Remppis schreibt sie im Dezember 1941: »Ich finde das Leben trotz allem noch so reich und gut, nur mögen es die Menschen nicht im Guten gebrauchen ... Vielleicht muß man erst entdecken, daß man ein Herz hat.«

Im Mai 1942 erhält sie endlich die Zulassung zum Studium und übersiedelt kurz vor ihrem 21. Geburtstag nach München. Sie wohnt zunächst bei einem alten Freund der Familie, dem Herausgeber der Zeitschrift

Hochland, Professor Carl Muth in Solln. In seinem Haus findet sie, wonach sie sich lange gesehnt hat, Gespräche über Philosophie, Religion, Ethik – auch über Politik. Wer sich hier trifft, gehört zum inneren Widerstand.

Gedanken über Vergänglichkeit finden sich nun in den Aufzeichnungen der 21jährigen. Jeder Mensch müsse dauernd damit rechnen, im nächsten Augenblick von Gott zur Rechenschaft gezogen zu werden. »Weiß ich denn, ob ich morgen früh noch lebe?« fragt sie im Tagebuch.

Nach Semesterende im Sommer 1942 wird sie zu einem Einsatz in der Rüstungsindustrie herangezogen. Von der monotonen und sie belastenden Arbeit erholt sie sich auf einer mehrtägigen Bergwanderung. An ihren Vater schreibt sie in diesen Tagen: »Beim Anblick der stillen Großartigkeit dieser Berge und ihrer Schönheit wollen einem die Gründe, die die Menschen für ihre unheilvollen Taten vorbringen, lächerlich und verrückt erscheinen, und man bekommt den Eindruck, sie wären gar nicht mehr Herr über sich und ihre Taten, sondern würden von einer bösen Macht getrieben.«

Daß ihr Bruder Hans im November 1942 von einem Einsatz in Rußland, den alle Medizinstudenten abzuleisten hatten, nach München zurückkommt, in ihre kleine gemeinsame Wohnung in der Franz-Joseph-Straße 13, erfüllt sie mit Freude, aber auch mit Sorge: »Die Unsicherheit, in der wir heute dauernd leben, die uns ein fröhliches Planen für den morgigen Tag verbietet und auf alle die nächsten kommenden Tage ihren Schatten wirft, bedrückt mich Tag und Nacht«, schreibt sie an Fritz Hartnagel. Sie ist traurig, daß das Vertrauen zu anderen Menschen der Vorsicht und dem Mißtrauen weichen muß, doch dann siegt wieder ihr Lebensmut: »... diese Nichtigkeiten werden doch nicht Herr über mich werden können, wo ich ganz andere unantastbare Freuden besitze.«

Bewußt versucht sie, gegen ihre Angst anzuleben, anzuschreiben. Das Wissen um die Flugblattaktionen, in die sie der Bruder auf ihr Drängen hin eingeweiht hat, lastet schwer auf ihr. Sie gehört nun zum engsten Kreis der Weißen Rose. Das Wort »Widerstand« ist ihr aus nächtlichen Diskussionen und aus den Vorlesungen des Philosophieprofessors Kurt Huber längst vertraut. Aber zwischen dem theoretischen Postulat und dem praktischen Handeln klafft ein Graben, der übersprungen werden muß. Widerstandsparolen auf Flugblätter zu drucken und diese zu verteilen, erfordert nicht nur Mut, sondern auch äußerste Wachsamkeit. Deshalb soll der Kreis der Eingeweihten möglichst klein bleiben, neben Hans Scholl und Christian Probst gehören Willi Graf und Alexander Schmorell dazu, später auch Professor Huber, der erst im Dezember 1942 in die Flugblattaktionen einbezogen wird. Von ihm stammt das letzte der Flugblätter.

Sophie trägt nicht nur schwer an der Last ihres Wissens, sie sorgt sich auch um ihren Freund Fritz Hartnagel. Anfang Januar 1943 hat er ihr aus Rußland geschrieben, sein Bataillon sei aufgerieben, er erwarte nur noch Gefangenschaft oder Tod. Im Februar endlich erhält sie die Nachricht, Fritz sei in Stalino im Lazarett, ihm wurden ein paar erfrorene Finger abgenommen, aber er sei gerettet.

Zwei Tage später gibt das Oberkommando der Wehrmacht die Kapitulation der deutschen Truppen in Stalingrad bekannt. Nun muß – darauf hoffen die Mitglieder der Weißen Rose – die Absurdität dieses Krieges doch der ganzen Bevölkerung bewußt werden. »Hitler kann den Krieg nicht gewinnen, nur noch verlängern! Seine und seiner Helfer Schuld hat jedes Maß unendlich überschritten«, heißt es in einem der letzten Flugblätter. Sophie und Hans verbringen mit ihren Freunden Nacht für Nacht am Vervielfältigungsapparat im Versteck. Sie arbeiten in fieberhafter Eile und immer in der Angst, entdeckt und denunziert zu werden. Niemand weiß, wieviel Anhänger und Mitarbeiter der Widerstandskreis der Weißen Rose hat, das macht seine Stärke aus. Wenn plötzlich überall in München Flugblätter auftauchen, auch in anderen Städten, selbst im fernen Hamburg, dann fassen vielleicht mehr und mehr Menschen Mut, sich dem passiven Widerstand anzuschließen. Eine Kette unsichtbarer, doch realer Solidarität soll geschaffen werden. Eine Kette, die in der Münchner Universität beginnt, und die nicht endet an jenem 18. Februar 1943, an dem die Flugblätter in die Halle flattern und die Geschwister Scholl festgenommen werden. Die Verhaftungen, die Hinrichtungen gehen weiter, aber es mehren sich auch die Zeichen der Hoffnung.

Kurz nach Kriegsende, im November 1945, sagt Romano Guardini in einer ersten Gedenkfeier für die Hingerichteten der Weißen Rose, ihre Tat vom realistischen Standpunkt aus gesehen ohnmächtig, vielleicht sogar töricht sei zu einem Symbol menschlichen Adels geworden.

Der Platz vor der Münchner Universität heißt heute Geschwister-Scholl-Platz. Sophie Scholl überlebt als Antigone unserer Tage nicht nur im Roman der Grete Weil.

Gespräch mit Grete Weil

Nein, es ist nicht die von Isolde Ohlbaum portraitierte Grande Dame der Literatur, die der Besucherin auf dem Gartenweg entgegenkommt und zögernd das kleine Tor öffnet, an dem »Jokisch« steht. Es ist eine schüchterne, in sich versunkene Frau mit leiser Stimme und leisen Gebärden. Sie huscht lautlos, fast wie ein Schatten ins Haus, nur Schagi, der grauschwarze Pudel, winselt in die Stille hinein. Die beiden sind in fünf Jahren verläßliche Freunde geworden. Damals war Grete Weil sehr krank, erholte sich nur langsam von einem Herzinfarkt, da schenkte man ihr das junge Tier, das Wärme brauchte und Wärme gab, und das ihr zum vertrauten Partner wurde auf ihren täglichen Waldspaziergängen.

Der Wald ist nur drei Minuten entfernt, das Haus in Grünwald, ein unauffälliges Refugium in der Herzog-Sigmund-Straße, in dem Grete Weil seit mehr als fünfzehn Jahren im Erdgeschoß wohnt, liegt tatsächlich, wie der Ortsname verheißt, im Grünen. Eine naturbelassene Wiese vor und hinter dem Haus, dichtes Buschwerk am Rand, ein Sitz und Arbeitsplatz im Freien, der nicht häufig genutzt wird. Die 84jährige arbeitet am liebsten an ihrem Schreibtisch, der nichts von Biedermeierbeschaulichkeit hat, eher an einen Redaktionstisch erinnert mit der modernen Leselampe, dem grünen Telefon, den Stapeln von Material und Manuskripten, der Zettelflut. Ringsum an den Wänden Bücherregale oder Farbfotos, auf Posterformat vergrößert und zu Serien zusammengestellt. Grete Weil hält ihre Eindrücke nicht nur an der Schreibmaschine, sondern auch mit der Kamera fest: Reiseimpressionen, fast alle aus Asien. Nomadenteppiche in Tibet, Märkte in Ladakh, Lehmdörfer in Nepal – sie hat den Blick für typische und zugleich verfremdete Motive, so wie sie auch den Blick hat für Menschen, die Vertrauen verdienen oder vor denen man auf der Hut sein muß. Ein solch sensibles Gespür trainiert man sich in langen Emigrationsjahren an.

Emigration – eines der Wörter, die ihr Leben bestimmt haben. Die meisten ihrer Bücher kreisen um dieses Thema, am eindrücklichsten ist es wohl im Roman

Tramhalte Beethovenstraat gestaltet. Sie hat selbst lange an der Tramhaltestelle Beethovenstraat in Amsterdam gewohnt, hat miterlebt, wie Nacht für Nacht ein gespenstischer Zug von Juden, bewacht von Gestapo und Schäferhunden, in Sonderwagen der Straßenbahn lautlos abtransportiert wurde. Und keines der Opfer wehrte sich.

Die nächtlichen Bilder, die Schuldgefühle lassen sich nicht verdrängen. Grete Weil setzt sie in Sprache um, läßt einen jungen deutschen Journalisten die Zeit in Amsterdam mit- und nacherleben, deckt Wunden auf, zeigt Menschen, die sich in Haß und Verrat verstricken, andere, die ihr Leben aufs Spiel setzen, um Mitmenschen zu retten. Immer ist sie ganz nah am Stoff und wahrt doch die nötige Distanz, um ein Geschehen für Leser nachvollziehbar zu machen.

Denkt sie beim Schreiben an den Leser, will sie mahnen, aufrütteln, oder schreibt sie, um sich von ihrer Vergangenheit zu befreien?

Vielleicht beides, sagt sie mit leiser, nachdenklicher Stimme. Sie hat schon immer geschrieben, wußte bereits als Kind, daß sie Schriftstellerin und nichts anderes werden wollte, und die Exilerfahrungen haben ihren Schreibdrang noch verstärkt.

Schon in ihrem ersten Buch *Am Ende der Welt* macht sie sich daran, Vergangenheit, persönliche und kollektive Schuld freizulegen. Im Westen findet sie für das Manuskript keinen Verleger, es erscheint 1949 in Ostberlin. Die *Tramhalte Beethovenstraat* kommt zwar in der Bundesrepublik heraus, wird aber kein Erfolg. Der Durchbruch als Autorin gelingt ihr erst sehr spät, 1980 mit dem Roman *Meine Schwester Antigone,* den sie für ihr bestes Buch hält.

Der Geschwister-Scholl-Preis wird ihr aber nicht für die Antigone, sondern für ihren letzten Roman *Der Brautpreis* zugesprochen. Er handelt von der jungen Prinzessin Michal im Alten Testament, der ersten Frau Davids und Tochter König Sauls.

Überliefert ist wenig von ihr, Grete Weil hatte so die Möglichkeit, eine Frau nach ihrem Bilde zu schaffen und mitten ins Alte Testament hineinzustellen. Fünf Jahre hat sie sich dieser Aufgabe gewidmet, hat Michal mit einer tiefen Abneigung gegen Gewalt und Krieg ausgestattet – und ist damit wieder bei ihrem Thema.

Das Dritte Reich, die zwölf Jahre Amsterdam schlagen in all ihren Werken durch. Warum ist sie nach dem Krieg nach Deutschland zurückgekommen?

Sie wollte mit ihrem zweiten Mann zusammenleben, und sie wollte zurück in den deutschen Sprachraum. Obwohl sie gut Holländisch spricht, fühlte sie sich in Amsterdam als Fremde. Ein Schlüsselerlebnis kam dazu: Am Kriegsende, beim Einmarsch der kanadischen Truppen, steht sie wie alle Amsterdamer am Straßenrand und hört unfreiwillig ein Gespräch zweier holländischer Juden mit, hört, wie der eine zum andern sagt: Dafür sorge ich, daß die *deutschen* Juden hier wegmüssen ...

Eine Reihe deutscher Juden ist offenbar doch in Holland geblieben. Als Grete Weil vor einigen Jahren in einer Amsterdamer Kirche aus ihren Werken las, wurde sie von deutschen Emigranten angegriffen, wie sie denn habe nach Deutschland zurückkehren können und einen Mann heiraten, der des Führers Rock getragen habe ... Da fand sie keine Worte, sich zu verteidigen. Eine Holländerin, die im Krieg von den Nazis zum Krüppel geschossen wurde, sprach für sie. So verkehren sich die Fronten, man weiß nie, woran man ist.

Der erzwungene Abschied von München, damals nach Hitlers Machtantritt, muß doch Wunden hinterlassen haben. War es nicht schwer, 1970 in diese Stadt zurückzukehren?

Ich bin hier zu Hause, sagt sie rasch und bestimmt. Nach dem Krieg hat sie mit ihrem zweiten Mann zuerst in Frankfurt am Main gelebt. Als er 1970 starb, ist sie zurückgezogen nach München, in den Vorort Grünwald. Keine andere Landschaft liebt sie so wie die oberbayerische – vielleicht noch das Tessin.

In Condra, hoch über dem Lago Maggiore, hat sie ein kleines Häuschen, in dem sie die Sommermonate verbringt. Aber es wird einsam dort oben, alle Freunde sind ihr weggestorben.

Auch in München gibt es immer weniger »Weißt-du-noch-Menschen« – der Ausdruck stammt von Tilla Durieux, mit der sie viel verband. Aber Zwiesprache ist auch über den Tod hinaus möglich, die Literatur ist voll von guten Gesprächen.

Grete Weil ist noch immer eine leidenschaftliche Leserin. Thomas Mann ist ihr liebster Autor, die zwanziger Jahre liegen ihr am nächsten, Musil, Joseph Roth. Zur Nachkriegsliteratur hat sie wenig Zugang, sie schätzt Ingeborg Bachmann, von den lebenden Autorinnen am ehesten noch Christa Wolf, überlegt sie zögernd.

Über ihre eigenen Schreibpläne zu sprechen, bleibt keine Zeit mehr. Vor der Tür jault Schagi und will ausgeführt werden. Wenn sie das Tier nicht hätte, nicht all die vertrauten Bücher, ja, dann wäre sie einsam.

Aber auch Antigone, die antike Neinsagerin, war einsam. Vielleicht auch Sophie Scholl? Für Grete Weil sind beide zuverlässige Gefährtinnen über den Tod hinweg:

»Beides Menschen, die bis an die Grenze gehen, die nicht nach dem Erfolg fragen, nur nach der eigenen Notwendigkeit. Unbequeme, die uns zum Denken zwingen.

Erreicht haben sie beide nichts, nichts hat sich geändert in Theben, nichts in Deutschland, aber wieviel ärmer wäre unsere Welt ohne Antigone, ohne Sophie.«

Chronik eines kurzen Lebens

Schülerin
Anne Frank
1929–1945

Schreibend den Rückzug
der Angst betreiben
CHRISTA WOLF

Anne Frank – der Name steht weltweit als Synonym für Holocaust. Das Tagebuch der Fünfzehnjährigen wurde in annähernd sechzig Sprachen übersetzt, millionenfach verkauft, in allen Schulen gelesen, als Bühnenstück aufgeführt und verfilmt. Über ein halbes Jahrhundert haben sich Menschen vom Schicksal des im KZ Bergen-Belsen umgekommenen Mädchens anrühren lassen.

Was sich vom Juni 1942 bis zum August 1944 in dem Amsterdamer Hinterhaus an der Prinsengracht abspielte, hat Anne Frank als Betroffene und als genaue Beobachterin der übrigen Versteckten in ihrem Tagebuch und auf Notizzetteln festgehalten – auf holländisch. Die deutsche Sprache ihrer frühen Kindheit hat sie aus gutem Grund vergessen oder verdrängt.

Im Tagebuch findet sich nur ein knapper Hinweis auf ihre Geburtsstadt Frankfurt am Main, die sie als Vierjährige mit ihren Eltern und ihrer Schwester verlassen mußte und die sie nie wieder gesehen hat. An die fiktive Briefpartnerin Kitty, ihre Tagebuchfreundin, schreibt sie über ihre Familie: »Als meine Eltern heirateten, war mein Vater 36, meine Mutter 25 Jahre alt. Meine Schwester Margot ist im Jahre 1926 in Frankfurt am Main geboren, am

12. Juni 1929 folgte ich. Als Juden emigrierten wir im Jahre 1933 nach Holland ...«

Vier Jahre Frankfurt also. Wie sah diese frühe Kindheit Annes zu Beginn der dreißiger Jahre aus? Wie kam es zu der vom Vater mit Bedacht geplanten Emigration? Was geschah in den Amsterdamer Jahren bis zum Beginn der Tagebuchaufzeichnungen? Und was danach?

Fakten, Aufzeichnungen – Spuren einer Kindheit, einer Jugend, die nicht gelebt werden konnte:

1929

Am 12. Juni bringt Edith Frank, geborene Holländer, in der Frankfurter Klinik des Vaterländischen Frauenvereins ihre zweite Tochter zur Welt, Annelies Marie, genannt Anne. Der Säugling ist, im Gegensatz zur drei Jahre älteren Schwester Margot, nicht pflegeleicht, weint viel und braucht besondere Zuwendung.

Die Mutter notiert im *Merkbuch für unser Baby,* das sie für Anne gewissenhaft führt: »Schreit sechs Wochen die ganze Nacht durch«. Eine Nervensäge – oder liebevoller ausgedrückt: ein willensstarkes, durchsetzungsfähiges Kind. Schwester Margot dagegen ist das sanfte Engelchen der Familie.

Otto Frank, Inhaber des elterlichen Bankhauses Michael Frank, ist zwar ein liebevoller Vater, kann sich aber nur wenig um die Kinder kümmern. Seine Geschäfte stehen schlecht, der New Yorker Börsensturz ist vor allem für die kleinen Frankfurter Banken mit Auslandsgeschäften ein schwerer Schlag.

Die schlichte Doppelhaushälfte am Marbachweg, die das
junge Paar gemietet hat, entspricht nicht dem Lebenszuschnitt wohlhabender jüdischer Familien, wie es die
Franks und die Holländers sind. Doch Otto und Edith
Frank legen mehr Wert auf einen kinderfreundlichen
Garten im Grünen als auf Prestige und setzen sich bewußt
vom jüdischen Großbürgermilieu ab. In der Stadtrandsiedlung der kleinen Beamten und Angestellten hoffen sie
Anschluss ans ›normale‹ Leben zu finden. Sie kochen
nicht koscher, halten sich nicht an jüdische Riten, auch
wenn Edith Frank ab und zu die Synagoge besucht. Otto
Frank fühlt sich zwar als Jude, aber mehr noch als national
gesinnter Deutscher. Er hat im Ersten Weltkrieg als Leutnant an der Westfront gedient und wurde mit dem Eisernen Kreuz Erster Klasse ausgezeichnet.

Mit der Integration in den Siedlungsalltag klappt es
trotzdem nicht. Der Nachbar und Hausbesitzer, ein Lehrer mit NSDAP-Parteibuch, hat seine Lektion von den
reichen Juden, die Arbeiter ausbeuten und an der Arbeitslosigkeit schuld sind, gelernt. Die Franks gehören nicht zu
den Reichen, sie haben durch die Inflation ihre Erspar-
nisse verloren, das Bankhaus mußte von der vornehmen
Neuen Mainzer Landstraße in ein schlichteres Quartier
verlegt werden – aber sie sind Juden, das genügt.

Bei den Reichstagswahlen im September müssen die
bürgerlichen Parteien schwere Stimmenverluste hinnehmen, Gewinner sind die Kommunisten, vor allem aber die
Nationalsozialisten, deren Mandatsanteil von 12 auf 107
steigt – parallel zum Anstieg der Arbeitslosen: 4,4 Millionen am Jahresende, Arbeiter, kleine Angestellte. Jüdische
Mitbürger scheinen von der Arbeitslosigkeit seltener betroffen zu sein, das schürt Neidgefühle.

Um Anfeindungen zu entgehen, sind die Franks von der Stadtrandsiedlung am Marbachweg ins weniger politisierte und aufgehetzte ›Dichterviertel‹ umgezogen, in die Ganghoferstraße. Hier wohnen Juden und Christen, liberale Intellektuelle, die sich nicht zur nationalsozialistischen ›Volksgemeinschaft‹ zählen. Aber Otto Frank bleibt wachsam, er hat Hitlers *Mein Kampf* gelesen, er ahnt, daß es diesem Mann mit den großmauligen Parolen von den jüdischen Volksschädlingen ernst ist.

Die Familie läßt er möglichst wenig von seinen geschäftlichen Sorgen und politischen Befürchtungen spüren, die Kinder sollen unbeschwert aufwachsen. Von der zweijährigen Anne gibt es ein Sandkastenfoto: ein schalkhaft und herausfordernd lächelndes Kleinkind in blütenweißem Spitzenkleid, herausgeputzt wie ein Püppchen – vielleicht von den Großmüttern, die häufig zu Besuch kommen. Beide sind Witwen. Oma Holländer aus Aachen, in deren Haus noch koscher gekocht wird, verwöhnt die Enkelinnen, die sanfte Margot scheint ihr eher nachzuschlagen als die ungebärdige Anne. Diese hat mehr Ähnlichkeit mit der Oma Frank, einer resoluten und beherzten Frau, die das Bankhaus nach dem Tod ihres Mannes allein weitergeführt hat, bis die vier Kinder erwachsen waren und Sohn Otto die Geschäfte übernehmen konnte.

Zum Haushalt gehört auch Kati, die von den Kindern geliebte Haushälterin, die selbstverständlich mitfährt, wenn die Familie verreist. Kleine Reisen nur, meist nach Bad Soden, und auch die haben einen geschäftlichen Hintergrund. Die Brunnenverwaltung gehört zum Frankschen Bankhaus, ebenso ein Betrieb, der Bad Sodener Halspastillen herstellt. Beides marode Unternehmen. Bedrückend für Otto Frank, der nicht nur für seine Familie, sondern auch für seine Mutter und die Geschwister sorgen muß.

1932

Die Arbeitslosenzahl in Deutschland übersteigt die 6-Millionen-Grenze, die Lage spitzt sich zu. Während 1928, noch vor der Wirtschaftskrise, die Nationalsozialisten nur drei Prozent der Stimmen erhielten, sind es bei den Reichstagswahlen im Juli 1932 über 37 Prozent. Ein Warnsignal für Otto Frank. Er beginnt sich nach Emigrationsmöglichkeiten umzusehen, während die meisten jüdischen Bürger noch an ein vorübergehendes Phänomen Hitler glauben und sich in Frankfurt in Sicherheit wähnen.

Otto Frank hat immer vorausschauend und mit kühlem Kopf gehandelt, möglichst unauffällig bereitet er die Liquidation seines Bankhauses vor, ohne die Familie zu beunruhigen. Den Kindern, die ihn freundschaftlich ›Pim‹ nennen, erzählt er abends ausgedachte Geschichten von der guten und der bösen Paula. Sein Fabuliertalent begeistert Anne, die Erfahrung, daß man sich mit Phantasie eine Welt schaffen kann, prägt sich ihr früh ein und wird ihr kurzes Leben begleiten.

1933

Das letzte Foto Annes aus Frankfurt, im März 1933 vor der Hauptwache geknipst: eine Vierjährige in weißem Paradekleidchen, trotzig blickend, an der Hand ihrer Mutter, auf der anderen Seite die große, vernünftig wirkende Schwester Margot, nachdenklich, als ob sie ahnt, daß sie sich bald von ihren Schulfreundinnen und von ihrer vertrauten Umgebung trennen muß.

Am 30. Januar hat Hindenburg Adolf Hitler zum Reichskanzler berufen. Die Franks sind an jenem Tag bei Bekannten eingeladen und hören die Nachricht im Radio. Im Hintergrund Jubel der Berliner Bevölkerung bei einem Fackelzug der SA durch die Stadt. Dann die hämmernde Stimme Hitlers: Gebt mir vier Jahre Zeit ... Den Franks läuft es kalt über den Rücken, doch der Gastgeber meint: Laßt uns doch einmal sehen, was der Mann kann.

Im März tritt das ›Ermächtigungsgesetz zur Behebung der Not von Volk und Reich‹ in Kraft. Otto Frank weiß, was das bedeutet. Er bringt seine Familie ins elterliche Haus zu seiner Mutter, löst die Bank und die Wohnung in der Ganghoferstraße ›aus wirtschaftlichen Gründen‹ auf und bereitet die Emigration in die Niederlande vor. Das Angebot zum Aufbau einer Firma, der Niederländischen Opekta, erleichtert ihm die Entscheidung. Nach dem Reichstagsbrand und den Reichstagswahlen mit einem Stimmenanteil von 44 Prozent für die NSDAP sieht er sich in seiner Skepsis bestätigt: Hitler wird nicht so schnell wieder verschwinden.

Auch die Frankfurter Israelitische Gemeinde erkennt nach dem Boykott aller jüdischen Geschäfte am 1. April und zunehmenden Diskriminierungen den Ernst der Lage. In einem Aufruf an die Frankfurter Gemeindemitglieder heißt es: »Nichts kann uns die tausendjährige Verbundenheit mit unserer deutschen Heimat rauben ... Wenn keine Stimme sich für uns erhebt, so mögen die Steine dieser Stadt für uns zeugen, die ihren Aufschwung zu einem guten Teil jüdischer Leistung verdankt, in der so viele Einrichtungen vom Gemeinsinn der Juden künden ...«

Im August übersiedelt Otto Frank nach Holland, seine Familie hat er zur Schwiegermutter nach Aachen gebracht. Im Dezember zieht die Mutter mit Margot nach Amsterdam, in eine Wohnung am Merweideplein im Süden der Stadt, wo die meisten Emigranten aus Deutschland leben. Anne bleibt noch bei der Großmutter in Aachen.

1934

Im Februar holt die Mutter auch die nun fünfjährige Anne nach Holland. An Freunde in Deutschland schreibt sie: »Seit Dezember haben wir eine kleine Wohnung in Amsterdam. Margot kam Weihnachten, Anne jetzt. Sie war gerade ein Jahr in Aachen gewesen. Beide sind vergnügt. Anne ein kleiner Komiker.«

Von den bedrohlichen Entwicklungen in Deutschland ist in Amsterdam wenig zu spüren. Nach dem Tod Hindenburgs sind die Befugnisse des Reichspräsidenten an Adolf Hitler übergegangen, der sich nun, seiner Machtfülle bewußt, ›Führer und Reichskanzler‹ nennt.

Edith Frank fährt mit den Kindern in den Sommerferien ans Meer, Anne lernt schwimmen. Im Herbst wird sie in die Montessori-Schule aufgenommen, und die Mutter berichtet nach Deutschland: »Sie ist weniger brav und in der Schule nicht so fleißig wie Margot.« Originell, temperamentvoll, unangepaßt gibt sich die kleine Anne, kein Vorzeigekind wie ihre Schwester.

1935—1941

In Deutschland sind auf dem Reichsparteitag im September 1935 die Nürnberger Gesetze verkündet worden. Das ›Gesetz zum Schutz des deutschen Blutes und der deutschen Ehre‹ verbietet Ehen mit Juden, für jede öffentliche Anstellung muß in Zukunft ein Ariernachweis erbracht werden. Das hat eine jüdische Auswanderungswelle zur Folge, Amsterdam ist ein begehrtes Ziel.

Noch geht das Leben seinen gewohnten Gang. Anne besucht ohne besondere Begeisterung die Montessori-Schule. Sie ist eine neugierig fragende, phantasiebegabte Schülerin, die sich Geschichten und Theaterszenen ausdenkt, spannend und lustig erzählen kann, gern die Hauptrolle spielt und andere zum Mitmachen zu motivieren weiß. Frühreif manchmal, und manchmal – wenn sie für Filmstars schwärmt oder von Hollywood träumt – noch ganz kindlich. Von den politischen Ereignissen bekommen die Kinder kaum etwas mit, auch nicht von Diskriminierungen, sie fühlen sich in ihrer Familie, im Umfeld der Schule und in ihrem Freundeskreis geborgen.

Otto Franks Geschäfte laufen zufriedenstellend, er kann neben seiner Opekta-Fabrik das Zweigwerk Pectacon in der Prinsengracht einrichten. Doch den Holländern werden die deutschen Emigranten – nicht wenige haben sich eine neue Existenz aufgebaut – allmählich zu dominierend, 1938 läßt die Regierung die Grenzen für jüdische Flüchtlinge schließen. Das trifft vor allem die Juden, die noch an ein baldiges Ende des Hitler-Spuks geglaubt haben und erst nach der ›Reichskristallnacht‹ im November 1938 entsetzt und in Panik Deutschland verlassen wollen.

Die Korrespondenz der Franks mit Freunden, Verwandten und Geschäftspartnern in Deutschland wird von 1938 an immer knapper und versiegt im Herbst 1939, nach Einführung der Briefzensur, völlig. Kein Risiko eingehen, heißt die Parole. Mit dem Einmarsch deutscher Truppen in Polen hat der Zweite Weltkrieg begonnen. Die politischen Ereignisse überstürzen sich nun: Im Mai 1940 werden die Niederlande besetzt. Auf Befehl von Reichskommissar Seyß-Inquart müssen sich alle jüdischen Betriebe registrieren lassen, zum Jahresende werden

Juden aus den staatlichen und öffentlichen Ämtern entlassen.

Anne und Margot haben die Schule wechseln müssen, jüdische und holländische Kinder dürfen nicht mehr gemeinsam unterrichtet werden. Der Lebensraum der jüdischen Bevölkerung, auch der Kinder, wird systematisch eingeengt. Verbote überall. Anne hat ein besonderes Geschick, den zunehmenden Beschränkungen auch etwas Positives abzugewinnen. Sie findet in der neuen Schule, dem Jüdischen Lyzeum, rasch Freundinnen und auch die ersten Freunde. Zum Erdbeereis treffen sie sich in der ›Oase‹, einem der wenigen Cafés, die für Juden noch zugänglich sind.

Otto Frank hat die Zuspitzung der Lage vorhergesehen und – umsichtig wie immer – nach einem geeigneten Versteck für die Familie gesucht. Das Hinterhaus seiner Firma an der Prinsengracht 263 scheint ihm geeignet zu sein, und er beginnt mit nur wenigen Eingeweihten einen späteren Umzug vorzubereiten.

1942

Auf der Wannseekonferenz in Berlin wird im Januar 1942 die ›Endlösung der Judenfrage‹ organisatorisch durchgeplant: Transporte in den Osten, weiterer Ausbau der KZs, Arbeits- und Vernichtungslager. Betroffen sind elf Millionen Juden in ganz Europa, gut 160000 in Holland. Zu ihrer Isolierung und Brandmarkung wird im April das Tragen des gelben Judensterns auf der Kleidung angeordnet. Mit diesem Makel Behaftete dürfen keine öffentlichen Verkehrsmittel benutzen und nachts das Haus nicht mehr verlassen, Parks und Spielplätze, Kinos, Sportstätten und Lokale sind ihnen verboten, ihr Telefon wird gesperrt. »Ich traue mich nichts mehr zu machen, ich habe Angst, daß es nicht mehr erlaubt ist«, schreibt Anne ins Tagebuch.

Das Tagebuch hat sie von ihrem Vater zum 13. Geburtstag geschenkt bekommen, an jenem 12. Juni 1942 beginnen auch ihre Eintragungen, die Gespräche mit der ausgedachten Brieffreundin Kitty: »Ich hoffe, daß ich Dir alles anvertrauen kann, wie ich es bisher noch niemals konnte, und ich hoffe, daß Du mir eine große Stütze sein wirst.« Ein paar Tage später gesteht sie Kitty ihre Einsamkeit inmitten ihrer Familie, ihrer Schulkameradinnen, ihrer Verehrer: »Ich habe keine Freundin! ... niemand begreift, daß ein dreizehnjähriges Mädchen sich so allein fühlt.«

Sie vertraut dem Tagebuch nicht nur ihre eigenen Gefühle an, sie versucht sich auch in andere hineinzudenken. Am 5. Juli schreibt sie: »Vater ist in letzter Zeit viel zu Haus, seitdem er nicht mehr ins Geschäft gehen kann. Es muß ein scheußliches Gefühl sein, sich plötzlich überflüssig zu fühlen ... Als wir vor ein paar Tagen spazieren gingen, hat Vater mit mir über ›Untertauchen‹ gesprochen. Er meinte, daß es uns sehr schwer werden würde, so von der Welt abgeschnitten zu leben.« Auf Annes ängstliche Frage nach dem Zeitpunkt dieses Untertauchens erhält sie die Antwort: »Das hörst du noch früh genug. Genieße noch deine Freiheit, solange es möglich ist.«

Es ist nicht mehr lange möglich. Als die 16jährige Margot sich Anfang Juli bei der Auffangstelle für das Sammellager Westerbork zum Arbeitseinsatz im Osten melden soll, wissen die Franks als ständige Hörer des Feindsenders BBC, was das bedeutet. Adolf Eichmann plant, »in täglich verkehrenden Sonderzügen zu je 1000 Personen zunächst etwa 40 000 Juden aus dem besetzten französischen Gebiet, 40 000 Juden aus den Niederlanden und 10 000 Juden aus Belgien zum Arbeitseinsatz in das

Lager Auschwitz abzubefördern …« Vor allem Kinder, Frauen, Alte und nicht Arbeitsfähige sollen sogleich von der Ankunftsrampe zum ›Baden‹ in die Gaskammern geschickt werden.

Am nächsten Tag macht sich die Familie frühmorgens auf in das vorbereitete Versteck an der Prinsengracht, zu Fuß und schwer bepackt, Fahrräder dürfen Juden nicht mehr benutzen. Anne schildert den Umzug: »Wir zogen uns alle vier so dick an, als ob wir im Kühlschrank übernachten sollten. Aber wir wollten doch noch möglichst viel Kleidung mitnehmen. Kein Jude unserer Situation konnte wagen, mit einem schweren Koffer über die Straße zu gehen.« Anne hat in der Hast des Aufbruchs ihre Schultasche vollgestopft mit Büchern, alten Briefen, unnötigem Kram und mit dem Wichtigsten: dem Tagebuch. Das Allerwichtigste muß sie zurück lassen, Moortje, ihren kleinen Kater.

Das Leben im ›Achterhuis‹ beginnt. Acht Personen, zusammengesperrt auf fünfzig Quadratmetern – für ein paar Wochen? Monate? Niemand wagt weiterzudenken. Den knappen Raum teilen sich die Franks mit einem Ehepaar und dessen Sohn Peter, später kommt noch ein weiterer ›Untertaucher‹, ein Zahnarzt, dazu. Ein verschiebbares Bücherregal steht zur Tarnung vor dem Eingang zum Hinterhausverlies. Alle Fenster werden sorgsam abgedichtet, kein Laut, auch nicht das Geräusch der Toilettenspülung, darf nach außen dringen. Die Eingeschlossenen werden von ehemaligen Angestellten Otto Franks versorgt mit Eßwaren, Büchern, Zeitungen und allem Notwendigen. Die Helfer riskieren dabei ihr Leben, die deutsche Sicherheitspolizei und holländische Spitzel haben ihre Augen überall, nachts finden regelmäßig Razzien statt. Polizisten erhalten für jeden gestellten ›Fluchtjuden‹ 7 Gulden 50 Cents.

Viele Holländer müssen trotzdem Juden versteckt haben, denn der deutsche Gesandte Bene schreibt im August ans Auswärtige Amt: »Nachdem die Judenschaft dahintergekommen ist und weiß, was bei dem Abtransport bezw. bei dem Arbeitseinsatz im Osten gespielt wird, treten sie zu den wöchentlichen Transporten nicht mehr an. Von 2000 für diese Woche Aufgerufenen erschienen nur ca. 400. In ihren Wohnungen sind die Aufgerufenen nicht mehr zu finden. Es macht also Schwierigkeiten, die beiden Züge zu füllen ...«

Anne, quicklebendig und neugierig, gewöhnt sich allmählich an den Dauerarrest ohne Auslauf, ohne neue Eindrücke. Ihr Sinn für Komik, ihr reiches Phantasieleben helfen ihr über die Eintönigkeit der Tage hinweg. Sie kommt sich wie in »einer etwas merkwürdigen Pension« vor, bemalt die Wände bunt und schmückt sie mit Postkarten und Fotos von Filmstars, die der Vater ins Achterhuis hinübergerettet hat. – Zwei Lebenskünstler. Mutter und Schwester tun sich schwerer mit dem Eingewöhnen, es gibt oft Reibereien und Streit um Kleinigkeiten, während sich draußen in der Stadt die wirklichen Dramen abspielen: Verhaftungen, Deportationen nach Auschwitz.

»Wie gut haben wir es hier«, schreibt Anne Ende November ins Tagebuch, »wie gut und ruhig ... wenn wir nicht immer in Angst und Sorge wären um alle, die uns teuer sind und denen wir nicht helfen können ... Und alles, weil sie Juden sind!«

1943

Die Schlacht um Stalingrad hat den Mythos von den unbesiegbaren Deutschen zerstört. Die Untergetauchten schöpfen Hoffnung: Der Krieg wird bald vorüber sein. Anne, Margot und Peter lernen für die Zeit danach, sie

wollen den Anschluß an ihren Schuljahrgang nicht verlieren. Täglich büffeln sie Englisch, Französisch, Steno-
graphie und sonstige ›Tagtotschulfächer‹, Otto Frank
hört Vokabeln ab.

Hinter der scheinbaren Normalität lauert die Angst vor
Entdeckung. Jeder Kontakt mit der Außenwelt kann zur
Falle werden: die Kontrolle der Feuerlöscher, eine
Dachreparatur, ein Lichtschimmer durch den Vorhang-
spalt, die Hausbesichtigung eines Architekten. Dann die
Angst vor Bomben, kein Platz im Luftschutzkeller für
Menschen, die eigentlich gar nicht mehr existieren, die
längst – wie man sich erzählt – in die Schweiz geflohen
sind … Und die vernünftige Anne schreibt im Januar ins
Tagebuch: »Es bleibt uns nichts anderes übrig, als ruhig
und gefaßt das Ende dieser Notzeit abzuwarten.«

Am 17. Februar die hoffnungsvolle Eintragung: »Wir
erwarten täglich die Invasion.« Am 1. Mai nüchterner:
»Heute wurde wieder furchtbar geschossen, besonders
nachts. Ich habe meine wichtigsten Habseligkeiten zu-
sammengerafft und am Tage einen ›Fluchtkoffer‹ gepackt
mit den nötigen Sachen. Aber Mutter sagt sehr richtig:
›Wohin willst du flüchten?‹ … Es wurde Belagerungs-
zustand verhängt …«

Annes Gedanken flüchten durch das Dachlukenfenster
in die Ferne, ins Grüne: »Von meinem Lieblingsplatz auf
dem Fußboden sehe ich ein Stück vom blauen Himmel,
sehe den kahlen Kastanienbaum, an dessen Zweigen
kleine Tropfen schillern …« Und etwas später: »Unsere
Kastanie ist schon ziemlich grün, und hie und da sieht
man eine kleine Kerze.«

Miep, die treue Seele aus Wien, eng verwachsen mit
der Firma und der Familie, schleppt Tag für Tag frisches
Gemüse, Milch, Medikamente, Brot trotz fehlender
Brotmarken und vor allem Bücher und Zeitungen ins

Hinterhaus. Die Abfälle müssen sorgfältig verbrannt werden, in der Mülltonne könnten sie Nichteingeweihten auffallen. Immer die Angst vor Spitzeln, die Angst vor dem Entdecktwerden, die alle bis in die Träume verfolgt. Das Zusammenleben wird mehr und mehr zur Hölle. Anne beobachtet die aufkommenden Konflikte mit scharfem, auch selbstkritischem Blick: »Es ist verdammt schwer, sich gegen Menschen, die Du doch nicht ausstehen kannst, gut zu benehmen.«

Meldung des Auswärtigen Amtes vom 25. Juni 1943: »Von den ursprünglich in den Niederlanden gemeldeten 140 000 Volljuden ist nun der 100 000. Jude aus dem Volkskörper entfernt worden.« Bei einer Großaktion in Amsterdam sind an einem Tag noch einmal 5500 Juden ›erfaßt‹ worden, die vollständige ›Entjudung‹ schreitet zügig voran. Miep und die anderen Getreuen berichten täglich von neuen ›Überstellungen‹ und ›Sonderbehandlungen‹, die deutschen Besatzer haben ein eigenes beschönigendes Vokabular eingeführt.

Annes Stimmung schwankt zwischen Dankbarkeit über das sichere Versteck und Wut über das immer unerträglichere Eingesperrtsein in engster Tuchfühlung mit Menschen, die ihr gleichgültig sind, mit einer Mutter, die sie nicht versteht. Pim, der Vater, ist ihr einziger Rückhalt, ihm allein fühlt sie sich verwandt. Er nimmt als einziger ihr langsames, auch sexuelles Erwachen zur Kenntnis. Peter, der in der Dachkammer haust, ist ihr – noch – gleichgültig.

Am 24. Dezember schreibt sie: »Gerade jetzt in der schönen Ferienzeit zu Weihnachten und Neujahr sitzen wir hier wie Ausgestoßene. Wenn jemand von draußen kommt, noch mit dem typischen frischen Windgeruch in den Kleidern und mit rotgefrorenen Backen, möchte ich meinen Kopf unter die Decke wühlen, um nicht immer wieder daran denken zu müssen: Wann endlich werden wir wieder hinaus dürfen in Luft und Freiheit!«

1944

In der Nacht vor dem Neujahrsfest sind allein in Amsterdam noch einmal 10000 Juden aus den Häusern geholt und deportiert worden. Die Kontrollen werden immer schärfer, das Netz zieht sich zusammen, ein Entkommen gibt es nicht, das wissen die Untergetauchten, auch wenn sie nicht darüber sprechen. Bleibt nur die Hoffnung auf die Zerschlagung der deutschen Armee. Jede Niederlage, jeder Rückzug, den BBC meldet, wird mit Erleichterung registriert.

Für Anne gibt es neben den politischen Aufregungen etwas, was ihr Innenleben noch stärker aufwühlt: die aufkeimende Liebe zu Peter, dem stillen Hausgenossen, den sie früher als langweilig und fad empfunden hat. Erstaunlich hellsichtig analysiert sie ihre Empfindungen und Peters Reaktionen: »Auf seinem Gesicht stand seine ganze Unsicherheit und Hilflosigkeit und doch gleichzeitig ein Anflug vom Bewußtsein seiner Männlichkeit. Diese Verlegenheit ließ mich ganz sanft werden und immer wieder seine Augen suchen.«

Sie verschließt nun ihr Tagebuch wachsamer vor neugierigen Blicken. »Liebe, was ist Liebe?« fragt sie Kitty Anfang März und gibt gleich die Antwort: »Liebe ist, jemanden zu verstehen, ihn gern zu haben, Glück und Unglück mit ihm zu teilen. Und dazu gehört auf die Dauer auch die körperliche Liebe.« Sie sehnt sich nach einem Kuß und wünschte sich ihren Freund leidenschaftlicher.

Immer wieder macht sie sich selbst Mut, und es scheint nicht der Mut der Verzweiflung zu sein, wenn sie sich zuruft: »Denke an all das Schöne, das noch in Dir und um Dich ist und sei glücklich!« Oder: »Wer Mut und Vertrauen hat, wird im Unglück nicht untergehen!« – Erwachsenenweisheiten. Vielleicht der Versuch, sich mit ›vernünftigen‹ Sprüchen in dieser absurden Situation ein Stück Normalität zu schaffen: »Ja, Kitty, Anne ist verrückt, aber ich lebe auch in einer verrückten Zeit und unter noch verrückteren Umständen.«

Ihren Wunsch, später einmal zu schreiben, Journalistin oder Schriftstellerin zu werden, drückt sie immer deutlicher aus, ermuntert auch von einem Aufruf im Oranje-Sender, Tagebücher und Briefe aufzuheben, damit diese nach dem Krieg als Zeitdokumente publiziert werden können: »Stell Dir vor, wie interessant es wäre, wenn ich einen Roman vom ›Hinterhaus‹ veröffentlichen würde … Wird es nicht Jahre nach dem Krieg, vielleicht nach 10 Jahren, unglaublich erscheinen, wenn wir erzählen, wie wir Juden hier gelebt, gesprochen, gegessen haben?« Der Gedanke, später als Zeitzeugin von dem Unfaßbaren zu berichten, beflügelt sie, sie beginnt ihre persönlichen Eintragungen anzureichern mit Schilderungen ihres Verstecks, Beobachtungen ihrer Mitbewohner, Nachrichten von draußen, Hoffnungen, Befürchtungen.

»Wenn Gott mich am Leben läßt«, heißt nun eine ihrer Redewendungen. »Wenn Gott mich am Leben läßt, werde ich mehr erreichen als Mutter je erreichte. Ich werde nicht unbedeutend bleiben. Ich werde in der Welt und für die Menschen arbeiten!« Zukunftsvisionen, Hoffnung auf ein Danach: »Einmal wird dieser schreckliche Krieg doch vorbeigehen, einmal werden wir doch wieder Menschen und nicht nur Juden sein!«

Das Radio läuft ständig und ständig sitzt jemand davor, gibt Nachrichten weiter. Politische Aufregungen mischen sich mit Alltagsärger über ungerechte Verteilung der schmalen Butterrationen. »Einnahme von Rom durch die fünfte Armee ... Wenig Gemüse und Kartoffeln. Wetter schlecht. Anhaltende schwere Bombardements auf Pas de Calais und die französische Küste.« Mit der Landung der Alliierten Anfang Juni in der Normandie scheint die Befreiung in unmittelbare Nähe gerückt.

Annes 15. Geburtstag am 12. Juni feiert die kleine Runde mit zwei Flaschen Joghurt, einem Glas Jam und einem Pfefferkuchen in Vorfreude auf das baldige Ende der nun zweijährigen Isolation. Peter hat für seine Freundin einen Pfingstrosenstrauß herbeigezaubert. »Manchmal denke ich, daß mein heftiges Sehnen nach ihm übertrieben ist«, schreibt Anne selbstkritisch. Es ist nicht nur das körperliche Verlangen, das sie an Peter bindet, es ist auch das gemeinsam Erlebte und Erträumte: »Wir beide haben unsere Denkjahre im Hinterhaus verbracht, wir sprechen oft über Vergangenheit, Gegenwart und Zukunft.«

Das Attentat vom 20. Juli auf Hitler weckt neue Hoffnung, aber die Vernichtungsmaschinerie läuft weiter. Am selben Tag meldet SS-Brigadeführer Bene ans Auswärtige Amt: »Die Judenfrage kann für die Niederlande als gelöst betrachtet werden ... Von den untergetauchten Juden werden fast täglich einige ausgehoben und in Lager verbracht.«

Anne schreibt gegen die Horrormeldungen im Radio an, sie will mit den Eintragungen im rotkarierten Tagebuch sich selbst und den Mitbewohnern Mut machen – vielleicht auch späteren Lesern ihren Durchhaltewillen beweisen: »Es ist ein Wunder, daß ich all meine Hoffnungen noch nicht aufgegeben habe ... Doch ich halte daran fest, trotz allem, weil ich noch stets an das Gute im Menschen glaube.«

Die letzte Tagebucheintragung stammt vom 1. August 1944. Während draußen die Welt aus den Fugen geht, macht sich Anne Gedanken darüber, warum es ihr nicht gelingt, »so zu werden wie ich so gern sein möchte ...«.

Vier Tage später dringen SS-Offiziere mit ihren holländischen Helfershelfern in das Hinterhaus ein, suchen nach der geheimen Tür hinter dem Bücherregal und nehmen die acht Untergetauchten, die nach den Lageberichten von BBC nicht mehr mit einer Verhaftung gerechnet haben, fest. Sie sind verraten worden ...

Miep Gies, die beherzte Helferin, beschreibt ihr Entsetzen, als sie ein paar Tage später den verlassenen Unterschlupf im Achterhuis betritt: »Alles war umgestürzt und durchwühlt. Auf dem Boden lagen Kleider, Papiere, Briefe und Schulhefte ... Und zwischen den Papieren auf dem Boden lag ein rot-kariertes Buch. Ich hob es auf und erkannte Annes Schrift auf den Seiten ...« Miep nimmt das Tagebuch und herumliegende von Anne beschriebene Blätter an sich, ohne zu ahnen, wie wichtig diese Aufzeichnungen später sein werden. Die SS-Leute haben alles mitgenommen, was sie für wertvoll hielten – das Tagebuch gehörte nicht dazu.

Die Verhafteten werden aus dem Amsterdamer Gefängnis ins Durchgangslager Westerbork überstellt, ein Wettlauf mit der Zeit beginnt: Am 23. August befreien die Alliierten Paris, die Auflösung der Lager muß unmittelbar bevorstehen. Doch am 3. September werden die Häftlinge mit dem allerletzten Transport aus Holland nach Auschwitz verfrachtet. 1000 Häftlinge in einem langen Güterzug, je 75 in einen Waggon gepfercht.

Während der Häftlingszug durch Deutschland rollt, befreien die Alliierten Antwerpen und Brüssel. In Auschwitz geht die Vernichtung weiter. Familien werden auseinandergerissen, Männer rechts, Frauen links. Für Anne bedeutet das Trennung von den zwei Menschen, die ihr am nächsten stehen, von ihrem Vater und ihrem Freund Peter. Anne und den anderen weiblichen Häftlingen werden im Frauenlager Auschwitz-Birkenau die Haare geschoren: kriegswichtiges Material zur Rohrdichtung in U-Booten ...

Ende Oktober werden Anne und Margot in einem Viehwagen ins KZ Bergen-Belsen geschafft, die entkräftete Mutter müssen sie in Auschwitz zurücklassen. Die Stimmung unter den Häftlingen ist gedrückt und resignativ, zur Auflehnung fehlt die Kraft. Anne gehört zu den wenigen, die sich nicht aufgeben, die an ein Danach glauben wollen. Im Dezember scheitert die Ardennen-Offensive der deutschen Wehrmacht – für Anne wieder ein Hoffnungsfunke: Die Befreier rücken näher.

1945

Annes Mutter erlebt die Befreiung nicht mehr, sie stirbt Anfang Januar 1945 in Auschwitz-Birkenau. Drei Wochen später erreicht die Rote Armee Auschwitz. Otto Frank wird befreit und überlebt als einziger der Familie.

Für Anne und Margot müssen die Monate in Bergen-Belsen die Hölle gewesen sein: verseuchtes Wasser, kein Essen, harte Arbeitseinsätze am Verbrennungsplatz: eine Schicht Leichen, eine Schicht Bahnschwellen, Benzin darüber ...

Die hungernden Häftlinge sterben massenweise an Typhus. Margot liegt nach einem Ohnmachtsanfall tagelang im Koma. Ihren Tod versuchen die Mithäftlinge der schwer kranken Schwester zu verheimlichen, doch Anne läßt sich nicht täuschen. Sie stirbt wenige Tage später, Anfang März 1945, wahrscheinlich auch an Typhus oder, wie eine Mitgefangene sagt, am Tod der Schwester: »Es lässt sich schrecklich leicht sterben, wenn man allein im

KZ ist.« Die Schwestern werden, wie unzählige Häftlinge, in einem Massengrab verscharrt.

Am 12. April befreien englische Truppen die entkräfteten Überlebenden von Bergen-Belsen – ein paar Wochen zu spät für Anne und Margot. Annes Freund Peter stirbt am 5. Mai im KZ Mauthausen, drei Tage vor der Kapitulation der deutschen Wehrmacht – der letzte verlorene Kampf gegen die Zeit.

Nachgetragenes

Zwei Jahre nach Kriegsende wird Anne Franks Tagebuch unter dem Titel *Het Achterhuis* in Holland veröffentlicht – ein Verdienst von Miep Gies, die Annes Aufzeichnungen gerettet und dem Vater übergeben hat. Otto Frank hat vor der Drucklegung einige Tagebuchseiten, die von Familienstreitereien und pubertären erotischen Wünschen handeln, herausgetrennt. Das Bild Annes soll für die Nachwelt makellos erhalten bleiben.

Eine zweite Tagebuchfassung, die Anne 1944 mit der Absicht einer späteren Veröffentlichung überarbeitet hat, sorgt für Verwirrung. Welches ist – wenn überhaupt – die echte Version? Der Fälschungsverdacht, bei Erfolgsbiographien rasch zur Hand, wird durch Experten entkräftet – im Gegensatz zu den von der Kritik hochgelobten Kindheitserinnerungen des Binjamin Wilkomirski, dessen Holocaust-Erlebnisse als Fälschungen entlarvt wurden. Eine kritische Ausgabe der Frank-Tagebücher, die beide Fassungen und auch die von Otto Frank zurückgehaltenen Seiten enthält, hat Mirjam Pressler 1988 in deutscher Sprache zugänglich gemacht.

Den Lesern in aller Welt sind die Querelen um die Rechte am Text und der Person Anne Frank unwichtig, auch die Rivalitäten der verschiedenen Stiftungen in

Amsterdam, New York und Basel. Wichtig ist ihnen Anne Frank als Identifikationsfigur, als Verkörperung des guten Menschen wie Mutter Teresa oder Albert Schweitzer. Das Anne-Frank-Haus in der Amsterdamer Prinsengracht ist zur Wallfahrtsstätte geworden – und das hat nicht nur mit der geschickten Vermarktung einer Kultfigur zu tun, sondern auch mit dem Bedürfnis, an einem Einzelschicksal etwas über den Holocaust zu erfahren, ohne sich der ganzen Brutalität der Massenvernichtung, die unsere Vorstellungskraft übersteigt, aussetzen zu müssen. Millionen Opfer bleiben abstrakt, einzelne Schicksale, ob aus dem Film *Schindlers Liste* oder aus der Fernsehserie über Janina Davids Ghettokindheit *Ein Stück Himmel,* werden emotional nachvollziehbar.

In Frankfurt gibt es eine Anne-Frank-Schule und eine Anne-Frank-Siedlung, eine Tafel am ehemaligen Wohnhaus der Franks in der Ganghoferstraße erinnert an das junge Holocaust-Opfer. Warum die Stadt sich mit großen Gedenkfeiern eher zurückhält, erläuterte Ignatz Bubis, der frühere Vorsteher der Jüdischen Gemeinde Frankfurts, in einem Interview: Von den knapp 6000 in Frankfurt lebenden Juden seien die meisten Überlebende des Holocaust, und: »Es gibt kaum jemanden in der heutigen Jugend Frankfurts, der nicht in der eigenen Familie einen Fall Anne Frank ohne Tagebuch gehabt hätte.«

Anne Frank – kein Einzelschicksal. Das ist die traurige Wahrheit. Daß uns diese Wahrheit berührt und erschreckt, bewirken – mehr als jede Statistik – die kindlich hoffnungsvollen Tagebuchzeilen:

»Oh ja, ich will nicht umsonst gelebt haben wie die meisten Menschen. Ich will den Menschen, die um mich herum leben und mich doch nicht kennen, Freude und Nutzen bringen. Ich will fortleben, auch nach meinem Tod.«

Bildnachweis

S. 14: Fanny Mendelssohn, Foto privat

S. 24: Clara und Robert Schumann, Lithographie von Eduard Kaiser, 1847, Foto: AKG Archiv für Kunst und Geschichte, Berlin

S. 44: Claire Waldoff, Landesbildstelle Berlin

S. 54: Marianne von Werefkin, Fotoarchiv Fäthke-Born, Wiesbaden

S. 56: Gabriele Münter, Gabriele Münter- und Johannes Eichner-Stiftung, München

S. 78: Maria Sibylla Merian, AKG Archiv für Kunst und Geschichte, Berlin

S. 96: Henriette Goldschmidt, Louise-Otto-Peters-Archiv, Leipzig

S. 108: Mileva Einstein-Marić, Verlag Paul Haupt, Bern

S. 130: Anna Freud, AKG Archiv für Kunst und Geschichte, Berlin

S. 150: Kaiserin Maria Theresia, AKG Archiv für Kunst und Geschichte, Berlin

S. 152: Erzherzogin Marie Christine, AKG Archiv für Kunst und Geschichte, Berlin

S. 184: Lola Montez, Münchner Stadtbibliothek/Monacensia-Abteilung

S. 200: Lina Morgenstern, Bildarchiv Gerstenberg, Wietze

S. 206: Annette Kolb, Münchner Stadtbibliothek/Monacensia-Abteilung

S. 224: Caroline Neuber, genannt die Neuberin, Holzstich 19. Jahrhundert, nach zeitgenössischem Bildnis, AKG Archiv für Kunst und Geschichte, Berlin

S. 234: Therese Giehse, Foto: Hildegard Steinmetz

S. 236: Erika Mann, edition spangenberg, München